全国高等教育自学考试指定教材

人力资源管理（初级）

[含：人力资源管理（初级）自学考试大纲]　课程代码　13136

（2023 年版）

全国高等教育自学考试指导委员会　组编

主　编　赵凤敏
副主编　袁勇志 陈　芳

编　者（按姓氏笔画排列）

陈　芳　赵凤敏　赵丽华
袁和平　袁勇志　蒋文莉

中国人民大学出版社
·北京·

中国人民大学出版社自考数字教材配套数字资源使用指南

由全国高等教育自学考试指导委员会组织国内相关领域知名专家，编写了最新版自考教材，并首次配套数字资源。本数字教材有以下特点：

（1）知识点微课贯穿全书，视频扫码随时学。

（2）在线自测题按章分布，边学边练效果好。

（3）支持课程互动和评论，让学习不再孤单。

（4）考试资讯和资源更新，关注公号享服务。

凡是购买正版教材的考生，可凭封面的兑换码免费兑换教材配套数字资源。

数字资源获取方法和使用说明如下：

（1）扫描并关注教材中的“人大社 e 自考”微信公众号。

（2）点击“课程中心”，下拉进入“个人中心”，找到“兑换中心”。

（3）刮开本书所附卡片涂层，获取数字资源兑换码，即可兑换教材配套数字资源。

（4）在“个人中心”—“我的课程”里找到已兑换的课程进行学习。

如兑换码有误或有其他问题，请关注“人大社 e 自考”微信公众号并留言。

组编前言

21 世纪是一个变幻莫测的世纪，是一个催人奋进的时代。科学技术飞速发展，知识更替日新月异。希望、困惑、机遇、挑战，随时随地都有可能出现在每一个社会成员的生活之中。抓住机遇，寻求发展，迎接挑战，适应变化的制胜法宝就是学习——依靠自己学习、终身学习。

作为我国高等教育组成部分的自学考试，其职责就是在高等教育这个水平上倡导自学、鼓励自学、帮助自学、推动自学，为每一位自学者铺就成才之路。组织编写供读者学习的教材就是履行这个职责的重要环节。毫无疑问，这种教材应当适合自学，应当有利于学习者掌握和了解新知识、新信息；有利于学习者增强创新意识，培养实践能力，形成自学能力；也有利于学习者学以致用，解决实际工作中所遇到的问题。具有如此特点的书，我们虽然沿用了“教材”这个概念，但它与那种仅供教师讲、学生听，教师不讲、学生不懂，以“教”为中心的教科书相比，已经在内容安排、编写体例、行文风格等方面都大不相同了。希望读者对此有所了解，以便从一开始就树立起依靠自己学习的坚定信念，不断探索适合自己的学习方法，充分利用自己已有的知识基础和实际工作经验，最大限度地发挥自己的潜能，达到学习的目标。

欢迎读者提出意见和建议。

祝每一位读者自学成功。

全国高等教育自学考试指导委员会

2022 年 8 月

目　录

人力资源管理（初级）自学考试大纲

人力资源管理（初级）

全国高等教育自学考试

人力资源管理（初级）
自学考试大纲

全国高等教育自学考试指导委员会　制定

大纲前言

为了适应社会主义现代化建设事业的需要，鼓励自学成才，我国在20世纪80年代初建立了高等教育自学考试制度。高等教育自学考试是个人自学、社会助学和国家考试相结合的一种高等教育形式。应考者通过规定的专业课程考试并经思想品德鉴定达到毕业要求的，可获得毕业证书；国家承认学历并按照规定享有与普通高等学校毕业生同等的有关待遇。经过40多年的发展，高等教育自学考试为国家培养造就了大批专门人才。

课程自学考试大纲是规范自学者学习范围、要求和考试标准的文件。它是按照专业考试计划的要求，具体指导个人自学、社会助学、国家考试及编写教材的依据。

随着经济社会的快速发展，新的法律法规不断出台，科技成果不断涌现，原大纲中有些内容过时、知识陈旧。为更新教育观念，深化教学内容方式、考试制度、质量评价制度改革，使自学考试更好地提高人才培养的质量，各专业委员会按照专业考试计划的要求，对原课程自学考试大纲组织了修订或重编。

修订后的大纲，在层次上，本科参照一般普通高校本科水平，专科参照一般普通高校专科或高职院校的水平；在内容上，及时反映学科的发展变化，增补了自然科学和社会科学近年来研究的成果，对明显陈旧的内容进行了删减，以更好地指导应考者学习使用。

全国高等教育自学考试指导委员会

2023年5月

Ⅰ. 课程性质与课程目标

一、课程性质和特点

“人力资源管理（初级）”课程是全国高等教育自学考试人力资源管理（专科）、行政管理（专科）等专业的一门课程。本课程是一门系统地研究组织内人力资源管理中的人才选拔、培训、使用等规律的科学，是为培养和提高自学考试应考者的人力资源管理基本理论、基本方法和基本技能而设置的一门专业课程。

本课程以人力资源管理理论为基础，全面介绍人力资源管理的基本原理、原则与方法，系统讲授人力资源管理的各个职能，并探讨人力资源管理学科发展的前沿问题，重点探讨工作分析、招聘、培训、职业生涯管理、绩效评估、薪酬管理等人力资源管理的具体问题。针对考生的情况，对教材内容的选择尽量做到基础性、少而精，突出对能力的训练和培养。本课程结合基本理论和相关知识点，选择了大量的生动案例及拓展阅读材料等来帮助考生更好地理解和掌握理论知识，而且在每个案例之后还做了有针对性的点评。通过本课程的学习，考生了解和掌握人力资源管理的基本理论与方法，以提高分析与解决人力资源管理实际问题的能力。

二、课程目标

本课程设置的目标是使考生在了解现代人力资源管理理念的基础上，掌握人力资源管理的基本理论、基本方法和基本技能，熟悉人力资源管理的基本流程，以提高考生关注现实、运用所学理论知识分析和解决实际问题的能力。

三、与相关课程的联系与区别

人力资源管理是管理体系的重要组成部分，学习该专业的其他课程将有助于理解本课程的基本理论、基本概念。例如“现代管理学”课程更注重对管理学基本原理、基本范畴进行探讨，而人力资源管理则专门研究组织中最重要的资源——人力资源的管理问题，主要探讨人力资源战略规划、招募选任、培训开发、绩效管理、薪酬管理和职业生涯管理等内容。“人力资源管理（初级）”是一门应用性较强的课程，注重对基本理论和基本方法的运用，注重理论和工作实践的结合，为提高考生的人力资源管理水平打下基础。

四、课程的重点和难点

本课程的重点是人力资源管理的基本理论、基本方法、基本流程。

本课程的难点是人力资源管理基本理论和基本方法的应用及实施。

Ⅱ.考核目标

大纲在考核目标中，按照识记、领会和应用三个层次，规定了应考者应达到的能力层次。三个能力层次存在着由低到高的递进等级关系。它们各自的含义是：

识记（Ⅰ）：要求考生能正确识别和记忆“人力资源管理（初级）”课程的基本概念、基本原理和基本方法。

领会（Ⅱ）：要求考生在识记的基础上，能理解和掌握“人力资源管理（初级）”课程的基本概念、基本原理和基本方法，以及人力资源管理与传统人事管理的区别与联系。

应用（Ⅲ）：要求考生在领会的基础上，运用“人力资源管理（初级）”课程的理论和方法，分析、解决有关人力资源管理的实际问题。

Ⅲ.课程内容与考核要求

第一章　人力资源管理导论

一、学习目的与要求

通过本章的学习，了解人力资源、人力资源管理、战略性人力资源管理等有关的概念、作用和基本理论，理解人力资源管理模式、发展趋势和组织战略与人力资源战略的匹配，掌握人力资源管理与传统人事管理的主要内容及区别和联系。

二、课程内容

第一节　人力资源概述

（一）人力资源相关概念

人力资源、人口资源、人才资源、人力资本的概念。

（二）人力资源的特征和作用

1. 人力资源的特征

2. 人力资源的作用

（三）人力资源相关理论

1. 舒尔茨的人力资本理论

2. 人性假设理论

第二节　人力资源管理概述

（一）人力资源管理的概念、作用和主要活动

1. 人力资源管理的概念

2. 人力资源管理的作用

3. 人力资源管理的主要活动

（二）人力资源管理和传统人事管理的联系与区别

1. 人力资源管理和传统人事管理的联系

2. 人力资源管理和传统人事管理的区别

（三）人力资源管理的模式和发展趋势

1. 人力资源管理的模式

2. 人力资源管理的发展趋势

第三节　战略性人力资源管理概述

（一）战略性人力资源管理的概念、特点和衡量标准

1. 战略性人力资源管理的概念

2. 战略性人力资源管理的特点

3. 战略性人力资源管理的衡量标准

（二）人力资源战略的含义和类型

1. 人力资源战略的含义
2. 人力资源战略的类型

（三）人力资源战略与组织战略

1. 组织的战略层次划分
2. 人力资源战略与组织竞争战略的匹配

三、考核知识点与考核要求

（一）人力资源概述

1. 识记

（1）人力资源、人口资源、人才资源、人力资本的概念。

（2）舒尔茨人力资本理论的要点。

2. 领会

（1）人力资源的特征和作用。

（2）人性假设理论的主要观点和管理措施。

（3）人力资源与人力资本的区别。

（二）人力资源管理概述

1. 识记

（1）人力资源管理的概念。

（2）人力资源管理的模式。

2. 领会

（1）人力资源管理的作用。

（2）人力资源管理的主要活动。

（3）人力资源管理的发展趋势。

3. 应用

人力资源管理与传统人事管理的联系与区别。

（三）战略性人力资源管理概述

1. 识记

（1）战略性人力资源管理的概念。

（2）人力资源战略的概念。

（3）人力资源战略的类型。

2. 领会

（1）组织的战略层次。

（2）战略性人力资源管理的特点。

（3）人力资源战略与组织战略的关系。

（4）人力资源战略与组织竞争战略的匹配。

四、本章重点与难点

本章重点：人力资源管理与传统人事管理的联系与区别；人力资源相关理论。
本章难点：人力资源战略与组织竞争战略的匹配。

第二章　员工激励

一、学习目的与要求

通过本章的学习，了解激励的含义、基本原则、作用及过程，理解内容型激励理论、过程型激励理论和行为后果型激励理论，掌握物质激励和精神激励的方法。

二、课程内容

第一节　激励概述
（一）激励的含义与类型
1. 激励的含义
2. 激励的类型
（二）激励的基本原则
1. 目标结合原则
2. 物质激励和精神激励相结合的原则
3. 引导性原则
4. 合理性原则
5. 明确性原则
6. 时效性原则
7. 正激励与负激励相结合的原则
8. 按需激励原则
（三）激励的作用
1. 有助于吸引优秀的人才
2. 有利于发挥员工的才智
3. 有助于留住优秀的人才
4. 有助于造就良性的竞争环境
（四）激励的过程
1. 需要
2. 动机
3. 行为
第二节　激励理论
（一）内容型激励理论
1. 需要层次理论

2. 双因素理论
3. ERG 理论
4. 成就需要理论

（二）过程型激励理论

1. 期望理论
2. 公平理论
3. 目标设置理论

（三）行为后果型激励理论

1. 强化理论
2. 归因理论

第三节　激励机制

（一）激励机制的含义与内容

1. 激励机制的含义
2. 激励机制的内容

（二）激励模式的步骤

1. 双向交流
2. 各自选择行为
3. 阶段性评价
4. 年终评价与奖酬分配
5. 比较与再交流

（三）激励方法

1. 物质激励
2. 精神激励

三、考核知识点与考核要求

（一）激励概述

1. 识记

激励的含义、类型、基本原则。

2. 领会

激励的作用、过程。

（二）激励理论

1. 识记

（1）需要层次理论。
（2）双因素理论。
（3）ERG 理论。
（4）成就需要理论。

2. 领会

（1）期望理论。

（2）公平理论。
（3）目标设置理论。
（4）强化理论。
（5）归因理论。
3. 应用
（1）需要层次理论。
（2）双因素理论。
（3）强化理论。
（三）激励机制
1. 识记
（1）激励机制、物质激励和精神激励的概念。
（2）物质激励和精神激励的方法。
2. 领会
激励机制的内容、激励模式的步骤、激励方法。
3. 应用
激励方法的综合运用。

四、本章重点与难点

本章重点：内容型激励理论和激励方法。
本章难点：过程型激励理论。

第三章　工作分析

一、学习目的与要求

通过本章的学习，了解工作分析的基本概念，熟悉工作分析的程序，掌握工作分析与工作设计的基本内容与具体方法。

二、课程内容

第一节　工作分析概述
（一）工作分析的基本概念
1. 工作与工作分析
2. 工作分析的相关概念
（二）工作分析的内容
工作分析的内容一般包括七个问题的调查和五个方面的信息分析。
（三）工作分析的作用
1. 工作分析是制定和实施科学合理的人力资源规划的重要条件和基础
2. 工作分析是组织招聘、选拔和人员配置的依据

3. 工作分析是组织开展员工培训与开发的必要条件
4. 工作分析是绩效管理的重要前提和客观依据
5. 工作分析为企业制定公平合理的薪酬制度提供可靠保证
6. 工作分析为员工提供职业咨询和职业指导

第二节　工作分析的程序及方法

（一）工作分析的程序

1. 准备阶段
2. 调查分析阶段
3. 实施阶段
4. 形成结果阶段
5. 应用反馈阶段

（二）工作分析的方法

观察分析法、访谈法、问卷法、功能性职务分析法、工作日志法、工作参与法。

（三）工作说明书的编写

工作说明书的主要内容、编写原则和编写的基本要求。

第三节　工作设计

（一）工作设计的含义和内容

1. 工作设计的含义
2. 工作设计的内容

（二）工作设计的影响因素和原则

1. 工作设计的影响因素
2. 工作设计的原则

（三）工作设计的形式和方法

1. 工作设计的形式
2. 工作设计的方法

工作专业化、工作扩大化、工作丰富化、工作轮换、工作特征再设计、工作设计综合模型。

三、考核知识点与考核要求

（一）工作分析概述

1. 识记

工作与工作分析的相关概念。

2. 领会

工作分析的内容与作用。

3. 应用

工作分析的作用。

（二）工作分析的程序及方法

1. 识记

（1）工作分析的程序。

（2）工作分析的方法。
2. 领会
（1）工作说明书的主要内容。
（2）编写工作说明书应遵循的原则。
（3）工作说明书编写的基本要求。
3. 应用
工作分析的程序与工作说明书的编写。
（三）工作设计
1. 识记
（1）工作设计的含义。
（2）工作设计的内容。
（3）工作设计的影响因素。
（4）工作设计的原则。
2. 领会
（1）工作设计的形式。
（2）工作设计的具体方法。
3. 应用
工作设计的内容与方法。

四、本章重点与难点

本章重点：工作分析的程序与方法。
本章难点：工作设计的形式与方法。

第四章　人力资源规划

一、学习目的与要求

通过本章的学习，了解人力资源规划的基本含义，熟悉人力资源战略规划与人力资源规划之间的关系，掌握人力资源需求预测与人力资源供给预测的基本步骤与方法。

二、课程内容

第一节　人力资源规划概述

（一）人力资源规划的含义及分类
1. 人力资源规划的含义
2. 人力资源规划的分类
（二）人力资源规划的作用
1. 有利于企业制定长远的战略目标和发展规划
2. 满足企业在生存发展过程中对人力资源的需求

3. 有利于人力资源管理活动的有序化
4. 帮助企业有效地控制人工成本
5. 有助于满足员工需求和调动其积极性
6. 为企业的人事决策提供依据和指导

（三）人力资源规划的内容及程序

1. 人力资源规划的内容
2. 人力资源规划的程序

（四）人力资源规划的原则与目标

1. 人力资源规划的原则
2. 人力资源规划的目标

第二节　人力资源预测

（一）人力资源需求预测

1. 人力资源需求预测的步骤
2. 人力资源需求预测的方法

（1）人力资源需求预测的定性方法：管理评价法、德尔菲法。

（2）人力资源需求预测的定量方法：趋势分析法、比例分析法、回归分析法、计算机模拟法。

（二）人力资源供给预测

1. 人力资源供给预测的步骤
2. 人力资源供给预测的方法

技能清单法、替换单法、人力资源“水池”模型、马尔科夫模型。

（三）人力资源供需关系

1. 供过于求的调整方法
2. 供不应求的调整方法

第三节　人力资源战略规划

（一）人力资源战略规划概述

1. 人力资源战略规划的概念
2. 人力资源战略规划的产生和发展
3. 人力资源战略规划的意义
4. 人力资源战略与人力资源规划的关系

（二）人力资源战略规划的理论基础

1. 战略管理理论
2. 组织理论

（三）人力资源战略规划体系

1. 人力资源战略规划编制的目的
2. 人力资源战略规划编制的内容
3. 人力资源战略规划编制的层次
4. 人力资源战略规划编制的程序

三、考核知识点与考核要求

（一）人力资源规划概述

1. 识记

（1）人力资源规划的含义。

（2）人力资源规划的分类。

2. 领会

（1）人力资源规划的作用。

（2）人力资源规划的内容及程序。

（3）人力资源规划的原则与目标。

3. 应用

人力资源规划的内容与分类。

（二）人力资源预测

1. 识记

（1）人力资源需求预测的概念。

（2）人力资源需求预测的步骤。

（3）人力资源供给预测的概念。

2. 领会

（1）人力资源需求预测的方法。

（2）人力资源供给预测的方法。

（3）人力资源供需关系。

3. 应用

人力资源需求与供给的预测。

（三）人力资源战略规划

1. 识记

（1）人力资源战略规划的概念。

（2）组织的含义。

（3）组织的构成。

（4）人力资源战略规划编制的内容。

2. 领会

（1）战略规划的意义。

（2）人力资源战略规划的产生与发展。

（3）战略管理理论在不同时期的侧重点。

（4）人力资源战略与人力资源规划的关系。

四、本章重点与难点

本章重点：人力资源需求预测与人力资源供给预测的步骤和方法。

本章难点：人力资源战略规划体系。

第五章　招聘管理

一、学习目的与要求

通过本章的学习，了解招聘的概念和原则、人员选拔的概念、人员录用需要注意的问题，熟悉人员录用的原则，理解招聘的前提与流程及招聘者的职责，领会各种招募渠道的优点和缺点及适用范围，掌握人员招募计划的制订、实施和评估的具体内容，以及人员选拔的过程和人员选拔的方法。

二、课程内容

第一节　招聘概述

（一）招聘的概念和原则

1. 招聘的概念

2. 招聘的原则

（二）招聘的前提与流程

1. 招聘的前提

2. 招聘的流程

（三）招聘者的职责

人力资源部门与用人部门的工作职责。

第二节　人员招募

（一）人员招募的过程

（二）制订招募计划

1. 招募人数

2. 招募标准

3. 招募对象

4. 招募周期

5. 招募成本

6. 应征人员的估计

（三）实施招募计划

1. 招募人员的选择

2. 招募地点的选择

3. 招募时间的确定

4. 招募渠道的选择

5. 招募信息的发布

6. 招募的宣传策略

（四）招募效果评估

1. 招募效果评估的主要内容

2. 招募效果评估的指标体系

3. 增强招募效果的途径

4. 增强招募效果需注意的问题
第三节　人员选拔
（一）人员选拔的概念、过程和模式
1. 人员选拔的概念
2. 人员选拔的过程
3. 人员选拔的模式
（二）人员选拔的方法
1. 笔试
2. 心理测验
3. 面试
4. 情景模拟
第四节　人员录用
（一）人员录用的原则
1. 因事择人与因人任职相结合
2. 平等竞争原则
3. 慎用过分超过任职资格条件者的原则
4. 重工作能力原则
5. 工作动机优先原则
（二）人员录用的注意事项

三、考核知识点与考核要求

（一）招聘概述
1. 识记
（1）招聘的概念。
（2）招聘的原则。
（3）招聘者的职责。
2. 领会
（1）招聘的前提。
（2）招聘的流程。
（二）人员招募
1. 识记
（1）人员招募的过程。
（2）招募计划。
2. 领会
（1）招募渠道的选择。
（2）招募计划的内容和招募计划的实施。
3. 应用
招募效果评估。
（三）人员选拔
1. 识记

（1）人员选拔的概念。
（2）人员选拔的过程。
（3）人员选拔的模式。
2. 领会
人员选拔的方法。
3. 应用
面试的技术。
（四）人员录用
1. 识记
人员录用的原则。
2. 领会
人员录用须注意的事项。

四、本章重点与难点

本章重点：人员招募的前提与流程；人员招募的过程；人员选拔的方法；人员录用的原则。
本章难点：招募的渠道及人员选拔的方法。

第六章　人员素质测评

一、学习目的与要求

通过本章的学习，了解人员素质测评的概念、作用、原理和原则，理解人员素质测评的实施程序，掌握人员素质测评的方法。

二、课程内容

第一节　人员素质测评概述
（一）人员素质测评的相关概念
1. 素质与素质模型的含义
2. 素质的冰山模型
3. 素质的洋葱模型
4. 人员素质测评的含义
（二）人员素质测评的作用
1. 为人力资源培训开发提供科学依据
2. 为招聘选拔提供科学的评价技术与工具
3. 为人岗匹配提供基本依据
4. 为绩效考核和诊断提供解决方案
（三）人员素质测评的原理
1. 个体差异原理

2. 职位类别差异原理
3. 测量与评定原理
4. 定量方法与定性方法相结合的原理

（四）人员素质测评的类型

1. 配置性测评
2. 选拔性测评
3. 开发性测评
4. 考核性测评
5. 诊断性测评

（五）人员素质测评的原则

1. 客观性原则
2. 标准化原则
3. 信度和效度的原则
4. 可行性原则
5. 可比性原则

（六）人员素质测评的发展

1. 西方国家人员素质测评的发展
2. 我国现代人员素质测评的发展

第二节　人员素质测评方法

（一）心理测验

1. 心理测验的含义和特点
2. 心理测验的分类

（1）认知测验。

（2）人格测验。

（二）面试

1. 面试的特点
2. 面试的内容
3. 面试的方法和技巧

（三）评价中心

1. 评价中心的含义与特点
2. 评价中心测评的主要形式

主要有文件筐测验、无领导小组讨论、管理游戏和模拟面谈等。

第三节　人员素质测评的实施

（一）准备阶段

1. 构建测评指标体系
2. 确定测评的工具和方法
3. 培训测评人员

（二）实施阶段

1. 选择合适的测评时间和测评环境

2. 获取测评数据

（三）评定结果阶段

1. 分析测评结果

2. 做出决策和提出建议

（四）跟踪检验和反馈阶段

三、考核知识点与考核要求

（一）人员素质测评概述

1. 识记

人员素质测评的相关概念。

2. 领会

人员素质测评的作用、原理、类型、原则和发展。

（二）人员素质测评方法

1. 识记

（1）心理测验的含义和特点。

（2）能力倾向的概念。

（3）能力倾向和才能的异同。

（4）人格测验的相关概念。

（5）面试的特点。

（6）面试的主要内容。

（7）评价中心的含义和特点。

（8）评价中心测评的主要形式。

（9）无领导小组讨论的概念。

2. 领会

（1）心理测验的分类。

（2）智力测验。

（3）能力倾向测验。

（4）人格测验的主要形式。

（5）面试的技巧。

（6）文件筐测验的概念和形式。

（7）无领导小组讨论的优点及对题目的要求。

（8）管理游戏。

3. 应用

（1）面试的设计。

（2）无领导小组讨论的题目设计。

（三）人员素质测评的实施

1. 识记

素质测评的实施程序。

2. 领会
实施测评各阶段的内容。
3. 应用
实施素质测评的方案设计。

四、本章重点与难点

本章重点：人员素质测评的方法。
本章难点：人员素质测评的实施。

第七章　员工培训

一、学习目的与要求

通过本章的学习，了解员工培训的概念、作用和理论，理解员工培训的内容，掌握员工培训的步骤和方法。

二、课程内容

第一节　员工培训概述
（一）培训的概念
正确理解教育和培训的区别。
（二）员工培训的作用
1. 培训是调整人与事之间的矛盾、实现人事和谐的重要手段
2. 培训是快出人才、多出人才的重要途径
3. 培训是调动员工积极性的有效办法
4. 培训是建立优秀企业文化的有力杠杆
（三）培训理论
1. 成人学习理论
2. 刺激－反应理论
3. 社会学习理论
第二节　员工培训的内容和步骤
（一）新员工培训
1. 新员工培训的概念
2. 新员工培训的意义
3. 新员工培训的内容
（二）在职员工培训
1. 在职员工的概念
2. 在职员工培训应注意的问题
3. 在职员工的分类培训

（三）员工培训的步骤

1. 培训需求分析

（1）培训需求分析的概念。

（2）培训需求层次分析。

（3）培训需求分析方法。

2. 拟订培训计划

3. 实施培训计划

4. 培训成果转化

5. 培训效果评估

第三节　员工培训的方法

（一）讲授法

1. 讲授法的概念

2. 讲授法的优点和缺点

（二）案例分析法

1. 案例分析法的概念

2. 案例选择的基本要求

3. 案例分析法的优点和缺点

（三）角色扮演法

1. 角色扮演法的概念

2. 角色扮演法实施的要求

3. 角色扮演法的优点和缺点

（四）头脑风暴法

1. 头脑风暴法的概念

2. 头脑风暴法应遵循的原则

3. 头脑风暴法实施的基本要点

4. 头脑风暴法的优点及影响因素

（五）视听法

1. 视听法的概念

2. 视听法的优点和缺点

（六）游戏法

1. 游戏法的概念

2. 游戏法的原则

3. 游戏法的优点和缺点

（七）碎片化学习法

1. 碎片化学习法的概念

2. 碎片化学习法的优点和缺点

3. 如何使碎片化学习法更有效

4. 碎片化学习法的形成原因与发展前景

三、考核知识点与考核要求

（一）员工培训概述

1. 识记

员工培训的概念；教育和培训的区别。

2. 领会

员工培训的作用及培训理论。

（二）员工培训的内容和步骤

1. 识记

（1）新员工培训的概念。

（2）在职员工培训的概念。

2. 领会

（1）新员工培训的意义。

（2）新员工培训的内容。

（3）在职员工培训的分类。

（4）员工培训步骤中的相关概念。

3. 应用

员工培训步骤。

（三）员工培训的方法

1. 识记

员工培训方法的相关概念。

2. 领会

员工培训方法的内容和特点。

3. 应用

员工培训方法的应用。

四、本章重点与难点

本章重点：员工培训的步骤和方法（包括每个步骤中的重要内容和每种方法的特点）。

本章难点：员工培训效果评估。

第八章　绩效管理

一、学习目的与要求

通过本章的学习，了解绩效、绩效管理、绩效计划等基本概念，理解绩效管理的作用、绩效管理体系的内容、绩效计划的主要内容等，掌握绩效计划的主要工具、绩效沟通的方式、绩效考核的方法、绩效反馈面谈等。

二、课程内容

第一节　绩效管理概述

（一）绩效的含义与特点

1. 绩效的含义
2. 绩效的特点

（二）绩效管理

1. 绩效管理的含义
2. 绩效管理的作用

（三）绩效管理体系的含义与内容

1. 绩效管理体系的含义
2. 绩效管理体系的内容

第二节　绩效计划

（一）绩效计划的含义与作用

1. 绩效计划的含义
2. 绩效计划的作用

（二）绩效计划的主要内容

1. 绩效目标的制定
2. 绩效考核周期

（三）绩效计划的主要工具

1. 关键绩效指标
2. 平衡计分卡

（四）绩效沟通

1. 绩效沟通的含义和作用
2. 绩效沟通的内容与方式

第三节　绩效考核

（一）绩效考核的含义与作用

1. 绩效考核的含义
2. 绩效考核的作用

（二）绩效考核的流程

1. 确立目标
2. 建立评价系统
3. 整理数据
4. 分析判断
5. 输出结果

（三）绩效考核体系

1. 绩效考核的主体
2. 绩效考核的内容和方法
3. 绩效考核周期

（四）绩效考核中常见的误区

1. 首因效应

2. 近因效应

3. 从众效应

4. 晕轮效应

5. 趋中效应

6. 拟己效应

7. 个性效应

8. 情感效应

第四节　绩效反馈

（一）绩效反馈的含义

（二）绩效反馈面谈

1. 绩效反馈面谈的准备

2. 绩效反馈面谈的程序

3. 绩效反馈面谈的技巧

（三）绩效改进

1. 绩效改进的含义

2. 绩效改进的过程

（四）绩效考核结果的应用

1. 用于招募与甄选

2. 用于人员调配

3. 用于人员培训与开发决策

4. 用于确定和调整员工薪酬

三、考核知识点与考核要求

（一）绩效管理概述

1. 识记

（1）绩效的含义与特点。

（2）绩效管理和绩效管理体系的概念。

2. 领会

（1）绩效管理的作用。

（2）绩效管理体系的内容。

（二）绩效计划

1. 识记

（1）绩效计划的含义。

（2）关键绩效指标的含义。

（3）平衡计分卡的含义。

（4）绩效沟通的含义。

2. 领会
（1）绩效计划的作用。
（2）绩效计划的主要内容。
（3）关键绩效指标的特点。
（4）平衡计分卡的特点。
（5）绩效沟通的作用。
3. 应用
（1）关键绩效指标设计流程、平衡计分卡的实施流程。
（2）绩效沟通的内容与方式。

（三）绩效考核

1. 识记
（1）绩效考核的含义。
（2）绩效考核的作用。
2. 领会
（1）绩效考核的流程。
（2）绩效考核的主体、绩效考核周期。
（3）绩效考核的内容和方法。
（4）绩效考核中常见的误区。

（四）绩效反馈

1. 识记
（1）绩效反馈的含义。
（2）绩效改进的含义。
2. 领会
（1）绩效反馈面谈的准备。
（2）绩效反馈面谈的程序。
（3）绩效改进的过程。
3. 应用
（1）绩效反馈面谈的技巧。
（2）绩效考核结果的应用。

四、本章重点与难点

本章重点：绩效考核。
本章难点：绩效沟通与绩效反馈。

第九章　薪酬管理

一、学习目的与要求

通过本章的学习，了解薪酬的概念、构成和功能，理解薪酬的水平与结构，掌握薪酬设计的原则和基本流程。

二、课程内容

第一节 薪酬概述

（一）薪酬的概念

（二）薪酬的分类与构成

1. 薪酬的分类
2. 薪酬的构成

（三）薪酬的功能

1. 薪酬对员工的功能
2. 薪酬对企业的功能
3. 薪酬对社会的功能

第二节 薪酬水平和薪酬结构

（一）薪酬水平

1. 薪酬水平的概念和分类
2. 薪酬水平的影响因素
3. 薪酬水平的衡量

（二）薪酬结构

1. 薪酬结构的含义
2. 薪酬结构的构成要素
3. 薪酬结构的类型

第三节 薪酬设计

（一）薪酬设计原则

1. 公平性
2. 竞争性
3. 激励性
4. 经济性
5. 合法性
6. 战略性

（二）薪酬设计的基本流程

1. 确定薪酬原则和策略
2. 工作分析
3. 工作评价

常用方法有排序法、套级法、因素比较法、评分法。

4. 薪酬调查
5. 工资结构设计
6. 工资分级定薪
7. 薪酬体系的实施和修正

三、考核知识点与考核要求

（一）薪酬概述

1. 识记

薪酬的概念和分类。

2. 领会

（1）薪酬的构成。

（2）薪酬的功能。

（二）薪酬水平和薪酬结构

1. 识记

（1）薪酬水平的概念。

（2）薪酬结构的含义。

2. 领会

（1）薪酬水平的影响因素及衡量。

（2）薪酬结构的构成与类型。

（三）薪酬设计

1. 识记

（1）薪酬设计的相关概念。

（2）工作评价的概念、方法。

2. 领会

（1）薪酬设计的六个原则。

（2）薪酬调查的步骤。

3. 应用

薪酬设计的基本流程（各个环节的内容）。

四、本章重点与难点

本章重点：薪酬构成、薪酬水平、薪酬结构。

本章难点：薪酬设计流程及应用。

第十章　职业生涯管理

一、学习目的与要求

通过本章的学习，了解职业生涯管理的概念、作用和理论，理解职业生涯管理的内容，掌握职业生涯规划的步骤和方法。

二、课程内容

第一节　职业生涯管理概述

（一）职业生涯管理的相关概念

1. 职业的含义和特征
2. 生涯的含义
3. 职业生涯的含义
4. 职业生涯管理的含义

（二）职业生涯管理的作用

1. 职业生涯管理可以使员工掌握职业发展的方法，获得公平持续的发展
2. 职业生涯管理可以使员工人尽其才，获得适宜的发展
3. 职业生涯管理可以实现员工发展与组织发展的统一
4. 职业生涯管理是组织吸引和留住人才的重要措施

（三）职业生涯管理中的责任

1. 员工的责任
2. 直线管理者的责任
3. 组织和人力资源部门的责任

第二节　职业生涯管理理论

（一）职业生涯发展阶段理论

1. 金斯伯格的职业生涯发展阶段理论
2. 舒伯的职业生涯发展阶段理论

（二）职业选择理论

1. 帕森斯的职业－人员匹配理论
2. 霍兰德的人格类型－职业类型匹配理论

（三）职业锚理论

1. 职业锚的概念
2. 职业锚的类型
3. 职业锚的功能

第三节　员工职业生涯规划

（一）员工职业生涯规划的概念和意义

1. 员工职业生涯规划的概念
2. 员工职业生涯规划的意义

（二）员工职业生涯规划的步骤和内容

1. 自我剖析与定位
2. 职业生涯机会评估
3. 职业生涯目标与路线的设定
4. 职业生涯策略的制定与实施
5. 职业生涯规划的反馈与修正

（三）员工职业生涯规划的影响因素

1. 教育背景

2. 家庭

3. 个性与职业理想

4. 外部环境

（四）不同类型员工的职业生涯规划

1. 财务类人员的职业生涯规划

2. 营销类人员的职业生涯规划

3. 生产类人员的职业生涯规划

4. 研发类人员的职业生涯规划

第四节 组织的职业生涯设计

（一）职业生涯发展途径及其规划

职业生涯发展途径可分为纵向的、横向的、网状的、多阶梯发展四种类型。

（二）职业生涯周期管理

1. 对处于职业生涯早期的员工的管理

2. 对处于职业生涯中期的员工的管理

3. 对处于职业生涯后期的员工的管理

（三）职业生涯延伸管理

1. 关注员工健康

2. 处理员工工作与生活的矛盾

3. 帮助员工再就业

4. 员工退休管理

三、考核知识点与考核要求

（一）职业生涯管理概述

1. 识记

职业生涯管理的相关概念。

2. 领会

职业生涯管理的作用和责任。

（二）职业生涯管理理论

1. 识记

职业生涯发展阶段理论、职业选择理论、职业锚理论的相关概念。

2. 领会

职业生涯发展阶段理论、职业选择理论、职业锚理论的主要内容。

（三）员工职业生涯规划

1. 识记

（1）员工职业生涯规划的概念。

（2）员工职业生涯规划的步骤。

（3）不同类型员工的职业特点、个性特点。

2. 领会

（1）员工职业生涯规划的内容。

（2）员工职业生涯规划的影响因素。

3. 应用

不同类型员工的职业生涯规划。

（四）组织的职业生涯设计

1. 识记

（1）职业生涯发展途径的类型。

（2）处于职业生涯早期和晚期的员工的心理特征。

（3）员工组织化的概念。

2. 领会

（1）组织对处于职业生涯中期的员工的管理任务。

（2）组织对处于职业生涯晚期的员工的管理任务及方法。

（3）预防职业生涯中期危机。

（4）职业生涯延伸管理。

四、本章重点与难点

本章重点：职业生涯规划的步骤和方法；不同类型员工的职业生涯规划。

本章难点：职业生涯理论及其应用。

Ⅳ.关于大纲的说明与考核实施要求

一、课程自学考试大纲的目的和作用

“人力资源管理（初级）”课程自学考试大纲是根据专业自学考试计划的要求，结合自学考试的特点而制定的，其目的是对个人自学、社会助学和课程考试命题进行指导和规定。

“人力资源管理（初级）”课程自学考试大纲明确了课程学习的内容及其深度和广度，规定了课程自学考试的范围和要求。因此，它是编写自学考试教材和辅导书的依据，是社会助学组织进行自学辅导的依据，是自学者学习教材、掌握课程内容知识范围和程度的依据，也是进行自学考试命题的依据。

二、课程自学考试大纲与教材的关系

“人力资源管理（初级）”课程自学考试大纲是进行学习和考核的依据，教材则包含了学习掌握课程知识的基本内容与范围，教材的内容是大纲所规定的课程知识和内容的扩展与发挥。课程内容在教材中可以体现一定的深度或难度，但在大纲中对考核的要求一定要适当。

“人力资源管理（初级）”课程自学考试大纲与教材所体现的课程内容基本一致，大纲里面的课程内容和考核知识点，教材里都会有；反过来，教材里的有些内容，大纲里就不一定体现。

三、关于自学教材

指定教材：《人力资源管理（初级）》，全国高等教育自学考试指导委员会组编，赵凤敏主编，中国人民大学出版社，2023 年版。

四、关于自学要求和自学方法的指导

“人力资源管理（初级）”课程的基本要求是依据行政管理等专业考试计划和专业培养目标而确定的。它不仅明确了课程的基本内容，而且还明确了对基本内容的掌握程度。考核要求中的知识点构成了课程内容的主体部分。因此，课程基本内容掌握程度、课程考核知识点是高等教育自学考试考核的主要内容。

为了有效地指导个人自学和社会助学，本大纲已经指明了课程的重点和难点，各章的基本要求也明确了该章的重点和难点。

“人力资源管理（初级）”课程共 6 学分。在自学过程中应注意以下几方面：

1. 本课程以学习大纲和教材为主。大纲明确考核知识点，教材全面地阐述了人力资源管理的基本知识、基本理论和基本方法，要把大纲、教材结合起来学习。

2. 在全面阅读教材的基础上，真正理解、弄懂人力资源管理的基本知识、基本理论和基本方法。理解、弄懂的办法：一是认真思考章后的思考题，一直到有了明确的答案为止；二是把基本知识、基本理论联系起来理解，既看到它们之间的区别，又看到它们之间的联系；三是联系实际，把基本知识、基本理论和基本方法放在人力资源管理工作实践中来理解，在理解的基础上灵活运用，切忌死记硬背。

3. 教材是按照人力资源管理的各个职能，从不同侧面来阐述人力资源管理内容的。学习中要把握各章、节之间的联系，这样有助于理解和记住全书的内容。

五、对社会助学的建议

1. 建议本课程的基本学时为 108 小时，在讲授的时候应重点突出。

2. 社会助学组织的作用是帮助考生系统地学习本课程，达到课程考试大纲规定的各项要求。社会助学者要熟知考试大纲对课程总的要求和各章的知识点，准确理解各知识点要求达到的认知层次和考核要求，帮助考生端正学习态度，改进学习方法，理解、弄懂、掌握教材内容，提高分析问题、解决问题的能力和应考能力，要引导考生防止自学中的各种偏向，切忌随意增删内容和提高或降低要求。

3. 要正确处理重点和一般的关系。课程内容有重点和一般之分，但考试内容是全面的，因此，不能只抓重点而不顾及一般。而且重点内容和一般内容有时是相互联系的，了解了一般内容有助于对重点内容的理解，抓住了重点内容可以促进对一般内容的掌握。

4. 要正确理解掌握知识、提高能力和参加考试的关系。社会助学者要注重提升考生的全面素质，不要引导考生死记硬背，也不要引导考生猜题、押题。

六、对考核内容的说明

本课程要求考生学习和掌握的知识点内容都作为考核的内容。课程中各章的内容均由若干知识点组成，在自学考试中称为考核知识点。因此，本课程自学考试大纲对所规定的考试内容进行分解，并以考核知识点的方式给出。由于各个知识点在课程中的地位、作用以及知识自身的特点不同，自学考试对各知识点分别按照不同认知能力的层次确定其考核要求。“人力资源管理（初级）”课程按照内容的范围，对考核知识点分别按识记、领会、应用三个认知能力层次确定其考核要求并注重理论联系实际。

七、关于考试命题的规定

1. 本课程采用闭卷笔试方式进行考试，考试时长为 150 分钟，用黑（蓝）色笔作答。

2. 本课程命题考试的范围为本大纲各章所列考核知识点规定的内容。命题要注意试题的覆盖面，并适当突出重点章节，体现本课程的重点内容。

3. 本课程试卷中对不同认知能力层次要求的分数占比一般为：识记占 30%，领会占 50%，应用占 20%。

4. 试卷的难易程度要合理。试题的难易程度分为易、较易、较难和难四个等级。每份试卷中不同难度试题的分数占比一般为：易占 20%，较易占 35%，较难占 30%，难占 15%（难易程度与能力层次是两个不同的概念，每个能力层次中都有难易度的问题）。

5. 本课程考试命题的题型主要有单项选择题、多项选择题、简答题、论述题、分析说明题、案例分析题等。

6. 本课程考试满分为 100 分，达到 60 分者为合格，合格者得 6 学分，获得本课程的单科合格证书。

附录　参考样卷

一、单项选择题：本大题共25小题，每小题1分，共25分。在每小题列出的备选项中只有一项是最符合题目要求的，请将其选出。

1. 在全社会范围内对人力资源的计划、配置、开发和使用的过程被称为（　　）

A. 宏观人力资源管理　　B. 地区人力资源管理

C. 微观人力资源管理　　D. 部门人力资源管理

2. 人力资源的使用过程也是开发过程，只有不断学习，才能跟上时代步伐。人力资源的这一特征是指（　　）

A. 生成过程的时代性　　B. 闲置过程的消耗性

C. 使用过程的时效性　　D. 开发过程的持续性

3. 对衣食住行等人类生活最基本的需求，属于马斯洛需求层次理论内容的是（　　）

A. 生理的需要　　B. 安全的需要

C. 爱和归属的需要　　D. 尊重的需要

4. 提出双因素理论的学者是（　　）

A. 弗鲁姆　　B. 马斯洛

C. 阿德福　　D. 赫茨伯格

5. 亚当斯公平理论研究的是（　　）

A. 人的需要和动机的关系　　B. 人的动机和知觉的关系

C. 人的努力和绩效的关系　　D. 人的绩效和奖励的关系

6. 职责的繁简难易、轻重大小及所需资格条件并不相同，但工作性质相似的所有职位的集合被称为（　　）

A. 职权　　B. 职务

C. 职系　　D. 职位

7. 某企业人力资源部通过调查分析等方法，对各岗位的工作任务、工作环境、工作职责以及任职人员的资格要求等，用书面的方式系统地做了描述。这份书面文件被称为（　　）

A. 工作规范　　B. 工作说明书

C. 绩效考核指标　　D. 职业发展规划

8. 小王每天按时间顺序将自己所进行的工作任务、工作过程记录下来，为工作分析提供信息和依据。小王这种做法属于工作分析方法中的（　　）

A. 参与法　　B. 观察法

C. 问卷法　　D. 工作日志法

9. 制定人力资源规划时把企业人力资源规划作为整体，将企业内不同层次、不同部门统一规划，此种做法遵循的原则是（　　）

A. 系统性原则　　B. 适应性原则

C. 科学性原则　　D. 开放性原则

10. 企业制定人力资源规划的主要目的是 （ ）
A. 配备足够人力资源
B. 建设优秀企业文化
C. 构建有效管理模式
D. 科学评价员工绩效

11. 采用问卷调查方式，多次听取专家意见，最后达成一致的定性预测技术被称为 （ ）
A. 德尔菲法
B. 管理评价法
C. 马尔科夫法
D. 回归分析法

12. 人员招聘的两个基本前提是 （ ）
A. 工作描述和工作说明书
B. 人力资源规划和工作设计
C. 工作描述和工作设计
D. 人力资源规划和工作说明书

13. 强调人员录用必须按照岗位的特性并根据工作的需要来进行，这一原则被称为 （ ）
A. 因事择人
B. 平等竞争
C. 因人任职
D. 重工作能力

14. 在招聘过程中，承担招聘计划制订职责的部门是 （ ）
A. 用人部门
B. 政府部门
C. 劳动力市场
D. 人力资源部门

15. 某企业在管理过程中遇到了一些问题，需要从人员素质方面查找原因，这时可以使用的人员素质测评类型是 （ ）
A. 选拔性测评
B. 诊断性测评
C. 配置性测评
D. 开发性测评

16. “素质的洋葱模型”比“素质的冰山模型”更加突出的特征是 （ ）
A. 层次性
B. 动机性
C. 技能性
D. 知识性

17. 人员素质测评方案所需要的时间、人力、物力、财力要为使用者的客观条件所允许，这一原则被称为 （ ）
A. 客观性原则
B. 可行性原则
C. 可比性原则
D. 标准化原则

18. 员工培训工作的起点是 （ ）
A. 培训需求分析
B. 培训方案设计
C. 培训计划实施
D. 培训效果评估

19. 为了增进小张和小李的相互理解，人力资源部门为他们安排了互换工作岗位的场景，让他们在逼真的环境中相互理解对方的处境，以减少彼此的误解。这种培训方法是 （ ）
A. 讲授法
B. 案例分析法
C. 角色扮演法
D. 头脑风暴法

20. 绩效管理中的 KPI 指的是 （ ）
A. 关键成功因素
B. 关键绩效指标
C. 关键知识技能
D. 关键财务指标

21. 小刘是办公室的收发员，一次她将本应加急寄出的邮件作为普通邮件寄出，导致公司失去了一个重要客户，办公室主任立即将此事记录在案，作为年终考核的依据之一。这种绩效考核的方法是（　　）

A. 行为观察法　　B. 强制分布法

C. 关键事件法　　D. 配对比较法

22. 薪酬设计中实现内在公平的关键一步是（　　）

A. 工作分析　　B. 工作评价

C. 工作描述　　D. 工作设计

23. 薪酬设计的基本原则是（　　）

A. 竞争性　　B. 激励性

C. 公平性　　D. 合法性

24. 通过工作轮换增加员工阅历，从而在职位未提升的情况下增加员工的满意感。这种职业生涯发展途径属于（　　）

A. 纵向职业途径　　B. 横向职业途径

C. 网状职业途径　　D. 多阶梯职业途径

25. 根据霍兰德人业互择理论，具有喜欢冒险、精力充沛、果敢、乐观、自信特征的人格类型为（　　）

A. 调研型　　B. 艺术型

C. 企业型　　D. 常规型

二、多项选择题：本大题共5小题，每小题2分，共10分。在每小题列出的备选项中至少有两项是符合题目要求的，请将其选出。错选、多选或少选均无分。

26. 战略性人力资源管理的衡量标准包括（　　）

A. 基础工作的健全程度　　B. 组织系统的完善程度

C. 领导观念的更新程度　　D. 综合管理的创新程度

E. 管理活动的精确程度

27. 下列选项中，属于绩效考核常见的问题有（　　）

A. 晕轮效应　　B. 近因效应　　C. 趋中效应

D. 蝴蝶效应　　E. 鲶鱼效应

28. 下列选项中，属于工作设计常用的方法有（　　）

A. 工作轮换　　B. 职位分类法　　C. 工作丰富化

D. 工作扩大化　　E. 要素计点法

29. 人员招聘应遵循的原则有（　　）

A. 公开　　B. 竞争　　C. 平等

D. 择优　　E. 守法

30. 影响企业薪酬水平的宏观因素有（　　）

A. 劳动生产率水平　　B. 积累消费水平　　C. 政府政策法规

D. 企业经营效益　　E. 劳动力市场供给状况

三、简答题：本大题共5小题，每小题6分，共30分。

31. 简述激励概念包含的内容。
32. 简述人力资源规划的作用。
33. 简述人员素质测评的原理。
34. 简述员工培训计划的主要内容。
35. 简述绩效管理体系的内容。

四、论述题：本题10分。

36. 试述提高面试效果的对策。

五、分析说明题：本题10 分。

37. 背景资料：

赵女士是国内某著名大学会计学学士，在接受了许多公司的面试后，她选择了某著名会计公司的一个职位，并被派到某市办事处。两年来，工作一直像她希望的那样具有挑战性，让人满意，上级对她的工作也很认可，她刚刚得到了加薪。但是赵女士最近几周的工作积极性急速下降，原因是办事处刚刚聘用了一个某地方高校的应届本科毕业生。和赵女士相比，此人缺少实践经验，但工资却比赵女士现在的工资还多 100 元。除了愤怒外，用其他任何语言都无法描述赵女士现在的心情，她甚至不想干了。

问题：请你用亚当斯公平理论分析说明赵女士为什么会不满。

六、案例分析题：本题15分。

38. 小张的职业生涯体验

小张是 HW 公司新入职的工程师，在刚入职时发现有部分员工离职，不禁怀疑这个公司是不是已经没有发展前途了。小张找到人力资源部问这个问题，人力资源部部长感叹说："原因确实是我们之前没有做好，但是我们现在已经完善了员工职业生涯规划模块。你正好是新入职的员工，可以经历我们这一整个流程，如果有什么好的建议也可以向我们提。"就这样，小张心怀疑虑继续工作。一周后，公司统一给新入职的员工做培训，给每个新入职的员工分配了有经验的导师，并给员工做各种测试。测试报告显示小张可能不太适合太枯燥的研发工作，可能更适合市场推广类的工作。小张心里还是比较疑惑的，自己学的可是计算机专业。人力资源部部长对他说："这个结果只是一个参考，你先认真干工程师的工作，如果哪一天你想试一下市场推广类的工作，可以向公司提出申请，公司会根据你的实际情况考虑的。"小张跟自己的导师谈论了这个问题，导师也很支持他，并给他提了一些建议。跟导师聊完之后，小张才像吃了一颗定心丸，安心做工程师的工作。

就这样，在导师的帮助下过了大半年，小张对工程师的工作是越来越没兴趣了，每天都无精打采的。这时候，人力资源部部长发现了这个问题，主动找小张沟通，并建议他去市场推广部试一下。在市场部待了三个月之后，小张发现自己是真的喜欢这个岗位，每天都和不同的人打交道，每天都充满热情，于是和自己的导师、人力资源部部长一起讨论，导师很尊重小张的选择，重新制定了小张的职业生涯规划，小张对这个规划非常满意，心里想着选择这个公司是没有错的。

问题：（1）组织和人力资源部门在职业生涯管理中的责任是什么？

（2）HW公司对新员工的职业生涯管理有哪些可借鉴之处？

参考样卷答案

一、单项选择题

1. A	2. D	3. A	4. D	5. B
6. C	7. B	8. D	9. A	10. A
11. A	12. D	13. A	14. A	15. B
16. A	17. B	18. A	19. C	20. B
21. C	22. B	23. C	24. B	25. C

二、多项选择题

26. A B C D E	27. A B C	28. A C D
29. A B C D E	30. A B C E	

三、简答题

31. 激励概念包含的内容有：

（1）激励的对象是需要尚未得到满足的员工。

（2）科学的激励工作需要奖励和惩罚并举。

（3）激励贯穿于企业员工工作的全过程。

（4）信息沟通贯穿于激励工作的始终。

（5）激励的最终目的是实现组织特定目标。

32. 人力资源规划的作用有：

（1）有利于企业制定长远的战略目标和发展规划。

（2）确保企业在生存发展过程中对人力资源的需求。

（3）有利于人力资源管理活动的有序化。

（4）使企业有效地控制人工成本。

（5）有助于满足员工需求和调动其积极性。

（6）为企业的人事决策提供依据和指导。

33. 人员素质测评的原理有：

（1）个体差异原理。

（2）职位类别差异原理。

（3）测量与评定原理。

（4）定量方法与定性方法相结合的原理。

34. 员工培训计划的主要内容有：

（1）培训的内容和目标。
（2）培训对象。
（3）培训时间和期限。
（4）培训场所。
（5）师资。
（6）培训方法、课程和教材。
35. 绩效管理体系的内容有：
（1）绩效计划。
（2）绩效实施。
（3）绩效考核。
（4）绩效反馈与调整。

四、论述题

36. 提高面试效果的对策有：
（1）做好面试前的准备工作。
（2）紧紧围绕主题提问题。
（3）对每一个应试者一视同仁。
（4）营造和谐的气氛。
（5）保持良好的互动。
（6）防止先入为主。
（7）注意非语言行为。
（8）防止“与我相似”的心理因素。
（9）避免暗示。
（10）尽可能采用小组面试。

五、分析说明题

37. 用公平理论分析说明赵女士不满的原因：

（1）公平理论认为，员工的工作动机不仅受其报酬的绝对值的影响，而且还受到报酬的相对值的影响。

（2）如果报酬的相对值较高，员工就会感觉到自己的付出得到了比较公平的对待，就会感到满意。

（3）如果报酬的相对值较低，员工就会感到不公，产生消极情绪，从而影响工作。

（4）员工比较的对象是同事或自己以前的情况。材料中赵女士比较的对象是刚毕业的大学生。

（5）赵女士不满的原因是因为感觉到没有获得公平的待遇。

六、案例分析题

38.（1）组织和人力资源部门在职业生涯管理中的责任有：
1）举办职业生涯研讨会，协助员工进行自我评估和目标设置。

2）提供关于职业和工作机会的信息。
3）制定职业生涯规划工作手册，通过一系列的练习、讨论对员工进行指导。
4）提供职业生涯咨询，与员工一起解决职业生涯发展中的问题。
5）提供职业生涯发展路径。
（2）借鉴之处有：
1）帮助新员工制定职业生涯规划。
2）给新员工做培训。
3）给新员工做测试。
4）给新员工配备导师。
5）给新员工更多选择机会。

大纲后记

《人力资源管理（初级）自学考试大纲》是根据《高等教育自学考试专业基本规范（2021年）》的要求，由全国高等教育自学考试指导委员会公共管理类专业委员会组织制定的。

全国考委公共管理专业委员会对本大纲组织审稿，根据审稿会意见由编者做了修改，最后由公共管理类专业委员会定稿。

本大纲由对中国青年政治学院赵凤敏教授、袁志勇教授和陈芳教授负责编写。参加审稿并提出修改意见的是上海交通大学刘帮成教授、南京大学周建国教授。

对参与本大纲编写和审稿的各位专家表示感谢。

全国高等教育自学考试指导委员会
公共管理类专业委员会
2023年5月

全国高等教育自学考试指定教材

人力资源管理
（初级）

全国高等教育自学考试指导委员会　组编

编者的话

党的二十大报告提出，深入实施人才强国战略，并强调加快建设世界重要人才中心和创新高地，促进人才区域合理布局和协调发展，着力形成人才国际竞争的比较优势，这为人力资源管理的理论与实践指明了方向。人力资源管理的重要性已经得到社会各界的广泛认同，当今世界，科学技术飞速发展，发明创造层出不穷，人力资源管理的研究也在不断拓展，新的管理理念不断涌现。人力资源管理知识的科学价值及在实践中显示的巨大潜力，激发了人们学习和掌握人力资源管理理论知识和技能的迫切要求。本教材的编写就是顺应这一需求，为参加高等教育自学考试的考生提供力所能及的帮助。

为了适应我国高等教育自学考试教育发展的新形势，培养应用型人才，满足广大考生学习的需要，在全国高等教育自学考试指导委员会的指导下，编写了这本教材。

本教材的特点如下：

（1）理论知识的前沿性。本书在追求作为教材的成熟性和完整性的同时，力求在人力资源管理理论和实践方面反映出最新的、最前沿的成果，体现人力资源管理的发展动向与趋势。例如，在战略人力资源管理的思想、工作分析与工作设计的思路和方法、员工素质模型与测评方法等方面都有较新的内容。

（2）内容安排的基础性。在内容安排上，本书紧密结合人力资源管理职能，注重操作方面程序和方法的介绍以及管理技能的提升。针对考生的情况，教材内容的选择尽量做到基础、少而精，突出了能力的训练和培养。

（3）案例选择的多样性。本书结合基本理论和相关知识点，选择了大量生动的、与时代同步的成功企业人力资源管理案例、拓展阅读和相关链接等帮助考生更好地理解和掌握理论知识，而且在每个案例之后还做了有针对性的点评，更加有助于考生提高运用人力资源管理理论知识去分析和解决实际问题的能力。

编者在案例收集和编写过程中，参考了许多专家、学者和互联网上未署名的相关研究成果，吸收了许多观点，在此致以诚挚的谢意。

本书在策划、编写和出版过程中，得到了全国高等教育自学考试指导委员会公共管理类专业委员会的大力支持和帮助，谨表深切谢意。

由于时间、精力和水平有限，书中难免有不妥之处，欢迎广大考生和读者批评指正。

赵凤敏
2023 年 5 月

第一章

人力资源管理导论

本章要点

■ 人力资源相关概念；
■ 人力资源的特征和作用；
■ 人力资源相关理论；
■ 人力资源管理的概念、作用和主要活动；
■ 人力资源管理和传统人事管理的联系与区别；
■ 人力资源管理的模式和发展趋势；
■ 战略性人力资源管理的相关概念；
■ 人力资源战略的相关概念。

案例 1-1

华为的人力资源管理

华为创立于1987年，是全球领先的信息与通信（ICT）基础设施和智能终端提供商。目前，华为约有19.5万名员工，业务遍及170多个国家和地区，为全球30多亿人提供服务。

华为多年快速发展的关键驱动要素就是人力资源管理，这是华为回过头来看自己30多年的发展历程总结出的一句话，也是如今众多企业纷纷想学习和效仿的。华为的人力资源管理，一直是伴随着公司业务发展情况的不断变化而进行不断调整的，也是在摸着石头过河中探索过来的，从人力资源管理的发展历程来讲总体可大致分为四个阶段。

第一，人事管理阶段（高度授权，凝聚人才）。

这个阶段属于创业之初。公司规模小，业务比较简单，机会较多，需要大量的人员。公司成立了人事部，主要负责各项人事事务管理工作，中心任务就是搜罗人才，组建队伍，迅速补充相应人才，以及保留价值人才。当时，华为公司内部的人力资源政策也是比较简单的，员工的招聘、考核评价、分配等事项基本上都凭感觉，完全是凭经验来进行人事管理。

第二，人力资源管理阶段（规范化、职能化）。

这个阶段属于快速发展期。从1996年开始，公司的人越来越多，业务发展迅速，范围也从国内拓展到国外，但这时的管理跟不上。为了解决这个问题，公司成立了人力资源部，开始系统构建人力资源管理体系，设置专业的六大模块，即招聘、培训、绩效、薪酬、组织、员工关系，人力资源管理从无序到有序，逐步走向规范化和职能化。同时，人力资源部还承担起赋能的责任，向业务主管灌输各种人力资源的专业知识，协助他们从拍脑袋管理转向专业管理。

华为建立人力资源开发体系，就像研发产品和钻研技术一样。华为通过不断完善与改进，逐渐建立起人力资源管理制度，从而实现对人才的有效梯队管理，并搭建了相应的机制，包括干部管理的建设机制。值得一提的是，华为在这个时期已经开始系统思考自己的企业文化，“华为基本法”也就是从这个时候开始逐渐成形的，这标志着华为的企业文化从感性走向了理性，由摸着石头过河走向了系统的顶层设计。

第三，人力资源业务合作伙伴阶段（理解业务，创造价值）。

在这个时期，华为公司的业务已经走向全球化，人员结构和业务发展都越来越多元化。华为的人力资源管理向业务合作伙伴（Human Resource Business Partner，HRBP）转型。华为从2008年就开始尝试HRBP，借鉴业界人力资源管理的实践，从研发体系开始进行试点。华为对HRBP角色的核心期望是：（1）战略伙伴；（2）人力资源（HR）解决方案集成者；（3）HR流程原作者；（4）关系管理者；（5）变革推动者；（6）核心价值观传承的驱动者。

人力资源业务合作伙伴是企业派驻到各个业务部或事业部的人力资源管理者，主要协助各业务单元高层及经理在员工发展、人才发掘、能力培养等方面的工作。其主要工作内容是负责公司的人力资源管理政策体系、制度规范在各业务单元的推行落实，协助业务单元完善人力资源管理工作，并帮助培养和发展业务单元各级干部的人力资源管理能力。应该说，华为HRBP的建设是业界HR发展和演进的方向。

第四，人力资源战略管理阶段（完善职业化体系，制定长远战略规划）。

这个阶段华为着重强调组织优化、组织能力和组织效率的提升。从2013年开始，华为的人力资源管理逐步从业务合作伙伴走向人力资源战略管理。这个时期，价值链的管理是人力资源价值贡献实现的路径，也就是从价值创造和价值评价角度将人力资源价值贡献全部串联起来。

简而言之，对于华为而言，其人力资源管理不再是事后的支持职能，也不再是企业的一个侧支，而成为企业主价值链的一部分，不仅关联客户，还直接进入企业的战略前端。华为的人力资源体系发展到这个阶段已经形成了良性的循环。华为人力资源管理团队通过这个体系将价值传递到最终的客户端，畅通无阻地实现了由人力资源管理向利益的转化。从某种意义上说，这是具有创造性的。

资料来源：胡劲松．人力资源实战整体解决方案．北京：中国发展出版社，2018：56.

点评：从华为人力资源管理的发展历程来看，人力资源管理的方法和内容等不是一成不变的，而是根据公司的业务变化和发展情况而不断变化的，公司规模不同，业务的类型不同，就会采取不同的人力资源管理方法，但是人力资源管理创造价值的目标没有改变，那就是根据公司发展战略的要求，有计划地对人力资源进行合理配置，通过对员工采取的招聘、培训、使用、考核、激励等一系列措施，调动员工的积极性，发挥员工的潜能，为公司创造价值，给公司带来效益，确保公司战略目标的实现。

随着社会的进步、科技的发展，人力资源管理不断推陈出新，未来市场竞争日益激烈，人力资源管理的重要价值和地位更加凸显。本章作为开篇，着重向读者介绍什么是人力资源管理，让读者在掌握一系列基本概念和基本理论的基础上，了解人力资源管理的发展历程和人力资源管理的主要活动。

第一节　人力资源概述

一、人力资源相关概念

（一）人力资源的概念

人力资源的概念

与自然资源、资本资源和信息资源相比，人力资源是生产活动中最活跃的因素，世间一切物的因素只有通过人的因素才能加以开发利用，在人类所拥有的一切资源中，人力资源是最重要的资源。

人力资源是指一定范围内的人口中所具有的智力和体力劳动能力的人的总和。它是包含在人体内的一种生产能力，并以劳动者的数量和质量来表示的资源。

（二）人口资源的概念

人口资源是指一定范围内的所有人员的总和，是以人口总数来表示的资源，它是人力资源的基础。

（三）人才资源的概念

从不同的角度给“人才”定义会有不同的表述。《国家中长期人才发展规划纲要（2010—2020）》中提出，人才是指具有一定的专业知识或专门技能，进行创造性劳动并对社会做出贡献的人，是人力资源中能力和素质较高的劳动者。人才是我国经济社会发展的第一资源。

人口资源、人力资源和人才资源三者之间在数量上是依次递减的金字塔形关系[1]，如图 1-1 所示，三者之间的数量关系为：人口资源＞人力资源＞人才资源。

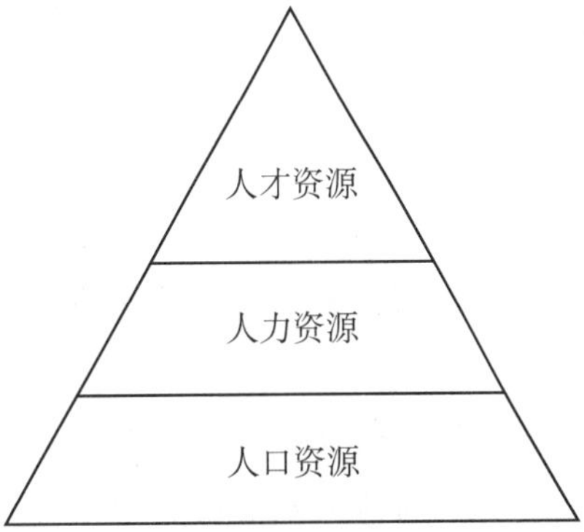

图 1-1　人口资源、人力资源、人才资源三者之间的数量关系

（四）人力资本的概念

人力资本是指体现在人身上的技能和知识的存量，是后天投资所形成的劳动者所拥有

① 彭剑锋 . 人力资源管理概论 . 上海：复旦大学出版社，2020：5.

的知识、技能和健康等的总和，它反映了劳动力的质的差别。[①]

人力资源与人力资本的关系可以简单地理解为：人力资本存在于人力资源之中，人力资源经过教育、培训等投资可以转化为人力资本。

还可以从另一个角度理解人力资源与人力资本的联系与区别。[②]

目前，理论界提的比较多的，与人力资源概念有关的是人力资本概念。在理论和实践中，人们认识到人力资源具有不同于其他物质资源的重要特征。人力资源作为一种经济资源，它具有一些资本属性。资本有三个普遍特征：第一，它是投资的结果；第二，在一定时期内，它能够不断带来收益；第三，在使用中会出现有形磨损和无形磨损。

人力资源也具有这些特征。首先，人力资源是投资的产物，任何人从事体力或智力劳动的能力都不是天生就有的，必须依靠金钱和时间的投入；其次，人力资源在一定时期内可能源源不断带来收益，这种收益可能是货币收益，也可能是非货币收益；最后，人力资源在使用过程中会出现有形磨损和无形磨损，如劳动者的衰老就是有形磨损，劳动者知识技能的老化就是无形磨损，但是可以通过消费来进行劳动能力的再生产，并在一定时期内其使用价值是递增的，因为在使用过程中其工作经验不断丰富，劳动能力可以通过培训不断得到提高，这同时也是一个投资的过程。

理论界普遍认为，人力资源与人力资本是两个不同的概念，但是对于两者内涵的差异还存在一些争议。比较公认的区别是：人力资源强调更多的是生理性、物理性和来源性等特点；而人力资本则更多地强调人力的经济性、功用性和利益性。具体来说，人力资源与人力资本存在以下区别：

第一，两者概念的范围不同。人力资源包括自然性人力资源与资本性人力资源。其中，自然性人力资源是指已经具备劳动能力和素质，但还没有进入劳动力市场与市场交易的劳动者所蕴含的体力和脑力的总和；资本性人力资源（即人力资本）是不仅具备劳动能力和劳动素质，而且已经进入劳动力市场，通过市场交易获得收益的人力资源。

第二，两者所关注的焦点和研究的角度不同。人力资本是一个经济学概念，主要关注的是通过对劳动者投资后获得的资本对个人、企业和社会财富增长的贡献，即人力资源投入产出问题；人力资源是个管理学概念，主要关注的是不断挖掘和提高员工潜力，提高劳动生产率。

二、人力资源的特征和作用

（一）人力资源的特征

人力资源同其他资源相比具有如下特征。[③]

1. 生成过程的时代性

一个国家人力资源的素质水平，在其形成过程中受时代条件的制约。人一生下来就遇

① 谌新民. 新人力资源管理. 北京：中央编译出版社，2002：9.

② 赵继新. 人力资源管理. 北京：清华大学出版社，北京交通大学出版社，2011：4.

③ 滕玉成. 公共部门人力资源管理. 北京：中国人民大学出版社，2003：5.

到既定的生产力与生产关系的影响和制约，当时的社会发展水平从整体上影响、制约着这批人力资源的素质水平。他们只能在时代为他们所提供的条件下努力发挥自身作用。

2. 开发对象的能动性

人力资源以人身为天然载体，是一种“活”的资源。人类不同于自然界其他生物之处就在于人具有目的性、主观能动性和社会意识性。因此人力资源不像自然资源那样，在其存在过程中完全处于被动的地位，而是具有能动性。与那些被动性生产要素相比，人力资源是最积极、最活跃的生产要素，居于主导地位。所以，对这种能动性调动得如何直接决定着对人力资源的开发程度。

3. 使用过程的时效性

作为人力资源的人，能够从事劳动的自然时间被限定在其生命周期中的一段时期，而且无论哪类人力资源，都有其才能发挥的最佳期、最佳年龄段。因此，使用人力资源必须及时，使用时间不一样，所得效益也不相同。人力资源储而不用，会荒废、退化。

4. 开发过程的持续性

物质资源被生产开发后形成产品，当产品进入使用阶段以后就不存在继续开发的问题。人力资源则不同，其使用过程也是开发过程，而且这种开发过程具有持续性。人力资源开发从提高人的智力这一目标来看，上学期间是开发，工作阶段还要不断接受培训或继续接受教育，不断“充电”，这也是一种开发，劳动者只有通过不断地被开发和学习，才能跟上科学技术迅速发展的时代步伐。

5. 闲置过程的消耗性

与一般物质资源的一个明显区别是，人力资源在闲置过程中仍然具有消耗性。闲置时，为了维持生命，仍然要吃饭、喝水，消耗生活必需品。这意味着，即使一部分人力资源处于闲置状态，其组织或社会也必须给予他们物质生活的保障。

（二）人力资源的作用

人力资源的突出作用主要体现在以下几方面。①

1. 人力资源是现代组织中最重要的资源

组织要想正常运转，就必须投入各种资源，而在组织投入的各种资源中，人力资源是第一位的，人力资源的存在和有效利用能够充分激活其他物化资源，从而实现组织目标。

毛泽东曾经说过：“世间一切事物中，人是第一个可宝贵的。”②“一切物质因素只有通

① 温志强 . 人力资源开发与管理 . 北京：清华大学出版社，2011：22.

② 毛泽东 . 毛泽东选集：第四卷 . 北京：人民出版社，1991：1512.

过人的因素，才能加以开发利用。”① 因此，人力资源是世界上最为重要的资源。

2. 人力资源是经济增长的主要动力

社会的任何生产过程不但需要由人的力量来引发、调整、控制，而且在大多数情况下，始终需要人的直接参与。随着科学技术的不断发展，人的力量对价值创造的贡献越来越大，离开了人力资源的作用，离开了人的力量的推动，任何物质资源都无法实现其应有的价值。

3. 人力资源是财富形成的关键要素

社会财富是由对人类的物质生活和文化生活具有使用价值的产品构成的，自然资源不能直接形成财富，没有人力资源的作用，社会财富就无法形成。人力资源作为一种“活”的资源，它不仅同自然资源一起构成了财富的源泉，而且还在财富形成的过程中发挥着关键性的作用。

通过以上分析可知，无论是对社会还是对组织而言，人力资源都发挥着极其重要的作用，因此我们必须对人力资源加以足够的重视，创造各种有利的条件以保证其作用的充分发挥，从而实现财富的不断增加、经济的不断发展和组织的不断壮大。

三、人力资源相关理论

（一）舒尔茨的人力资本理论

舒尔茨的人力资本理论

西奥多·舒尔茨（Theodore Schultz）是美国芝加哥大学的教授，早年从事美国农业经济研究，是一个农业专家。他通过研究美国 50 年的农业发展发现了一个问题，即在美国农业的发展中，人的投资起着更大的效应。他认为，人不仅是一种资源，而且是一种资本，叫作“人力资本”，并提出了人力资本学说。他在 1960 年出任美国经济学会会长时，发表的就职演讲《人力资本投资》，被认为是人力资本理论诞生的标志，给学术界留下了极为深刻的印象，并因此获得了 1979 年的诺贝尔经济学奖。

舒尔茨认为，完整的资本概念应该包括物质资本和人力资本两方面，前者体现在物质产品上，后者则依附于劳动者上，体现为凝结在其身上的知识、技能等。

舒尔茨的人力资本理论，概括起来有以下四个要点：②

第一，人力资本体现在人的身上，表现为人的知识、技能、经验和熟练程度，即表现为人的体力、智力、能力等素质的总和。

第二，人力资本通常用人的数量、质量以及有效劳动时间来计算。

第三，人的能力和素质是通过人力投资而获得的，因此，人力资本又可以理解为对人力的投资而形成的资本。

第四，人力是一种资本，无论是对个人还是对社会，其投资必然有收益，即人力资本可以带来利润。

① 毛泽东．毛泽东文集：第七卷．北京：人民出版社，1999：34.

② 窦胜功．人力资源管理与开发．北京：清华大学出版社，2008：24.

在此之前，人们通常认为投资于物质资源的收益最高。但在此之后，人们开始转变观念，认为对人的投资获取的收益最大。这个观念改变了许多人对投资的看法。

（二）人性假设理论

人性假设理论是人力资源管理的理论根源和哲学基础，不同的人性假设会演化出不同的人力资源管理思想，形成不同的人力资源管理方法，构成不同的人力资源管理体系。

人性假设理论

人力资源管理理论来自近代管理理论。其中，人性假设理论对人力资源管理有许多有益的启发。①

1.“经济人”假设

这种假设认为，人的行为在于追求本身的最大利益，人工作的动机就是为了获得经济报酬。它的主要观点是：

（1）多数人生来就是懒惰的，他们都想尽量逃避工作。

（2）一般人都没有雄心壮志，不愿负任何责任，而宁愿受别人的指挥和摆布，容易受他人的影响，并缺乏自制力。

（3）多数人的个人目标和组织目标是相矛盾的，必须采取强制的、惩罚的办法，才能迫使他们为达到组织目标而工作。

（4）多数人干工作是为了满足温饱需求，因此，金钱才是激发他们积极性的唯一动力。

（5）人大致可以分为两类：多数人具有上述特性，属于被管理者；少数人能克制和鼓励自己而成为管理者。

针对“经济人”假设的管理措施是：

（1）管理工作的重点是完成任务，提高劳动生产率。

（2）管理工作是少数人的事，工人的责任就是干活。

（3）采用“胡萝卜加大棒”的管理方法，效率高的重奖，消极怠工的重罚。

“经济人”假设的基本观点是由美国管理学家道格拉斯·麦格雷戈（Douglas McGregor）提出的，他把“经济人”假设称为 X 理论。

19 世纪末，“科学管理”的代表人物泰罗（Taylor）就是“经济人”观点的典型代表。

2.“社会人”假设

这种假设认为，人不仅有经济需求，而且有社会需求，物质刺激对于调动人的积极性只有次要意义，满足人的社会需求比满足人的经济需求更能调动人的积极性。它的主要观点如下：

（1）人们工作的主要动机是社会需要，而不是经济需要。

（2）现代工业机械化程度越高，分工越细，则越会使工作本身变得单调、枯燥。因此，人们只能从社会关系上寻求意义。

① 窦胜功．人力资源管理与开发．北京：清华大学出版社，2008：30.

（3）人受非正式组织的社会影响比受正式组织的经济诱惑影响更大。

（4）工作积极性取决于管理者对下属需求的满足程度。

针对“社会人”假设的管理措施是：

（1）管理人员在注重完成任务的同时，也要关注人，重视满足人的社会需要，培养员工的归属感。

（2）在实行奖励时，提倡集体奖励制度。

（3）重视非正式组织的作用。

“社会人”假设是由人际关系学说倡导者梅奥根据霍桑试验首先提出来的。

3.“自动人”假设

这种假设认为，人都具有充分发挥自己潜力以及表现自己才能的愿望。只有当人的潜力和才能都得到充分发挥时，人才会感到满足。它的主要观点如下：

（1）人一般都是勤奋的，如果条件对人有利的话，人对工作就会感到像娱乐和休息一样轻松自然。

（2）人在执行工作任务时会自我指导和自我控制。

（3）一般人在适当的条件下，不仅乐于接受工作任务，而且会主动承担责任。

（4）多数人都具有高度的创造性、丰富的想象力，只是在目前条件下，一般人所蕴藏的巨大潜力只得到了部分发挥。

针对“自动人”假设的管理措施是：

（1）管理重点的改变，把重点转移到为员工创造适宜的工作环境、工作条件上，使劳动者在这种适宜的环境中能够充分地发挥自己的潜能。

（2）管理职能的改变，主要是减少和消除员工在自我实现过程中的困难和障碍。

（3）奖励方式的改变，主张从人的内在动机的激发上来调动员工的积极性。

“自动人”也叫“自我实现人”。这个概念是美国著名心理学家马斯洛（Abraham H. Maslow）提出来的。麦格雷戈总结了马斯洛和其他人的观点，结合管理问题，提出了Y理论。实际上，Y理论是“自动人”假设的概括，它与X理论是对立的。

4.“复杂人”假设

这种假设认为，人既不是单纯的“经济人”，也不是完全的“社会人”，更不是纯粹的“自动人”，而应该是因时、因地、因不同情况而采取适当反应的“复杂人”。它的主要观点如下：

（1）人的需要是多种多样的，随着人的思想的发展和生活条件的变化，人的需要不断发生变化。

（2）人在同一时间内有各种需要和动机，它们会发生相互作用并结合为一个整体，形成错综复杂的动机模式。例如，两个人都想得到高额奖金，但他们的动机可能很不相同，一个人可能是要改善家庭的生活条件，另一个人可能把高额奖金看成是达到技术熟练的标志。

（3）人在组织中的工作和生活条件是不断变化的，因此会不断产生新的需要和动机。这就是说，在人生活的某一特定时期，动机模式的形成是内部需要与外界环境相互作用的结果。

（4）人在不同组织或同一组织的不同部门工作，会产生不同的需要。例如，一个人在工作单位可能抑郁寡欢，但在业余活动或非正式群体中却可使交往的需要得以满足。

（5）由于人的需要不同和能力各异，对于不同的管理方式也会有不同的反应。因此，没有一套适合于任何时代、任何组织和任何个人的普遍行之有效的管理方法。

针对“复杂人”假设的管理措施是：管理者应根据实际情况，具体问题具体分析，因人、因事、因其不同的情况，灵活地采用不同的管理方法。

“复杂人”假设是20世纪60年代末70年代初由组织心理学家埃德加·薛恩（Edgar Schein）提出的。根据这一假设，美国心理学家约翰·莫尔斯（John J. Morse）和杰伊·洛希（J. W. Lorsch）又提出了一种新的管理理论，称为超Y理论。

总之，西方国家学者对人性的看法，经过了一个逐步演变的过程。从“经济人”假设，提出了X理论；从“社会人”假设，提出了“人际关系”理论；从“自动人”假设，提出了Y理论；从“复杂人”假设，提出了超Y理论。

案例 1-2

顺丰的人力资源管理之道

顺丰速运（以下简称顺丰）经过近30年的发展，已经成为国内领先的综合物流服务商、全球第四大快递公司，已成为国内物流行业的代表性企业。经过多年发展，依托于公司拥有的覆盖全国和全球主要国家及地区的高渗透率的快递网络，通过“内生孵化＋并购整合”方式，快速延伸至快运、冷运、同城、供应链等领域，搭建了完整的一体化综合物流服务体系；不仅能够提供配送端的高质量物流服务，还能围绕客户产业链上下游进行延伸，为客户提供贯穿采购、生产、流通、销售、售后的一体化供应链解决方案。

在快速发展的过程中，顺丰向来重视人力资源的建设，顺丰的发展也和它完善的人力资源管理密不可分。

1. 人才招聘

作为国内最有影响力的雇主品牌之一，顺丰在人才市场上颇受欢迎，而顺丰在选拔人才时格外谨慎。顺丰所有岗位的面试通常都有2～4轮，从初始、复试到岗前体验，经过层层筛选，除了一线快递员和分拣员外，其他岗位面试的合格率往往低于10%。

新员工入职之后，招聘人员会时时对其进行跟踪，入职3天进行新员工访谈，入职满一个月后进行二次访谈，入职一个月内会组织新员工座谈会，员工离职后会在一个月内进行电话回访。对于员工高流失率的分点部，人力资源招聘组会协同员工关系组、分点部负责人进行走访，及时分析问题并做出相应的报告及改善措施。

2. 岗位设置和培训

顺丰内部的岗位职责划分非常清晰，工作是一环套一环，招聘组完成招聘工作之后，所有的新人集中进入下一个环节，由培训组负责跟进。顺丰对于人才的培训和人才管理极为重视，总部常年固定承包一些酒店以供培训使用，培训线上线下同时进行；各地区除了全公司常规的新员工培训、业务技能加强培训外，还不定期举行回炉培训，对于一些业务能力不达标或者专业技能不够的员工进行针对性的培训。顺丰还建立了自己的内部大学，独立开发课程、编写课本、开发在线学习系统并配备专业的讲师团队。

3. 人才管理

顺丰很早就提出了赛马机制，已经建立了完善的人才梯队体系，并且是围绕体系制度来运行的，而非体系跟着人走。在其他某些公司，一旦重要岗位有变动，立马会给公司带来不可估量的损失，但是顺丰能将这种风险降到最低。在一个年产值上亿元的地区，总经理可以随时更换，因为人才储备池里有一大批后备总经理。顺丰最基层仓管岗位的人才储备量是 1∶2，岗位层级越高，该比例越大，以保证公司随时有人可用。顺丰的人才管理，不仅壮大了自己的人才团队，而且让员工自身不断升值，员工的忠诚度越来越高。

4. 科学公平的薪酬体系

科学公平的薪酬体系对员工来说至关重要，但是做到这些还远远不够。顺丰的员工收入高于同行水平，这是众所周知的，特别是在北京、上海、广州、深圳这些一线城市，快递员月收入过万元是很普通的事情。顺丰的企业文化是非常务实和低调的，既不会给员工画饼充饥，也不会让员工活在宣传口号中，而是让所有员工脚踏实地地努力工作，给每个人自己所应得的一部分。

资料来源：董克用．人力资源管理概论．北京：中国人民大学出版社，2015：1.

点评：从上述案例可以看出，顺丰的人力资源管理是全方位的，严格的招聘流程、完善公平的薪酬体系、强大的人才管理和丰富的培训，最终造就了强大的企业文化。而正是这样的企业文化，使得顺丰成为国内发展迅速、净利润高、口碑好、客户满意度高、实效快和安全性高的快递公司。顺丰还在不断地发展，业务的广度和深度也在不断地拓展和延伸，正在与客户共同创新业务模式，在实现双赢的道路上继续前行。

第二节 人力资源管理概述

一、人力资源管理的概念、作用和主要活动

人力资源管理的概念

（一）人力资源管理的概念

一般来讲，人力资源管理的概念包括宏观和微观两部分。

宏观人力资源管理是国家层面和全局性的人力资源管理，是对一个国家或一个地区的人力资源实施的管理。它是指在全社会的范围内，对人力资源的计划、配置、开发和使用的过程。政府通过一系列制度、政策和措施，为人力资源的形成、开发提供条件，对人力资源在全社会范围的合理配置和有效使用进行协调和控制，这些都是宏观人力资源管理的体现。对人力资源进行宏观管理的目的在于调整和改善人力资源的整体状况，使之适应社会发展的要求，促进社会经济的良性运行和健康发展。在未来知识经济的全球化竞争中，政府更要重视和加强宏观人力资源管理，充分发挥我国人力资源在世界经济竞争中的优势。

微观人力资源管理指的是特定组织的人力资源管理。这里的特定组织包括企业、事业单位、政府部门和其他公共部门等各类型的组织。本书所讲的人力资源管理，指的是微观人力资源管理（简称人力资源管理）。

人力资源管理是依据组织发展需要，对人力资源获取、整合、开发、利用等方面所进行的计划、组织、领导、控制，以充分发挥人的潜力和积极性，提高工作效率，实现组织目标和个人发展的管理活动。

（二）人力资源管理的作用

1. 协助组织达成目标

按照组织总体目标去设计和规划人力资源管理工作，按照组织的战略和经营需要有条不紊地开展工作，这是人力资源管理最为重要的作用。

2. 充分发挥组织中全体员工的技术和能力

人力资源管理应当使组织中人的力量得到有效的利用，使人力资源的潜能得到最大限度的发挥。

3. 为组织招聘和培训合格的人力资源

人力资源管理有效性的主要衡量指标之一是能否将合适的人于合适的时间安排到合适的岗位上。

4. 使员工的工作满意度和自我实现感得到最大限度的提高

不断改善工作和生活的质量，使员工在实现组织目标的同时得到个人的发展，实现组织和个人的双赢。

5. 就人力资源管理政策、制度等与相关人员进行沟通

有效的人力资源管理必须将各种人力资源管理方案、政策等告知员工，这既是进行有效管理和激励员工的需要，同时也是法律的要求。

（三）人力资源管理的主要活动

调动人的积极性是人力资源管理永恒的主题。人力资源管理就是将科学的理论和方法及各种激励手段运用到人力资源管理的实践中去，其主要活动有以下几方面。

1. 工作分析与工作设计

对组织中各个工作岗位的性质、结构、责任、流程等进行分析，在调查分析获取信息的基础上，编写岗位说明书和岗位工作规范。

其主要内容为：了解工作分析的基本原理，熟悉工作分析的程序与方法，掌握工作分析与工作设计的基本内容和具体方法。

2. 人力资源规划

把组织的人力资源战略规划转化为中长期目标、计划和措施，包括组织对人力资源需

求与供给的分析预测，以实现人力资源状况与组织发展的动态匹配。

其主要内容为：了解人力资源规划的基本含义，熟悉人力资源战略规划与人力资源规划之间的关系，掌握人力资源需求预测与人力资源供给预测的基本步骤与方法。

3. 招聘管理

根据人力资源规划和工作分析的要求，采用科学的方法，为组织招聘、选拔所需要的人力资源，并将其安排到合适的工作岗位上。

其主要内容为：了解招聘的概念、原则，理解招聘的前提与流程，了解人员招募的主要渠道，了解人员选拔的概念，掌握人员选拔的过程及人员选拔的方法，熟悉人员录用的原则，了解人员录用需要注意的问题。

4. 员工素质测评

员工素质测评是现代组织在对员工进行甄选和任用过程中所使用的一种重要方法，是为特定的人力资源开发与管理目标服务的，组织在招聘、培训、考核、安置、晋升等环节都需要测评技术的支撑。素质测评是人力资源管理的基础，是人力资源开发的重要手段，可以提高人力资源管理的效果。

其主要内容为：了解人员素质测评的概念、作用、原理和原则，理解人员素质测评的实施步骤，掌握人员素质测评的方法。

5. 员工培训

员工培训是组织通过提升员工素质与技能进而实现组织发展所采取的一种重要手段。组织应当有计划、有目标、有步骤地对新员工和在职员工进行培训和开发，提升其智力，激发其活力，增强企业的竞争优势。

其主要内容为：了解培训的概念、作用和理论，理解员工培训的内容，掌握培训的步骤和方法。

6. 绩效管理

采用先进的理念、科学的方法和公正的态度对组织进行绩效管理，并及时进行反馈，为改进工作绩效和员工培训、晋升、薪酬等提供依据。

其主要内容为：了解绩效和绩效管理的概念、绩效管理理论的发展历程、绩效管理的作用，理解绩效管理的程序，掌握绩效评估的方法。

7. 薪酬管理

根据组织目标的需要，设计对内具有公平性、对外具有竞争力的薪酬体系，这是人力资源管理的重要工作。合理的薪酬政策不仅能有效调动员工的积极性，而且能在激烈的市场竞争中吸引和留住高素质的人力资源。

其主要内容为：了解薪酬的概念、构成和作用，理解薪酬的水平与结构，掌握薪酬设计的原则和基本流程。

8. 员工职业生涯管理

关心员工的个人发展，帮助员工制定职业发展规划，帮助员工建立职业发展通道，熟悉并掌握职业生涯管理的相关知识等，是人力资源管理的重要内容。

其主要内容为：了解职业生涯管理的概念、作用和理论，理解职业生涯管理的内容，掌握进行职业生涯规划的步骤和方法。

本书主要是运用人力资源管理的理论和方法对以上内容进行探讨。

二、人力资源管理和传统人事管理的联系与区别

（一）人力资源管理和传统人事管理的联系

人力资源管理是在传统人事管理的基础上演变而来的，是在新形势下对传统人事管理的发展和完善。

不同的研究视角会有不同的划分阶段。从企业人事管理来看，人事管理活动出现在欧美国家第一次产业革命后，经历了以下四个发展阶段。

1. 初级阶段：传统的经验管理

第一次产业革命促进了企业人事管理的诞生。18 世纪下半叶到 19 世纪上半叶发生在英国的第一次产业革命（即工业革命），使物质生产力的发展出现了一个飙升时期，形成一个蒸汽机时代，工场从手工业过渡到机器大工业，社会的基本生产组织形式从以家庭为单位转为以工厂为单位。在以家庭为基本生产单位时，没有必要把管理活动分离出来。而在工厂中，雇用了大批工人，集中了大批的材料和机器，就产生了指挥、协调、控制和监督的问题。于是，专门的管理活动出现了。当时管理的特点是军队式的严密组织和控制，生产控制主要是压低计件工资和高压式的生产监督。随着工厂内部劳资矛盾的日益激化，企业人事管理产生了，当时叫劳动管理，主要是对工人的工资和劳动条件进行管理。这是凭直觉、经验和个人意志进行管理的阶段，即传统的经验管理阶段。

2. 科学管理阶段：以工作为中心

第二次产业革命推动经验管理走向科学管理。19 世纪后 30 年，欧美国家完成了第二次产业革命，物质生产力由蒸汽机时代进入电气时代。石油、电力等能源和化学等新工业的兴起以及新技术在工业中的广泛应用，促进了资本主义经济的迅速发展，使之呈现出两个明显的特点：一是重工业取代轻工业且占主导地位，使资本和生产更加集中，出现了托拉斯等垄断组织，使资本主义由自由竞争进入垄断阶段；二是生产更加社会化，生产规模不断扩大，劳动专业化程度越来越高，促使企业所有者与管理者分离。美国于 19 世纪末建立了机器大工业，到 20 世纪初，资本和生产的集中大大加快，垄断组织急剧增加，并在经济领域取得了统治地位。这一切都对管理提出了更高要求，过去那种只凭经验和个人意志、只会“执鞭驱策别人”的管理与大生产根本不能适应，企业需要建立科学的管理制度，实行标准化生产并且采取提高劳动生产率的种种措施。于是，这一时期出现了以泰罗、法约尔为代表的管理学家，他们创立了科学管理理论。

泰罗的理论成果，使管理在历史上第一次从经验上升为科学。他通过“时间和动作研究”科学地确定劳动定额，这在历史上第一次使定额工作建立在精确的调查研究的基础上。他主张人事相宜，由工作挑选工人，每项工作都应由专门的机构挑选第一流的工人。他在时间和动作研究的基础上，提出了应实行使用工具标准化、操作方法标准化、工作环境标准化、原材料标准化。为落实这些标准化措施，他主张培训工人；为了推行“科学的高定额”，他主张实行差别计件工资制，凡达到定额的工人按高工资率计算工资，达不到定额的工人则按低工资率计算工资。“泰罗制”的推行，使美国当时的劳动生产率提高了2～3倍。第一次世界大战期间，“泰罗制”在欧洲各国得到推广。

在泰罗倡导的科学管理运动和动作时间研究的基础上，美国的企业于第一次世界大战期间开始实行工作分析制度。1920年，这一制度得到美国国家人事协会的正式肯定并开始推广，后来在世界许多国家得到普及，人事管理的内容不断扩大和完备，并逐步形成了一整套管理制度和管理方法。这一制度促进了人事管理的科学化和法制化，这一阶段的管理中心也是围绕如何通过科学的工作方法来提高人的劳动效率这一目标展开的，大部分的实践活动都是围绕劳工关系展开的。

3. 人力资源管理阶段：人与工作相互适应

第三次科技革命促进了现代人力资源管理的诞生和发展。

随着科学技术的飞速发展，以微电子技术为标志的信息时代的到来，世界迎来了一个人力资源管理的崭新时代。人力资源管理作为一种理论体系，在20世纪70年代兴起，80年代蓬勃发展，90年代风靡世界。1986年美国著名管理学家彼得·德鲁克（P. Drucker）的《传统人事部门，再见！》一文的发表是人力资源管理崭新时代的重要标志，此文当时在国际上引起了强烈反响。一时间，许多发达国家的企业掀起了“翻牌”运动，纷纷将“人事部”的牌子改为“人力资源部”。

世界新技术革命推动了人力资源管理取代传统人事管理。从20世纪40年代到50年代，由于原子能、电子计算机和空间技术的出现而开始了第三次技术革命。这次技术革命比前两次的内容更丰富，影响更深远，它使西方国家的产业结构发生了巨大的变化。传统产业（如钢铁、造船、汽车、纺织等工业）生产下降，成为“夕阳产业”，而以微电子、生物工程、光导纤维、激光、新能源等一系列新兴工业为标志的“朝阳产业”迅速发展，三大产业之间和各产业（尤其是制造业）中各生产部门之间发生了大幅度的结构调整，使社会生产向着高度知识密集型和智能型方向发展。生产上和技术上的变化，必然要求对人的管理发生相应的改变。例如，计算机的诞生、机器智能化的提高，使得工作对人的体力的依赖越来越少，而对脑力的依赖越来越高。对体力劳动者来说，直接的监督和控制可以奏效；但对脑力劳动者来说，这一招是不灵的，因为智力的激发必须在其主体——人的良好心态下才有可能实现。另外，由于世界范围内经济竞争日益激烈，人力资源对经济的促进作用已成共识，如何调动员工的积极性就成为管理中的一大难题。传统的人事管理已远远不能满足需要，必须在管理理念和管理方法上进行变革。

与此同时，人本主义学派认为组织应采取人本管理模式，坚持“以人为中心”和“人是第一资源”；强调员工在组织中发挥个人作用的同时也发挥团队的作用，鼓励员工在组织中得到发展，认为个人的发展对组织是有益的；主张对人力资源管理的重点在于对员工进行开发和利用，强调对员工工作主动性、积极性、创造性的充分调动。由于这些观点占据主导地位，因此，人力资源管理应运而生。

4. 战略人力资源管理阶段：人力资源管理提升到企业战略的高度

20 世纪 90 年代以后，战略性人力资源管理的概念变得越来越深入人心，人力资源管理成为整个企业管理的核心。人力资源管理对于一个组织的竞争和生存所具有的战略重要性，以及在帮助组织获得竞争优势方面的独特作用越来越明显地显露出来。人力资源管理开始逐渐与企业其他管理职能紧密合作，以帮助组织具备在本国及世界上进行竞争时所需要的重要职能。随着人力资源管理与组织战略融为一体，人力资源管理在明确组织中所存在的问题以及寻找解决方案方面扮演着越来越重要的角色。

人力资源管理如何通过参与战略制定，尤其是确保战略的有效执行，来帮助企业不断提升组织绩效、赢得竞争优势并实现组织目标，越来越成为战略人力资源管理的主要关注点。

（二）人力资源管理和传统人事管理的区别

人力资源管理
和传统人事管理的区别

人力资源管理取代传统人事管理，使人事管理面貌为之一新，仅从表面上就可以明显看到：其管理幅度宽泛多了，传统人事管理的活动范围是“进、管、出”三个环节，而人力资源管理增加了人力规划、职业生涯设计、工作扩大化、工作丰富化、参与管理等新内容；其管理深度也加大了，传统人事管理注重管好、用好现有人力，做到适才适所，而人力资源管理更加注重人才的培养、引进和人的潜能开发，鼓励员工承担挑战性的工作，辅导员工制定个人发展规划，尽力为员工提供施展才华的机会和舞台。但人力资源管理与传统人事管理的差异绝非仅限上述表层现象。由其表究其里，即可看出，人力资源管理取代传统人事管理是人事管理发展史上的一次质的飞跃，二者的区别主要体现在以下几方面。①

1. 管理的观念不同

传统人事管理视人力为成本，而人力资源管理则视人力为资源。由于人力投资（工资、奖金、福利费、培训费等）计入生产成本，因此过去的企业尽量减少人力投资，以提高产品在市场上的竞争力。第二次世界大战后，美国著名经济学家、现代人力资本理论的创始人舒尔茨提出了人力资本理论体系。他认为，人力资源不仅是自然性资源，更重要的是资本性资源；人力资源与生产资料一样也要投资，以提高其产出率。人力资本的投资收益率高于一切其他形态资本的投资收益率。据舒尔茨研究，1910—1957 年，美国农业的物力投资增长 4.5 倍，收益提高 3.5 倍；人力投资增长 3.5 倍，收益提高却达到 17.5 倍。此后，国外人力资源理论的研究逐渐升温，人力资源及其投资的重要性也逐渐为世界各国所认识。

2. 管理的模式不同

传统人事管理多为“被动反应型”，而人力资源管理是“主动开发型”。在大多数场合

① 赵凤敏 . 人力资源管理理论与管理艺术 . 长春：吉林大学出版社，2008：14.

下，传统人事管理都是根据员工的自我条件和绩效水平去管理，而人力资源管理由于是实现社会人力资源开发战略的重要环节，因此呈现出主动开发的特点。从一定意义上说，正是这一特点使传统人事管理面貌为之一新，从而实现了从传统人事管理到人力资源管理的转变。

人力资源开发的依据是行为科学的公式：工作绩效 $= f$（能力 × 激励），即工作绩效是能力（一个人能够做什么）和激励（他想要做什么的积极性）乘积的函数。人力资源开发的总目标是提高人的绩效，为实现总目标，就要根据上述公式努力实现两个具体目标：一为开发人的能力；二为激发人的活力。

人力资源管理是“主动开发型”管理，它紧紧围绕开发人的能力、激发人的活力开展活动，从而呈现出区别于传统人事管理的如下特征：

（1）建立起科学严谨的人力资源培训管理体系。该体系包括高质量的培训需求分析、精细的培训规划方案设计、适当的培训方法、现代化的培训手段、及时的培训效果评估和跟踪反馈等。

（2）建立起多维交叉的员工激励体系。该体系实行物质激励与精神激励相结合、外激励与内激励相结合。除采用公平工资、奖金、各种津贴和福利等物质激励，以及种种机会奖励、感情激励外，更注重在工作中注入挑战性和弹性，以满足员工较高层次的需求。如以建立明确的组织目标来激发员工的工作热情，有计划地实行工作轮换，创造条件使员工工作不断丰富化和扩大化等。

这样，通过人力资源管理的一系列活动，使员工既能做（有能力）又肯做（有活力，有积极性），从而达到最佳的效果。

3. 管理的重心不同

传统人事管理以事为重心，而人力资源管理则以人为重心，注重人与事互相适应，把人的发展和组织的发展有机地结合起来。可以说，传统人事管理谋求事得其人和人适其事，而人力资源管理谋求事得其人和人尽其才。传统人事管理以事为重心，它要求因事择人，这一点无疑是必要的。因为根据岗位工作所需的资格条件选择任职者，才能实现事得其人，任职者才能胜任工作，而且贯彻因事择人原则是避免因人设事和防止机构膨胀的前提。但传统人事管理过分强调人适应工作，重事不重人，这样就会产生“削足适履”限制人的积极性、影响人的全面发展的弊端。例如，当人的知识和技能达不到岗位的资格要求时，就进行培训，“缺什么，补什么”；当人对工作不感兴趣、积极性不高时，就进行疏导教育或干脆运用“奖惩”手段。而人力资源管理则以人为重心，同时注重人与工作相互适应，体现出其围绕“开发能力、激发活力”目标进行“开发型”管理的时代特色。例如，当人的知识和技能达不到岗位的资格要求时，除了进行培训以求人事相宜外，还注意发现人的“潜在成长的可能性”，通过“因材施教”，然后用其所长，重新安排工作；当人对工作不感兴趣、积极性不高时，还可以通过工作丰富化、扩大化和工作轮换等手段来激发其工作热情。人力资源管理强调尊重人，并尽量满足人的各种需要，以充分发挥其主动性和创造性。

4. 管理的地位不同

传统人事管理处于执行层，而人力资源管理处于决策层。所谓执行层，是按文件精神或按领导的指示开展工作，很少有参与组织的决策权。而人力资源管理部门的领导则是组织的高层主管之一，直接参与组织的决策。据有关专家对 1 000 家跨国大公司的调查，一半以上的人力资源经理由公司董事长担任。如果公司董事长的接班人选不是人力资源管理方面的人才，那就必须到人力资源部门工作和训练后才能正式接任。企业高层人选的这种变化趋势不是偶然的，是经济发展所需。近几十年来国外企业高级主管人选的变化情况可以证明这一点。第二次世界大战后的 10 年（1946—1955 年），由于物资短缺，生产人员备受重视，企业大多注意从生产人员中选拔高层主管；20 世纪 50 年代中期后的 10 年（1956—1965 年），由于生产过剩、产品滞销，企业大多注意从营销人员中选拔高层主管；20 世纪 60 年代中期后的 10 年（1966—1975 年），由于合资经营、多元化经营以及跨国公司引起的财务问题复杂化，企业大多注意从财务人员中选拔高层主管；20 世纪 70 年代中期后的 10 年（1976—1985 年），随着人才竞争激烈化和人才制胜时代的到来，人才问题越来越成为各种竞争之关键，人力资源管理人员则成为企业高层主管的人选。所以，人力资源管理部门地位的上升，完全符合经济发展的规律。人力资源的重要性使人力资源管理的地位大大提高，人力资源管理被视为一种专业性工作，人力资源管理部门大都被设置在管理的高层次位置，以专家的身份提供专业性知识、技术和技能，协助高层领导制定政策，成为企业最高管理层进行战略决策不可缺少的部分。

5. 管理的方法不同

传统人事管理把人假设为“经济人”，而人力资源管理把人假设为“社会人”和“自我实现人”。传统人事管理把人假设为“经济人”，也就是人的本性是懒惰的、怕负责任的，唯一的工作动机就是赚钱。在这种假设下，必须对员工严加管制和物质刺激，其管理的主要手段是奖与罚。那么在当今社会，人们的物质生活达到了一定水平后，单纯依靠奖与罚和物质刺激的方法是行不通的。特别是对于一些高级人才，其工作目的并非完全赚钱，更重要的是为了前途和事业，所以传统人事管理中对人的假设，显然是不合时宜了。人力资源管理把人假设为“社会人”和“自我实现人”。“社会人”假设认为，员工不仅有经济上的需求，更有社会上的需求，即人与社会交往的需求、感情的需求、归属的需求。人力资源管理的重点之一就是满足员工的这些需求，方法就是大力改善工作氛围，建立良好的人际关系，实行有人情味的管理。“自我实现人”假设认为，多数员工具有强烈的自我实现需求，他们的本质不是懒惰的、怕负责任的，而是需要一个施展个人才能的舞台，负起责任，做出贡献，实现自我价值。对于这样的员工，必须以工作的合理安排等来满足其自我实现的需求。

6. 管理部门的性质不同

传统人事管理部门一般被视为非效益、非利润部门，而人力资源管理部门被视为效益和利润部门。传统人事管理中，人事管理部门从来没有被看作一个效益部门，也没有被看作一个利润部门。所以，人事部门也就没有对人力资源的成本、价值、投入和产出进行核算，也没有以这种核算为基础进行总体评估。因而，在人力资源的管理和使用上存在着相当大的随意性。例如，从宏观上讲，对我国人力资源质量与经济发展的适应程度无法做出科学的评价；从微观上讲，在人员的使用和岗位的安排上没有考虑是否发挥了员工本身的全部能力和特长，在调动员工时也不考虑因此带来的损失和代价，并且长期忽视为提高员工素质而进行的投资等。而人力资源管理则强调人力资源是有价值的资源，一个组织的人力资源能够为它的生产活动提供不可缺少的现实服务和未来服务。离开了这些服务，组织就无法生存和发展。同时，人力资源又是资本性资源，其质量的高低与对它的投资有着直接的关系，人力资源投资的收益率并不低于物质资源投资的收益率。所以人力资源管理部门被视为一个利润中心，既考核其管辖业务的工作成本，也考核其收益，真正把人的价值和组织的生产经营活动有机地结合起来。

拓/展/阅/读

互联网时代人力资源管理新思维

互联网时代是一个人与社会、人与组织、人与人、现实世界与虚拟世界都形成相互关联、彼此交融、互联互通的零距离时代；互联网时代是一个基于大数据的知识经济时代，企业的经营决策将日益依赖大数据及数据背后的知识，谁拥有大数据，谁能对大数据进行有效的分析、挖掘与应用，谁就拥有未来；互联网时代是一个客户价值至上与人力资本价值优先的网状价值时代，人才资源要素既是最活跃、最具价值创造潜能的要素，又处于优先的位置，这种优先体现在人才资源的优先投资和优先发展；互联网时代是一个开放、共享的“有机生态圈”时代，企业和社会之间、各个利益相关者之间、组织内各价值创造体之间形成彼此独立、相互依存、相互影响和互动交流的有机生命体。

互联网时代给人力资源管理带来了新的挑战，同时也给企业人力资源管理注入了新活力，带来了新思维。

1. 价值创造无边界，员工与顾客共创价值

互联网时代，员工跟客户之间的界限模糊了。员工是客户，客户是员工，两者之间角色互换，价值创造无边界，共同为客户创造价值，为企业创造价值，为员工创造价值。如小米的粉丝们就成为小米的产品技术创新与品牌传播的生力军；美国维基百科的数十万编辑，既是客户，又是具有专业化知识与技能的员工。此外，人才价值创造边界与范围也扩展了，基于互联网，员工与客户可以随时随地互动交流，随时随地为企业产品与技术的创新和管理的改进与提升提出建议，使价值创造无时不在、无处不在。

2. 数据化人力资源决策与人力资源价值计量管理

互联网使得人力资源管理基于数据，并用数据说话和决策成为可能，使人力资源价值计量管理成为提升人力资源效能管理的有效途径。人与组织之间、人与人之间的互联互通累积、集聚的巨量大数据为人力资源的程序化决策与非程序化决策提供了无穷的科学依据，人力资源管理真正基于数据并用数据说话。未来的企业人力资源部要有计量专家和数据挖掘分析专家来强化人力资源价值量化管理。

3. 去中心化与员工自主经营与管理

互联网改变了人与组织的关系，改变了人与组织的力量对比。借助于组织平台，

个体的价值创造能量和效能被极度放大。组织与个人的关系不再是简单依附与绝对服从的关系，在网状价值结构中，首席执行官（CEO）不再是组织的唯一指挥命令中心，组织不再界定核心员工，每一个员工都可以在自己的岗位上发挥关键作用。同时，组织的话语权在互联网时代是分散的，过去组织的话语权在上，是自上而下的单一的话语权链，但在互联网时代，谁最接近客户，谁最接近企业价值最终变现的环节，谁就拥有话语权，谁就可能成为组织的核心。比如现在微软放弃员工分级制，华为倡导让听得见“炮声”的人做决策，小米科技提出的合伙人组织等，就是去中心化与员工自主化经营的具体体现。

4. 核心非核心，小人物与非核心部门也能做出大贡献

互联网时代实际上是人的一场革命，是人的能力、人的价值创造的革命。一方面，在网状价值结构中，老板和首席执行官（CEO）不再是组织的唯一核心，组织的真正核心是客户。谁最贴近客户、最了解客户，谁就拥有更多的话语权和资源调配权，组织的资源调配不再简单依据关键绩效指标（KPI）的权重进行预先设计，而是依据客户与市场需求进行动态配置。另一方面，随着组织扁平化、流程化、数据化，组织中人的价值创造能力和效益能被放大，一个小人物或非核心部门的微创新就可能带来商业模式的颠覆式创新。例如“微信”这一创新产品的产生就不是来自腾讯的核心部门与核心人才。

5. 情感链接，互动沟通，提升人才价值体验

互联网时代使人与人的沟通距离与成本趋于零，信息的对称与信息的透明，使员工能更自由地表达自身的情感变化和价值诉求，并在员工社区形成共识。企业的人力资源产品与服务的研发、设计要更关注员工的情感需求和价值实现需求，并增加人才对人力资源产品与服务的价值体验。增加价值体验并不意味着更大的资金投入，而是要将人力资源产品更精细化、个性化。人力资源管理更需要对人性有透彻的了解。从某种意义上，从事人力资源管理的人，既是数字大师，又是人性大师；既要尊重数据事实，又要对人性有感悟、有理解。所以，在这样一个时代，人力资源很重要的任务是实现情感的链接，从而提升人才的价值体验。

6. 精准选人，构建人才全面发展系统，打造人才供应链

互联网时代是一个高速成长的时代，互联网思维是“能人”逻辑，优秀的人才对互联网时代的企业来说至关重要。所以，企业在互联网时代更强调的是如何快速、精准地选择聪明、能干、合适的人，以满足企业高速成长的需要。这就需要企业精准选人，全面发展人，打造人力资源的供应链，构建人才全面发展系统，为企业战略和业务发展需要提供源源不断的人才支持。

7. 即时反馈，从周期激励变为全面认可激励

随着新生代员工日益成为人力资源主体，传统的薪酬激励方式难以满足员工的期望，难以激发员工的内在潜能及价值创造能量。全面认可激励是指全面承认员工对组织的价值贡献及工作努力，及时对员工的努力与贡献给予特别关注、认可或奖赏，从而激励员工开发潜能、创造高绩效。互联网一方面使员工的需求和价值诉求的表达更快捷、更全面、更丰富，另一方面，移动互联也使企业对员工的价值创造、价值评价与价值分配做到更及时、更全面。因此，互联网时代呼唤全面认可激励，并且也为全

面认可激励的实施提供了技术基础。企业可以通过移动互联让企业对员工的绩效认可与激励无时不在、无处不在。员工所做的一切有利于企业发展、有利于客户价值及自身成长的行为都可以得到即时认可和激励。

8. 企业忠诚变职业忠诚，人才企业所有制转向价值创造圈所有制

互联网时代是一个真正的人才主权时代，这个时代不再简单强调组织忠诚，而要更强调职业忠诚和专业忠诚。企业最大的财富不是拥有多少人才，而是拥有多少知识，能够使用多少人才，人才以用为本，人才不再是企业所有制，而是价值创造圈归属制。互联网时代的人才不再简单忠诚于企业或老板，而是更强调忠诚于客户，忠诚于自身的职业使命和专业。一些特殊的专业人才，他可以同时被多家企业所用。这些专业人才不再依附于任何一个组织，他可以同时为多家企业提供服务，他依靠的是专业化生存，所忠诚的是职业化忠诚，而不再是企业忠诚。

9. 人力资本优先，人力资本与货币资本共治、共享、共赢

在基于互联网的知识经济时代，在企业价值的创造要素中，人力资本成为价值创造的主导要素。一方面，人力资源要素是最活跃、最具价值创造潜能的要素，处于优先的位置；另一方面，人力资本与货币资本具有同等的公司治理、资源调配和剩余价值分配的话语权。互联网时代是基于大数据的知识经济时代，是真正的人力资本优先发展，以及人力资本与货币资本共治、共享、共赢的时代。

10. 跨界思维，无边界管理，构建人力资源价值创造网

互联网时代是一个“有机生态圈”时代，从金字塔式、命令式的协同方式到自动交互协同，流程化、团队化会变得更重要。人与岗位之间、人与人之间在以组合交互的方式进行劳动方式和合作方式的创新。它可能是围绕客户的一个问题、围绕客户的价值创造来形成不同的团队，打破部门界限和岗位职责界限，管理也相应地转变为流程管理和团队管理。这就需要人力资源管理具有跨界思维。向上，要站在越来越战略性的角度管理人力资源，成为战略伙伴和变革的推动者；向下，人力资源管理必须密切关注员工的需求和目标，成为员工的支持者；向左向右，人力资源管理正寻求更有效地支撑企业主要业务活动的方式，扮演业务部门的合作伙伴角色。

总之，我们应认识到互联网时代人力资源管理的变化，其核心还在于人的变化，人的需求多元化和个性化、人的流动频率加快、人对组织的黏度降低、人的价值创造能力能够放大，小人物能够创造大价值。这些变化要求组织重新审视人这个最重要、最核心的资源，真正从人力资本至上角度重构管理理念和模式。

资料来源：彭剑锋 . 互联网时代人力资源管理 10 大新思维 . 搜狐网，2018-09-15.

三、人力资源管理的模式和发展趋势

（一）人力资源管理的模式

人力资源管理从功能上看，具有四种不同的模式，[①] 每一种模式又都反映出时代的特点。

① 孙健敏 . 人力资源管理（一）. 北京：高等教育出版社，2004：11.

1. 产业模式

这一模式主要关注劳工关系的协调。包括工作规则的建立、职业发展、以资历为基础的报酬体系、雇佣关系、绩效评估等，所有这些问题都需要人力资源专家来处理和解决。这一时期心理测验的发展、科学管理活动为科学的人员选拔提供了理论和技术方面的保障。

2. 投资模式

这一模式主要关注公平就业机会。随着白领劳动力的增加，很多依赖知识型员工的企业产生了大量的非工会会员的员工。对这些员工的管理与传统的人事管理有很大差异，因此，人力资源管理从以劳工关系为重点转向以人力资源的培训为重点，具体措施包括给员工更多的自主权和丰富的工作内容等。

3. 参与模式

这一模式主要关注团队合作。随着全球性竞争的激烈化和多国企业的出现，人力资源管理的思路和方法发生了很大变化，组织间的成员相互信任、建立共同目标、思想观念一致等就变得尤为重要。因此，在人力资源管理中就要更多地采用参与、民主的方式，这样才能收到好的效果。

4. 高灵活性模式

这一模式主要关注如何理解和把握不断变化的趋势。随着现代科学技术的发展，尤其是通信技术和计算机技术的发展，人们的工作方式和生活方式都发生了很大的变化。因此，人力资源管理的方式也必然发生相应的变化。在今天的知识经济和网络时代，人力资源管理应该采用高度灵活的模式，随着情况的变化而变化。

（二）人力资源管理的发展趋势

随着社会的发展变化，人力资源管理呈现出许多新的发展趋势。①

1. 组织特征变化带来人力资源管理的全球化趋势

目前，企业竞争范围已经扩展到全球，越来越多的组织实现了全球化。组织的全球化，必然要求人力资源管理策略的全球化。全球化要求企业及其拥有全球视野和战略眼光；重视全球化人才的培养；有开放的心态和学习力；致力于建立系统化的组织管理与制度体系；有永不满足的进取心和坚强的毅力；不断追求创新的产品或服务。人力资源管理的全球化趋势要适应企业全球化运作和人力资源多元化的需求。全球化企业的人才要具有全球视野、认同企业的文化、具有创新意识和良好的学习习惯。

（1）员工与经理人才的全球观念的系统整合与管理。首先，通过人力资源的开发与培训，员工和经理人才要具有全球的概念。其次，人才流动国际化、无国界。也就是说，我

① 彭剑锋．人力资源管理概论．上海：复旦大学出版社，2018：66.

们要以全球的视野来选拔人才、看待人才的流动，企业进入全球化市场竞争已经成为趋势，我们面对的是人才流动的国际化以及无国界的人力资源市场。

（2）人才市场竞争的国际化。国际化的人才交流市场与人才交流将出现，并成为一种主要形式。人才的价值不仅仅是在一个区域市场内体现，而要按照国际市场的要求来看待人才价值。跨文化的人力资源管理成为重要内容。人才网络成为重要的人才市场形式，而要真正实现它的价值，就要转变“跑马圈地和卖地”的方式，利用网络优势来加速人才的交流与流动，并为客户提供人力资源的信息增值服务。

（3）人力资源管理对象的全球化。企业的全球化布局由全球范围内的人力资源支撑，人力资源管理对象由以一国为主扩展到全球。全球化的人力资源管理还涉及不同文化背景、不同种族、不同地域、不同信仰的员工的协同管理，企业并购过程中不同人力资源管理制度、不同企业文化、不同企业治理体系的整合管理，以及企业全球扩张过程中的不同发展水平、不同薪酬福利制度、不同劳动制度的协调管理。

2. 技术和工作方式的变化带来人力资源管理的虚拟化趋势

信息化和低碳经济时代，信息技术的变革使得在家办公、网络办公、协同工作等工作方式逐渐流行，与此相对应的人力资源虚拟化管理也成为一种趋势。虚拟化的人力资源管理作为适应信息化、网络化发展的企业组织管理的一种策略，是人力资源管理发展的一种新的趋势，使企业运用自身最强的优势和有限的资源，最大限度地提高企业的竞争能力，使人力资源管理工作变得更加具有弹性和战略性。人力资源信息化管理、人力资源外包化管理以及人力资源外延化管理是虚拟化的人力资源管理的主要形式。

（1）人力资源信息化管理。信息化时代的人力资源管理借助计算机和网络工具，首先完成事务性管理活动，如人事信息管理、福利管理、考勤管理、休假管理等；在此基础上扩展到常规性管理活动，包括网络招聘、网络培训、网络学习、网络考评、网络沟通等。未来人力资源信息化管理将在系统整合的基础上实现自上而下的战略人力资源管理的互联化，即 eHR。eHR 不仅能够极大地降低管理成本、提高管理效率，更重要的是能够提升管理活动的价值，使人力资源管理者从低价值的事务性工作中解脱出来，投入更多的时间和精力从事高价值的战略管理活动。

（2）人力资源外包化管理。以信息网络为工具的虚拟工作形式呈不断增长趋势。企业通过部分虚拟人力资源管理事务，保留核心职能，外包非核心职能，有利于减少人力资源部门的等级体系，促使人力资源部门扁平化和网络化。采用人力资源管理外包方式，可以合理地运用外部资源，促使企业对内部资源进行最合理、最有效的配置，从而发挥企业外部资源和内部资源的协同作用，建立企业竞争优势。通过人力资源管理外包，可以将人力资源管理的核心模块投入到对企业核心能力有最大贡献的领域，构建企业核心竞争优势，提升组织整体绩效。

（3）人力资源外延化管理。产品服务的多样化、工作平台的网络化与沟通方式的灵活化，为企业提供了超越传统雇佣模式来获取人力资源的新机会。在某些行业，为组织的运营提供劳动、创造价值的人并不局限于组织的固定员工，他们可以是以项目方式合作的独立工作者，也可以是完全与组织无关的人员。比如在互联网行业中，兴起了一种以网络平台为依托的新型运营模式，在这种模式下，网络用户不再仅仅是信息的被动接收者，而是成为资源与信息的主动提供者，直接参与网络公司的产品创造与服务提供，这一时代也被称为 Web 2.0 时代。对于这些外部资源，组织采用何种理念和措施进行管理才能保证人力资源供给的有效性与持久性，成为管理领域新的研究课题。

综上所述，虚拟化的人力资源管理的最终目的同样是提升组织绩效。

3. 人力资源管理角色变化带来人力资源管理的职业化趋势

人力资源管理已经成为一种职业，在全球正朝着更为职业化与专业化的方向发展。美国人力资源认证协会（HRCI）作为美国人力资源管理协会（SHRM）的附属机构，至今已认证了数万名人力资源管理专业人员。在美国，诸如康奈尔大学、明尼苏达大学等专门开设了人力资源管理专业。中国也推出了注册人力资源管理师（CHRP）和企业人力资源管理师国家职业标准，以及员工援助师、劳动关系协调员的职业标准。2020 年，全国有 518 所高校开设了人力资源管理本科专业，中国人民大学劳动人事学院于 2003 年率先在全国开设人力资源管理硕士和博士学位授予点，中国逐渐实现了人力资源管理人才的专业化培养。人力资源专业与其他专业一样，有着成熟的知识结构体系以及对行为解释的规范和准则。人力资源管理职业中更具胜任力的从业人员人数将会大幅增加，将来未经培训、不受任何约束、仅依靠经验管理人力资源的从业人员将失去发展空间。中国企业的人力资源管理者要尽快完成从业余选手到职业选手的转变。

4. 内外管理体系健全带来人力资源管理的规范化趋势

企业要实现可持续发展，必须挑战以往的惯性思维，对市场环境变化有充分的认识，实现由产品的成功转向产品与服务开发系统的成功，由企业家个人的成功转向战略的成功，由单一机会或资源的成功转向核心竞争力的成功，由不按规则的成功转向制度的成功。在这一过程中，健全人力资源管理体系成为企业管理的重要内容。人力资源管理的规范化是适应企业面对的各种环境的变化，是对人力资源管理的职能进行程序化运作的结果。这就要求企业不断地审视和改进自身的业务流程，同时不断发展员工的技能和能力，改进人力资源管理模式。企业生产或服务流程优化的实质是不断将新技术应用到服务或生产的实践中，以便不断提高企业的运营效率，最终获取持续的竞争优势。企业流程化的管理需要相应的人力资源管理模式的变革，因此，适应流程化的人力资源管理模式实质上是一种通过流程来组织资源、既有清晰的职责又有组织灵活性、组织发展聚焦于连续的流程发展和高效率的资源利用以及快速适应商业环境的变化、由内部客户驱动的人力资源管理新模式。此外，从外部环境角度来看，我国《劳动合同法》《就业促进法》《社会保险法》等一系列人力资源权益与保障方面的法律法规的正式出台，对人力资源管理的规范化也会产生极大的影响。因此，规范化的人力资源管理还体现为适应法制化的要求。

5. 人力资源管理对象变化带来重心转向知识型员工管理趋势

在新经济时代，国家的核心是企业，企业的核心是人才，人才的核心是知识创新者与企业家。人力资源管理面临新三角：知识型员工、知识工作设计、知识工作系统。人力资源管理要关注知识型员工的特点，其重点是有效开发与管理知识型员工，对知识型员工采用不同的管理策略。

（1）对知识型员工的有效开发。知识型员工拥有知识资本，因而在组织中有很强的独立性和自主性。这就必然带来新的管理问题，要求企业在对知识型员工授权赋能的同时强化人才的风险管理，使企业的内在要求与员工的成就意愿和专业兴趣相协调。知识型员工具有较强的流动意愿，不希望终身在一个组织中工作，由追求终身就业饭碗转向追求终身就业能力，为企业留住人才带来了新的挑战。

（2）对知识型员工的有效管理。知识型员工的工作过程难以直接监控，工作成果难以衡量，使价值评价体系变得复杂而不确定，因此，企业必须建立与知识型员工工作特征相一致的价值评价体系和价值分配体系。知识型员工的能力与贡献差异大，出现多种需求模式，需求要素及需求结构也有了新的变化。知识型员工出现了新的内在需求，这些需求是传统的需求模型难以满足的，因而企业必须从更广的范围和更新的视角来考虑对知识型员工的全面激励方案。另外，知识型员工的特点要求领导方式有根本的转变，建立知识工作系统，创新授权机制。

第三节 战略性人力资源管理概述

一、战略性人力资源管理的概念、特点和衡量标准

（一）战略性人力资源管理的概念

战略性人力资源管理是现代人力资源管理发展的一个新阶段，也将是21世纪人力资源管理的主流。在这样一个新的发展阶段，人力资源管理无论是在管理的理念和目标、管理的性质和深度，还是在管理的角色和职能、管理的方式和方法等诸多方面都突显出新的变化和特色。

所谓战略性人力资源管理，就是指为了提高企业绩效水平，培育富有创新性和灵活性的组织文化，而将企业的人力资源管理活动同战略目标和目的联系在一起的做法。①

战略性人力资源管理这一概念所要强调的核心理念是，人力资源管理必须能够帮助组织实现战略目标以及赢得竞争优势。

（二）战略性人力资源管理的特点

战略性人力资源管理具有以下特点：②

第一，战略性人力资源管理代表了现代企业一种全新的管理理念。企业经营者不能把人力资源视为与资金、技术和其他要素具有同等重要性的资源而同等对待，应当将员工视作更为珍贵的资源，将其置于企业发展的战略层面之上。

第二，战略性人力资源管理是对人力资源战略进行系统化管理的过程。战略性人力资源管理更加突出人力资源的方向性、整体性、时空性和规划性，它要根据企业总体发展战略，适时地制定出人力资源战略规划，集中全力组织实施人力资源战略规划，全方位地对

① 加里·德斯勒.人力资源管理.刘昕，译.9版.北京：中国人民大学出版社，2005：16.

② 中国就业培训技术指导中心.企业人力资源管理师.北京：中国劳动社会保障出版社，2010：2.

战略规划进行监督、控制，及时对战略规划进行必要的反馈和修订。

第三，战略性人力资源管理是现代人力资源管理发展的更高阶段。无论是在实践方面还是在理论创新方面，战略性人力资源管理都有了很大的进步，特别是在组织性质、管理角色、管理职能方面有了一系列新的转变。

第四，战略性人力资源管理对企业专职人力资源管理人员和直线主管提出了更高的要求。他们不但应当具备战略规划管理的知识和技能，还必须具备更高水平的决策力和执行力。

（三）战略性人力资源管理的衡量标准

战略性人力资源管理的衡量标准如下：①

第一，基础工作的健全程度。企业人力资源管理的各项基础工作是否健全，如各项规章制度的健全情况、人力资源信息管理的配套程度等。

第二，组织系统的完善程度。企业人力资源战略管理的子系统是否确立、内外系统是否配套和协调等。

第三，领导观念的更新程度。企业高层决策者是否树立全新的战略性人力资源管理的理念，实质性地将人力资源管理部门提升到决策层面，视人力资源经理为自己的战略经营伙伴。

第四，综合管理的创新程度。从企业文化、管理理念到组织结构、制度规范、管理模式和管理方法等多方面都有所发展。

第五，管理活动的精确程度。人力资源管理的精确程度可以从多个角度去衡量，如人力资源重大决策的效率和效果、管理评估的数量化和标准化程度等。

总之，战略性人力资源管理的衡量标准不是一成不变的，而是一个不断发展、不断创新的过程，随着时代的发展，它也是需要与时俱进的。

拓/展/阅/读

考察人力资源管理在组织中是否扮演战略角色的几个问题：

1. 人力资源管理在向组织内部客户提供增值服务方面正在做些什么？
2. 人力资源管理部门能够为组织的利润增长做出什么贡献？
3. 组织是怎样衡量自己的人力资源管理有效性的？
4. 组织怎样对员工进行再投资？
5. 组织运用何种人力资源战略才能使经营水平有所提升？
6. 员工愿意留在组织中的原因是什么？
7. 组织将怎样对人力资源管理职能进行投资，从而能够比竞争对手有一个更好的人力资源管理部门？
8. 从人力资源管理的角度来看，组织应该做些什么来改善其市场地位？
9. 为了迎接未来，组织能够进行的最好变革是什么？

资料来源：刘昕．人力资源管理．北京：中国人民大学出版社，2018：49.

① 中国就业培训技术指导中心．企业人力资源管理师．北京：中国劳动社会保障出版社，2010：12.

二、人力资源战略的含义和类型

（一）人力资源战略的含义

一个组织的战略一旦确定下来，它就必须制定相应的人力资源战略，以明确自己需要何种人力资源，以及如何吸引和保留这些人力资源。

所谓人力资源战略，就是人力资源管理部门及其管理者用来帮助组织实现战略目标的行动指南。它是一个组织将其人力资源管理的主要目标、政策及程序整合为一个有机整体的某种模式或规划的产物。①

（二）人力资源战略的类型

人力资源战略一般有以下三种分类方式。

1. 戴尔和霍德的分类

根据戴尔和霍德的研究，人力资源战略可分为以下三种：

第一，诱引战略。诱引战略是指组织自己不培养员工，通过丰厚的报酬去引诱人才，从而形成高素质的员工队伍。

第二，投资战略。投资战略是指组织通过自己培养来获得高素质员工，注重对员工的培训与开发。

第三，参与战略。参与战略是指组织在战略决策中给予员工较多的决策参与机会和较大的参与权，使员工在工作中有更多自主权。实行该战略的组织大都有扁平和分权的组织结构，能够在对竞争者和生产需求做出快速反应的同时，有效地降低成本。

2. 斯特雷斯和邓菲的分类

根据斯特雷斯和邓菲的研究，人力资源战略可能因组织变革程度的不同而采取以下四种策略（如表 1-1 所示）：

第一，家长式人力资源战略。这种战略主要运用于避免变革、寻求稳定的组织。

第二，发展式人力资源战略。当组织处于一个不断发展和变化的经营环境中时，为了适应环境的变化和发展，组织采用渐进式变革和发展式人力资源战略。

第三，任务式人力资源战略。组织面对的是局部变革，战略的制定是采取自上而下的指令式方式，与这种管理方式相匹配的是任务式人力资源战略。

第四，转型式人力资源战略。当组织已经完全不能适应经营环境而陷入危机时，全面变革迫在眉睫，只能采取高压式和指令式管理方式，对组织构架进行重大调整，与这种彻底变革相匹配的是转型式人力资源战略。

---

① 刘昕．人力资源管理．北京：中国人民大学出版社，2018：54.

表1-1　变革程度与人力资源战略

变革程度	管理方式	人力资源战略
基本稳定、微小调整	指令式为主	家长式人力资源战略
循序渐进，不断变革	咨询式管理为主，指令式管理为辅	发展式人力资源战略
局部变革	指令式管理为主，咨询式管理为辅	任务式人力资源战略
整体变革	高压式管理与指令式管理并用	转型式人力资源战略

3. 舒勒的分类

舒勒将人力资源战略分成以下三种类型：

第一，积累型战略。用长远的观点看待人力资源管理，注重人才的培训。

第二，效用型战略。用短期的观点看待人力资源管理，较少提供培训。

第三，协调型战略。介于积累型战略和效用型战略，个人不仅具备技术性的能力，还要在同事间保持良好的人际关系。

三、人力资源战略与组织战略

（一）组织的战略层次划分

一个组织的战略通常包括以下三个层次：①

第一，组织战略，又称公司战略或企业战略。它主要回答到哪里去竞争的问题，即做出组织应该选择经营何种业务以及进入何种领域的决策。组织战略又可划分为成长战略、稳定战略、收缩战略。

第二，竞争战略，又称为经营战略。它主要回答如何竞争的问题，即应当如何在已选定的行业或领域中与竞争对手展开有效的竞争，从而确立自己在市场上的长期竞争优势。竞争战略又可划分为低成本战略、差异化战略以及集中化战略。

第三，职能战略。它主要回答的是组织凭什么来进行竞争的问题，即哪些资源有助于组织打败竞争对手，以及组织将如何获取、开发和使用这些资源去进行竞争。一个组织往往由许多职能部门组成，如销售部门、人力资源部门、研发部门等，这些部门都要考虑如何为组织的总体战略做出自己的贡献。相应地，职能战略所反映的就是组织中每一个部门为了帮助组织实现战略以及相应的竞争目标而确定的基本行动路线，包括市场营销战略、人力资源战略、财务管理战略等内容。很显然，人力资源战略就是职能战略的一种。

（二）人力资源战略与组织竞争战略的匹配

人力资源战略与组织竞争战略的匹配有以下三种情况：②

---

① 刘昕.人力资源管理.北京：中国人民大学出版社，2018：41.

② 颜爱民.人力资源管理.北京：北京大学出版社，北京林业大学出版社，2007：496.

第一，与低成本战略相匹配的人力资源战略。

采用低成本战略的企业，应在生产经营活动中尽量降低成本费用和增加规模经济效益，使企业的产品成本低于竞争对手，从而使企业用低价格和高市场占有率来获取并保持竞争优势。采用低成本战略企业的生产技术一般都比较稳定，市场也比较成熟，此时的企业人力资源管理往往比较重视短期目标和员工的稳定性。为了保证企业战略的准确实施，企业在人员管理上倾向于实行较高程度的分工与严格的控制，并期望员工能够独立、自主地履行工作职责。针对这些特点的人力资源战略重点主要有：强调员工技能的高度专业化，采用从外部吸引与内部培训相结合的方式建立起一支高素质、专业化的员工队伍；采用内部晋升制度激励并留住人才；建立以员工业绩为中心的绩效管理系统和内部一致的薪酬系统。

第二，与差异化战略相匹配的人力资源战略。

采取差异化战略的企业要努力使自己的产品与服务在行业中具有独特性。为此，企业要为客户提供竞争对手一时难以提供的产品和服务。

实行差异化战略的企业往往处在成长和创新的过程中，主要以独特的新产品去开拓市场和赢得竞争。此时的人力资源管理一方面着重培养具有高度创造性和协作精神的员工；另一方面关注员工的长远发展，鼓励员工承担风险。针对这些特点，企业的人力资源战略也需要做出相应的调整：制定较为灵活的工作说明书，使员工尤其是从事创造性工作的员工具有较大的自主权和创新的积极性；重视从外部招聘员工，并为员工提供较宽广的职业通道；培训和开发主要集中在强化员工的协作能力上；薪酬系统更加关注外部公平性。

第三，与集中化战略相匹配的人力资源战略。

集中化战略主要是为某一特殊的中心目标服务而制定的，其重点是主攻某个特殊顾客群、产品或细分市场。对实行集中化战略的企业，其人力资源战略应该结合前面两种战略的特点。

相/关/链/接 >>

对人力资源管理认识的误区

在社会上以及许多组织内部，很多人包括组织的领导者和各级管理者都对人力资源管理职能存在一些错误认识。这些误区主要表现为以下几个方面：

误区一，很多人之所以从事人力资源管理工作，是因为他们喜欢跟人打交道。事实上，人力资源管理专业人员必须通过设计和实施一些管理政策和实践使员工更加具有竞争力，并且针对人力资源管理的政策和实践有时还会引起激烈的争论，而人力资源管理专业人员则必须能够直面这些挑战甚至是对抗，而不仅仅是履行一种支持性的职能，或者是为了让员工更加喜欢他们。

误区二，任何人都能从事人力资源管理工作。事实上，人力资源管理工作是建立在一系列的理论和研究基础之上的，人力资源管理专业人员只有熟悉理论和实践两个方面的内容及最新进展，才能真正为组织做出贡献。

误区三，人力资源管理涉及的是组织的软性方面，因而无法对其进行衡量。事实上，不仅可以，而且必须衡量和评估一个组织的人力资源管理政策和实践对于组织经营结果和组织战略目标实现所产生的影响。人力资源管理专业人员必须认识和理解如何将自己的工作转化为组织的财务绩效，并努力实现这种转化。

误区四，人力资源管理的重心在于成本控制。事实上，人力资源管理政策和实践必须着眼于提高生产率以及通过提高组织内的人力资本存量来创造价值，帮助组织赢得竞争优势，而不仅仅是降低成本。

误区五，人力资源管理工作就是严格执行政策和办理一些日常的人力资源管理事务。事实上，一方面，人力资源管理部门负责管理各项人力资源管理政策的执行情况；另一方面，在很多时候执行人力资源管理政策的并非人力资源部门，直线经理才是真正的执行者，或者是双方通过合作来执行相关人力资源管理政策。此外，人力资源管理专业人员所从事的不仅仅是日常的行政事务工作，他们必须帮助组织获取、开发、激励、留住优秀员工，向他们支付合理的报酬，从而使他们更加忠诚和敬业。

误区六，人力资源管理是一种时尚。事实上，人力资源管理政策和实践必须与组织所处的外部政治、经济、法律、文化等环境以及组织战略等匹配，而不能什么人力资源管理政策和实践流行就实施什么样的人力资源管理政策和实践，并且一些过去曾经有效的人力资源管理政策和实践也有可能会随着时间的推移而发生变化。因此，人力资源管理专业人员必须将自己的工作看成是发展演变链条中的一环，而不是用过多专业化的词汇、套用时髦的概念和做法等来显示自己的权威或者为自己的工作进行辩护。

误区七，人力资源管理是人力资源部门的事情。事实上，人力资源管理工作对于直线经理非常重要，就像财务、战略和其他业务领域对直线经理的重要程度一样。在绩效管理以及员工的保留、培训与开发等领域，直线经理的作用尤为突出，因此，人力资源管理专业人员应当与直线经理人员共同应对各项人力资源管理事务。

资料来源：刘昕．人力资源管理．北京：中国人民大学出版社，2015：356.

思 考 题

1. 人口资源、人力资源、人才资源、人力资本的概念是什么？
2. 人力资源与人力资本的区别有哪些？
3. 人力资源的特征和作用是什么？
4. 人力资本理论和人性假设理论的主要内容是什么？
5. 人力资源管理的概念和作用是什么？
6. 人力资源管理的主要活动是什么？
7. 人力资源管理经历了哪几个发展阶段？
8. 人力资源管理与传统人事管理的主要区别是什么？
9. 人力资源管理的模式和发展趋势是什么？
10. 战略性人力资源管理的概念、特点是什么？
11. 战略性人力资源管理的衡量标准是什么？

12. 人力资源战略的类型有哪些？
13. 怎样使人力资源战略与组织竞争战略匹配？

在 线 自 测

扫一扫 练一练

第二章

员工激励

本章要点

- 激励的含义与类型；
- 激励的基本原则；
- 激励的作用；
- 激励的过程；
- 内容型激励理论；
- 过程型激励理论；
- 行为后果型激励理论；
- 激励机制的含义和内容；
- 激励方法。

案例 2-1

京东：为离家人创造家

京东是一家以供应链为基础的技术与服务企业。2020 年 6 月，京东集团在香港联交所二次上市，募集资金约 345.58 亿港元。京东在众多综合电商平台中脱颖而出的原因之一是对仓储配送员工家庭式的情感激励。这种情感激励尤其是对出身于农村的一线员工来说极为有效，迅速赢得了十万名一线员工的满足感与归属感。

过年前，全国京东快递驿站迎来了最后一个高峰期，对一线仓储配送员工需求巨大，京东相应地提高了员工们的薪酬，然而约 70% 一线仓储配送员工来自农村，许多一年未归家的员工都想在年前早些赶回老家，不愿坚持在工作岗位。采访中，一名男员工说道："平日里我和老婆在外做事，全指望两位老人照顾儿子，年前若是不早回家看我儿子，赶上春节的车票又贵又难买，不能凑上全家过年，这一年的辛苦有什么价值？"员工的层级不同，处在高层的管理者很难设身处地考虑一线员工的真正需要，好在京东领导层听到了一线员工的内心声音。第二年年初，京东领导层对一线员工的薪酬政策做出调整，要求公司特殊拨款 3 000 万元，用于让坚守在工作岗位上的仓储配送员工把家人接到身边共度新年，领导人员表示："凡是有孩子的员工，按照每个孩子 3 000 元给予补贴，把孩子们接到身边共度佳节。如果个别员工离家太远，费用不够，超出部分实报实销；离家近的，多余费用不用退还。没有孩子的员工，每人至少多补贴 1 000 元加班费。"此后的每一年春节，京东仓储站都会出现员工白天专心投身一线，晚上和孩子共度佳节的景象。最近几年，京东集团不忘一线员工子女教育的问题，通过成立集团幼儿园，解决员工的子女托管问题，并且在宿迁签约引进了江苏省顶级中学建立分校区，让每个"京东娃"都有学上。

企业管理者在制定和实施激励政策时，要通过对不同类型员工的需求进行有效分析，将他们的需要整理、归类，然后制定相应的激励政策，并有针对性地进行激励，这样的激励措施才能最有效。

点评：从上述案例中可以看出，激励的出发点是了解员工的需要。人的一切行为都是由动机支配的，动机是由需要引起的，员工行为的方向就是寻求目标、满足需要。激励需明确员工需求，通过内部或外部创设的条件满足员工的需要，从而调动员工的积极性。

第一节　激励概述

一、激励的含义与类型

（一）激励的含义

激励是人力资源管理的重要内容，是激发人的行为的心理过程。组织通过激发员工的工作动机，用各种有效的方法调动员工的积极性和创造性，使员工努力完成组织的任务，实现组织的目标。

激励是指组织通过设计适当的外部奖酬形式和工作环境，以一定的行为规范和惩罚性措施，借助信息沟通，来激发、引导、保持和归化组织成员的行为，以有效地实现组织及其成员个人目标的系统活动。[①] 激励这一概念包含以下几方面的内容：

（1）激励的对象是需要尚未得到满足的员工。需要是激励的基础，激励问题实质上就是在正确认识员工需要的前提下，寻找能够满足员工需要的各种因素，并通过需要的满足来激励员工。

（2）科学的激励工作需要奖励和惩罚并举。既要对员工表现出来的符合组织期望的行为进行奖励，又要对不符合组织期望的行为进行惩罚。

（3）激励贯穿于组织员工工作的全过程。包括对员工个人需要的了解、个性的把握、行为过程的控制和行为结果的评价等。因此，激励工作需要耐心。

（4）信息沟通贯穿于激励工作的始末。从对激励制度的宣传、对组织员工个人的了解，到对员工行为过程的控制和对员工行为结果的评价等都依赖于一定的信息沟通。组织中信息沟通是否通畅，是否及时、准确、全面，直接影响着激励制度的运用效果和激励工作的成本。

（5）激励的最终目的是实现组织的特定目标。激励所产生的行为，必须始终同组织的

① 安锋，等. 人力资源管理教程. 北京：中国经济出版社，2016：256.

目标保持一致，必须以组织目标的实现为根本目的，而不能本末倒置强调行为本身，或过分强调成员的个人利益。

（二）激励的类型

不同的激励类型对行为过程会产生不同程度的影响，所以选择正确的激励类型是做好激励工作的一项先决条件。[①]

1. 物质激励与精神激励

虽然物质激励与精神激励的目标是一致的，但是它们的作用对象却是不同的。前者作用于人的生理方面，是对人物质需要的满足；后者作用于人的心理方面，是对人精神需要的满足。随着物质生活水平的不断提高，人们对精神与情感的需求越来越迫切。比如期望得到爱、得到尊重、得到认可、得到赞美、得到理解等。

2. 正激励与负激励

所谓正激励，就是当一个人的行为符合组织的需要时，通过奖赏的方式来鼓励这种行为，以达到持续和发扬这种行为的目的；所谓负激励，就是当一个人的行为不符合组织的需要时，通过制裁的方式来抑制这种行为，以达到减少或消除这种行为的目的。

正激励与负激励作为激励的两种不同类型，目的都是对人的行为进行强化，不同之处在于二者的取向相反。正激励起正强化的作用，是对行为的肯定；负激励起负强化的作用，是对行为的否定。

3. 内激励与外激励

所谓内激励，是指由内酬引发的、源自工作人员内心的激励；所谓外激励，是指由外酬引发的、与工作任务本身无直接关系的激励。

内酬是指工作任务本身的刺激，即在工作进行过程中所获得的满足感，它与工作任务是同步的。追求成长、锻炼自己、获得认可、自我实现、乐在其中等内酬所引发的内激励，会产生一种持久性的作用。

外酬是指工作任务完成之后或在工作场所以外所获得的满足感，它与工作任务不是同步的。如果一项又脏又累、谁都不愿干的工作有一个人干了，那可能是因为完成这项任务将会得到一定的外酬，如奖金及其他额外补贴，一旦外酬消失，他的积极性可能就不存在了。所以，由外酬引发的外激励是难以持久的。

二、激励的基本原则

（一）目标结合原则

在激励机制中，设置目标是一个关键环节。目标设置必须同时体现组织目标和员工的要求。

---

① 安锋，等．人力资源管理教程．北京：中国经济出版社，2016：256.

（二）物质激励和精神激励相结合的原则

物质激励是基础，精神激励是根本。在两者结合的基础上，逐步过渡到以精神激励为主。

（三）引导性原则

外部的激励措施只有转化为被激励者的自觉意愿才能取得激励效果。因此，引导性原则是激励过程的内在要求。

（四）合理性原则

激励的合理性原则包括两层含义：其一，激励的措施要适度，要根据所实现目标本身的价值大小确定适当的激励水平；其二，奖惩要公平。

（五）明确性原则

激励的明确性原则包括三层含义：其一，明确。激励的目的是需要做什么和必须怎么做。其二，公开。特别是在分配奖金等大量员工关注的问题时，更为重要。其三，直观。实施物质奖励和精神奖励时都需要直观地表达它们的指标。

（六）时效性原则

要把握激励的时机，“雪中送炭”和“雨后送伞”的效果是不一样的。激励越及时，越有利于将员工的激情推向高潮，使其创造力连续有效地发挥出来。

（七）正激励与负激励相结合的原则

正负激励都是必要而有效的，不仅作用于当事人，而且会间接地影响周围的其他人。

（八）按需激励原则

激励的起点是满足员工的需要，但员工的需要因人而异、因时而异，并且只有满足最迫切需要（主导需要）的措施，其效价才高，其激励强度才大。因此，领导者必须深入地进行调查研究，不断了解员工需要层次和需要结构的变化趋势，有针对性地采取激励措施，才能收到实效。

三、激励的作用

对一个企业来说，科学的激励制度至少具有以下几个方面的作用。

（一）有助于吸引优秀的人才

在发达国家的许多企业中，特别是那些竞争力强、实力雄厚的企业，通过各种优惠政策、丰厚的福利待遇、快捷的晋升途径来吸引企业所需要的人才。

（二）有利于发挥员工的才智

激励可以调动员工的创造性，使他们始终保持高昂的工作热情。它的主要作用是通过动机的激发，调动被管理者工作的积极性和创造性，自觉自愿地为实现企业目标而努力，其核心作用是调动人的积极性。

（三）有助于留住优秀的人才

一个企业如果没有绩效评估标准，靠主观印象去管理，没有赏罚分明的激励机制，则很难发挥人才的作用，也很难留住人才。激励会增加人才的跳槽成本，对人才的流动有一定的抑制作用。

（四）有助于造就良性的竞争环境

科学的激励制度包含一种竞争精神，它的运行能够创造出一种良性的竞争环境，进而形成良性的竞争机制。在具有竞争性的环境中，企业员工就会受到环境的压力，这种压力将转变为员工努力工作的动力。正如麦格雷戈所说：“个人与个人之间的竞争，才是激励的主要来源之一。”在这里，员工工作的动力和积极性成了激励工作的间接结果。

四、激励的过程

人的一切行为都是由当时的主导需求引发，并朝着满足这种主导需求的目标努力，努力的结果又作为新的刺激反馈回来调整人的需要结构，指导人的下一个新的行为。激励过程的基本模式如图 2-1 所示。

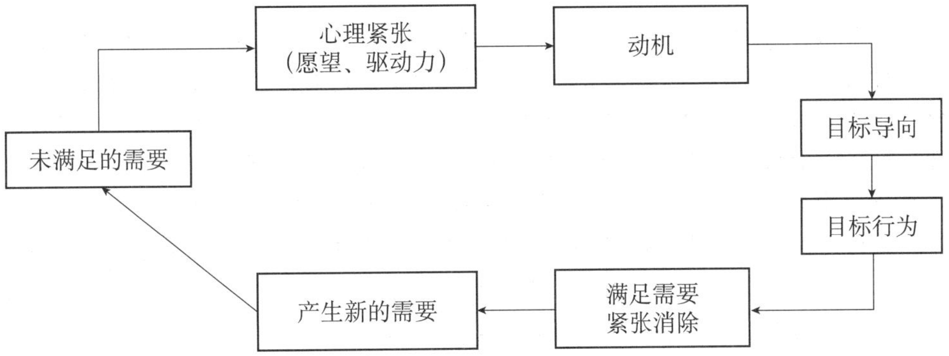

图 2-1 激励过程的基本模式

资料来源：安锋，等. 人力资源管理教程. 北京：中国经济出版社，2016：260.

在理论上，如图 2-1 所示，激励过程是从个人未满足的需要出发的。人们有许多不同的需要、愿望和期望，它们的强度各异。激励包括三个基本因素：需要、动机、行为。

（一）需要

激励的实质就是通过影响人的需要达到引导人的行为的目的，它实际上是一种对人的行为的强化过程。需要是人的一种主观体验，是人在社会生活中对某种目标的渴求和欲望，是人行为积极性的源泉。人的需要一旦被意识到，它就会以动机的形式表现出来，从而驱使人朝着一定的方向努力，以达到自身的满足。需要越强烈，它的推动力就越大。

（二）动机

动机是建立在需要基础之上的。当人有了某种需要而又未能满足时，心理便会产生一种紧张和不安，这种紧张和不安就成为一种内在的驱动力促使个体采取某种行动。在现实生活中，人的动机往往取决于需要与外部诱因的相互作用。如果没有某种需要就不会有某种行为目标，而没有某种行为目标或外部诱因就不存在某种需求，也就不会产生这方面的动机。

（三）行为

任何一种行为的产生都是有其内在原因的。动机对于行为有着重要的功能，表现为三个方面：一是始发功能，即推动行为的原动力；二是选择功能，即它决定个体的行为方向；三是维持和协调功能，行为目标达成时，相应的动机就会获得强化，使行为持续下去或产生更强烈的行为，趋向更高的目标，相反，则降低行为的积极性或停止行为。

需要、动机、行为三要素相互联系，密不可分。管理者实施激励，要想方设法做好需要引导和目标引导，强化员工动机，刺激员工的行为，从而实现组织目标激励过程。

相/关/链/接 >>>>>>>>>>>>>>>>>>>>>>>>>>>>>>>>>>>>>>

内源性动机与外源性动机

动机是为某一目标付出努力的意愿，决定了行为的方向（选择做出什么行为）、努力的水平（行为的努力程度），以及坚持的水平（为了坚持自己的行为需要付出多大努力）。动机分为内源性动机和外源性动机。内源性动机是指人实施某种行为是因为行为本身，因为这种行为可以带来成就感，或者个体认为这种行为是有价值的；外源性动机是指人为了获得物质或社会报酬，或为了避免惩罚而完成某种行为，完成某种行为是为了行为的结果，而不是行为本身。具备内源性动机的员工看重工作本身，诸如寻求挑战性工作，获得为工作和组织多做贡献的机会，以及充分实现个人潜力的机会；具备外源性动机的员工更看重工作所带来的报偿，诸如工资、奖金、表扬、社会地位等。

案例 2-2

永辉超市的员工激励

永辉超市是福建省在推动传统农贸市场向现代流通方式转变过程中培育起来的民营股份制大型企业集团，是首批将生鲜农产品引进现代超市的流通企业之一。目前，该超市已在全国发展超千家连锁超市，业务覆盖 29 个省份，近 600 个城市，位居 2021 年中国超市百强第二位、2021 年中国连锁百强第六位。2021 年营业收入达 910.62 亿元。

一、永辉超市创新型“合伙人”制度

1. 一线员工利润分享

首先，永辉的“合伙人”制度是一种分红制度。该制度有别于其他公司的合伙人制度，这些合伙人并不享有公司股权、股票，而只有分红权，相当于总部和小团体增量利润的再分配。一般情况下，合伙人是以门店为单位与总部进行商谈，永辉总部代表、门店店长、经理以及科长等一起开会探讨一个预期的毛利额并以此作为业绩标准。在将来的门店经营过程中，超过这一业绩标准的增量部分利润就会被拿出来按照合伙人的相关制度进行分红，或三七，或四六，或二八。店长拿到这笔分红之后，就会根据其门店岗位的贡献程度进行二次分配，最终使得分红机制照顾到每一位一线员工。

其次，永辉的“合伙人”制度是一种激励机制。永辉“合伙人”制度名为分红，实际重在激励，目的是充分调动员工的积极性。在超市里，瓜果生鲜通常都摆放在进门的位置，主要是通过其颜色、品相等来吸引消费者进店，引发消费者的“非计划购买欲”，进而提升消费者的客单价。这种营销手段的基础假设是：店内的生鲜水果必须新鲜，卖相足够吸引消费者。如果一线员工的工作态度不够积极，在他们码放水果的时候就会出现不经意丢、砸等现象，抱着反正卖多少、损失多少都和自己没有关系的心态。受到撞击的果蔬通常卖相不好，无法吸引消费者购买，从而对超市营业额造成影响。对一线员工实行“合伙人”制度，将部分经营业绩直接和员工联系在一起，增加了员工的薪酬，使员工改变了工作态度，带来的是果蔬损耗减少、成本节约，以及消费者更多的购买。

2. 专才买手股权激励

在企业的基层员工中还有一些专才买手，对于永辉的特色生鲜经营来说，这些买手尤为重要，因此永辉又对这些专才买手进行了更大的利益分享——股权激励。买手就是永辉超市在供应链底端的代理人，由于他们熟悉村镇的情况，又十分了解各种生鲜特征，这使他们能够很好地胜任采购这项工作，但同时，这也易于导致买手们被其他企业所觊觎，以更高的薪水被挖走。因此，永辉必须要保证买手团队的稳定性。这样，永辉使“合伙人”制度跨上了一个新台阶，向买手们发放股权激励，不仅使他们留在企业内，而且让他们干劲十足。

3. 永辉员工公平的职业发展之路

对各层级的人才进行梯队建设和人才引进，是永辉近几年人力资源管理工作的重点之一。标准化的岗位设置，多层次的岗位体系，符合标准并通过培训、考核，即可晋升。永辉员工的职业发展和成长路是非常人性化的。在永辉，走专业技术路径的员工和走管理路径的员工，最快用两年时间就可以分别成长到技师二级和三级课长，收入达到入职时的2.1倍。

二、永辉超市提供的物质激励

永辉超市的“合伙人”制度实施以来，大部分一线员工都在“合伙人”制度中受益。很多永辉员工纷纷表示：“我们超市实行的这种制度真好，以前总是每个月拿着那点工资，总是想着换到工资稍高一点的地方打工。现在不想换了，我们可以凭借自己的努力，超额完成公司下达的经营目标，获得分红，真的是让人干劲十足啊。”研究表明，物质激励对于满足员工的诉求来说占很重分量，尤其是对于一线员工来说。企业的经营业绩是靠充分调动每个员工的积极性创造出来的，所以当员工意识到营业利润里有自己的一份时，就会为了自己的利益格外努力。当员工感知到企业高质量地履行其责任或义务时，满意的程度会增加，他们就会以互惠行为回报企业，并且产生更高的工作绩效。

三、永辉超市提供的精神激励

永辉超市“合伙人”制度时刻在向员工传达企业的核心价值观：融合共享，成于至善。永辉是共同创业和共同发展的平台，来永辉工作是创业，而不仅仅是就业。这些无疑会让一线员工意识到自己就是合伙人，从事一线工作并非低人一等，从内心认同自己，也养成“人人都是经营者”的意识，更加愿意留在企业工作。另外，永辉超市实行的“合伙人”制度，一直践行着绝对公平公正的基本原则。总部对门店的奖金包和合伙人奖金的分配方式及比例进行了明确具体的规定，员工可以根据自己的业绩非常清晰地预见将来的分红，也有效地杜绝了门店负责人截流分红的隐患。永辉超市还对业绩良好的员工公开授牌，召开员工大会进行表扬，通过内刊进行报道宣传，一切都公开透明。

资料来源：HRsee. 永辉超市的员工激励案例 . HR 案例网，2018-04-13.

点评：激励包含着很多的科学与理论。永辉超市在员工激励方面体现了多种激励理论的内涵，既有关注一线员工需求、自我实现等侧重员工需要的内容型激励理论体现，也有建立公平感知、将企业业绩与个人建立起一种“直接关系”等关注行为产生过程的过程型激励理论的体现。激励理论探讨了激励的规律性问题，帮助企业达成员工激励契合。

第二节　激励理论

一、内容型激励理论

所谓内容型激励理论，是指针对激励的原因与起激励作用的因素的具体内容进行研究的理论。这种理论着眼于满足人们需要的内容，即人们需要什么就满足什么，从而激起人们的动机。内容型激励理论重点研究激发动机的诱因，主要包括马斯洛的“需要层次理论”、赫茨伯格的“双因素理论”、阿尔德弗的“ERG 理论”和麦克利兰的“成就需要理论”等。

（一）需要层次理论

1. 需要层次理论的基本内容

需要层次理论

美国心理学家马斯洛在 1943 年出版的《人类激励理论》一书中，首次提出需要层次理论。他将人们的需要划分为五个层次，即生理的需要、安全的需要、社交的需要、尊重的需要和自我实现的需要，如图 2-2 所示。

（1）生理的需要。它是指人类生存最基本的需要，如食物、水、住房、医药等。这是动力最强大的需要，如果这些需要得不到满足，人类就无法生存，也就谈不上其他需要。马斯洛认为，只有这些最基本的需要满足到维持生存所必需的程度后，其他的需要才能成为新的激励因素，而到了此时，这些已相对满足的需要也就不再成为激励因素了。

（2）安全的需要。它是指保护自己免受身体和情感伤害的需要。这种安全的需要体现在社会生活中的很多方面，如生命安全、劳动安全、职业保障、心理安全等。马斯洛认为，整个有机体是一个追求安全的机制，人的感觉器官、效应器官、智能和其他能量主要是寻求安全的工具，甚至可以把科学和人生观都看成是满足安全的需要。安全的需要相对满足后，也就不再成为激励因素了。

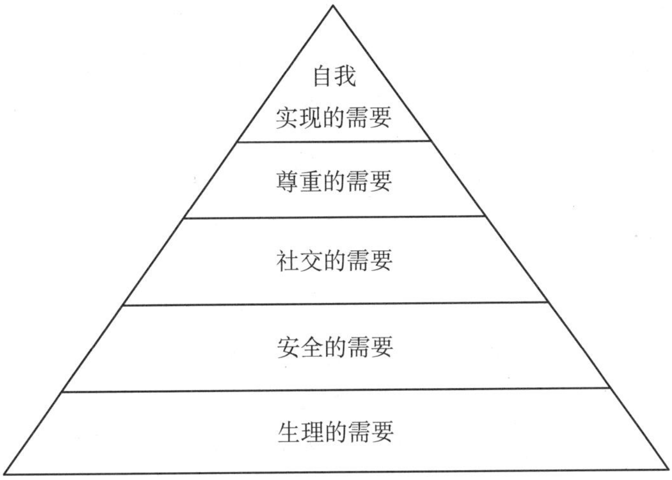

图 2-2 马斯洛的需要层次划分

（3）社交的需要。它是指人们愿意与他人进行社会交往，想和同事们保持良好的关系，希望给予和得到友爱，希望成为某个团体的成员等的需要。这一层次的需要包括两个方面的内容：一是友爱的需要，即人人都需要伙伴之间、同事之间的关系融洽或保持友谊和忠诚，人人都希望得到爱情，希望爱别人，也渴望接受别人的爱；二是归属的需要，即人都有一种归属于一个群体的愿望，希望成为群体中的一员，并相互关心和照顾。社交上的需要比生理上的需要更为细致，它和一个人的生理特征、经历、受教育程度、宗教信仰都有关系。

（4）尊重的需要。人人都希望自己有稳定的社会地位，个人的能力和成就得到社会的承认。所以尊重的需要包括自尊和受人尊重两方面。自尊是指自己的自尊心，工作努力，有充分的自信心，获得成就的自豪感；受人尊重是指自己的工作成绩、社会地位能得到他人的认可。尊重的需要又可分为内部尊重和外部尊重。内部尊重是指一个人希望在各种不同情境中有实力、能胜任、充满信心、能独立自主，总之，内部尊重就是人的自尊；外部尊重是指人希望有地位、有威信，受到别人的尊重、信赖和高度评价。马斯洛认为，尊重需要得到满足，能使人对自己充满信心，对社会满腔热情，体验到自己的用处和价值。

（5）自我实现的需要。这是最高一级的需要，是指个人成长与发展，发挥自身潜能、实现理想的需要，即人希望自己能够充分发挥自己的潜能，做最适宜的工作。也就是说，人必须做称职的工作，这样才会使自己感到最大的快乐。马斯洛指出，为了满足自我实现的需要所采取的途径是因人而异的。努力发挥自己的潜力，成为自己所期望的人物，满足自我实现的需要。

2. 需要层次理论的基本观点

（1）五个层次的需要像阶梯一样从低到高，逐层上升。一个层次的需要相对满足了，就会向高一层次的需要发展，追求更高一层次的需要就成为驱使行为的动力。

（2）需要结构是很复杂的，每一时刻都会同时有许多层次的需要影响着人们的行动，而不是单一的需要支配人们的行动。

（3）五种需要可以分为高、低两级需要，其中生理的需要、安全的需要和社交的需要都属于低级的需要，这些需要通过外部条件就可以满足；尊重的需要和自我实现的需要是高级的需要，这些需要通过内部因素才能满足，而且一个人对尊重的需要和自我实现的需要是无止境的。同一时期，一个人可能有几种需要，但每一时期总有一种需要占支配地位，对行为起决定性作用。任何一种需要都不会因为更高层次需要的发展而消失。各层次的需要相互依赖和重叠，高层次的需要发展后，低层次的需要仍然存在，只是对行为影响的程度降低。

（4）马斯洛和其他的行为科学家都认为，一个国家多数人的需要层次结构是同这个国家的经济发展水平、科技发展水平、文化和人们受教育的程度直接相关的。在经济不发达国家，生理的需要和安全的需要占主导的人数比例较大，而高级需要占主导的人数比例较小；在经济发达国家，则刚好相反。在同一国家的不同时期，人们的需要层次会随着生产水平的变化而变化。

3. 对需要层次理论的评价

马斯洛的需要层次理论阐明了人们究竟会重视哪些目标，也说明了哪些类型的行为将影响各种需要的满足，但是对为什么会产生需要这个问题涉及得很少。不过该理论也指出，大多数人都存在着较高层次的需要，而且只要环境不妨碍这些较高层次需要的出现，这些需要就能激励大多数人。

马斯洛的理论受到了管理人员和心理学家的关注。研究表明，高层管理人员和基层管理人员相比，更能够满足他们较高层次的需要。一方面，因为高层管理人员面临着有挑战性的工作，在工作中他们能够自我实现；而另一方面，基层管理人员更多地从事常规的工作，满足较高层次的需要相对就困难一些。此外，需要的满足会因一个人在企业中所做的工作，企业的规模以及员工的年龄、文化背景等因素的不同而有所差异。

（二）双因素理论

1. 双因素理论的基本内容

双因素理论

双因素理论也叫“保健－激励理论”（Motivation-Hygiene Theory），是美国心理学家弗雷德里克·赫茨伯格（Frederick Herzberg）于 20 世纪 50 年代后期提出的。

双因素理论具有两个独特的方面。首先，这个理论强调一些工作因素能导致满意感，而另外一些工作因素则只能防止产生不满意感；其次，对工作的满意感和不满意感并非存在于单一的连续体中。

双因素理论认为有两种性质不同的因素存在：保健因素和激励因素。

（1）保健因素。赫茨伯格发现，造成员工不满意的因素有公司管理、行政管理、工作条件、人际关系、地位、安全和生活条件等。这些因素的改善只能保证员工不会产生不满，但不能使员工变得非常满意，也不能激发他们的工作积极性，促使生产增长。赫茨伯格把这一类因素称为保健因素。

（2）激励因素。赫茨伯格还发现，使员工感到满意的因素有工作富有成就感、工作能得到认可、工作本身具有挑战性、负有较大的责任、在职业上能得到发展等。这类因素的改善能够激发员工的工作热情，提高生产效率。如果这些因素的需要得不到满足，则会引起员工不满。赫茨伯格把这些因素称为激励因素。

如图 2–3 所示，传统的观点认为，满意的对立面是不满意。赫茨伯格认为这是不正确的。满意的对立面是没有满意，而不是不满意；不满意的对立面是没有不满意，而不是满意。满意与不满意是质的差别，而不是量的差别。

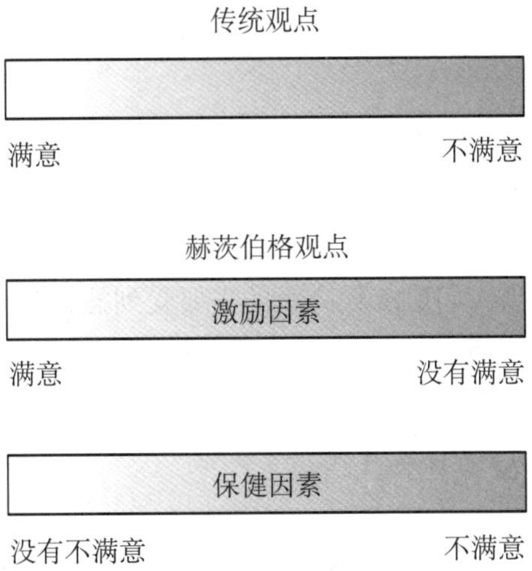

图 2–3　传统观点与赫茨伯格观点的比较

赫茨伯格认为，不是所有的需要得到满足都能激励起人们的积极性，只有那些属于激励因素的需要得到满足，才能调动人们的积极性。不具备保健因素时将引起许多不满，但是保健因素具备时并不一定能调动人们强烈的积极性。另外，具备激励因素时会引起人们强烈的积极性和满足感，但激励因素缺乏时却并不引起很大的不满。此外，赫茨伯格还明确指出，在缺乏保健因素的情况下，激励因素的作用也不大。

2. 对双因素理论的评价

双因素理论解释了一味注重工资、奖金和工作条件等因素的传统激励法收效甚微的原因，并引导管理者注重与工作本身相关的因素，给予员工持续的激励。要调动员工的积极性，不仅要注意物质利益和工作条件等外部因素，更要注意对人进行精神鼓励，及时给予表扬和认可，还要注意给员工以成长、发展、晋升的机会。

（三）ERG理论

1. ERG理论的基本内容

ERG 理论是美国学者阿尔德弗（C. P. Alderfer）于 1969 年提出的一种与马斯洛的需要层次理论密切相关但又有些不同的理论。他把人的需要分为三类，即存在（Existence）的需要、关系（Relatedness）的需要和成长（Growth）的需要。由于这三个词的第一个英文字母分别是 E、R、G，因此被称为 ERG 理论。

（1）存在的需要。这类需要关系到机体的存在或生存。它包括衣、食、住以及工作等因素，企业为使员工得到这些因素而提供手段。实际上存在的需要相当于马斯洛需要层次理论中的生理的需要和安全的需要。

（2）关系的需要。这是指发展人际关系的需要。这种需要通过工作中或工作以外与其他人的接触和交往得到满足。它相当于马斯洛需要层次理论中的社交的需要和一部分尊重的需要。

（3）成长的需要。这是个人自我发展和自我完善的需要。这种需要通过发挥个人的潜力和才能才能得到满足。这相当于马斯洛需要层次理论中的自我实现的需要和尊重的需要。

2. ERG理论的特点

（1）ERG 理论并不强调需要层次的顺序，认为某种需要在一定时期内对行为起作用，而当这种需要得到满足后，人们可能去追求更高层次的需要，也可能没有这种上升趋势。

（2）ERG 理论认为，当人们追求较高级的需要受到挫折时，可能会降而求其次。

（3）ERG 理论认为，某种需要在得到基本满足后，其强烈程度不仅不会减弱，还可能会增强，这与马斯洛的观点不一致。

3. 对ERG理论的评价

阿尔德弗的 ERG 理论在需要的分类上并不比马斯洛的需要层次理论更完善，对需要的解释也并未超出马斯洛需要层次理论的范围。如果认为马斯洛的需要层次理论是带有普遍意义的一般规律，那么 ERG 理论则偏重于带有特殊性的个体差异，这表明 ERG 理论对不同需要之间联系的限制较少。

（四）成就需要理论

1. 成就需要理论的基本内容

成就需要理论是美国哈佛大学教授戴维·麦克利兰（D. C. McClelland）于 20 世纪 50 年代在一系列文章中提出的。麦克利兰把人的高层次需要归纳为对权力、友谊和成就的需要。他对这三种需要，特别是对成就需要做了深入的研究。

（1）权力需要。具有较高权力欲望的人对影响和控制别人表现出很大的兴趣，这种人总是追求领导者的地位。他们常常表现出喜欢争辩、健谈、直率和头脑冷静，善于提出问题和要求；喜欢教训别人并乐于演讲。麦克利兰还将组织中管理者的权力划分为两种：一是个人权力。追求个人权力的人表现出来的特征是围绕个人需要行使权力，在工作中需要及时反馈并倾向于自己亲自操作。二是职位性权力。职位性权力要求管理者与组织共同发展，自觉地接受约束，从体验行使权力的过程中得到一种满足。

（2）友谊需要。麦克利兰提出的友谊需要与马斯洛提出的社交上的需要基本相同。麦克利兰指出，注重友谊需要的管理者容易因为讲究交情和义气而违背或不重视管理工作原则，从而会导致组织效率下降。

（3）成就需要。具有成就需要的人，对工作的胜任感和成功有强烈的要求，同样也担心失败；他们乐意甚至热衷于接受挑战，往往为自己树立有一定难度而又不是高不可攀的目标；他们敢于冒险，又能以慎重的态度对待冒险，绝不会以迷信和侥幸心理对待未来，而是要通过认真的分析和估计；他们愿意承担所做工作的个人责任，并希望得到所从事工作的明确而又迅速的反馈。这类人一般不常休息，喜欢长时间全身心地投入工作，并从工作的完成中得到很大的满足，即使真正出现失败也不会过分沮丧。一般来说，他们喜欢表现自己。

麦克利兰认为，一个公司如果有很多具有成就需要的人，那么公司就会发展很快；一个国家如果有很多这样的公司，整个国家的经济发展速度就会高于世界平均水平。

2. 成就需要理论的主要特点

成就需要理论更侧重于对高层次管理中被管理者的研究。由于这一特点，它对于企业管理以外的科研管理、管理人员的管理等具有较大的实际意义。

3. 对成就需要理论的评价

成就需要理论对于我们把握管理人员的高层次需要具有积极的参考意义。但是，在不同国家、不同文化背景下，成就需要的特征和表现也不尽相同，对此，麦克利兰未做充分表述。尽管如此，成就需要理论依然对现代管理有着重要的启示作用：首先，在人员的选拔和安置上，通过测量和评价一个人动机体系的特征对于如何分派工作和安排职位有重要意义；其次，对于不同需要的人应采取不同的激励方式；最后，动机是可以训练和激发的，管理者可以训练和提高员工的成就动机，以提高劳动生产率。

二、过程型激励理论

过程型激励理论重点研究从动机的产生到采取行动的心理过程，主要包括弗鲁姆的“期望理论”、亚当斯的“公平理论”、洛克的“目标设置理论”等。

期望理论

（一）期望理论

1. 期望理论的基本内容

有很多学者对期望理论进行了研究，其中以美国心理学家维克多·弗鲁姆（V. H. Vroom）于 1964 年在其著作《工作与激励》中提出的理论最具代表性。弗鲁姆认为，人之所以有动力去从事某项工作并达成目标，是因为这些工作与组织目标会帮助他达成自己的目标，满足自己某些方面的需要。因此，激励的效果取决于效价和期望值两个因素，即：

激励力（Motivation）= 效价（Value）× 期望值（Expectance）

或　$M = V \times E$

式中，激励力表示人们受到激励的程度。效价是指人们对某一行动所产生结果的主观评价，取值范围为 -1～+1，结果对个人越重要，效价值就越接近 +1；结果对个人无关紧要，效价值就接近 0；结果是个人不愿意让它出现而尽力避免的，效价值就接近 -1。期望值是指人们对某一行动导致某一结果的可能性大小的估计，它的取值范围是 0～1。由公式可以看出，当人们把某一结果的价值看得越大，估计结果能实现的概率就越大，这一结果的激励作用才会越大；当效价和期望值中有一个为零时，激励就会失去作用。

根据以上公式，只有当效价与期望值都较高时，才会产生比较强的激励力。因此，当人们预期某一行为（个人努力）能够完成任务（个人绩效），而任务完成后能够得到组织的奖励，且组织奖励有助于个人目标时，个体就会有动力去实施这一行为，如图 2-4 所示。也就是说，个体是否有动力，取决于三个关系：第一个是个人努力和个人绩效之间的关系；第二个是个人绩效和组织奖励之间的关系；第三个是组织奖励和个人目标之间的关系。这三个关系中任何一个变弱，都会影响整个激励的效果。[①]

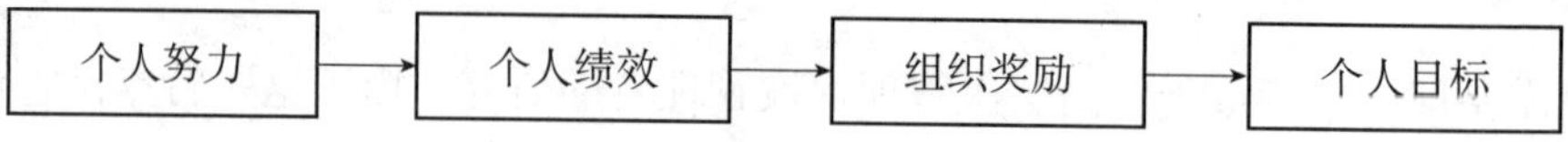

图 2-4　期望理论的基本模式

按照期望理论的观点，人力资源管理要达到激励员工的目的，就必须对绩效管理系统和薪酬管理系统进行相应的改善。在绩效管理中，给员工制定的绩效目标要切实可行，必须是员工经过努力能够实现的；要及时对员工进行跟进，帮助员工实现目标；同时，要能对员工的绩效进行客观、公正的评价。对于薪酬管理而言，一方面要根据绩效考核的结果及时给予员工各种报酬和奖励，另一方面要根据员工不同的需求设计个性化的报酬体系，以满足员工不同的需求。[②]

2. 对期望理论的评价

弗鲁姆的期望理论，对于有效地调动人的积极性、做好人的管理工作，具有一定的启发和借鉴意义。因为期望理论是在目标尚未实现的情况下研究目标对人的动机的影响，一个好的管理者，应当研究在什么情况下使期望值大于现实，在什么情况下使期望值等于现实，以更好地调动人的积极性。在人力资源管理工作中，应该充分研究目标的设置、效价和期望值对激励力的影响。因为不同的人有不同的目标，同一个目标，对不同的人也会有不同的价值。只有具体问题具体分析，才能真正调动每个员工的积极性。

（二）公平理论

1. 公平理论的基本内容

公平理论

公平理论又称社会比较理论，由美国心理学家斯塔西·亚当斯（John Stacey Adams）于 1965 年提出。该理论是研究人的动机和知觉关系的一种激励理论，侧重研究报酬公平性、合理性对员工积极性的影响。

亚当斯认为，人们的工作积极性不仅与个人实际报酬多少有关，而且与人们对报酬的分配是否感到公平更为密切。人们总会自觉或不自觉地将自己付出的劳动代价及所得到的报酬与他人的进行比较，并对公平与否做出判断。公平感直接影响员工的工作动机和行为。因此，从某种意义上讲，动机的激发过程实际上是人与人进行比较后，做出公平与否

① 董克用 . 人力资源管理概论 . 北京：中国人民大学出版社，2015：54.

② 孙宗虎，李作学 . 员工激励方法实例全案 . 北京：化学工业出版社，2014：52.

的判断，并据此指导行为的过程。

2. 对公平理论的评价

公平理论对我们有着重要的启示。首先，影响激励效果的因素不仅有报酬的绝对值，还有报酬的相对值；其次，激励时应力求公平，尽管有主观判断的误差，也不至于造成严重的不公平感；最后，在激励过程中应注意对被激励者公平心理的引导，使其树立正确的公平观。

（三）目标设置理论

1. 目标设置的内容

美国马里兰大学的洛克教授（E. A. Locke）和同事们在研究中发现，外来的刺激如奖励、工作反馈、监督的压力等都是通过目标来影响动机的。1967 年，洛克最先提出“目标设定论”（Goal Setting Theory），认为目标本身就具有激励作用，目标能把人的需要转变为动机，使人朝着一定的方向努力，并将自己的行为结果与既定的目标相对照，及时进行调整和修正，从而实现目标。这种使需要转化为动机，再由动机支配行动以达成目标的过程就是目标激励。目标激励的效果受目标本身的性质和周围变量的影响。目标设置模型如图 2-5 所示。

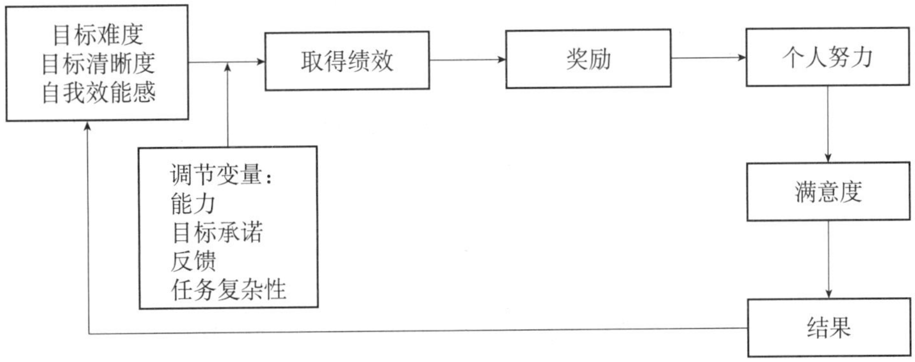

图 2-5　目标设置模型

2. 目标设置理论的要点

（1）目标难度（Goal Difficulty），是指目标的挑战性和达到目标所需的努力程度。难度依赖于人和目标之间的关系，同样的目标对某人来说可能是容易的，而对另一个人来说可能是难的，这取决于他们的能力和经验。

（2）目标清晰度（Goal Specificity），要使目标能引导个体的努力，它必须清晰而具体，主要体现在工作任务的内容和方向、最后完成期限和应达到的绩效标准等方面。

（3）自我效能感（Self-efficacy），是指人们对自己能否有效地实现特定行为目标的自我认知，以个体对能力、经验、过去的绩效、与任务目标相关的信息等多种资源的感知作为评估基础。

（4）调节变量（Variables），影响目标设置与绩效之间关系的其他因素，如能力（制约着个体对挑战进行反应的能力）、目标承诺（个体为达到目标而努力的程度）、反馈（告诉人们这些标准满足得怎么样，哪些地方做得好、哪些地方尚有待改进），以及任务复杂性（对于一项简单任务来说，努力能直接导致较高的任务绩效；对于更多的复杂任务来说，努力不一定会直接产生明显的结果）等。

3. 对目标设置理论的评价

目标设置理论具有很强的可操作性，而且便于绩效考核，能够帮助员工进行职业生涯规划与管理，有利于实现组织的使命和战略。

三、行为后果型激励理论

行为后果型激励理论是以行为后果为对象，研究如何对行为进行后续激励。这一理论包括强化理论和归因理论。

（一）强化理论

强化理论

1. 强化理论的内容

美国哈佛大学教授斯金纳（Burrhus Frederic Skinner）是新行为主义心理学的创始人之一。他率先提出了行为强化理论，简言之，就是利用令人厌恶的刺激去纠正不正当的行为；用令人愉快的刺激去强化正当的行为。强化包括正强化、负强化和自然消退三种类型。①

（1）正强化，又称积极强化。当人们采取某种行为时，能从他人那里得到某种令其感到愉快的结果，这种结果反过来又成为推进人们趋向或重复此种行为的力量。例如，企业用某种具有吸引力的结果（如奖金、休假、晋级、认可、表扬等）表示对职工努力进行安全生产的行为的肯定，从而增强员工进一步遵守安全规程进行安全生产的行为。

（2）负强化，又称消极强化。它是指通过某种不符合要求的行为所引起的不愉快的后果，对该行为予以否定。若员工能按所要求的方式行动，就可减少或消除令人不愉快的处境，从而也增大了员工符合要求的行为重复出现的可能性。例如，企业安全管理人员告知员工不遵守安全规程就要受到批评，甚至得不到安全奖励，于是员工为了避免此种不期望的结果，而认真按操作规程进行安全作业。惩罚是负强化的一种典型方式，即在消极行为发生后，以某种带有强制性、威慑性的手段（如批评、行政处分、经济处罚等）给人带来不愉快的结果，或者取消现有的令人愉快和满意的条件，以表示对某种不符合要求的行为的否定。

（3）自然消退，又称衰减。它是指对原先可接受的某种行为强化的撤销。由于在一定时期内不予强化，此行为将自然下降并逐渐消退。例如，企业曾对员工加班加点完成生产定额给予奖酬，后经研究认为这样不利于员工的身体健康和企业的长远利益，因此不再给予奖酬，从而使加班加点的员工逐渐减少。

① 孙宗虎，李作学．员工激励方法实例全案．北京：化学工业出版社，2014：56.

正强化的目的是加强所期望的个人行为，负强化和自然消退的目的是减少或消除不期望发生的行为。这三种类型的强化相互联系、相互补充，构成了强化的体系，并成为一种制约或影响人的行为的特殊环境因素。

强化的主要功能就是按照人的心理过程和行为的规律，对人的行为予以导向，并加以规范、修正、限制和改造。它对人的行为的影响是通过将行为的后果反馈给行为主体这种间接方式来实现的。人们可根据反馈的信息，主动适应环境刺激，不断地调整自己的行为。

2. 对强化理论的评价

强化理论只讨论外部因素或环境刺激对行为的影响，忽略了人的内在因素和主观能动性对环境的反作用，具有机械论的色彩。但是，许多行为科学家认为，强化理论有助于对人们行为的理解和引导。因而，强化理论被广泛地应用在激励和对人的行为的改造上。

（二）归因理论

归因理论是美国心理学家海德（Fritz Heider）于 1958 年提出的，后因美国心理学家韦纳（Bernard Weiner）及其同事的研究而再次活跃起来。

海德认为事件的原因无外乎两种：一是内因，比如情绪、态度、人格、能力等；二是外因，比如外界压力、天气、情境等。一般人在解释别人的行为时，倾向于性格归因；在解释自己的行为时，倾向于情境归因。

海德还指出，在归因的时候，人们经常使用两个原则：一是共变原则，是指将某个特定的原因在许多不同的情境下和某个特定结果相联系，该原因不存在时结果也不出现，我们就可以把结果归于该原因，这就是共变原则。二是排除原则，是指如果内因、外因中某一方面的原因足以解释事件，我们就可以排除另一方面的归因。

美国心理学家韦纳认为，人们对行为成败原因的分析可归纳为以下六个因素：

（1）能力，根据自身条件评估个人对该项工作是否胜任。

（2）努力，个人反省检讨在工作过程中曾否尽力而为。

（3）任务难度，凭个人经验判定该项任务的困难程度。

（4）运气，个人自认为此次成败是否与运气有关。

（5）身心状态，工作过程中个人当时的身体及心情状况是否影响工作成效。

（6）其他因素，个人自觉感知此次成败中，除上述五项因素外，其他事关人与事的影响因素（如别人帮助或评分不公等）。

以上六个因素是一般人对成败原因的解释或归类。韦纳按各因素的性质，将其分别纳入以下三个向度。

（1）控制点（因素源），是指当事人自认为影响其成败的因素是来源于个人条件（内控），还是来自外在环境（外控）。在此向度上，能力、努力及身心状态三项属于内控，其他各项则属于外控。

（2）稳定性，是指当事人自认为影响其成败的因素在性质上是否稳定，是否在类似情境下具有一致性。在此向度上，六个因素中能力与任务难度两项是不随情境的不同而改变的，是比较稳定的，其他各项则均是不稳定的。

（3）可控性，是指当事人自认为影响其成败的因素在性质上能否由个人意愿所决定。在此向度上，六个因素中只有努力一项是可以凭个人意愿控制的，其他各项均非个人意愿能控制的。

韦纳等人认为，我们对成功和失败的解释会对以后的行为产生重大的影响。韦纳的归因理论的主要论点有：

（1）人的个性差异和成败经验等影响着他的归因。

（2）人对前次成就的归因将会影响他对下一次成就行为的期望、情绪和努力程度等。

（3）个人的期望、情绪和努力程度对成就行为产生很大的影响。

相/关/链/接 >>

综合型激励理论

综合型激励理论试图把需要、目标、行为等因素合为一体，主要为美国心理学家波特和劳勒提出的综合激励模式。该模式是由波特和劳勒在概括和总结内容型激励理论、过程型激励理论、行为后果型激励理论的基础上提出的，认为工作绩效主要受五个方面的影响：个人努力程度、个人的素质和能力、个人对所需完成任务的理解程度、外在工作条件和环境的限制、对奖励公平性的感知。组织在设置了激励目标、采取了激励手段后，并不一定能获得所需的行动和努力，员工也不一定满意，必须形成"激励—努力—绩效—内外奖励—满足—从满足回馈努力"这样的良性循环才能真正起到作用。这取决于奖励方式与内容、组织制度、目标设置、管理水平、绩效考核、领导风格及个人期望等多种综合因素。要处理好绩效、奖励和满足之间的关系，以下几方面非常重要：（1）奖励要以绩效为前提，只有完成组织工作绩效后才有奖酬；（2）奖励分为内在性奖励和外在性奖励，要处理好二者之间的关系，针对不同的员工采用不同的奖励方式；（3）奖励后是否感到满意，取决于被奖励者认为奖励是否公正，如果被奖励者认为符合公平原则，就会感到满意，否则就会感到不满。波特和劳勒的综合激励模式告诉我们，要充分考虑激励的复杂性，多渠道入手以增强激励效果。

案例 2-3

某公司激励员工：从"要我做"到"我要做"

某公司是1999年创建的国际化互联网公司，服务于来自超过240个国家和地区的互联网用户。该公司面对复杂多变的市场环境和自身的发展变化，着眼于不断调整公司组织结构，完善激励机制和文化建设，使公司在众多竞争者中保持优势地位。

1. 尊重员工意愿，提供表达空间。公司极力维护员工讨论平台的权威性、开放性与透明化，使每位员工都能以平等、客观的姿态参与到工作的讨论和执行中。例如，有一位被高管辞退的员工发帖历数前者的不公正，帖子发布后引发了大量员工"一边倒"的声援，但随后该高管及时回应，说明原因和意见，也获得了很多员工跟帖的支持，最终在两方意见“针锋相对”的情况下，由首席执行官出面，把人力资源部的负责人、当事员工和主管都叫到一起公开讨论，而且现场情况同步直播给所有员工。由此可见，开放、透明的企业文化有效地调动了员工的能动性和创造性。

2. 实施赛马机制，激发创新冲动。公司的赛马机制给员工提供了施展空间并充分调动了员工的创新冲动，在赛马机制中，员工只要有好的想法和创意就可以提交给公司项目委员会，审批成功后，集团会为其配备人手、资金甚至期权，而“放任”的结果往往带来意想不到的惊喜。例如，该公司曾有一位刚入职的员工“不务正业”，耗时 8 个月痴迷于与自身业务关联不大的技术难题，部门主管也欣然接受。虽然这对于双方来说都是一种“冒险”，但最终，该员工的技术方案被纳入全球性的技术标准。

3. 自由晋升和转岗，形式不拘一格。在职位晋升和调整机制上，该公司也同样奉行“自由”原则。例如，员工晋升是结合一年的工作情况自己来判断并做决定，员工转岗只要接收方同意即可。当然，该公司的自由设定为避免员工的逃避性转岗设立了限定条件，最重要的硬性条件是需要该员工在现有部门至少待够一年，且绩效考核达到一定的标准。这样就会避免员工因为逃避责任而转岗，保证优秀人才的合理流动。这样灵活的晋升空间和转岗机制尊重了员工个性化的需求，有效地激发了组织的内生动力。

4. 关注员工需求，让员工愿意干。公司对员工的关怀体现在细微之处，在居住环境方面，公司设有“购房计划”，向员工提供 30 万元无息贷款用于购房首付；在医疗方面，每个员工每年享有 1 次个人公费体检与 2 次父母公费体检，若员工或员工家属得了重大疾病，公司将援助 5 万～10 万元；在员工情感方面，公司每年都会为员工举办集体婚礼，并由董事长证婚；在人文关怀方面，公司每年会为怀孕的女性员工采购一批孕妇防辐射服，并且为女性提供超长带薪孕假以及男员工陪产假。通过细致的关怀，公司拉近了与员工之间的距离，让员工自愿为公司做事，并愿意将事情做好。

点评：激励机制通过一套理性化的制度安排来反映激励主体与激励客体的相互作用，从物质、精神、情感、企业文化等多个层面激发员工的潜力，鼓励员工的正向行为。正所谓“种瓜得瓜，种豆得豆”，有什么样的激励机制，就有什么样的员工行为。某公司激励机制的关键点在于充分尊重员工发展的意愿和需求，采用多种激励方式激发员工的积极性和主动性。

第三节 激励机制

一、激励机制的含义与内容

（一）激励机制的含义

激励机制是依据组织目标，在分析被管理者需求与动机的基础上，通过组织管理资源的合理配置及管理方式的优化组合，制定必要的监控手段及可实施、可执行的制度所形成的能够长期激励被管理者思想行为的相对固定化、规范化的一系列制度和工作规范。[①]

① 安锋，等. 人力资源管理教程. 北京：中国经济出版社，2016：275.

（二）激励机制的内容

1. 诱导因素集合

诱导因素就是用于调动员工积极性的各种奖酬资源。对诱导因素的提取必须建立在对员工个人需要进行调查、分析和预测的基础上，然后根据组织所拥有的奖酬资源的实际情况设计各种奖酬形式，包括各种外在性奖酬和内在性奖酬（通过工作设计来达到）。需要理论可用于指导对诱导因素的提取。

2. 行为导向制度

它是组织期望其成员的努力方向、行为方式和应遵循的价值观所做的规定。在组织中，由诱导因素诱发的个体行为可能会朝向各个方向，即不一定都是指向组织目标的。同时，个人的价值观也不一定与组织的价值观相一致，这就要求组织在员工中间培养统一的主导价值观。行为导向一般强调全局观念、长远观念和集体观念，这些观念都是为实现组织的各种目标服务的。

3. 行为幅度制度

它是指对由诱导因素所激发的行为在强度方面的控制规则。根据弗鲁姆的期望理论公式（$M=V\cdot E$），对个人行为幅度的控制是通过改变一定的奖酬与一定的绩效之间的关联性以及奖酬本身的价值来实现的。根据斯金纳的强化理论，按固定的比率和变化的比率来确定奖酬与绩效之间的关联性，会给员工行为带来不同的影响。前者会带来迅速的、非常高而且稳定的绩效，并呈现中等速度的行为消退趋势；后者将带来非常高的绩效，并呈现非常慢的行为消退趋势。通过行为幅度制度，可以将个人的努力水平调整在一定的范围之内，以防止一定奖酬对员工激励效率的快速下降。

4. 行为时空制度

它是指奖酬制度在时间和空间方面的规定。这方面的规定包括特定的外在性奖酬和与特定的绩效相关联的时间限制，员工与一定的工作相结合的时间限制，以及有效行为的空间范围。这样的规定可以防止员工的短期行为和地理无限性，从而使所期望的行为具有一定的持续性，并在一定的时间和空间范围内发生。

5. 行为归化制度

行为归化是指对成员进行组织同化和对违反行为规范或达不到要求进行处罚和教育。组织同化是指把新成员带入组织的一个系统的过程，它包括对新成员在人生观、价值观、工作态度、合乎规范的行为方式、工作关系、特定的工作技能等方面的教育，使他们成为符合组织风格和组织习惯的成员，从而具有一个合格的成员身份。关于各种处罚制度，组织要在事前向成员交代清楚，即对他们进行负强化。若违反行为规范和达不到要求的行为实际发生了，在给予适当处罚的同时，还要加强教育，教育的目的是提高当事人对行为规范的认识和行为能力，即再一次的组织同化。所以，组织同化实质上是组织成员不断学习的过程，对组织具有十分重要的意义。

以上五个方面的制度和规定都是激励机制的构成要素，激励机制是五个方面构成要素的总和。其中，诱导因素起发动行为的作用，其余四个因素起导向、规范和制约行为的作用。

二、激励模式的步骤

激励模式应用于管理实践中可分为五个步骤，如图 2-6 所示。

图 2-6　激励模式的五个步骤

（一）双向交流

这一步的任务使管理人员了解员工的个人需要、事业规划、能力和素质等，同时向员工阐明组织的目标、组织所倡导的价值观、组织的奖酬内容、绩效考核标准和行为规范等；而员工个人则要把自己的能力和特长、个人的各方面要求和打算恰如其分地表达出来，同时要把组织对自己的各方面要求了解清楚。

（二）各自选择行为

通过双向交流，管理人员将根据员工个人的特长、能力、素质和工作意向给他们安排适当的岗位，提出适当的努力目标和考核办法，采取适当的管理方式并付诸行动；而员工则采取适当的工作态度、适当的行为方式和努力程度开始工作。

（三）阶段性评价

阶段性评价是对员工已经取得的阶段性成果和工作进展及时进行评判，以便管理者和员工双方再做适应性调整。进行这种阶段性评价要选择适当的评价周期，可根据员工的具体工作任务确定为一周、一个月、一个季度或半年等。

（四）年终评价与奖酬分配

这一步的工作是在年终进行的，员工要配合管理人员对自己的工作成绩进行评价并据此获得组织的奖酬资源；同时，管理者要善于听取员工自己对工作的评价。

（五）比较与再交流

在这一步，员工将自己从工作过程和任务完成后所获得的奖酬与其他可比的人进行比较，以及与自己的过去相比较，看一看自己从工作中所得到的奖酬是否满意、是否公平。通过比较，若员工觉得满意，将继续留在原组织工作；若不满意，可再与管理人员进行建设性磋商，以达成一致意见。若双方不能达成一致意见，双方的契约关系将中断。

三、激励方法

在具体实施激励的过程中，一般使用两种方法——物质激励和精神激励。[①]

---

① 孙宗虎，李作学 . 员工激励方法实例全案 . 北京：化学工业出版社，2014：183-186.

（一）物质激励

所谓物质激励，是指通过合理的分配方式，将员工的工作绩效与报酬挂钩，即以按劳分配的原则，将分配量上的差异作为酬劳或奖励，以此来满足员工对物质条件的需求，进而激发员工更大的工作积极性。

1. 基本收入激励

基本收入是员工生活费用的基本来源，其中工资是最主要的部分。利用工资作为激励的方式有两种：第一，用工资来反映员工贡献的大小、业务水平的高低，鼓励员工以多贡献和钻研业务来取得相应的报酬；第二，改革工资制度，用工资晋级、浮动工资等作为激励。

2. 奖金激励

从理论上讲，奖金是超额劳动的报酬。但在现实中，许多企业将奖金变成了工资附加部分，没有起到“对在工作上具有倡导和鼓励价值的表现予以额外奖励”的作用。奖金应该是企业对符合企业倡导精神的员工的一种奖励方式。利用奖金激励时要注意：奖金的多少并不在于物质上、经济上的制约，重要的是心理上的提示作用，即从人的自尊需要层次上起激励作用。

3. 福利激励

企业负担职工工作之外的基本生活设施的建设，如住房、煤气等。在职工福利设施、公费医疗等未充分实现社会化的当前和将来一段时期内，一些大型的福利项目，如住房、奖励旅游、出境观光等，仍然作为激励的手段被企业界广泛采用。

4. 其他物质激励

对有创造发明、重大贡献或在一定期间成绩突出，弥补或避免了重大经济损失的员工，除前述物质奖励手段外，还可给予大笔奖金或较高价值的实物奖励。

（二）精神激励

当员工的物质需求得到满足后，一方面他们会对物质需求从更高层次上去继续追求；另一方面他们会进一步追求精神满足。因此，做好员工的精神激励是使员工热爱团队、焕发工作积极性的重要措施。

1. 成长激励

管理者要多为员工创造发挥才能的机会，使人尽其才，要帮助员工在平凡的工作中寻找发挥聪明才智的机会；要顺应员工自我实现的愿望，帮助其解决能力不足的问题；要积极主动地为员工提供各种长见识、增才智的机会，培养和强化员工对工作的自信心。

成长（成才）激励形式通常有：利用各种机会有选择地将员工送到各级院校、培训中心学习；去国内外考察，进修学习；员工通过深造具备一定能力后及时给予相应专业技术职称。

2. 关怀激励

管理者对员工各方面的情况应尽可能多了解，如身体状况、家庭困难、亲属身体状况、个人工作愿望、能力上的优势与不足之处、上下班交通方便程度等，经常给予关心和必要的帮助，这样会使员工感到上级不是把自己当作一部工作机器，而是把自己真正当作人来尊重和关怀的。这种激励方法在员工感情上产生的效应是积极、强烈而持久的，对培养员工的积极工作态度和良好工作动机可产生积极有效的影响。

3. 形象激励

员工对管理者的期望较高。如果管理者的形象可尊重、可信赖，员工的工作热情就能有基本的保证。如果管理者在员工心目中是一个自私自利、任人唯亲、处事不公的形象，员工的工作热情就会受到极大削弱。要想调动员工的积极性，靠强权管制是无法奏效的，只有管理者的所作所为得到员工心理上的认同，员工才会心甘情愿地跟随。员工只有跟随一心为公、清正廉洁、处事公正的管理者，自己的利益才能有保障，勤奋才有回报，自己才会受到承认与尊重，才会有真正的前途。因此，任何一个企业管理者绝不要忽视自身的形象激励作用。

4. 荣誉激励

荣誉激励就是给有贡献的员工一种荣誉称号，并以此激发其工作积极性和对企业与工作的责任心、义务感。此外，可激励未获荣誉称号者奋发进取，争取以优异绩效获得企业的承认与众人的尊敬。企业中所设的荣誉称号有优秀员工、微笑大使、服务明星、先进工作者、精神文明标兵、十佳服务员、劳动模范等。

5. 晋升激励

晋升激励是指给予员工一定的职位或升迁。晋升说明个人的价值在升值，个人要挑起更重要的担子和担负更重要的责任，随之也会带来更高的社会地位和声誉。晋升应当对全体员工都是平等的，机会也是均等的，从而使晋升成为人人可追求的目标而起到激励作用。

6. 目标激励

目标是具体的目的要求。企业的目标体系包括总目标、部门目标和个人目标，这三级目标应上下相一致。另外，进行目标激励时应注意：各级目标要明确具体，与员工关系密切并具有激励性；目标要科学合理，员工通过努力能达到最佳；目标要具有阶段性，以使激励更为及时；达到目标后，与员工利益的相关部分要及时兑现，使激励真正地起作用。

7. 命运共同体激励

企业与员工双方互为依托、相依成体，即是命运共同体。命运共同体的基础是企业和员工目标一致，相互依赖、相互承认、相互融合，企业的声望、地位、效益、前途与员工个人利益息息相关。命运共同体激励的内容有：企业经常向员工灌输命运共同体思想；实行民主管理，尽量让员工参与各种决策，确立员工的主人翁地位；创造良好的企业文化，使员工感到在企业工作心情舒畅；在工作上、生活上支持员工，帮助其解决问题；开展多种形式的集体活动，使员工感到集体的温暖；与员工沟通思想，融洽情感。

激励作为人力资源开发与管理中的一个核心课题，其内容十分广泛，方式也多种多样，管理者可根据本企业的具体情况灵活掌握，以便找到本企业本部门最有效的激励方法。

相/关/链/接 >>>>>>>>>>>>>>>>>>>>>>>>>>>>>>>>>>>>>>>

股权激励

股权激励是企业为了激励和留住核心人才而推行的一种长期激励机制，属于期权激励的范畴，主要是通过有条件地给予激励对象部分股东权益，使其具有主人翁意识，从而与企业结成利益共同体，实现企业的长期目标。股权激励模式有股票期权模式、限制性股票模式、股票增值权模式、业绩股票激励模式和虚拟股票模式等。股权激励设计主要包括以下几个关键点：一是选择激励模式，这是股权激励的核心问题，直接决定了激励的效用；二是选择的激励对象应是对企业战略实施最具有价值的人员；三是由于激励对象是自然人，因而购股资金的来源成为整个计划过程的一个关键点；四是股权激励的行权一定与业绩挂钩，其中一个是企业的整体业绩条件，另一个是个人业绩考核指标。

思 考 题

1. 什么是激励？
2. 如何理解马斯洛的需要层次理论？
3. 简述双因素理论的基本内容。
4. 简述 ERG 理论的基本内容。
5. 什么是正强化？什么是负强化？
6. 什么是激励机制？
7. 简述激励的一般方法。

在 线 自 测

扫一扫 练一练

第三章 工作分析

本章要点

- 工作分析的基本概念；
- 工作分析的内容；
- 工作分析的作用；
- 工作分析的程序；
- 工作分析的方法；
- 工作说明书的编写；
- 工作设计的含义和内容；
- 工作设计的影响因素和原则；
- 工作设计的形式和方法。

案例 3-1

HR新人张鹏的困惑

2021年秋，毕业于某大学人力资源管理专业的张鹏，顺利应聘到一家中型印刷企业，在人力资源部做人事专员。人力资源部一共有3个人，即经理、薪酬专员、人事专员。张鹏主要负责员工的招聘及培训考核工作。2023年年初，企业为了扩大规模，准备新上一条生产线。设备的采购工作已经启动，预计年底能够安装调试完毕并投入试运行。与此同时，新员工的招聘及培训工作也在紧锣密鼓地进行。经理分配给张鹏一个重要任务，为新建的彩印车间制定人事管理规章制度，包括定岗定编、岗位职责、工作说明书、培训制度、考核制度等。张鹏虽然学的是人力资源管理专业，但还是觉得不知从何下手。

点评：从该案例可以看出，张鹏虽然具有人力资源管理的相关专业知识，但缺乏实际操作经验，因此对工作的重点和步骤不是很清楚，尤其是对工作分析的基础性作用认识不够。

一个组织的建立必然会带来一系列的工作，每项工作都需要具有特定资质的人员参与才能完成。作为整个人力资源管理体系建设基础的工作分析，正是了解和探讨上述内容的一道程序。通过工作分析，可以把握每一项工作的主要任务和性质，以及具备什么条件和资格的人才能胜任此项工作。由此，可以较好地为人力资源管理的其他职能活动提供素材。本章主要介绍工作分析的含义及相关术语、工作分析的基本原理，探讨工作分析的程序与方法、工作分析和工作设计的基本内容与具体方法。

第一节　工作分析概述

一、工作分析的基本概念

工作分析的概念

人力资源开发与管理的主要目的在于，为组织提供与岗位匹配的员工，激发在岗员工的个人潜力，不断完善工作关系和工作条件。工作分析与人员测评是整个人力资源开发与管理过程的基础性工作。在缺乏岗位工作分析与了解的情况下对员工进行管理与开发，是对组织各种资源的浪费，同时对处于不适合岗位或对岗位工作内容不明确的员工来说也是一种煎熬。长此以往，会降低工作效率，削弱组织的竞争实力。反之，人力资源管理为组织、员工提供完善的工作分析，可以促使员工最大限度地发挥自我潜力，帮助组织实现人、财、物的合理配置与利用。

（一）工作与工作分析

工作与工作分析是两个紧密联系又相互区分的概念。

1. 工作的基本概念

关于工作（Job）的定义有很多。综合来看，从狭义上说，工作是在一段时间内实现某一目的而进行的活动，即任务（Task）；从广义上说，工作是与组织紧密相连的，即个人在组织中全部角色的总和。通常所谈到的工作意指广义上的工作。

从组织的角度看，工作包含以下几方面内容：

（1）工作是组织内部最基本的构成要素。组织能够顺利运转，得益于一个又一个项目的完成，这些项目就是组织的各项工作。工作是组织内部最基本的结构组成，彼此相互依赖又相对独立，各自执行不同的使命。组织完善功效的达成是通过各种工作发挥不同功能实现的。

（2）工作是同类岗位（职位）的统称。通常在谈到岗位时，总会涉及相关的工作内容、职责等。一般来说，工作的区划是基于同样类别、按照一定顺序产生的分组。通常为了便于管理，常把相似性工作作为同一个系统进行管理。

（3）工作是人进入组织的中介。单个的个体是通过工作这一中介进入组织的，即遵循“按需设岗”的原则，而不是“因人设岗”。人进入组织以履行工作职责为首要内容，工作对人的能力、经验等方面的要求也是基于组织的实践而提出的。

（4）工作与组织相互支持。工作分解是基于组织目标的分解提出的，工作是构成组织的最小单元。当组织发生变革的时候，工作的分配也将发生改变；同时，随着工作过程的改变、工艺流程的优化、工作熟练程度的提升等，工作的内涵和外延都会发生变化，而这些变化最终导致组织分工方式和管理方式的改变。

2. 工作分析的基本概念

工作分析是收集与某一特定工作有关的工作信息的系统过程。通过工作分析，可以确定某一项工作的任务和性质，哪种类型的人适合从事某项工作。很多企业在进行工作分析时，只是简单地对工作内容、工作性质进行描述。实际上，工作分析不仅仅是单纯的关于工作的描述，它除了包括对工作内容、工作性质、工作方式、工作环境以及任职者专业要求、经验要求、身体素质要求等多方面的分析以外，还应包含对企业内部环境和外部环境的分析。关于工作分析的含义，国内外学者从不同角度对其进行了界定。

国外有学者认为，从广义上说，工作分析是针对某种目的，通过某种手段来收集和分析与工作相关的各种信息的过程。而从工作分析的具体目的出发，认为工作分析就是一道程序，通过这一程序，可以确定某一工作的任务和性质，哪种类型的人（从技能和经验角度考量）适合被雇用来从事这项工作。同样还有学者认为，工作分析是获得工作具体信息的过程，以决定工作的任务、责任和职责，为人员招聘、培训和员工绩效评价及其他人力资源管理活动提供信息依据。

国内学者郑晓明等将工作分析定义为全面了解、获取与工作相关的详细信息的过程，具体来说，是对组织中某个特定职务的工作内容和职务规范（任职资格）的描述和研究的过程，即制定职务说明和职务规范的系统过程。余凯成等认为，工作分析是对组织中某个特定工作职务的目的、任务和职责权利、隶属关系、工作条件、任职资格等相关信息进行收集与分析，以便对该职务的工作做出明确的规定，并确定完成该工作所需要的行为、条件及人员的过程。

由以上定义可以看出，工作分析是一项管理活动，是支撑其他管理活动的基础性内容；基于过程的工作分析是通过各种手段和方法收集有关工作信息，并对信息进行加工、整理、分析的综合性过程。工作分析的结果一般为工作描述，它是工作分析的直接结果，其表现形式有工作说明书（或称职位说明书）、资格说明书（或称工作规范）。

（二）工作分析的相关概念

工作分析内容庞杂，其具体的行为方式有调查、研究、分解、比较、综合、分类、排序、评价、记录、说明与描述等。为了保证工作分析能够顺利、准确、高效地开展，对与工作分析有关的概念进行清晰、明确的梳理和界定，就显得十分必要。工作分析相关概念之间的关系如图 3-1 所示。

1. 工作要素

工作要素是工作中不能再继续分解的最小活动单位。例如，打字员开始打字时要接通电源，把电脑打开；操作工在进行工作之前要熟知各种机器的操作方法。

2. 工作任务

工作任务是由一个或更多工作要素组成，构成员工工作绩效中的逻辑和必要步骤的一种清晰活动，即工作活动中达到某一工作目的的要素集合。例如，一名打字员要打印一封信，需要的工作要素有四个：熟悉每个词语，在计算机文档中输入相应的词语，辨认与修改语法错误，将文字打印在纸上。可以说，打印信这一任务是上述四个工作要素的集合。

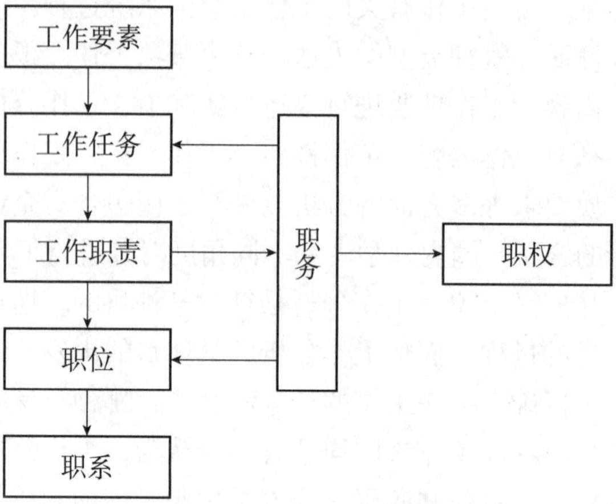

图 3-1　工作分析相关概念图解

3. 工作职责

工作职责是由各项相关联的任务构成的，可以是一项任务，也可以是由多项任务组成的。区分职责和任务总是不容易的，把任务看成是职责的子集可能对我们会有所帮助。例如，人事管理人员的职责之一是进行工资调查。这一职责由四个任务组成：设计调查问卷，把问卷发给调查对象，将结果表格化并加以解释，把调查结果反馈给调查对象。

4. 职位

职位是指某一时间内某一主体所担负的一项或数项相互联系的职责集合。职位的数量是有限的。职位的数量又称为编制。个人数量与职位相匹配，有多少职位就有多少人，两者的数量应相等。

5. 职务

职务是一组重要责任相似或相同的职位。通常在使用职位与职务概念时是不加以区分的，但是职位与职务在内涵上有很大的区别。职位是任务与责任的集合，它是人与事有机结合的基本单元；职务则是同类职位的集合，它是职位的统称。一个人所担任的职务不是终身的，可以是临时的，也可以是常设的；职位不随人员的变动而变动，当某人的职务发生变化时，是指他所担任的职位发生了变化，即组织赋予他的责任发生了变化。职位可以按照不同的标准加以分类，但职务一般不加以分类。

6. 职权

职权是职位依法被赋予的某种权力，以保障履行职责，完成工作任务。工作职责往往是与职权有密切关系的，特定的职责要赋予特定的职权，甚至是特定的职责等同于特定的职权。

7. 职系

职系是指职责繁简难易、轻重大小及所需资格条件并不相同，但工作性质相似的所有职位集合。例如，人事行政、社会行政、财税行政、保险行政等各属于不同的职系。每个职系所包含的职位性质相似，而这些工作繁简难易、责任轻重及任职资格要求并不相同。职系又称职种，每个职系便是一个职位升迁的系统。

二、工作分析的内容

工作分析的内容

工作分析的内容一般包括七个问题的调查和五个方面的信息分析。

七个问题的调查包括：由谁来做（Who）、做什么（What）、何时做（When）、在哪里做（Where）、为什么做（Why）、为谁做（For Whom）、如何做（How）。

（1）由谁来做——需要什么样的人来完成这项工作。任职者的资格条件包括知识技能、工作经历、教育培训、身体素质、心理素质等方面的内容。

（2）做什么——需要完成什么样的工作。岗位的具体工作是指任职者的工作内容和责任权限，包括任职者所要完成的工作活动、任职者的工作活动产出（产品或服务）、任职者的工作活动标准等。

（3）何时做——工作时间安排。工作的时间安排包括工作进度和工作班次的安排。哪些工作是有固定时间的，一般在什么时间做；哪些工作是例行性的、周期性的，具体的时间和周期是什么。

（4）在哪里做——岗位的工作环境。工作环境的条件分析是对任职者工作环境和工作条件的描述，包括物理环境、社会环境和安全环境，主要考虑工作环境中对劳动者的劳动生产率和身心健康有影响的因素。

（5）为什么做——为什么要完成这项工作。任职者从事的工作在整个组织中的作用包括：工作与组织其他工作之间的关系及工作的目的。

（6）为谁做——为谁工作。任职者向谁请示和汇报工作，向谁提供信息、提交工作结果。这还包括工作的内部关系和外部关系。内部关系是指该岗位的直接上级和直接下级，外部关系是指该岗位与哪些政府部门、企业机构或其他组织有联系。

（7）如何做——如何完成工作。岗位员工如何进行工作活动以获得预期的工作结果，包括员工从事的一般程序与流程，操作的机器设备和工具，工作活动的文件记录及工作的关键控制点。

五个方面的信息分析包括：

（1）工作名称分析，包括对工作特征的描述、概括与表达。

（2）工作内容分析，包括工作任务、工作责任、工作关系与工作强度的分析。

（3）工作环境分析，包括物理环境、安全环境与社会环境的分析。

（4）工作条件分析，包括必备的知识、必备的经验、必备的操作技能和必备的心理素质的分析。

（5）工作过程分析，包括对工作环节、人员关系与所受影响的分析。

三、工作分析的作用

工作分析是整个人力资源开发与管理的基础工程，不仅在人力资源开发与管理过程中具有十分重要的作用，而且对于组织的管理与发展，乃至社会生产力的提高都有着不可忽视的意义。工作分析的作用主要表现在以下几个方面。

（一）工作分析是制定和实施科学合理的人力资源规划的重要条件和基础

人力资源规划是指根据组织战略发展规划及内外环境的变化趋势，预测组织未来的人力资源需求和供给状况，并通过相应计划的制订和实施，使人员供求关系协调平衡的过程。在影响人力资源规划的众多因素中，工作分析所起的作用是最根本的。战略性工作分析所具有的预测功能，能够根据组织的战略目标预测各个工作职位的职责发展变化趋势，为制订科学合理的人力资源规划提供了重要的信息保障。一份科学合理的人力资源规划，必须首先通过工作分析提供的信息进行深入分析，工作分析是制定和实施科学合理的人力资源规划的重要条件和基础。

（二）工作分析是组织招聘、选拔和人员配置的依据

组织部门在进行人员招聘时，应根据工作说明书来确认岗位需要。只有通过对各个岗位所必需的任职资格进行客观全面的分析，才能在招聘录用过程中制定客观、合理、明确的招聘标准，以减少主观判断成分，提高招聘录用的质量。总之，要实现组织员工的合理配置，做好组织人员与各项事务的总量分析、结构分析、质量配置分析等，就必须做好工作分析。

（三）工作分析是组织开展员工培训与开发的必要条件

员工培训是组织发展战略中的重要组成部分，是帮助员工获得岗位必备专业知识、操作技能和正确工作态度等的重要手段。通过培训可以提高员工胜任力，从而进一步提升员工的工作绩效，实现组织中人力资源价值的增值，同时增强员工对组织文化的认同感，提高组织文化的凝聚力。组织面临瞬息万变的生存环境，为了适应组织发展的需要，进行各种必要的岗前、岗中培训显得更加重要，培训者根据工作说明书、岗位规范、岗位评价等相关制度，通过对现有员工的知识、技能等情况进行考核评价，了解岗位对员工的基本要求，以及员工在岗位上的胜任力，提出岗位培训需求，进而有针对性地设计、制定和实施有效的培训方案，增强培训效果。缺乏工作分析的工作培训就如同没有地基的建筑，无法将培训与组织的发展有效结合起来，从而降低组织在市场中的竞争力。

（四）工作分析是绩效管理的重要前提和客观依据

绩效管理是人力资源开发与管理中的重要一环，科学的工作分析是绩效管理取得成功的基础。首先，工作分析可以为绩效考核提供标准和依据。工作分析是对每一岗位具体的工作责任、工作内容和工作环境的详细描述，可以帮助考核人员针对不同职位进行考核指标的设计，使绩效考核有据可依，减少绩效考核的主观性和随意性。其次，明确的绩效标准为在岗人员设立了一个标杆，以提高工作绩效。只有建立在工作分析基础上的考核指标

体系，才能全面、准确地对员工进行评价，达到对员工的激励目的。

（五）工作分析为企业制定公平合理的薪酬制度提供可靠保证

组织如何进行薪酬分配，并使薪酬支付效率最大化，确保薪酬制度的公平合理，对组织的健康发展至关重要。首先，组织薪酬水平的高低取决于岗位职责、任职技能要求的高低和对组织贡献的大小等因素，这些因素都必须通过工作分析才能获取。其次，组织在制订薪酬政策时必须依据公平、合理的原则，而工作分析则对各个职位承担的职责、从事的活动、任职资格的要求等做出了具体的描述，可使组织根据各岗位在组织中的重要程度给予不同的薪酬设计。最后，工作评价是用定量与定性相结合的科学方法，在工作分析的基础上确定岗位能级层次的过程。工作分析所形成的工作说明书是进行工作评价、确定薪酬等级的依据，工作评价的信息也多来源于工作说明书的内容。所以，工作分析是企业制定公平、合理的薪酬政策的重要基础。

（六）工作分析为员工提供职业咨询和职业指导

每个组织从战略目标出发都应具有完整、系统的岗位配置、岗位类别和岗位等级。通过工作分析，求职者和新员工可以对组织中所有岗位描述和岗位规范一目了然，员工通过将其与自身情况相比较，可以明确工作中努力的方向，以便有针对性地提高自己，即工作说明书能有效地协助员工进行职业定位，并为组织制定科学的职业生涯规划创造条件。工作分析还可以将组织发展和员工个人职业生涯规划进行协调，使组织进行更有效的人力资源开发。

现代人力资源管理与开发的所有职能，包括人力资源获取、整合、保持、激励、控制、调整、培训与开发等职能，都以工作分析为基础和前提，组织只有做好工作分析，才能科学、公正、高效地完成现代人力资源的管理工作。

第二节 工作分析的程序及方法

案例 3-2

A公司的人力资源变革为何失败

A 公司是我国中部省份的一家房地产开发公司。近年来，随着当地经济的迅速增长，房产需求强劲，公司有了飞速的发展，规模持续扩大，逐步发展为一家中型房地产开发公司。随着公司的发展和壮大，员工人数大量增加，众多的组织和人力资源治理问题逐渐凸显出来。为此，人力资源部开始着手进行人力资源治理变革，变革者先从进行职位分析、确定职位价值开始。

首先，他们开始寻找进行职位分析的工具与技术。在阅读了国内目前流行的基本职位分析书籍之后，他们从中选取了一份职位分析问卷，将其作为收集职位信息的工具。然后，人力资源部将问卷发放到了各个部门经理手中，同时他们还在公司的内部网上发了一份关于开展问卷调查的通知，要求各部门配合人力资源部填写调查问卷。

据反映，问卷在下发到各部门之后，一直搁置在各部门经理手中，而没有发下去。很多部门是直到人力资源部开始催收时才把问卷发放到员工手中。同时，由于大家工作都很忙，很多人在拿到问卷之后，都没有时间仔细思考，草草填写完事。还有很多人在外地出差，或者任务缠身，自己无法填写，而由同事代笔。此外，据一些较为重视这次调查的员工反映，大家都不了解这次问卷调查的意图，也不理解问卷中那些生疏的治理术语，何为职责、何为工作目的？很多人想就疑难问题向人力资源部进行询问，可是不知道该找谁。因此，在回答问卷时只能凭借自己个人的理解来填写，无法把握填写的规范和标准。

一个星期之后，人力资源部收回了问卷。但他们发现，问卷填写的效果不太理想，有一部分问卷填写不全，一部分问卷答非所问，还有一部分问卷根本没有收上来。

与此同时，人力资源部也着手选取一些职位进行访谈，但在试着谈了几个职位之后，发现访谈的效果也不好。因为，在人力资源部，能够对部门经理进行访谈的人只有人力资源部经理一人，主管和一般员工都无法与其他部门经理进行沟通。同时，由于经理们都很忙，把双方凑在一块儿实在不容易。因此，两个星期过去之后，只访谈了两个部门经理。

人力资源部的几位主管负责对经理级以下的人员进行访谈。在访谈中，出现的情况却出乎意料。大部分时间都是被访谈的人在发牢骚，指责公司的治理问题，抱怨自己的待遇不公等。而在谈到与职位分析相关的内容时，被访谈人往往又言辞闪烁，顾左右而言他，似乎对人力资源部这次访谈不太信任。访谈结束之后，访谈人都反映对该职位信息的掌握还是停留在模糊阶段。

点评：从这个案例可以看出，人力资源部对工作分析并不专业，对工作分析方法也未能熟练掌握。采用问卷法，从问卷设计到调查对象都有特定要求，访谈法也有具体要求。由于不能熟练掌握工作分析方法，因此该公司的人力资源管理变革就不能正常进行下去。

一、工作分析的程序

工作分析主要可以划分为五个阶段：准备阶段、调查分析阶段、实施阶段、形成结果阶段、应用反馈阶段，如图 3–2 所示。

（一）准备阶段

1. 确定工作分析的目的

开展工作分析前，首先要明确工作分析的目的，确定工作分析要解决的问题、工作分析信息的用途。工作分析的目的直接决定了工作分析的侧重点，决定了工作分析需要收集的信息和获取信息的方法。

工作分析活动的开展是为建立招聘制度和员工选拔、培训制度，开发绩效评估工具以及建立薪酬体系奠定基础。对于建立合理的人员选拔制度，工作职责和工作必需的技能则是最重要的信息收集对象；对于开发科学的绩效评估工具，工作分析的重点是收集各项工作任务的质量、数量和时间等方面的标准；对于建立合理的薪酬体系，需要重点收集工作职责、工作条件等信息，以便评价各岗位的价值。

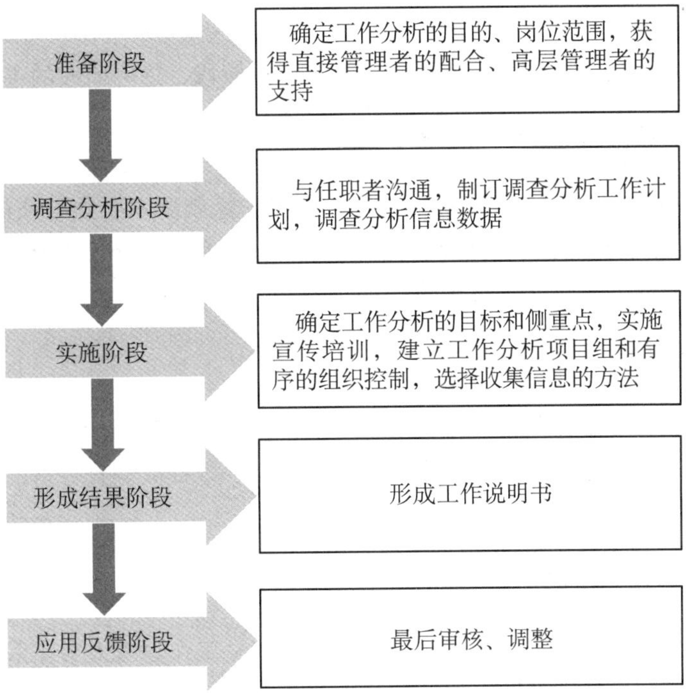

图 3-2　工作分析的程序

2. 确定工作分析的岗位范围

组织中的岗位有很多，工作分析应选择哪些岗位作为分析对象。通常，对组织的成功发展影响最大的岗位会被作为主要分析对象。组织中工作难度较大、所用知识或技能需要不断更新的岗位也需要对其进行重点分析，因为这样的岗位需要不断招收新的任职者或者对原有任职者继续进行培训。同时，合法性也影响着工作分析的岗位范围，对一些特殊岗位要进行分析，以确保组织合法运行。另外，当一种岗位的工作内容需要做些改动时，该岗位也必须作为分析对象。例如，一个新增的岗位、一个对其他岗位产生消极影响而需要取消的岗位，都需要通过工作分析对组织中原有的岗位进行调整。

3. 获得直接管理者的配合

在进行工作分析的时候，直接管理者是重要的参与者，同时是工作说明书的重要使用者。直接管理者必须带领下级员工提供工作分析所需要的信息，在人力资源管理专业人员的指导下将这些信息汇总成规范的说明书并审核。可见，直接管理者在工作分析中起着承上启下的作用，他是否积极配合影响着工作分析的成败。

4. 获得高层管理者的支持

在大多数组织中，工作分析是人力资源部提出的。为了保证工作分析的顺利进行，必须得到高层管理者的支持，这样才会受重视，所有员工才有可能积极投入这项工作，并且可以有更多的机会得到充足的物质支持。

（二）调查分析阶段

经过充分的准备后，工作分析就进入了调查分析阶段，这一阶段的主要工作如下。

1. 与工作分析涉及职位的任职者沟通

进行工作分析，需要深入地了解各种职位状况，这就要求必须与该任职者进行沟通，获得他们的支持对顺利完成工作分析至关重要。所以，有必要让工作分析涉及职位的任职者了解工作分析的目的、意义及重要性。

2. 制订调查分析工作计划

在开展调查、分析工作前，工作分析人员应拟订详细的工作计划，明确调查分析阶段各项具体工作的时间、每位工作分析人员应负的职责，以提高调查分析的工作效率，尽可能节约成本。

3. 调查分析信息数据

调查分析信息数据是整个工作分析中的核心步骤。工作分析人员在采用既定方法收集工作信息后，需要对信息数据进行细致的分析。

（三）实施阶段

在工作分析的实施阶段，应主要做好以下工作。

1. 确定工作分析的目标和侧重点

要想进行工作分析，首先要明确工作分析的目的，也就是要明确：进行工作分析主要解决什么问题；获取工作分析信息的用途是什么。工作分析的目标决定了进行工作分析的侧重点，决定了工作分析需要获取哪些信息，以及用什么办法获取这些信息。

新建组织或刚刚进行组织设计的企业在进行工作分析时，首先要确定组织机构或定岗定编，对工作岗位进行重新设定，以确保岗位编制科学、合理。具体来说，就是将组织的职能分解到各个岗位，明确各岗位的职责及在组织中的隶属关系。这时，工作分析的侧重点就在于各个岗位的工作职责、权限和关联关系。如果工作分析的目的是为空缺的岗位招聘新员工，那么工作分析的侧重点一方面是该岗位的工作职责，另一方面是对任职者的要求；如果工作分析的目的是明确绩效考核的标准，那么其侧重点就是衡量每一项工作任务的标准，通过对大量信息的收集、分析，使绩效考核的结果更具客观性和针对性；如果工作分析的目的是确定薪酬体系，那么仅仅通过访谈等方法获得描述性信息是不充分的；如果工作分析的目的是提供有关培训与管理发展的资料，可按相关工作要求培训所需技能，让员工了解工作性质，明确职责和权利。

2. 实施宣传培训

工作分析是一项系统工作，需要各方面的积极参与、密切配合。为确保工作分析项目顺利实施，在企业内部开展工作分析的宣传和培训势在必行。

进行宣传培训的目的主要有以下三方面：

（1）让参与工作分析的人员了解工作分析的目的和意义，尽量打消员工对工作分析不了解而产生的恐惧不安、冷漠等情绪，争取其最大的支持和配合。

（2）让参与工作分析的人员了解工作分析大致需要多长时间，大概的进度是怎样的，便于他们做好工作安排，留出足够的时间配合工作。

（3）提高信息的收集、整理、分析能力，促进工作顺利开展。

3. 建立工作分析项目组和有序的组织控制

在进行工作分析的准备阶段，需要成立进行工作分析的专门组织；同时要明确组织成员各自的职责，这样就可以保证分工明确、易于协调，保证工作效率和质量。

项目组的建立在工作分析中是非常有效的，这也需要通过组织有效控制才能使工作分析的目标得以实现。

项目组组长的责任有：审核和批准项目规划方案、实施计划、建议等；负责项目实施的过程控制；负责整个项目结果的评价；负责项目在实施过程中的其他重要决策。

项目组副组长的责任有：保障项目在实施过程中所需要的人、财、物等资源；负责向组长汇报项目工作进度和需要解决的问题，汇报阶段性项目成果；负责初审，修改项目规划方案、实施计划、建议等；负责组织、协调项目实施工作；负责协调各部门和项目组的工作；负责企业资源配置；负责组织相关会议，对项目和企业的有关人员进行培训；负责督促项目工作进度，检查项目工作质量。

4. 选择收集信息的方法

收集信息的方法多种多样，有定性的方法，也有定量的方法，应根据实际情况选择有效的方法。

（1）要考虑工作分析的目标。需要达到的目的不同，使用的方法也不同。例如，工作说明书用于招聘时，就应该选用关注任职者特征的方法；当工作分析关注薪酬体系建立时，该方法就不是最佳选择。

（2）要考虑所分析职位的不同特点。例如，对于操作工可以采用观察法，而对于脑力劳动者，观察法显然就不适用了。

（3）要考虑时间成本和产出周期。例如，研发人员的工作分析周期应该长一些，有的甚至要几年的时间；而销售人员的工作分析周期可能短一些。

选定了收集信息的方法之后，需要设计相应的收集信息的程序和相关文件，如访谈提纲、调查问卷等，以确保信息收集的准确性。

确定工作分析所需的信息，为正确地编写工作说明书提供依据。这个阶段的任务是根据调查方案，对组织的各个岗位进行全方位的了解，收集有关工作活动、职责、特征、环境和任职要求等方面的信息。在信息收集过程中，一般可灵活运用访谈、问卷、实地观察等方法来得到有关岗位工作的各种数据和资料。调查是工作分析中十分必要的准备工作，其真实程度以及准确性直接关系到工作分析的质量。

收集信息是整个工作分析过程的核心阶段。在这一阶段，主要按照事先确定的方法，根据既定的操作程序或计划收集与工作有关的信息，并对信息进行描述、分类、整理、组织、转换，使之成为书面文字。

组织已有的“定岗、定编、定员”的具体规章制度能帮助工作分析人员进行有效的“清岗”工作，即对组织当前所有部门的岗位进行清理。在此信息的帮助下，通过与该组织的人事部门工作人员进行讨论，工作分析人员能够清楚地了解组织各个部门的岗位以及各岗位上的人数和大致的工作职责，并可用一个标准的岗位名称来规范岗位。

（四）形成结果阶段

形成结果就是形成工作说明书。

工作分析人员在对所收集的信息进行分析、整理后，请有关任职者及其直接上级核对、确认，以避免信息分析的偏差。各岗位任职者是工作分析结果的主要使用者，他们对信息分析的审核、确认，将有利于他们对工作分析最终结果的认可，有利于他们理解和支持运用工作分析结果建立的人力资源管理制度。

工作分析结果经工作分析人员修改后，可以作为工作说明书编写的基础信息。

工作说明书包括工作描述和任职资格。其中，工作描述是用书面的形式对组织中各类岗位的工作性质、任务、职责和工作环境做出统一的规定；而任职资格则是对各岗位的任职者在受教育程度、工作经验、知识、技能、体能和个性特征等方面具备的最低资格与条件的界定。

工作说明书是对岗位工作任务、工作职责和任职资格等信息加以整合形成的具有组织规章效力的正式文本，其具体内容的繁简程度根据工作分析的目标而定。

（五）应用反馈阶段

工作说明书是由人力资源管理专业人员编写的，有时甚至是由组织外部的专业人员编写的，而工作说明书的使用者大多是没有该专业经验的。所以，在应用工作说明书前，要进行工作说明书的使用培训，使各岗位任职者及其直接上级了解工作说明书每一部分的含义，使他们能够充分掌握工作说明书在工作中的应用方法。

工作说明书被应用于组织人力资源管理的方方面面，如员工招聘、选拔、培训、绩效考核、薪酬制度等，在实际运用中会发现工作说明书存在的不足，需要对其及时进行修订。并且，随着组织所处环境的发展变化，组织中各岗位的工作也会受到影响，一些岗位的性质、外延及内涵会发生变化。因此，工作说明书的修订、调整是需要不断进行的。这些活动可以通过“甘特图”[①]或者“项目管理”的方式进行。

二、工作分析的方法

用于收集信息的工作方法主要包括观察分析法、访谈法、问卷法、功能性职务分析法、工作日志法、工作参与法等。

（一）观察分析法

观察分析法又称现场观察法，是一种由有经验的人现场观察记录的方法。具体来说，

① 甘特图又叫横道图、条状图，是一种按照时间进度标出工作活动的方式，常用于项目管理的图表，是在20世纪初由亨利·甘特开发出来的。

是指工作分析人员在工作现场运用感觉器官或其他工具，观察特定对象的实际工作动作和工作方式，并以文字或图表、图像等形式记录下来，从而进行收集工作信息的方法。这是工作分析中最简单，也是最常用的一种方法。

通过现场观察，可以了解工作者的工作过程，记录工作行为各方面的特点，了解工作中所使用的工具设备，了解工作程序、工作环境和体力消耗等内容。观察的形式可分为公开观察和隐蔽观察两种。为了提高观察分析的效率，所有重要的工作内容与形式都要记录下来，而且应选择不同的工作分析者在不同的时间内进行观察，这样可以相互平衡，有助于消除分析者对不同工作者行为方式上的偏见。因为面对同样的工作任务，不同的工作者会表现出不同的行为方式。对于同一工作者在不同时间与空间的观察分析，也有助于消除工作情景与时间上的偏差。一般说来，观察分析法适用于短期的外显行为特征的分析，适用于比较简单、不断重复、容易观察的工作分析，而不适用于隐蔽的心理素质分析，不适用于没有时间规律与表现规律的工作分析。例如，不适用于各种户外工作及各种高级、中级管理人员的工作分析等，因为这些工作的过程与结果都是不易被观察到的。

此外，应用观察分析法需要注意一个现象，即“霍桑效应”。这个理论阐述了这样一个道理：一旦观察对象得知他们正处于被观察地位的时候，他们的工作表现会比平常的好，也就是说，当人们在感受到被关注时会提高工作效率。

1. 运用观察分析法时需要遵循的原则

第一，稳定原则。被观察者的工作应该相对稳定，即在一定的周期内，工作内容、程序、对工作人员的要求不会发生明显的变化。

第二，信任原则。尽量获得被观察者的信任。

第三，隐蔽原则。一般情况下，观察者应尽可能不要引起被观察者的注意，有特定目的的情况除外。

第四，详尽原则。根据预先确定的目的和欲观察的内容，详细记录所有观察到的资料。

第五，代表性原则。选择样本时要注意样本的代表性。

第六，沟通原则。现场观察完毕后，同被观察者的直接主管沟通观察的结果。

2. 观察分析法的优缺点

（1）优点。

1）工作分析人员能够比较全面和深入地了解工作要求。该方法适用于主要用体力来完成的工作，如流水线工人。

2）成本低，经济实用且易操作。

（2）缺点。

1）不适用于脑力劳动要求比较高的工作，以及处理紧急情况的间歇性工作。如律师、教师、护士、管理人员等。

2）对有些员工而言难以接受，他们觉得自己受到监视，从而在心理上对工作分析人员产生反感，同时也可能造成操作动作变形。

3）不能得到有关任职者资格要求的信息。

（二）访谈法

访谈法也称面谈法，主要由工作分析专家与被分析工作的员工就该项工作进行面对面的交流，从而获得相关信息的方法。

1. 访谈内容

（1）工作目标：为什么设立这一职务，根据什么确定该职务的报酬。

（2）工作内容：任职者的具体工作及其产生的影响。

（3）工作性质和范围：访谈的核心内容，主要了解该工作在组织结构中所处的位置，上下级之间的关系，需要具备的技术知识、管理知识、人际关系知识，需要解决问题的性质及主动权。

（4）所负责任：涉及组织、战略政策、控制、执行等。

（5）任职资格：担任该项工作的员工需要怎样的学历背景，工作经验、技能条件和执业资格如何。

2. 访谈法的优缺点

（1）优点。

1）能够深入广泛地探讨与工作相关的信息。

2）工作分析人员能够及时地对访谈问题进行解释和引导。

3）工作分析人员能根据实际情况及时修正访谈提纲中的信息缺陷。

4）工作分析人员能及时对所获得的信息与任职者进行现场确认。

（2）缺点。

1）耗时较多，成本较高。

2）可能导致工作信息失真。工作分析人员对某一工作固有的观念会影响其对分析结果的正确判断，而工作者会出于自身利益的考虑采取不合作的态度或者夸大自己工作的重要性、复杂性，导致信息失真。

3）访谈双方的谈话技巧会影响访谈的效果。因此，访谈法一般不能单独作为收集信息的方法，只适合与其他方法一同使用。

在使用访谈法时，工作分析人员应该注意尊重被访谈人，态度要真诚热情，语言需恰当；需要营造良好的访谈氛围，使被访谈者感到轻松愉悦；应当注意对被访谈者进行引导启发，但要避免发表自己的观点和看法；访谈前应预先准备好相关的问题和访谈记录表。

通常，工作分析中的访谈应包括如下问题：

（1）你向谁报告？

（2）谁向你报告？

（3）你在预算上所负的责任如何？

（4）你的主要职责是什么？

（5）你怎样运用大部分的工作时间？

（6）分配给你的工作从何而来？完成的工作送到哪里或送给谁？

（7）工作中你遇到的最具挑战性的问题是什么？

（8）工作之前你必须完成哪些准备工作？
（9）你要怎样提高产品或服务的品质？
（10）你觉得有哪些工作是重要的或不重要的？
（11）工作过程可以怎样加以改善？
（12）可以用什么不同的方式来工作，以降低费用或成本？
（13）你必须遵循什么原则、规定、政策等以履行你的职责？
（14）在采取行动之前，有哪些决策必须请示或必须通知你的下属？
（15）这个工作对你的创意和解决问题的能力有什么样的挑战性？

（三）问卷法

问卷法是由工作分析人员根据工作内容拟订一套切实可行、完整、科学、内容丰富的调查问卷，然后由员工填写，也可由员工口头回答问题，再由工作分析人员填写的一种收集信息的方法。问卷法通常适用于对脑力工作者、管理者或工作不确定因素较大的员工的调查，如软件设计员、行政总裁等。

1. 问卷的分类

问卷可以分成职务定向和人员定向两种。职务定向问卷强调工作本身的条件和结果；人员定向问卷则集中于了解工作人员的工作行为。

问卷又可以设计为结构式、开放式和混合式三种。结构式问卷即问卷上罗列多种备选的特定任务或工作，要求被调查者从问卷所提供的清单中选择一个答案。结构式问卷经常使用封闭问题，因为它提供的回答有较大的统一性，并且容易打分。开放式问卷多用问答题的形式，要求被调查者陈述个人看法，限制较少，但不易打分。因此，结合了以上两种方式的混合式问卷应用较为广泛。

2. 问卷法的优缺点

（1）优点。
1）费用低，速度快。
2）调查范围广，可用于多种目的、多样用途的职务分析。
3）调查样本量大，适用于需要对很多工作者进行调查的情况，并且结果可以数量化。
（2）缺点。
1）不易激起被调查者的兴趣。
2）如果问卷内容较少，就不能获得足够的详细信息，但太长的问卷又容易使人厌倦。
3）不能面对面地交流信息，不容易了解被调查者真实的态度和动机。

（四）功能性职务分析法

功能性职务分析法（Functional Job Analysis，FJA）由美国培训与就业服务机构开发，是以员工所需发挥的功能与应尽的职责为核心，列出需要收集和分析的工作信息类别，从而进行职务分析。该方法的基础是 DPT 理论。D（Data），指“资料”方面的信息；P（People），指“人”方面的信息；T（Thing），指“事物”方面的信息。

1. 功能性职务分析法的基本假设

（1）应明确区分“完成什么工作”与“员工应如何完成工作”。
（2）每项工作均在一定程度上与人、事、信息相关。
（3）对事件要用体能完成，对信息要用思考处理，对人要用人际关系的方法。
（4）尽管执行任务的方法有很多，但要完成的职能是有限的。
（5）每一种职能依赖于员工的特性与资格来达到预期的绩效。
（6）在与人、事、信息相关的功能中，复杂的功能包括了简单的功能。

2. 功能性职务分析法的内容

功能性职务分析法包括以下四个部分：
（1）任务描述（完成什么工作）。
（2）工作特点分析——工作者的功能量表（员工应如何完成工作），如表 3-1 所示。

表3-1　工作者的功能量表

资料	人	事物
0 综合	0 指挥	0 创建
1 协调	1 谈判	1 精密作业
2 分析	2 指导	2 操作－控制
3 编辑	3 监督	3 开动、操作
4 计算	4 牵制	4 熟练操作
5 复制	5 劝导	5 照管、供应
6 比较	6 交流－示意	6 进料及取货
7 无重要关系	7 服务	7 处理
8 接受指导	8 无重要关系	—

（3）员工特点分析（正确完成工作所必备的条件）。
1）培训，包括常规教育和职业培训。
2）能力，包括智力、动作协调性、手的灵活性。
3）个性，包括适应性、果断性、压力承受能力。
4）身体状况，包括视力、身高、体重、血压等。
（4）功能性职务分析法包含四个因素：
1）在工作时需要得到多大程度的指导。
2）工作时需要运用的推理能力和判断能力应达到什么程度。
3）完成工作所要求具备的数学能力有多强。
4）工作时所要求的口头及评议表达能力如何。

（五）工作日志法

工作日志法就是要求从事工作的员工每天记工作日记或日志，即让工作者每天按时间顺序将自己所进行的工作任务、工作过程记录下来，为工作分析提供信息和依据的一种方法。采用这种方法，一般要记录10天以上，它可以向工作分析者提供一个非常完整的工作图景，在以面谈为辅助手段的情况下，这种工作信息收集方法的效果会更好。它适用于管理或其他随意性大、内容复杂的岗位工作分析。

工作日志法的基本依据是，从事某一工作的人对这一工作的情况和要求最清楚。因此，由工作者本人记录信息最为经济和方便。但是，这种方法有可能存在一定的记录误差，记录者或多或少会带有自己的主观色彩，因此要求事后对记录分析结果进行必要的检查纠正，这种检查纠正可以由工作者的直接上级来实施。

工作日志法的优点是：信息可靠性强，适用于确定有关工作责任、工作内容、工作关系、劳动强度等方面的信息；采取逐日或在工作活动后记录，可避免遗漏；所需费用较少；可以收集到最详尽的资料信息。

工作日志法的缺点是：将注意力集中于活动过程，而不是结果；采用此方法必须做到，任职者对此项工作的情况和要求很清楚；整理信息的工作量大，归纳工作烦琐；填写者因不认真可能会漏填某些内容，从而影响分析结果；填写日志会影响正常工作，若由第三者填写，人力投入量会很大，不适合处理大量的业务；存在误差，需要对记录分析结果进行必要的检查。

（六）工作参与法

工作参与法是由工作人员亲自参加工作活动、体验工作的整个过程，从中获得工作分析资料的方法。要想对某一工作有一个深刻的了解，最好的方法就是亲自去实践。通过实地考察，可以细致、深入地体验、了解和分析某个工作人员的心理因素以及工作所需的各种品质和行为模型。所以，从获得工作分析资料的质量方面而言，这种方法比前几种方法效果好。但由于它要求工作分析人员具备从事某项工作的技能和知识，因而有一定的局限性。现代社会和生产中的工作职务日益专门化，即使有些工作分析人员能够参与一部分工作，也很难像已经很熟练的员工那样完成工作职责。因此，工作参与法只适用于比较简单的工作职务分析。

三、工作说明书的编写

（一）工作说明书的主要内容

通过工作分析程序所获得的资料，经过归纳与整理，可撰写成工作说明书。工作说明书没有固定的模式，需要根据工作分析的特点、目的与要求，具体确定编写的条目。总体而言，大部分工作说明书主要包括工作标识、工作综述、工作联系、工作职责与任务、工作权限、绩效标准、工作条件与物理环境、工作规范等内容。

1. 工作标识

工作标识包括工作的名称、编号，工作所属部门，工作地点，该份说明书的批准人，工作说明书的具体编写日期等项目。特别应注意的是工作名称的选择，应注意使岗位名称标准化，符合人们一般的理解，使人们通过岗位名称就可以了解岗位的性质和内容。

2. 工作综述

这部分内容应用简短的语言描述工作的总体性质，即用简洁明确的话语来表述该岗位存在的价值和理由。应力图避免在工作综述中出现如“执行需要完成的其他任务”这样笼统的表述。虽然这样的描述可以为主管人员分派工作提供更大的灵活度，但一些专家认为，如果一项经常可以看到的工作内容不被明确写进工作说明书，而只是用像“所分配的其他任务”一类的语言，就很可能成为逃避责任的一种托词，因为这将导致对工作的性质以及雇员需要完成的工作的叙述出现漏洞。

3. 工作联系

工作联系部分说明任职者与组织内外其他人之间的联系情况，所接受的监督以及所实施的监督等。下面以人力资源经理为例来加以说明。

报告工作对象：雇员关系副总裁。

监督对象：人力资源职员、劳资关系员及秘书。

工作合作对象：所有的部门经理和行政管理人员。

接触的公司外部人员：就业机构、管理人员代理招募机构、就业办公室及各公司客户。

4. 工作职责与任务

职责是职务与责任的统一。岗位职责的分析，不仅包括对本岗位任务范围的分析，还包括岗位责任大小、重要程度的分析。在这一部分内容里应详细罗列工作职责和工作任务，每一种工作的主要职责都应用任职者的行动加上行动的目标列举，对每一任务也应用一两句话加以描述。

5. 工作权限

根据该岗位的工作目标和工作职责，分析组织赋予该岗位的决策范围层级与控制力度，包括工作人员决策的权限、对其他人员实施的监督权、重大的业务权限以及经费预算的权限等。

6. 绩效标准

有些工作说明书中还需包括有关绩效标准的内容，说明雇主期望员工在完成工作说明书的每一项任务时应达到什么样的标准。它是提供职位绩效考核指标的重要基础和依据。

7. 工作条件与物理环境

工作条件包括该岗位完成工作任务需要哪些工具、仪器、设备等，如秘书所用的打印机、复印机、计算机、一般文具等。

8. 工作规范

工作规范的内容主要回答这样的问题："要做好该工作，任职者必须具备什么特征和哪些经验？"工作规范可以是附在工作说明书中的一个部分，也可以是单独的一份文件。通常的做法是将工作规范作为工作说明书的一部分进行列示。

（二）编写工作说明书应遵循的原则

1. 对岗不对人

工作分析的对象是职位，而非员工。工作分析不是对现职人员工作情况的描述，不是对个人性格的分析，也不是对工作绩效的分析，而是从岗位本身出发，分析岗位的职责权限、主要工作内容、需要何种知识和技能才能高效率地履行岗位职责等符合该工作客观实际的诸多信息。

2. 对事不对人

在工作分析过程中，要以"事"为出发点，严格以岗位的要求来编写工作说明书，确保无论谁在这个岗位上所需要做的事情都是一样的。在工作分析中，沟通环节也要力求对事不对人，使沟通双方畅谈工作，表达一些真实想法。

3. 对当前不对未来

工作说明书应该反映当前的工作职责和工作关系等，而不是对过去的回顾，也不是对将来的展望。不过，当一项工作被创建出来或者发生巨大变革时，工作分析就要基于组织战略，针对"未来的岗位"进行分析。

4. 对职责不对待遇

工作说明书分析了各岗位的主要职责，可以获取该岗位为组织创造价值和重要性的相关信息。但是，工作分析只能提供薪酬要素的部分信息，是岗位评价的依据，但不是岗位评价，因而不能根据工作分析直接得出岗位等级和薪酬等级。在描述绩效标准时，不要涉及奖惩处理的内容。

（三）工作说明书编写的基本要求

工作说明书在组织管理中的地位极为重要，是管理者招聘人员和考核绩效等的参考依据。一份好的工作说明书必须符合下列要求。

1. 清晰

在工作说明书中，应全部使用现在时态。对工作的描述应注意使用浅显易懂、直接的语言，尽量避免使用专业性过强的术语，让任职人员读过以后可以准确地明白其工作内容、工作程序与工作要求等，无须询问他人或查看其他说明材料。应避免使用原则性评价，同时对专业和晦涩的词汇必须解释清楚，以免在理解上产生误差。

2. 具体

在编制工作说明书时，内容应尽量具体，但各项描述不能交叉重叠。在说明工作的种类、复杂程度、任职者需具备的技能、任职者对工作各方面应负责任的程度这些问题时，措辞上应尽量选用一些具体的动词，通过使用具体的词汇，指出工作的种类、复杂程度，任职者需要具备的具体技能、技艺以及应承担的具体责任范围等。工作说明书中的工作职责，应该能成为绩效指标的基础；任职资格的描述，更应该能成为招聘的依据。工作说明书应该具有实用性，即任务明确好上岗、职务明确易考核、资格明确好培训、层次清楚能评价。

3. 简洁

整个工作说明书的文字必须简单明了，所用的词语要包含所需要的信息，不必要的词语要省略。工作说明书总体上要简短扼要，以免因过于复杂、庞大而不便于记忆。在描述一个岗位的职责时，应该选取主要的职责进行描述，不要试图穷尽所有的职责，最好不超过八项。

4. 规范

工作说明书可用表格呈现，也可用文字叙述，格式可以多种多样。但在一个企业里，对各个岗位应使用统一格式的工作说明书，注重整体的协调，形成规范、准确、使用方便的管理文件。工作说明书的编写形式和用语应符合本企业的习惯，切忌照搬照抄其他企业的范本。必须保证一个岗位一份说明书。

第三节　工作设计

案例 3-3

龙虎之争

龙队和虎队是两支龙舟队，两支队伍进行了很长时间的训练后，开始了正式的比赛。比赛结果是龙队获胜，虎队落后龙队 1 千米。看到这个结果，虎队的领导很不服气，召集大家开会分析原因。经过研究，发现龙队成员是 8 个划桨员，1 个掌舵员，而虎队恰恰相反，虎队的成员组成是 8 个掌舵员，1 个划桨员，不过虎队领导并未重视这一问题，而认为，落后的原因是 8 个掌舵员当中没有中心、没有层次。

于是虎队领导调整了掌舵员的组织机构，其中 4 个掌舵经理，全面负责掌握航向，3 个区域掌舵经理，分工负责自己的区域，1 个行政后勤人员，为掌舵经理提供后勤服务，同时监督划桨员的行为。划桨员仍然是 1 人。两支队伍在进行了很长时间的训练后再次进行比赛。这次比赛的结果还是龙队赢，虎队落后 2 千米。

点评：这个案例告诉我们，管理基础工作不落实，缺少科学的工作分析和工作设计，工作效率是得不到提高的。

工作分析与工作设计之间有着密切而直接的联系。工作分析的目的是明确所要完成的任务及完成这些任务所需要的人的特点；工作设计的目的是明确工作的内容和方法。工作设计是否得当对于激发员工的工作积极性、增强员工的工作满意度及提高工作绩效都产生重要影响。那么，工作设计是根据什么设计的？它的作用是什么？除了工作专业化外，还有哪些工作设计的具体方法？每种方法在何种情况下适用？这些都是本节欲解决的问题。

一、工作设计的含义和内容

（一）工作设计的含义

工作设计的含义

工作设计是指为了有效实现组织目标而采取的与满足工作者个人需要有关的工作内容、工作职能和工作关系的设计。对于一个新组织而言，工作设计是组织运营模式设计中的工艺与管理流程，涉及每一个岗位的工作内容、工作方法以及所需原材料、零部件及工作环境等，而对于一个已经在运行的组织而言，则是根据其发展和存在的问题，重新设计组织结构，重新界定工作内容，改进工作方法，改善设备，提高员工的参与度，从而提高员工的积极性、责任感和满意度。

（二）工作设计的内容

工作设计主要包括以下六个方面的内容。

1. 工作内容

主要是关于工作范畴及工作需完成的任务，包括工作种类、工作自主性、工作复杂性、工作难度和工作整体性等。

2. 工作职责

主要是关于工作本身的描述，包括工作责任、工作权限、工作方法、协调配合和信息沟通。

3. 工作关系

主要是指工作中人与人之间的关系，包括上下级之间的关系、同事之间的关系、个体与群体之间的关系等。

4. 工作结果

主要是指工作所提供的产出的情况，包括工作产出的数量、质量和效率以及组织根据工作结果对任职者所做出的奖惩。

5. 工作结果的反馈

主要是指任职者对工作本身所获得的直接反馈以及从上下级或同事那里获得的对工作结果的间接反馈。

6. 任职者的反应

主要是指任职者对工作本身以及组织对工作结果奖惩的态度，包括工作满意度、出勤率和离职率。

二、工作设计的影响因素和原则

（一）工作设计的影响因素

工作设计是一个系统的过程，受到各方面条件的影响，其主要影响因素如下。

1. 环境因素

环境因素包括社会可提供的人力资源储备及社会期望两方面。人力资源储备是指组织能找到的足够数量的工作人员；社会期望是指个人希望通过工作得到哪方面的满足。随着社会文化教育水平的提高，人们对工作及生活质量有了更高的要求，只关注员工工作效率、工作流程控制的组织往往会适得其反，必须同时重视员工的生理和心理特点及要求。

2. 组织因素

（1）专业化。即按照工作时间最短、最易于操作的原则分解工作，形成合理的工作循环。

（2）工作流程。即考虑在团体协作中每个岗位的负荷均衡，确保工作的连续性。

（3）工作习惯。即长期在实践中形成的传统工作方式，反映工作集体的水平，是工作设计中不可忽视的影响因素。

3. 行为因素

行为因素主要是指能够影响员工行为的具体工作特性及其他事宜。

（1）完整性。完整而非零碎的工作将使员工感觉到工作有意义，有成就感。

（2）自主性。给予员工一定的决策权力并独立决定自己的工作方式，这将增强员工的责任感，也可促使员工提升自身素质。

（3）重要性。强调工作的重要性及工作对其他人生活的重要性，将使员工感到被重视，增强对本职工作的成就感、满意度。

（4）多样性。总是使用同一种技能或能力的工作容易使员工产生疲劳、厌烦，甚至产生更多的失误。这也是在一些组织中定期进行工作轮换的原因。

（5）反馈性。反馈使员工了解自己的工作现状，了解自己的成绩与预期之间的关系，为其未来的工作提供参考及努力的方向，有利于激励其工作积极性。

以上五个因素是此消彼长的关系。若要完全做到工作的自主性、多样性、完整性、重要性和反馈性，虽然可以提高员工的满意度，但也意味着组织效率的降低及组织成本的上升；追求效率的组织往往要求工作的专业化，统一指挥、分工细化，但容易出现员工怠工、缺勤、离职等现象。因此，需要权衡各方利弊，做到平衡才能保证工作设计的有效性。

（二）工作设计的原则

1. 因事设岗原则

这是传统工作设计的总原则，但在实践中不可忽略人的因素。

2. 系统性原则

工作设计要与组织的战略、设计思路相适应，不同的工作也需要形成横向、纵向的有机联系，保证工作的覆盖面及合理性，形成有效的整体，从而发挥组织的最大效能。

3. 实用性原则

在将工作事件与工作目标相结合的过程中，应充分考虑工作现状与人员能力等方面的影响，既不能要求过高，也不能要求过低，应在一定程度上让员工通过学习、努力来适应工作。

4. 简单化原则

在进行工作设计时，应尽可能地将复杂的关系包含在一个岗位中，以减少人力成本并提高工作效率。

5. 匹配原则

进行工作设计时应考虑每个人的工作量是否合理、时间是否均衡。

三、工作设计的形式和方法

（一）工作设计的形式

工作设计在具体设计中可用的形式有很多，归结起来常用的有以下三种。

1. 基于任务的工作设计

基于任务的工作设计，是将明确的任务目标按照工作流程的特点层层分解，并用一定形式的岗位进行落实。这种做法的好处是：岗位的工作目标和职责简单明了，易于操作，到岗者经过简单培训即可开始工作；便于管理者实施监督管理，在一定时期内效率很高。在这种形式下，企业内部的岗位管理主要是采用等级多而细的岗位等级结构，员工只要在本岗位上做到一定的年限且不出大错就能被提级加薪。但这种工作设计的缺点是：只考虑任务的要求而往往忽视在岗者个人的特点，员工个人往往成为岗位的附庸。这种工作设计形式在机器化大工业时代显得十分突出：操作工在长长的流水线旁日复一日不停地重复同一种动作，时间一长，员工的积极性往往受到很大打击。此外，由于任务目标是可以量化的，因此这种工作设计的具体编制也可以用人均劳动生产率（或人均利润）等量化指标具体地计算出来。

2. 基于能力的工作设计

基于能力的工作设计，是将明确的工作目标按照工作流程的特点层层分解到岗位，岗位的职责比较宽泛，对员工的工作能力也要求更全面一些。这种设计形式的好处是：岗位的工作目标和职责边界比较模糊，员工不会拘泥于某个岗位设定的职责范围，从而有发挥个人特长的余地，进而使企业具有应对市场变化的弹性。在这种工作设计形式下，企业内部的岗位管理常常采用的是"宽带"管理，即各岗位之间的等级越来越宽泛。目前，许多美国企业内部从上到下只有六个等级，各等级内各岗位的职责分工没有明确的界限，完全根据市场的变化来调整企业内部各岗位所承担的具体任务。由于员工个人的表现难以像基于任务的工作设计那样简单明了，因此这种工作设计形式会要求赋予直接管理者以更大的责任，由直接管理者进行决断，对下属进行监督和评估。另外员工的灵活性加大也会带来工作成果的不确定性上升。同时，由于对员工的能力要求高，会导致劳动力成本和培训费用相应增加。这种工作设计形式在第三产业占主导的时代很突出：第三产业的许多行业是高度依赖于人的，在这些行业中，员工的能力和工作积极性对工作任务的完成有着很大的影响力，如金融、保险、咨询服务、超市零售等。在这种服务性的行业中，具体岗位所承担的任务在许多情况下是要求完成一个过程，是难以量化的，所以这种工作设计形式往往不规定一个具体的编制数，而是用一定的人力成本预算来进行控制。

3. 基于团队的工作设计

基于团队的工作设计是一种更加市场化、客户化的设计形式。它是以为客户提供总体附加值（总体解决方案）为中心，把企业内部相关的各个岗位组合起来，形成团队进行工作。它的最大特点是：能迅速回应客户，满足客户的各种要求，同时又能克服企业内部各部门、各岗位自我封闭、各自为政的毛病。对在岗者来说，在一个由各种技能、各个层次的人组合起来的团队中工作，不仅可以比较容易地利用集体的力量完成任务，而且可以相互学到许多新的东西，也能经常保持良好的精神状态。显然，基于团队的工作设计是一种比较理想的工作设计形式。但是，这种形式对企业内部的管理、协调能力要求很高，应用不好容易出现"打乱仗"的现象。目前，该工作设计形式的应用还不够普及，更多的是在那些"项目型"的企业中应用，如软件设计、系统集成、咨询服务、中介服务、项目设计、工程施工等。这种工作设计形式的人员确定往往是根据客户的要求、特点采用组合的方式，在人力成本方面也往往采用预算控制法。

（二）工作设计的方法

1. 工作专业化

工作专业化是一种传统的工作设计方法，如图 3-3 所示。它通过对动作和时间的研究，把工作分解为许多很小的单一化、标准化、专业化的操作内容和程序，并对工人进行培训和激励，使工作保持高效率。这种工作设计方法在流水线生产上应用得最广泛。

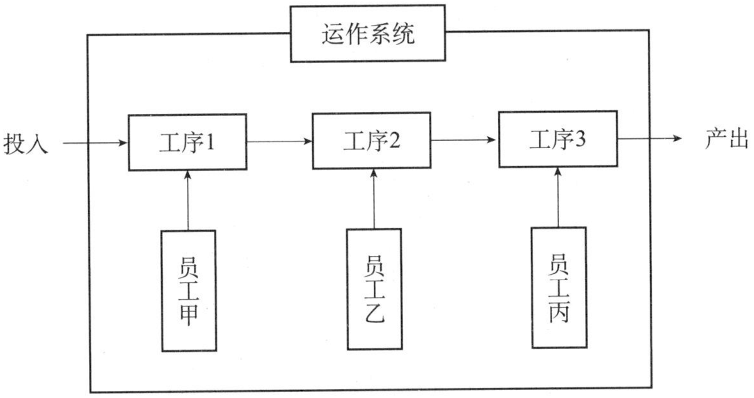

图 3-3　工作专业化

（1）工作专业化的基本条件。机械动作的节拍决定工人所在岗位的工作速度；工作具有简单重复性；对工人的技术要求较低；每个工人只完成每项工作任务中很小的工序。

（2）工作专业化的意义。把工作分解为很多简单而专业化的操作单元，降低了对工作的技术要求，可以节省劳动力成本，并且有利于劳动力在不同岗位之间的轮换，而不至于影响生产的正常进行；采用较单一、标准化的工序和操作方法，可以最大限度地提高工人的操作效率，有利于对产品的数量和质量进行控制，保证生产的均衡。

但工作专业化只强调工作任务的完成，而没有考虑工人的心理因素，因而工作专业化所带来的高效率往往会被工人对重复单一工作的不满与厌恶情绪所造成的缺勤、离职而抵消。

2. 工作扩大化

与工作专业化相对应的就是工作扩大化。工作扩大化的目标也是提高效率，其优点是减少任务间的等待时间，提高组织的灵活性，减少对支援人员的需要，同时改善工作的单调性。

工作扩大化的方法就是在横向上扩展一项工作，包括任务和职责，如图 3-4 所示。但是这些工作内容与员工以前承担的工作内容十分相似，只是一种在工作内容和水平方向上的扩展，不需要员工具备新的技能，所以，并没有改善员工工作的枯燥和单调情绪。赫茨伯格批评工作扩大化是“零上加零”。

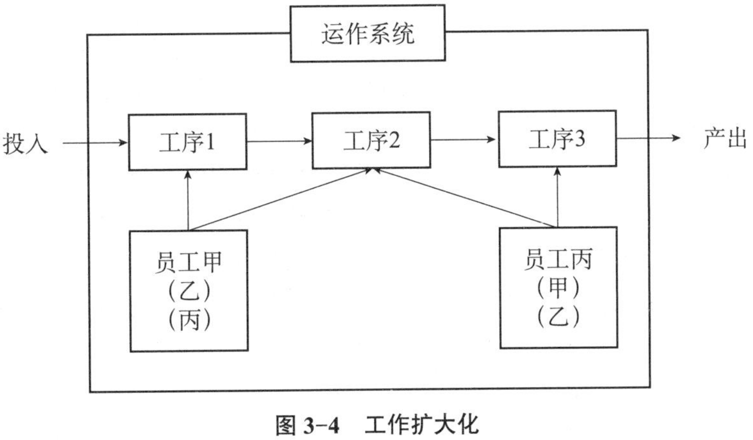

图 3-4　工作扩大化

3. 工作丰富化

工作丰富化是对工作内容和责任层次的基本改变，是对工作责任的垂直深化，如图 3–5 所示。工作丰富化主要通过增加职位责任、工作自主权以及自我控制，满足员工心理上的多层次需要，从而达到激励的目的。

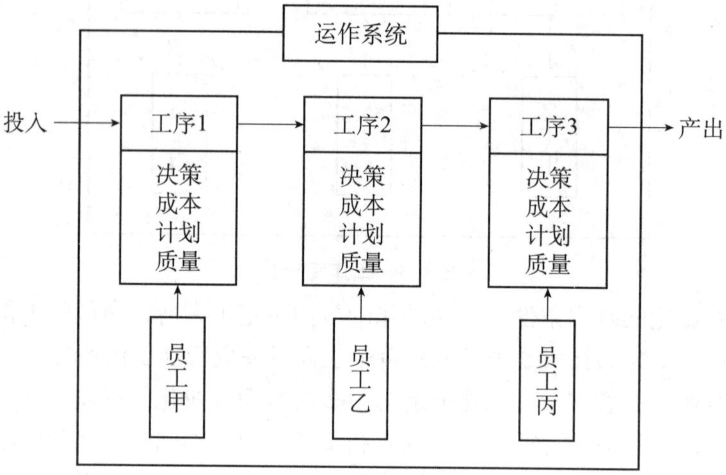

图 3–5 工作丰富化

（1）工作丰富化的步骤。如果企业想通过增加工作的多样性、完整性、重要性、自主性、反馈性以丰富工作的内容，就可以采取以下步骤：

1）确定自然的工作单元。这意味着将工作构成一个完整而有意义的整体。工作单元可以根据地理位置、产品或生产线、业务或客户来划分。例如，企业的销售人员不仅仅销售企业的一种产品，而是把企业的全部产品卖给顾客。

2）合并任务。尽可能地把零散的和独立的任务结合起来，形成一个任务整体。如销售人员除了销售产品外，还要负责回收货款。

3）建立和客户之间的联系。这样可以让员工准确地把握客户所要求的工作标准。

4）下达权责。让员工在工作过程中有更大的自主权和责任，如员工可以自己制订工作计划、选择资金预算方案、决定工作方法、检查工作效果等。这样不需要进行专门培训，员工的控制能力就会获得提高。

5）开发反馈渠道。这要求尽可能反馈关于员工的绩效信息，如成本、产量、质量、组织结构、客户的投诉等。通过反馈，员工可以了解工作绩效现状，从而明确下一步的工作方向。

（2）工作丰富化的意义。工作丰富化能够提高对员工的激励水平和员工的工作满意度，从而提高员工的生产效率和产品质量，同时对降低员工的离职率和缺勤率也有积极影响。但工作丰富化仍有不足之处，要使工作丰富化得以实现，就必须使员工掌握更多的技术，企业也会因此增加大额的培训费用，增加设计和扩充工作的费用，以及付给员工更高的劳动报酬。工作丰富化的示例如表 3–2 所示。

表3-2 工作丰富化的例子

原来的情况	工作丰富化后的结果
每人轮换使用机器	每人固定负责两台机器
当机器发生故障时，操作工让维修工来维修	操作工接受维修训练，负责所使用机器的维修
操作工按照操作手册的规定调换重要元件	操作工根据自己的判断来调换零件
工长对操作工实施监督，对不符合标准的操作予以纠正	建立工作绩效反馈制度，使操作工了解自身的工作情况
在工作流程中个人做单一的作业	由3～5人组成小组，完成整个工作任务
由工长决定谁干什么	由工作团队决定干什么
检验员和工长检验产品，纠正操作方法	由工作团队对产品进行自我检验

4. 工作轮换

工作轮换是指在不同时间段，将员工从一个岗位换到另一个岗位，使其全面了解整个企业的不同工作内容，得到各种不同的经验，为其今后在较高层次上任职打好基础，如图3-6所示。工作轮换必须保证工作流程不受损失。这种方法并不改变工作设计本身，而只是使员工定期地进行工作轮换。例如，服装厂的员工在生产线上的不同岗位进行轮换。

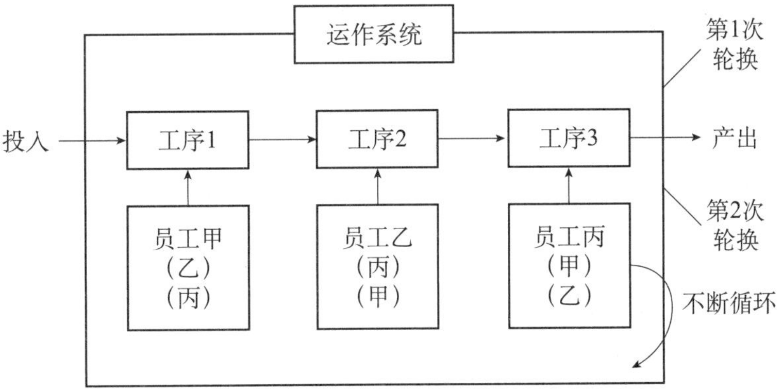

图3-6 工作轮换

工作轮换给员工更多的发展机会，让员工感受到刺激和新鲜感，给员工提供了发展技术和一个较全面地观察、了解整个生产过程的机会，并促进员工之间的团结合作，提高协作效率。但工作轮换也有不足，如会使员工的培训费用上升；如果员工在原有岗位的生产效率已经很高，转换工作反而会降低生产效率，因为在新的岗位会有一个逐渐适应新生产方式和人际关系的过程。工作轮换如图3-6所示。

5. 工作特征再设计

工作特征再设计是一种人性化的设计方法，是指针对员工设计工作而非针对工作特征要求员工。它主要表现为充分考虑个人的差异性，区别地对待各类人，以不同的要求把员工安排在适合于他们独特需求、技术、能力的环境中去。工作特征再设计的基本条件在于企业有能力使员工获得高层次需求满足的条件和心理状态，并且工作特征再设计的范围可以直接影响员工需求的满足程度和工作满意度，同时员工需求的满足对其生产效率和成果具有较大的正面影响，在此基础上进行工作特征再设计将获得较好的效果。

由于工作特征再设计完全以员工为中心，因此可以最大限度地增加员工对工作的满意度，使员工以极大的热情投入工作，从而提高员工的工作效率。但是对于企业来说，工作特征再设计的成本很高，几乎要重新定制一套工作体系，因此一般只是针对某个特殊的工作岗位做此设计。

6. 工作设计综合模型

无论是工作轮换、工作扩大化还是工作丰富化，都不应被看作解决员工不满的灵丹妙药，必须在职务设计、人员安排、劳动报酬及其他管理策略方面进行系统考虑，以便使企业要求及个人需求获得最佳组合，从而最大限度地激发员工的积极性，有效实现企业目标。因此，在管理实践中，人们根据企业及员工的具体需要探索了工作设计的综合模型，如图 3–7 所示。

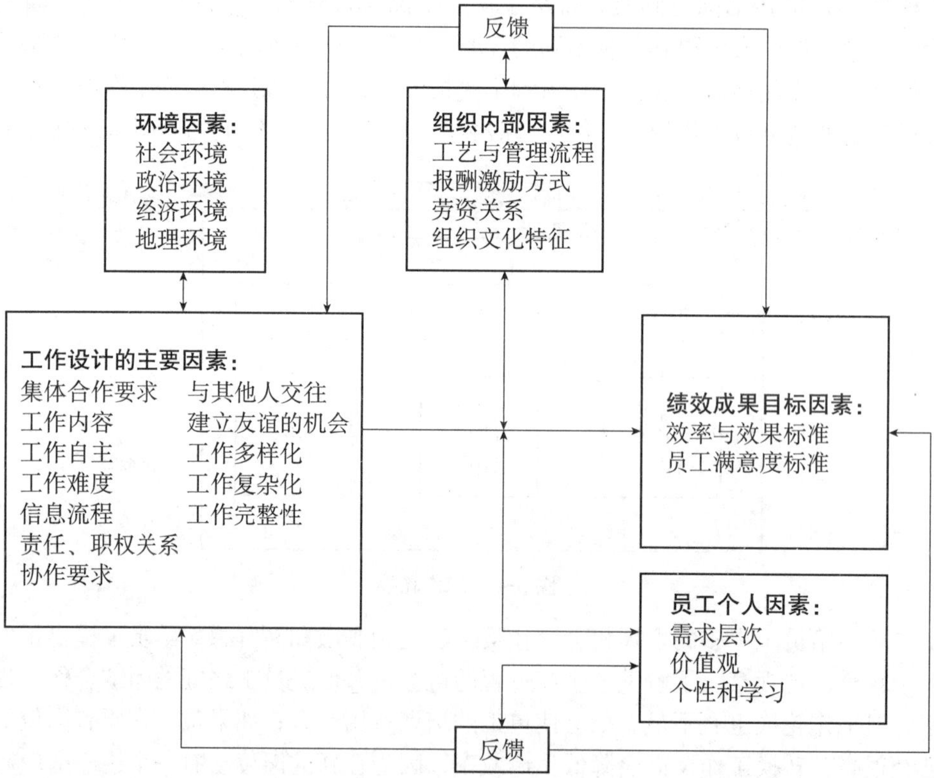

图 3–7　工作设计综合模型

资料来源：杨河清 . 人力资源管理 . 大连：东北财经大学出版社，2010：89.

工作设计的综合模型包括工作设计的主要因素、绩效成果目标因素、环境因素、组织内部因素和员工个人因素等。

工作设计的主要因素是指岗位的自身特征及通过工作设计要使之体现的特点，如岗位的工作内容、工作职能、工作方式、工作关系、工作环境等因素，以及在工作中的自主性、难度、多样性、复杂性、完整性等方面体现出的具体特点。

绩效成果目标因素是指通过工作设计要实现的目标，包括效率与效果标准、员工满意度标准等。

环境因素是指组织外部环境对工作设计的影响，通常要考虑所处的社会环境、经济环境与技术环境、政治环境、地理环境等方面。

组织内部因素包括组织自身的规模与技术特征、工艺与管理流程、报酬激励方式及组织文化特征等内容。

员工个人因素是指员工的价值观、个性、需求层次、思维方式等方面。

工作设计综合模型的特点是：着重要求组织管理人员分析和评价在工作设计、规划发展和贯彻过程中许多环境变量可能产生的影响。管理者必须意识到并且承认工作的重新设计不是孤立进行的，它受到其他组织系统的影响，并对其他组织产生影响。

相/关/链/接 >>

华为公司的任职资格制度

华为营销队伍是外界公认的企业核心竞争力之一。任职资格制度是华为公司营销队伍管理中最具特色、最为完善的一项管理制度。华为公司推行营销人员任职资格制度，旨在通过建立规范化、制度化、具有可操作性的营销人员培训考核资格管理制度来培养干部、淘汰不合格者，并持续牵引营销干部进步，提高营销队伍的职业化程度。

一、营销人员职业发展通道及任职资格标准等级

借鉴英国职业资格管理的思想和精髓，结合公司实际，华为公司为营销人员设计了管理和专业技术双重职业发展通道。在营销专业任职资格标准中，又分为客户线和产品线两大类。营销人员可以根据自身特点，结合业务发展设计切实可行的职业发展通道，并通过不断提升自身工作能力，逐步实现职业发展规划。

二、任职资格认证时限

对于每一等级的营销任职资格，公司都有具体的任职时间要求和认证时间规定。作为最基层的销售工程师，必须具备 8 个月的工程师任职经历才能申请二级的客户（项目）经理；而二级的客户（项目）经理也必须在本职岗位工作满 8 个月才能提出申请三级任职资格，在提出申请的 4 个月内，人力资源管理部必须对申请人完成任职资格认证，这样，具备二级任职资格的客户（项目）经理至少在本岗位工作满 12 个月才有可能获得三级任职资格；而具备三级任职资格的营销人员则至少在本岗位工作满 12 个月才有可能通过四级任职资格认证，获得四级任职资格；具备四级任职资格的营销人员至少在本职岗位工作满 16 个月才有可能通过五级任职资格认证，获得五级任职资格；具备五级任职资格的营销人员至少在本职岗位工作满 18 个月才有可能通过六级任职资格认证，获得六级任职资格。

三、培训、考核、资格认证的相关规定

申请人必须通过知识考核、培训考核、技能考核和行为认证资格才能获得任职资格。公司所有营销人员必须参加本岗位所在级别的任职资格认证。首次认证不合格，降薪一级，

至认证合格时恢复。第二次认证不合格，降级，并相应降薪，同时参加低一级别的认证，直至合格，如不合格，则下岗。营销人员参加产品技术培训考核认证或营销知识考试合格后，可获得相应级别的产品技术合格证书或营销知识合格证书，1年内有效。营销人员必须在获得产品技术合格证书或营销知识合格证书后，方可参加相应级别的营销（管理）技能资格培训。营销人员每年可参加5个工作日的免费培训，超过该时间的培训，需个人付费。

四、营销专业任职资格的管理

公司市场和营销干部培训中心共同承担营销专业任职资格的培训、考核和认证工作。在对申请人的培训记录、技能考核、行为认证结果综合评审、确认合格后，公司授予申请人相应的等级任职资格。同时，更新申请人的人事档案记录。各等级的任职资格有效期均为其等级数的年数。例如，二级任职资格的有效期为2年，六级任职资格的有效期为6年。

在任职资格到期前4个月时，营销人员可以提出对该等级任职资格的复审申请，复审培训、考核、认证通过后，延长资格有效期类同于首次获得。同时，在任职资格到期前4个月，营销人员也可申请更高等级的任职资格，经培训、考核、认证后，不能晋升的，该综合成绩作为本等级资格复审的依据。资格复审未通过，则取消该等级任职资格，降为下一级任职资格。同时，更新该员工的人事档案，执行相应的降薪条例。

资料来源：齐文娥，唐飞．资格标准引导员工成长．中国人力资源开发，2006（8）．

思 考 题

1. 什么是工作分析？工作分析具体包含哪些内容？
2. 工作分析有何作用？
3. 工作分析的实施程序是什么？
4. 工作分析有哪些具体的方法？各有什么优缺点？
5. 工作说明书的内容及编写原则是什么？
6. 工作设计受哪些因素影响？
7. 工作设计有哪些具体形式？
8. 具体的工作分析需要具备的基础条件有哪些？

在 线 自 测

扫一扫　练一练

第四章

人力资源规划

本章要点

- 人力资源规划的含义及分类；
- 人力资源规划的作用；
- 人力资源规划的内容及程序；
- 人力资源规划的原则与目标；
- 人力资源需求预测；
- 人力资源供给预测；
- 人力资源供需关系；
- 人力资源战略规划概述；
- 人力资源战略规划的理论基础；
- 人力资源战略规划体系。

案例 4-1

手忙脚乱的人力资源部经理

D集团在短短5年之内由一家手工作坊发展为国内著名的食品制造商。企业最初不制订用人计划，缺人了，就去人才市场招聘。企业日益正规后，开始每年年初制订计划：收入多少，产量多少，员工定编人数多少等，人数不够可以招聘，人数超编就要求减人，一般在每年年初招聘新员工。一年中总是有人升职、有人平调、有人降职、有人辞职，年初又有编制限制，不能多招，而且人力资源部也不知道应当多招多少人或者招什么样的人，结果人力资源部经理一年到头老往人才市场跑。

近年来，由于3名高级技术工人退休，2名工人跳槽，生产线立即瘫痪。集团总经理召集紧急会议，命令人力资源部经理3天之内招到合适的人员填补空缺，恢复生产。人力资源部经理两个晚上没睡觉，白天奔走于各人才市场和面试现场，最后勉强招到2名已退休的高级技术工人，使生产线重新开始运转。人力资源部经理刚刚喘口气，地区经理又打电话跟他说自己的公司已经超编了，不能接收前几天分过去的5名大学生，人力资源部经理不由得怒气冲冲地说："是你自己说缺人，我才招来的，现在你又不要了！"地区经理说："是啊，我两个月前缺人，你现在才给我，早就不缺了。"人力资源部经理争辩道："找人也是需要时间的，我又不是孙悟空，你一说缺人，我就变出一个给你！"

资料来源：张健东，等.人力资源管理理论与实务.北京：中国纺织出版社，2018.

点评：从这个案例可以看出人力资源规划体系的重要性。在公司发展的不同阶段，人力资源管理面临的挑战、工作的重点、角色的变化都不同，从而需要公司人力资源规划有效地配合公司的整体发展。

第一节 人力资源规划概述

一、人力资源规划的含义及分类

（一）人力资源规划的含义

人力资源规划就是一个组织或企业科学地预测、分析自己在环境中变化的人力资源供给和需求状况，制定必要的政策和措施，以确保自身在需要的时间和需要的岗位上获得各种所需要的人才（包括数量和质量两个方面），并使组织和个体获得长期的利益。

人力资源规划有广义和狭义之分。广义的人力资源规划是指根据组织或企业的发展战略、目标及内外环境的变化，预测未来的组织任务和环境对企业的要求，为了完成这些任务和满足这些要求而提供人力资源的过程。它包括预测企业或组织未来的人力资源供求状况、制订行动计划及控制和评估计划等过程。狭义的人力资源规划是指具体的提供人力资源的行动计划，如人员招聘计划、人员使用计划、退休计划等。由此可见，狭义的人力资源规划是广义的人力资源规划的一部分。人力资源规划包括以下几层含义：

（1）说明了一个组织的环境是变化的。企业制定人力资源规划的主要原因是环境不断发生变化。企业外部的政治、经济、法律、技术、文化等一系列环境因素一直处于动态的变化中，相应地就会引起企业内部的战略目标不断地变化，从而又会导致人力资源供求随之变化。人力资源规划就是要对这些动态变化进行科学的预测和分析，以确保组织在近期、中期和长期对人力资源的需求得到满足。

（2）一个组织应制定必要的有关人力资源的政策和措施以确保组织对人力资源需求的如期实现。政策要正确、明晰，如对涉及内部人员的调动补缺、晋升或降职、外部招聘和培训以及奖惩等都要有切实可行的措施保证。

（3）人力资源规划要使组织和个体都获得长期的利益。这是指通过制定组织的人力资源规划来创造良好的条件，充分发挥组织中每个人的主动性和创造性，从而提高工作效率和组织的效益，使组织的目标得以实现。与此同时，也要切实关心组织中每个人的物质、精神和业务发展等方面的需求，帮助其在实现组织目标的同时实现个人的目标。

（4）制定人力资源规划的目的是实现企业的战略目标，保证企业长期持续地发展。在现代社会中，人力资源是企业最宝贵的资源，拥有充足数量和良好素质的人力资源是企业取得成功的关键。人力资源规划就是对企业的人力资源管理进行统筹安排，从而为企业的发展提供人力保证。

（5）弄清企业现有的人力资源状况是制定人力资源规划的基础。要实现企业的战略目标，首先要立足于开发和利用现有的人力资源。因此，企业要从人力资源的数量、质量和结构等各个方面出发，对人力资源现状进行盘点，并运用科学的方法，找出现有人力资源与企业发展要求的差距，为人力资源规划的制定提供依据。

（6）制定必要的人力资源政策和措施是人力资源规划的主要环节。人力资源规划的制定实质上就是在人力资源供求预测的基础上制定相应的政策和措施，以实现人力资源的供求平衡，确保满足企业对人力资源的需求。

（二）人力资源规划的分类

在实践中，人力资源规划存在不同的形式，对这些形式的区分有助于人们更加深入地把握人力资源规划的内容。

1. 按照规划的独立性划分

以人力资源规划是否单独进行为标准，可以划分为独立性的人力资源规划和附属性的人力资源规划。独立性的人力资源规划是指将人力资源规划作为一项专门的职责来进行，最终结果体现为一份单独的规划报告，类似于市场、生产、研发等职能部门的职能性战略计划；附属性的人力资源规划则是指将人力资源规划作为企业整体战略计划的一部分，在规划整体战略的过程中对人力资源进行规划，并不是专门进行的，最终结果大多不单独出现。独立性的人力资源规划，其内容往往都比较详细；而附属性的人力资源规划，其内容相对比较简单，甚至省略某些项目。

2. 按照规划范围的大小划分

以人力资源规划范围的大小为标准，可以划分为整体的人力资源规划和部门的人力资源规划。整体的人力资源规划是指在整个企业范围内进行的规划，它将企业的所有部门都纳入规划的范围之内；部门的人力资源规划则是指在某个或某几个部门范围内进行的规划。虽然整体的人力资源规划是以部门的人力资源规划为基础来进行的，但是这两者并没有从属关系，有时企业可能只进行部门的人力资源规划而不进行整体的。

3. 按照规划时间的长短划分

按照人力资源规划时间的长短，可以划分为短期人力资源规划、中期人力资源规划和长期人力资源规划三类。短期人力资源规划是指一年或者一年以内的规划，这类规划由于时间相对较短，因此其目标比较明确，内容也比较具体，更多地体现为操作性的东西；长期人力资源规划是指五年或者五年以上的规划，由于规划的时间较长，对各种因素不可能做出准确的预测，因此这类规划往往是指导性的，在具体实施时要随着内外部环境的变化而不断进行调整，具有强烈的战略性色彩；中期人力资源规划则介于长期人力资源规划和短期人力资源规划之间，一般是指一年以上五年以内的规划。对短期人力资源规划来说，中期人力资源规划具有一定的指导性；但是对长期人力资源规划来说，中期人力资源规划又是它的具体落实，就好比是长期人力资源规划的阶段性目标，往往具有战术性的特点。

二、人力资源规划的作用

人力资源规划在企业经营管理中具有重要的意义和作用，具体表现如下。

（一）有利于企业制定长远的战略目标和发展规划

一个企业的高层管理者在制定战略目标和发展规划以及选择方案时，总要考虑企业自身的各种资源，尤其是人力资源的状况。例如，当集团决定推行国际化战略时，高层决策人员首先要考虑其人才储备情况以及所需人才的供给状况。人力资源规划要以企业的战略目标、发展规划和整体布局为依据；反过来，人力资源规划又有利于战略目标和发展规划的制定，并可以促进战略目标和发展规划的顺利实现。

（二）满足企业在生存发展过程中对人力资源的需求

当今社会，所有企业均面临着一个不断变化的动态环境，如市场需求迅速变化，生产技术不断更新等。因此，企业的生产规模和经营领域就需要随之变化。相应地，企业对人力资源在数量、质量和结构上的需求也必然发生变化。企业如果不对其未来发展阶段的人力资源需求进行预测，提前做好准备，就会不可避免地出现企业需要的人力资源的短缺，而且在某些时候，这种短缺是很难通过临时招聘和短期培训来弥补的。因此，一方面，人力资源规划要对目前人力现状予以分析，以了解人事动态；另一方面，人力资源规划要对未来人力需求做出预测，以便对组织人力的增减进行通盘考虑，再据此制订人员增补与培训计划。

（三）有利于人力资源管理活动的有序化

人力资源规划是组织（企业）人力资源管理的基础，它由总体规划和各分类执行计划构成，为管理活动，如确定人员的需求量和供给量、调整职务和任务、培训等提供了可靠的信息和依据，以保证管理活动的有序化。

（四）帮助企业有效地控制人工成本

人力资源规划有助于检查和预算出人力资源计划的实施成本及带来的效益，也可以对现有人力资源结构做一些分析，并找出影响人力资源有效运用的“瓶颈”，使人力资源效能充分发挥，以降低人力资源成本在总成本中所占的比重。企业人工成本中最大的支出是工资，而工资总额在很大程度上取决于企业的人员分布状况。当企业处于发展初期时，低层职位的人员多，人工成本相对较低。随着企业的发展，人员的职位上升，工资的成本增加。在没有人力资源规划的情况下，未来的人工成本是未知的，难免会出现成本上升、效益下降的趋势。因此，依靠人力资源规划预测未来企业发展，有计划地调整人员分布状况，把人工成本控制在合理范围内是十分重要的。

（五）有助于满足员工需求和调动其积极性

人力资源规划展示了企业内部未来的发展机会，使员工充分了解自己的哪些需求可以得到满足以及满足的程度。如果员工明确了那些可以实现的个人目标，就会去努力追求，在工作中发挥出积极性、主动性、创造性；否则，在前途和利益未知的情况下，员工就会表现出干劲不足，甚至有能力的员工还会另谋出路去实现自我价值。如果有能力的员工流失过多，就会削弱企业实力、降低员工士气，从而会进一步加速员工流失，使企业的发展陷入恶性循环。人力资源规划可以帮助员工改进个人的工作技巧，尽量发挥其能力和潜能，满足个人的成就感。同时，还可以准确地评估每个员工可能达到的工作程度，避免冗员。

（六）为企业的人事决策提供依据和指导

人事决策对企业管理的影响是非常大的，而且持续的时间长，调整也困难。为了避免人事决策的失误，准确的信息是至关重要的。例如，一个企业在未来某一时间缺乏具有某种经验的员工，而这种经验的培养又不能在短时间内实现，那么应该如何处理这一问题呢？如果从外部招聘，有可能找不到合适的人选，或者成本太高；如果企业自己培养，就需要提前进行培训，同时还要考虑培训过程中人员流失的可能性等问题。显然，在没有确切信息的情况下，难以做出客观的人事决策，而且可能意识不到某些问题的存在。所以，人力资源规划的制定可以为人事决策提供相关而准确的信息，保证人力资源管理活动沿着正确的轨道进行。

三、人力资源规划的内容及程序

（一）人力资源规划的内容

人力资源规划是在组织的总体发展目标和人力资源目标确定后，具体实施人力资源管理工作的第一步，其目的是为组织配备足够的人力资源。人力资源规划的内容较多，主要有以下几个方面。

1. 总体规划

总体规划即根据组织战略确定人力资源管理的总体目标和配套政策。

2. 配备计划

配备计划是指组织中的不同职务、不同部门和各种工作类型的人员的分布状况。组织中的各个部门、各个职位所需要的人员都有一个合适的规模，这个规模是随组织内部和外部环境条件的变化而变化的。配备计划就是要确定合适的规模以及与之对应的人员结构，这是确定组织人员需求的重要依据。

3. 退休解聘计划

企业每年都会有一些人因为达到退休年龄、合同期满或企业不再续聘等原因而离开企业。在经济不景气、人员过剩时，有的企业还常常采取提前退休、买断工龄甚至解聘等特殊手段裁撤冗员。在这些方面，企业都应根据经营状况和人员状况提前做好计划。

4. 补充计划

因为种种原因（如组织规模扩大，原有人员的退休、离职等），组织中经常会出现新的或空缺的岗位，这就需要组织制定必要的政策和措施，以保证在出现岗位空缺时能及时地获得所需数量和质量的人员，这就是人员补充计划。

5. 使用计划

使用计划的主要内容是晋升和轮换。晋升计划是根据组织的人员分布状况和层级机构，拟定人员的提升政策；轮换计划是为实现工作内容的丰富化、保持和提高员工的创新热情和能力、培养员工多方面的素质而拟定的对员工的工作岗位进行定期变化的计划。晋升表现为员工岗位的垂直上升；轮换则主要表现为员工岗位的水平变动。

6. 培训开发计划

组织通过培训开发，一方面可以使组织成员更好地适应所从事的工作，另一方面也为组织未来发展所需要的一些职位储备人才。例如，国际商业机器公司（IBM）对逐级推荐的数千名有发展前途的人员分别制订培训计划，根据可能产生的职位空缺和可能产生职位空缺的时间分阶段、有目的地培养他们，当产生职位空缺时，人员已培训完毕。培训开发计划与晋升计划、配备计划以及个人发展计划有密切的联系，相当一部分培训工作应在晋升之前完成。

7. 职业计划

组织发展与个人发展密不可分，个人的成长与发展只有在组织中才能实现，它不仅仅是个人的事，也是组织必须关心的事。这里所说的职业计划，就是组织未来不断地增强其成员的满意感并使其能与组织的发展和需要统一起来而制订的协调有关员工个人的成长、发展与组织的需求、发展相结合的计划。其主要内容是组织对员工个人在使用、培养等方面的特殊安排。一般情况下，组织很难为所有的员工都制订职业计划，制订职业计划的对象首先是企业的骨干。

8. 绩效计划

绩效计划的内容包括绩效标准及其衡量方法、实现绩效目标的主要措施等。

9. 薪酬福利计划

这项计划的内容包括薪酬结构、工资总额、工资关系、福利项目以及绩效与薪酬的对应关系等。

10. 劳动关系计划

劳动关系计划，即关于如何预防劳动争议、改善劳动关系的计划。

11. 人力资源预算

以上各方面或多或少会涉及费用问题，组织要在制定各项分预算的基础上，制定出人力资源的总预算。

上述多个方面是相互关联的。例如，培训开发计划、使用计划都可能带来岗位空缺，因而需要补充人员；补充计划要以配备计划为前提；补充计划的有效执行需要培训开发计划、薪酬福利计划、劳动关系计划来保证；职业计划与使用计划相辅相成等。

（二）人力资源规划的程序

为了达到预期的目的，在进行人力资源规划时需要按照一定的程序，如图 4-1 所示。

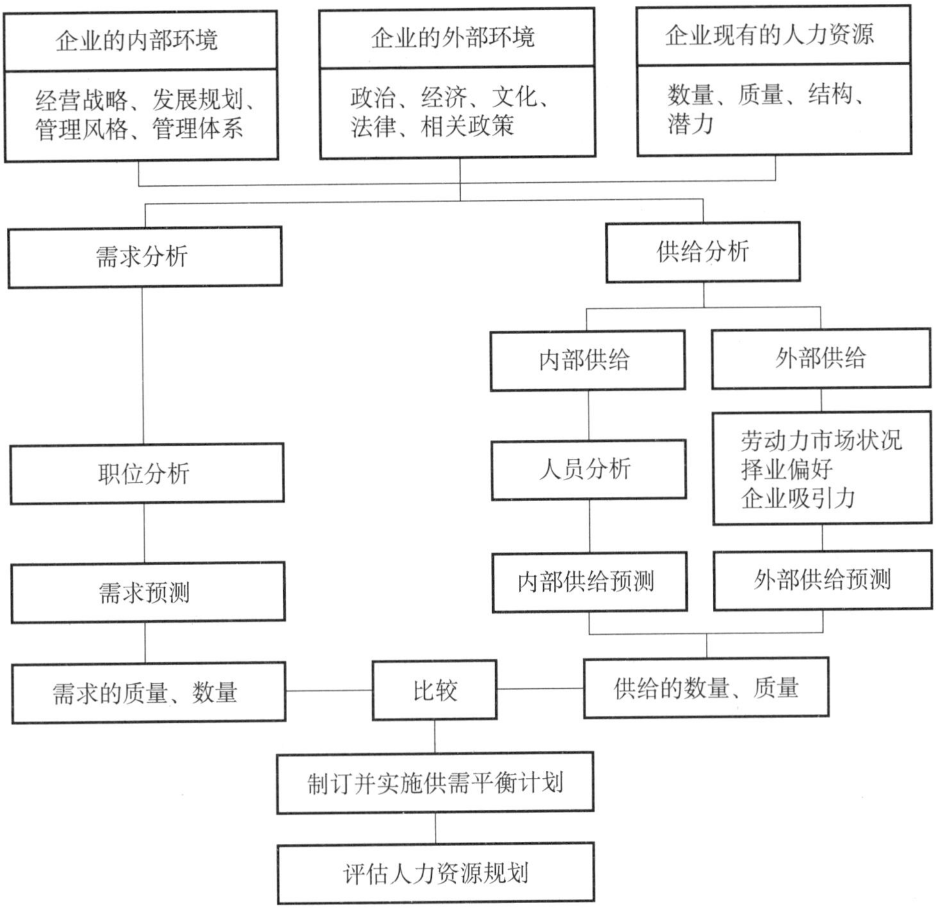

图 4-1　人力资源规划程序

由图 4-1 可以看出，人力资源规划的过程一般包括以下四个阶段：准备阶段、预测阶段、实施阶段和评估阶段。下面结合这四个阶段对人力资源规划的整个过程进行简要的说明。

1. 准备阶段

任何一项规划或者计划要想做好，都必须全面地掌握相关的信息，人力资源规划也不例外。由于影响企业人力资源供给和需求的因素很多，为了能够比较准确地做出预测，就需要收集和调查与之有关的各种信息，这些信息主要包括以下几方面：

（1）外部环境的信息。这些信息包括两类：一是经营环境的信息，如社会的政治、经济、文化、法律环境等。由于人力资源规划同企业的生产经营活动是紧密联系在一起的，因此这些影响企业生产经营的因素都会对人力资源的供给和需求产生作用。二是直接影响人力资源供给和需求的信息，如外部劳动力市场的供求状况、政府的职业培训政策、国家的教育政策、竞争对手的人力资源管理政策等。

（2）内部环境的信息。这些信息包括两个方面：一是组织环境的信息，如企业的经营战略、发展规划、生产技术、产品结构等；二是管理环境的信息，如企业的组织结构、企业文化、管理风格、管理结构（管理层次与跨度）、人力资源管理政策等。这些因素都直接决定着企业人力资源的供给和需求。

（3）现有人力资源的信息。这其实是对企业现有人力资源的数量、质量、结构和潜力等进行"盘点"。根据经验，"盘点"的资料应当包括员工的基本情况、工作经历、受教育程度、工作经验、工作业绩、工作能力、态度等方面的信息。只有及时准确地掌握企业现有人力资源的状况，人力资源规划才有意义，为此就需要借助完善的人力资源信息系统来及时更新、修正和提供相关的信息。

2. 预测阶段

这一阶段的主要任务就是要在充分掌握信息的基础上，选择、使用有效的预测方法，对企业在未来某一时期的人力资源供给和需求做出预测。在整个人力资源规划中，这是最关键的环节，直接决定了规划的成败，只有准确地预测出供给和需求，才能采取有效的措施进行平衡。如何预测供给和需求，将在后面详细说明。

3. 实施阶段

在供给和需求预测出来以后，就要根据两者之间的比较结果，通过人力资源的总体规划和业务规划，制定并实施平衡供需的措施，满足企业对人力资源的需求。人力资源的供需达到平衡是人力资源规划的最终目的，进行供给和需求的预测就是为了实现这一目的。至于在每种比较结果下应当制定什么样的具体措施，将在后面详细说明。在制定相关的措施时要注意，应当使人力资源的总体规划和业务规划与企业的其他计划相互协调，只有这样，制定的措施才能得以有效实施。例如，如果财务预算没有增加相应的费用，人员的招聘计划就无法实施。

4. 评估阶段

对人力资源规划实施的效果进行评估是整个规划过程的最后一步。由于预测不可能做到完全准确，因此人力资源规划也不是一成不变的，它是一个开放的动态系统。人力资源规划的评估包括两个方面：一是在实施的过程中，要随时根据内部和外部环境的变化来修正供给和需求的预测结果，并对平衡供需的措施做出调整；二是要对预测的结果以及制定的措施进行评估，对预测的准确性和措施的有效性做出衡量，找出其中存在的问题以及有益的经验，为以后的规划提供借鉴和帮助。

四、人力资源规划的原则与目标

（一）人力资源规划的原则

制定人力资源规划的基本原则如下。

1. 目标性原则

编制人力资源规划的前提是满足企业整体经济效益提高的需要。因此，人力资源效益、人才效益、全员劳动生产率、人均利润等指标应构成企业人力资源规划目标的核心。

2. 系统性原则

要把人力资源规划作为一个子系统，放到企业总体发展规划甚至整个国民经济和社会发展的大系统中考虑；同时，把企业人力资源规划作为整体，将企业内不同层次、不同部门的人力资源规划作为其子系统统一考虑、统一规划。

3. 适应性原则

人力资源规划的方向、目标、内容、规模与速度，要适应国家经济、政治的需要，特别要注意适应市场经济体制和现代企业制度改革及企业自身发展特点的需要。而这是以人才的类型、才智、专业、素质、年龄、观念等诸多方面的广泛性为基础的。

4. 协调性原则

人力资源规划是整个企业发展规划的组成部分，在对其编制与执行的过程中，自始至终要同其他因素，尤其是与其密切关联因素相平衡、协调。因此，要处理好五个关系：整体与局部的关系、当前和长远的关系、需要和可能的关系、数量和质量的关系、速度和效益的关系。

5. 科学预测原则

编制人力资源规划必须以科学的人力资源预测为基础。这个预测包含两个方面：一是企业未来的事业发展预测；二是以这种发展为前提的人才需求预测。这两个方面应是统一的。

6. 动态性原则

在企业发展战略设计中，一定要弄清楚对未来的预期。这里所讲的预期，是指对企业未来的发展环境以及企业内部本身的一些变革要有科学的预期性。

7. 开放性原则

企业在制定发展战略时，要消除一种不好的倾向，即考虑问题的思路比较狭窄，在各个方面考虑得不是那么开放，可称为狭窄性。这是私营企业在制定发展战略时经常陷入的误区。狭窄性不仅会影响企业的产业发展战略和市场发展战略，也会影响产权制度。若没有一种开放性的理念，企业发展战略的设计就会出现偏差，所以必须坚持开放性原则。

8. 共同发展原则

人力资源管理不仅为企业服务，而且要促进员工发展，两者的发展是互相依托、互相促进的关系。优秀的人力资源规划一定是能够使企业和员工获得长期利益的规划，一定是能够使企业和员工共同发展的规划。

（二）人力资源规划的目标

人力资源规划的目标就是确保企业在适当的时间和不同的岗位上获得适当的人选（包括数量、质量、层次和结构）。一方面，要满足变化的企业对人力资源的需求；另一方面，最大限度地开发利用企业内部现有人员的潜力，使员工的需要得到充分满足。具体来讲，包括以下四个方面的内容。

1. 配合企业发展的需要

任何企业都在不断地追求生存与发展，而影响生存与发展的主要因素是人力资源的获得与运用，也就是如何适时、适量及适度地使企业获得所需的各类人力资源。由于现代科学技术日新月异，社会环境变化多端，如何针对这些多变的因素，配合企业发展目标，对于人力资源科学规划来说甚为重要。

2. 规划人力发展

人力发展包括人力预测、人力增补及人员培训，这三者紧密联系，不可分割。进行人力资源规划，一方面要对目前人力现状予以分析，以了解人事动态；另一方面，要对未来人力需求做一些预测，以便对企业人力的增减进行通盘考虑，再据此制订人员增补与培训的计划。可见，人力资源规划是人力发展的基础。

3. 促使人力资源的合理运用

研究发现，在相当多的企业中，一些员工的工作负荷过重，而另一些员工的工作则过于轻松；一些员工由于能力有限而无法完成工作，而另一些员工则感到能力未得到充分利用。只有很少企业的人力资源配置完全符合理想的状况。人力资源规划可改善人力资源分配的不平衡状况，进而谋求合理化，以使人力资源能配合企业的发展需要。

4. 用人成本合理化

影响企业用人成本的因素很多，如业务、技术革新、机器设备、工作制度、工作人员的能力等。通过人力资源规划，可对现有的人力结构做一些分析，并找出影响人力资源有效运用的瓶颈，使人力资源效能充分发挥，其成本所占的比率趋于合理。

第二节 人力资源预测

案例 4-2

苏澳玻璃公司的人力资源规划

近年来，苏澳玻璃公司常为人员空缺所困惑，特别是经理层次人员的空缺常使公司陷入被动局面。苏澳玻璃公司最近进行了人力资源规划。首先，由4名人事部的管理人员负责收集和分析目前公司生产部、市场与销售部、财务部、人事部4个职能部门的管理人员和专业人员的需求情况以及劳动力市场的供给情况，并估计预测年度各职能部门可能出现的关键职位的空缺数量。

苏澳玻璃公司的4名人事管理人员克服种种困难，对经理层管理人员的职位空缺做出了较准确的预测，制定了详细的人力资源规划，使得该层次的人员空缺减少了，跨地区的人员调动也大大减少了。另外，从内部选拔任职者人选的时间也减少了一半，并且保证了人选的质量，合格人员的漏选率大大降低，使人员配备过程得到了改进。苏澳玻璃公司取得上述进步，不仅得益于人力资源规划的制定，还得益于公司对人力资源规划的实施与评价。在每季度，高层管理人员会同人事咨询专家共同对上述4名人事管理人员的工作进行检查和评价，这一过程按照标准程序进行，即这4名人事管理人员均要在以下14个方面做出书面报告：各职能部门现有人员；人员状况；主要职位空缺及候选人；其他职位空缺及候选人；多余人员的数量；自然减员；人员调入；人员调出；内部变动率；招聘人数；劳动力其他来源；工作中的问题与难点；组织问题；其他方面，如预算情况、职业生涯考察、方针政策的贯彻执行等。同时，他们必须指出上述14个方面与预测（规划）的差距，并讨论可能的纠正措施。通过检查和评价，一般能够对下季度在各职能部门应采取的措施达成一致意见。

点评：从上述案例中可以看出，苏澳玻璃公司利用科学的方法和手段对人力资源的需求和供给进行了有效的预测。同时，根据不同部门的具体情况对预测的数据进行修正，以保证预测的准确性，使公司的人力资源供需处于平衡状态。

一、人力资源需求预测

所谓预测，是指利用预测对象本身历史和现状的信息，采用科学的方法和手段，对预测对象尚未发生的未来发展演变规律预先做出科学的判断。信息的不确定性注定了预测的困难及不完美性。人力资源需求预测是指对企业未来某一特定时期内所需人力资源的数量、质量以及结构进行估计。企业的人力资源需求是一种引致需求，它最终取决于市场对企业产品和服务的需求。因此在进行人力资源需求预测之前，先要预测企业产品和服务的需求，然后在一定技术和管理条件下，将这一预测转换为满足产品和服务需求所需的员工数量和质量。[①]

（一）人力资源需求预测的步骤

人力资源需求预测的步骤为现实人力资源需求预测、未来人力资源需求预测和未来流失人力资源预测，其具体步骤如下：

（1）根据工作分析的结果确定工作职位编制和人员配置。

（2）进行人力资源盘点，统计出人员的数量（缺编、超编）和质量是否符合工作规范的要求。

（3）与部门管理者讨论并修正上述统计结论。

① 张爱卿，钱振波．人力资源管理：理论与实践．2版．北京：清华大学出版社，2008：82.

（4）确定统计结论为现实人力资源需求。

（5）统计预测期内退休人员的信息。

（6）根据历史数据对未来可能发生的离职情况进行预测。

（7）将（5）和（6）两个步骤统计和预测的结果进行比较汇总，确定未来可能流失的人力资源。

（8）根据企业发展规划（如引进新产品）确定各部门的工作量。

（9）根据工作量的增长情况确定各部门还需要增加的工作量及人员数量，并进行汇总统计。

（10）确定该统计结论为未来增加的人力资源需求。

（11）将现实人力资源需求、未来流失的人力资源和未来增加的人力资源需求进行汇总，可预测得到企业整体人力资源需求。①

（二）人力资源需求预测的方法

1. 人力资源需求预测的定性方法

人力资源需求预测的定性方法是利用有关人员的经验对未来人力资源需求做出判断，常见的方法主要包括管理评价法和德尔菲法。

（1）管理评价法。管理评价法是预测企业人力资源需求最常用的一种主观预测法，它是由高层管理者、部门经理和人力资源部专员等人员一起预测和判断企业在某段时间内对人力资源的需求。管理评价法可以分为自下而上的下级估计法和自上而下的上级估计法两种。下级估计法是首先由基层管理人员根据其生产能力、员工流动等情况预测人员需求，然后向上级主管部门汇报的方法。上级估计法是由高层管理者根据企业发展目标和发展战略以及经营环境等的变化预测人员需求的方法。

利用管理评价法预测人员需求的主要依据是：企业目标、生产规模、市场需求、销售或者服务规模、人员配置及流动性等。这种方法的主要缺点是：具有较强的主观性，受判断依据以及判断者经验的影响较大。该方法通常用于中短期预测，并且在预测中将下级估计法和上级估计法结合起来运用。

（2）德尔菲法。德尔菲法是在20世纪40年代由赫尔姆和达尔克首创，经过进一步发展而成的。德尔菲法是有关专家对组织某一方面发展的观点达成一致的结构性方法，使用该方法的目的是通过综合专家各自的意见预测某一方面的发展。其主要特征：吸收专家参与预测，充分利用专家的经验和学识；采用匿名或背靠背的方式，使每一位专家独立自由地做出自己的判断；预测过程多次反馈，使专家意见逐渐趋同。

德尔菲法的上述特征使它成为一种有效的判断预测法，其实施步骤可简要概括为以下四步：

首先，做预测筹划。预测筹划的工作包括：确定预测的课题及各预测项目，设立负责预测组织工作的临时机构，选择若干名熟悉所预测课题的专家。

其次，由专家进行预测。预测机构把包含预测项目的预测表及有关背景资料寄送给各

① 王林雪．人力资源管理概论．西安：西安交通大学出版社，2006：82-85.

专家，各专家以匿名方式独自对问题做出判断或预测。

再次，进行统计与反馈。专家意见汇总后，预测机构对各专家意见进行分析，综合成新的预测表，并把它再分别寄送给各位专家，由专家对新预测表做出第二轮判断或预测。如此反复，经过几轮（通常 3～4 轮）后，专家的意见趋于一致。

最后，预测结果。预测机构把经过几轮专家预测而形成的结果以文字或图表的形式表现出来。

德尔菲法的实施过程如图 4-2 所示。

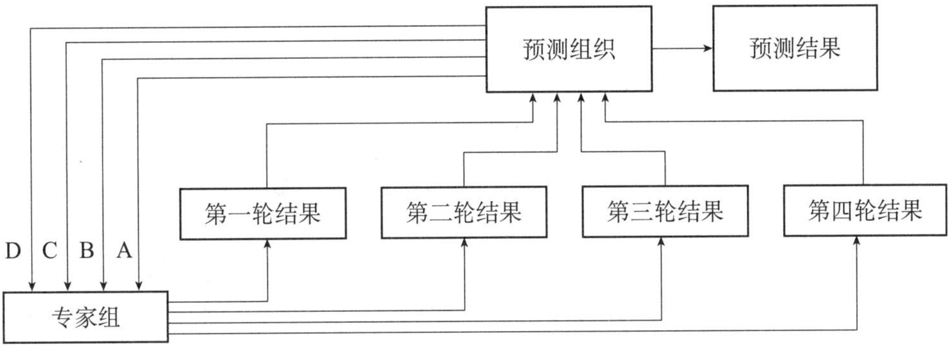

图 4-2　德尔菲法

A：调查表 1；B：调查表 2（反馈 1）；C：调查表 3（反馈 2）；D：调查表 4（反馈 3）

实施德尔菲法应该注意以下问题：由于专家组成员之间存在身份和地位上的差别以及其他社会原因，有可能使其中一些人因不愿批评或否定其他人的观点而放弃自己的合理主张。要防止这类问题的出现，必须避免专家们面对面的集体讨论，而是由专家单独提出意见；对专家的挑选应基于其对企业内部和外部情况的了解程度。专家可以是一线的管理人员，也可以是企业高层管理人员或外请专家。例如，在估计未来企业对劳动力的需求时，企业可以挑选人事、计划、市场、生产及销售部门的经理作为专家。此外，还应为专家提供充分的信息，使其有足够的根据做出判断；所提出的问题应是专家能够回答的问题；允许专家粗略地估计数字，不要求精确，但可以要求专家说明预计数字的准确程度；尽可能将过程简化，不问与预测无关的问题；保证所有专家能够从同一角度去理解员工分类和其他有关定义；向专家讲明预测对企业和下属单位的意义，以争取他们对实施德尔菲法进行预测的支持。

2. 人力资源需求预测的定量方法

人力资源需求预测的定量方法主要有趋势分析法、比例分析法、回归分析法以及计算机模拟法等。

（1）趋势分析法。这是根据过去人力资源需求趋势来预测未来需求情况的方法。作为人力资源预测的工具，趋势分析法是很有价值的，但是一个企业的人力资源使用水平很少只由过去的状况来决定，其他因素（如销售额、生产率变化等）也会影响企业未来的人力资源需求。该方法得出的结果可以作为一种趋势来参考，而不能认为是完全准确而机械地加以应用。

（2）比例分析法。这是通过计算某企业活动因素和该企业所需人力资源数量之间的比例来确定未来人力资源需求的数量与类型的方法。例如，学校的师生比、销售数量和销售人员的数量比、单位食堂炊事人员与就餐人员的数量比等。大型企业一般都有严格的劳动定员管理标准，这些标准可以用于比例分析法，如表4-1所示。

表4-1　发达国家各类机构员工和管理人员的比例

机构类别	员工和管理人员的比例
研究部门	8：1～10：1
工程（设计）部门	10：1～12：1
制造部门	15：1～20：1
财务部门	10：1～12：1
质量控制部门	12：1～14：1

（3）回归分析法。这是运用数学中的回归原理对人力资源需求进行预测的方法，即利用历史数据找出某一个或某几个组织因素与人力资源需求量的函数关系，并用数学模型表示出来，借此模型反映出的影响因素（自变量）的变化可推测企业未来人力资源需求（因变量）的变化。此方法包括了一元线性回归分析方法和多元回归分析方法。当假设人力资源需求量随一种因素（如产量）的变化而变化，且两者间是线性关系时，则可采用最简单的一元线性回归法来预测人力资源的需求；如果影响人力资源需求的因素有多种（如产量、顾客人数、时间等），则要采用多元回归分析方法。由于此过程比较复杂，用计算机进行回归分析是通常的实践做法。

（4）计算机模拟法。很多企业已经在实践中利用计算机来开发自己的人员需求预测系统。在这种情形下，人力资源专家和直线管理人员将所需要的信息综合起来，建立起一套人员需求的计算机预测系统。在建立人员需求的计算机预测系统时需要一些典型数据：当生产率是一种衡量的标准时，生产单位产品所需要的劳动工时、当前产品系列的三种销售额计划（最低销售额计划、最高销售额计划、可能销售额计划）就是所需的典型数据。以这些数据为基础，不仅可以预测“满足生产需要的平均人员需求水平”的数字，而且可以分别预测直接生产人员（如流水线上的生产工人）、间接生产人员（如文秘人员）以及特殊人员（如行政管理人员）的需求数字。运用这一系统，可以很快地将生产率水平计划与销售水平计划转化为对人员需求的预测；同时，也可以预测各种生产率水平及销售水平对人员需求的影响。

需注意的是，运用任何数学方法进行人力资源需求预测都有一个假设前提，即假定人力资源需求与某些影响因素之间的函数关系是稳定不变的。而在实际工作中，往往较难发现稳定的数学模型。因此，在采用定量分析方法进行人力资源需求预测时，一定要与定性方法相结合。例如，如果进行人力资源需求预测的学校在某年度采用了远程网上教学方式或招收了一个“实验班”，以师生比为基础来预测教师的需求量就不准确了。在很多情况下，对人力资源需求的预测是依靠经验进行的，即使运用非常严谨的数学模型也需要借助经验的判断对结果进行修正。

二、人力资源供给预测

人力资源供给预测是指为了满足企业在未来一段时间内的人力资源需求，而对将来某个时期内企业从其内部和外部可以获得的人力资源的数量和质量进行的预测。它包括外部人力资源供给预测和内部人力资源供给预测。外部人力资源供给预测的主要目的是对劳动力市场的供求情况、可能为企业提供各种人力资源的渠道以及与企业竞争相同人力资源的竞争对手进行分析，从而得出企业可能从外部获得的各种人力资源的情况，并对获得这些人力资源所需的代价和可能出现的困难及危机提前做出预测。内部人力资源供给预测主要是对企业内部员工的情况进行分析，包括员工的人数、年龄、技术水平、发展潜能、流动趋势等，从而预测未来一段时间内企业内部可以有多少员工稳定地保留在企业之中，有多少员工具有发展和晋升的可能性。

（一）人力资源供给预测的步骤

1. 内部人力资源供给预测

由于人力资源的内部供给来自企业的内部，因此企业在预测期内所拥有的人力资源就形成了内部供给的全部来源，内部供给分析就是对人力资源的存量及在未来的变化情况做出判断。内部人力资源供给分析主要考虑以下几方面：

第一，现有人力资源的分析。人力资源不同于其他资源，即使外部条件保持不变，人力资源自身的自然变化也会影响未来的供给，因此在预测未来人力资源的供给时，需要对现有的人力资源状况进行分析。

第二，人力资源流动分析。人力资源流动分析包括两种：一是人员从企业流出分析；二是人员在企业内部流动分析。

第三，人员质量分析。在进行人员质量分析时，假定人员没有发生流动，人员质量的变化会影响内部的供给，质量的变化主要表现为生产率的变化。当其他条件不变时，生产率提高，内部人员的供给就会相应增加；生产率降低，内部人员的供给就会相应减少。

2. 外部人力资源供给预测

由于外部人力资源供给在大多数情况下并不可能被企业直接掌握和控制，因此外部人力资源供给的分析主要是对影响供给的因素进行判断，从而对外部人力资源供给的有效性和变化趋势做出预测。

一般来说，影响外部人力资源供给的因素主要有外部劳动力市场的状况、人们的就业意识、企业的吸引力等。当外部劳动力市场紧张时，外部人力资源供给的数量就会减少；而当外部劳动力市场宽松时，外部人力资源供给的数量就会增加。人们的就业意识也会影响外部人力资源供给，如果企业不属于人们择业时的首选行业，外部人力资源供给量自然就比较少，反之就比较多。此外，诸如企业自身影响力等因素也影响着外部人力资源供给。

（二）人力资源供给预测的方法

人力资源供给预测的方法主要是针对内部供给预测而言的，预测的方法有很多，这里只选取几种有代表性的方法进行简单的介绍。

1. 技能清单法

技能清单记录着员工的受教育水平、培训背景、以往的经历、技能特长以及主管的评价等一系列的信息资料，是一张反映员工工作能力和竞争力的图表，如表 4–2 所示。该表可以帮助人力资源规划人员估计现有员工调换工作岗位的可能性的大小，预测有哪些员工可以补充企业当前的空缺。企业的人力资源规划不仅要保证为企业中空缺的工作岗位提供相应数量的员工，同时还要保证每个空缺岗位都有合适的人员来填充。因此，有必要建立员工的工作能力记录，其中包括基层操作员工的技能和管理人员管理能力的种类及所达到的水平。

表4–2　技能清单示例

<table>
<tr><td colspan="2">姓名：</td><td>性别：</td><td colspan="2">出生年月：</td><td colspan="2">填表日期：</td></tr>
<tr><td colspan="2">科室：</td><td>工作岗位：</td><td colspan="2">职称：</td><td colspan="2">到职日期：</td></tr>
<tr><td rowspan="5">文化程度</td><td>类别</td><td>毕业日期</td><td colspan="2">学校</td><td colspan="2">专业</td></tr>
<tr><td>高中</td><td></td><td colspan="2"></td><td colspan="2"></td></tr>
<tr><td>中专</td><td></td><td colspan="2"></td><td colspan="2"></td></tr>
<tr><td>本科</td><td></td><td colspan="2"></td><td colspan="2"></td></tr>
<tr><td>本科以上</td><td></td><td colspan="2"></td><td colspan="2"></td></tr>
<tr><td rowspan="5">培训经历</td><td colspan="2">培训日期</td><td colspan="2">培训内容</td><td colspan="2">培训证书</td></tr>
<tr><td colspan="2"></td><td colspan="2"></td><td colspan="2"></td></tr>
<tr><td colspan="2"></td><td colspan="2"></td><td colspan="2"></td></tr>
<tr><td colspan="2"></td><td colspan="2"></td><td colspan="2"></td></tr>
<tr><td colspan="2"></td><td colspan="2"></td><td colspan="2"></td></tr>
<tr><td colspan="4">有何特长：</td><td colspan="3">级别：</td></tr>
<tr><td rowspan="4">员工意愿</td><td colspan="4">你是否愿意承担培训以承担其他岗位的工作？</td><td>是</td><td>否</td></tr>
<tr><td colspan="4">你认为是否应该进一步提高自己现有的工作技能？</td><td>是</td><td>否</td></tr>
<tr><td colspan="4">你是否愿意接受工作轮换以增加工作经验？</td><td>是</td><td>否</td></tr>
<tr><td colspan="3">如可能，你愿意从事哪类工作？</td><td colspan="3"></td></tr>
<tr><td colspan="7">员工签名：　　　　部门领导签名：
人力资源部门签名：</td></tr>
</table>

技能清单服务于晋升人选的确定、管理人员的接替计划，对特殊项目的工作分配、工作调动、培训、工资奖励计划、职业生涯规划和组织结构分析。对于频繁要求其成员调动的企业或者经常组建临时性团队或项目组的企业，其技术档案中应该包括所有雇员。而对于那些主要使用技能清单来制订管理人员接替计划的企业，技能清单中可以只包括管理人员。根据技能清单编制的员工情况报告可以分为三类：第一，工作性报告。它包括总的工作岗位空缺情况、新雇员招聘情况、辞职情况、退休情况、晋升情况和工资情况。其中，工资情况应该包括资历、工资等级、等级内的工资档次等。工作性报告服务于企业的日常管理。第二，规定性报告。这是政府有关部门规定企业应提交的报告。第三，研究性报告。这种报告是不定期偶尔编制一次，是对企业内部人力资源状况的研究，为日后改进人力资源管理服务。

2. 替换单法

替换单法是通过岗位空缺来预测人力需求的方法，而岗位空缺产生的原因主要是离职、辞退、晋升或业务扩大。这种方法最早用于人力资源供给预测，而现在可用于企业短期乃至中、长期的人力资源需求预测。通过人员替换单（见图 4-3），可以得到由岗位空缺表示的人员需求量，也可得到由在职者年龄和晋升可能性产生的岗位空缺，以便采取录用或晋升的方式弥补空缺。

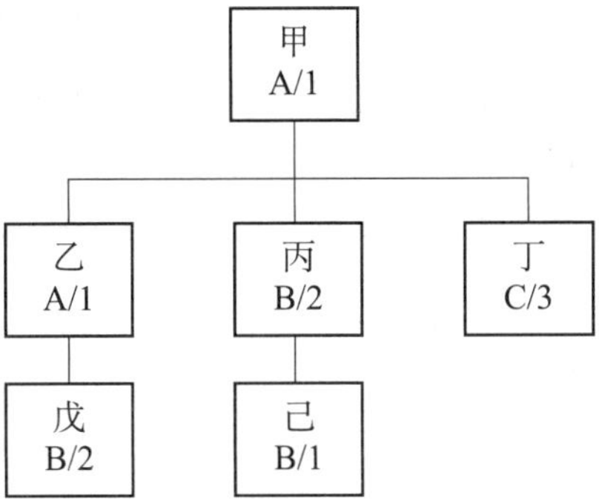

图 4-3　人员替换单

A：可以晋升；B：需要培养；C：不适合该岗位

1：优；2：良；3：一般

根据人员替换单可以判断出某一具体岗位的继任者有哪些。如图 4-3 所示，甲的接替者有乙、丙、丁三位，但只有乙现在具备了继任的资格与能力，丙还需要再培养，而丁连现在的岗位都不能胜任。当企业岗位出现空缺，需要提升内部员工时，由多张人员替换单就可以推出人员替换模型，如图 4-4 所示。

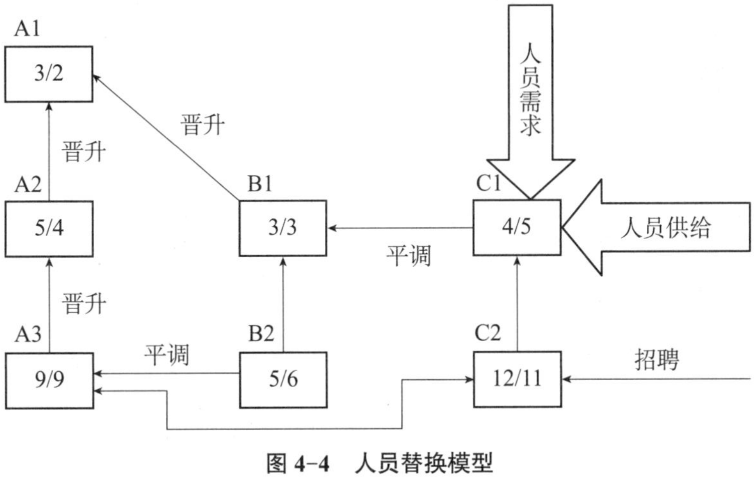

图 4-4　人员替换模型

从图 4-4 可以看出，岗位系列 A1 中出现了 3 个空缺，从企业内部可以替换 2 名合格的继任者，一名是从 A2 级晋升上去的，另一名是从 B1 级跨岗系晋升上去的。同时，这两个级别的岗位空缺再由下级晋升或平调弥补，最后将空缺转化为比较基层的岗位（如 C2 级），再进行外部招聘以填补岗位空缺。

替换单法侧重内部员工的晋升，可以起到鼓舞员工士气、激励员工的目的，同时降低了招聘成本，因为基层员工比较容易招到。

3. 人力资源“水池”模型

人力资源“水池”模型是在预测企业内部人员流动的基础上来预测人力资源的内部供给。它与替换单法有些类似，不同的是：人员替换是从员工出发来分析，而且预测的是一种潜在供给；“水池”模型则是从岗位出发进行分析，预测的是未来某一段时间现实的供给。这种方法一般要针对具体的部门、岗位层次和岗位类别来进行，由于它要在现有人员的基础上通过计算流入量和流出量来预测未来的供给，这就好比计算一个水池未来的蓄水量，因此被称为“水池”模型。使用该方法，应分析每一层次岗位的人员流动情况，其公式为：未来供给量＝现有人员数量＋流入人员数量－流出人员数量。人力资源供给图例如图 4-5 所示。

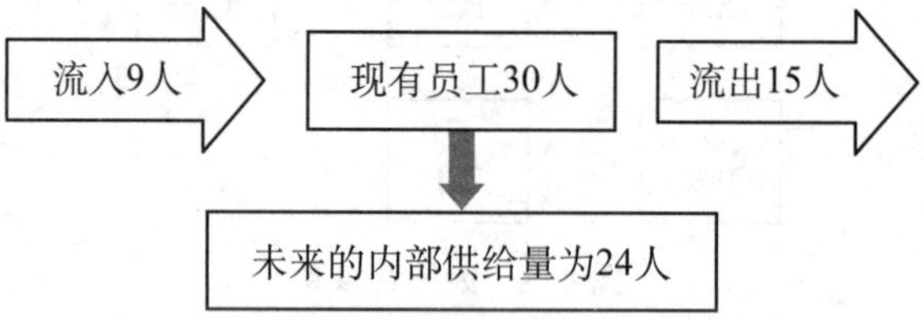

图 4-5　某一层次岗位的内部人力资源供给图

对每一层次的岗位来说，人员流入的原因有平行调入、上级岗位降职或下级岗位晋升；流出的原因有向上级岗位晋升、向下级岗位降职、平行调出或离职。分析完所有层次的岗位之后，再利用“水池”模型，并将它们合并在一张图中，就可以得出企业未来各层次岗位的内部供给量以及总的供给量，如图 4-6 所示。

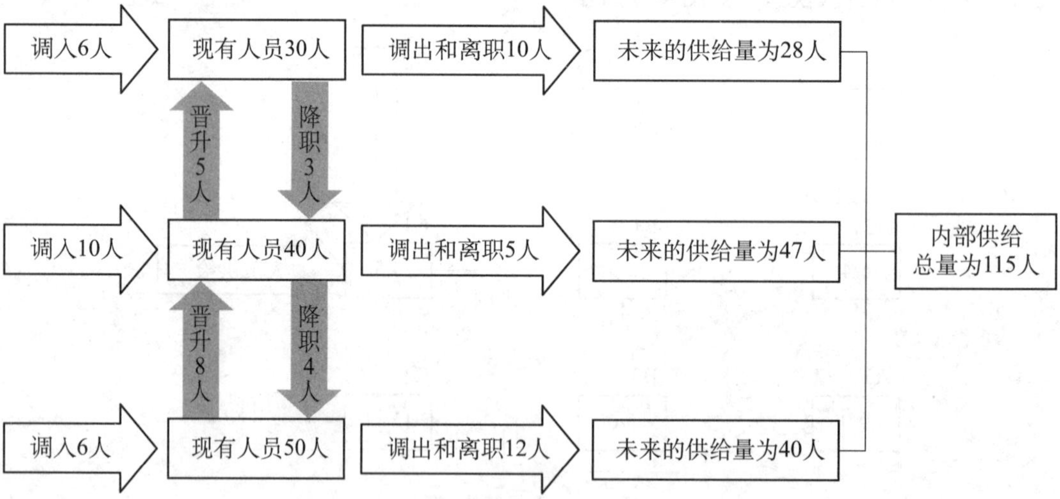

图 4-6　人力资源“水池”模型

4. 马尔科夫模型

马尔科夫（Markov）模型是用来预测具有等时间间隔（一般为一年）的时刻点上各类人员的分布。它根据企业以往各类人员之间流动比率的概率来推断未来各类人员数量的分布。使用该方法的前提是，企业内部人员的转移是有规律的，且其转移率也有一定的规律。使用该方法的关键是确定转移率。企业人员转移流程如图 4-7 所示。

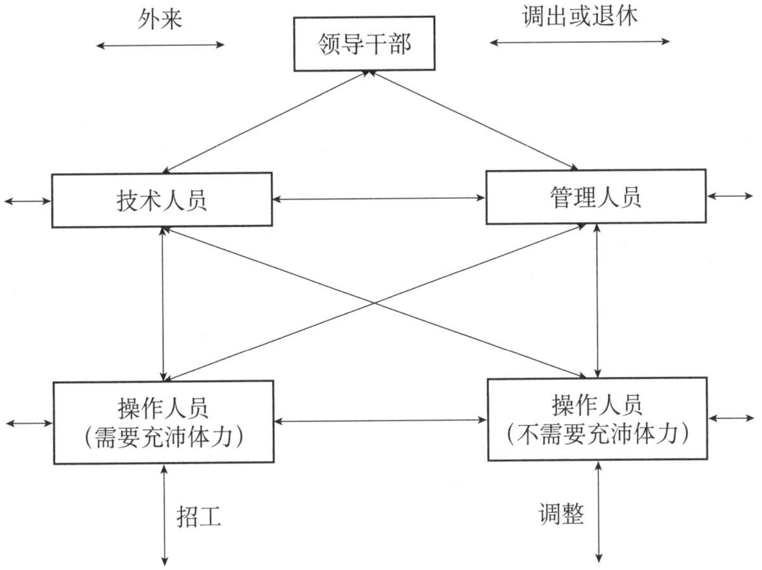

图 4-7 企业人员转移流程

例如，表 4-3 表明，某公司在任何一年里，平均 80% 的高层领导者仍在该组织内，而有 20% 离职。在任何一年里，大约 65% 的会计员留在原工作岗位，15% 被提升为高级会计师，20% 离职。用这些数据代表每一种工作中人员变动的概率，就可以推测出未来的人员变动情况。将计划初期每一种工作的人员数量与每一种工作的人员变动概率相乘，然后纵向相加，即可得到表 4-4 所示的公司内部未来劳动力的净供给量。

表4-3 某公司人员调动的概率

岗位层次	人员调动的概率				
	G	J	S	Y	离职
高层领导者（G）	0. 80				0. 20
基层领导者（J）	0. 10	0. 70			0. 20
高级会计师（S）		0. 05	0. 80	0. 05	0. 10
会计员（Y）			0. 15	0. 65	0. 20

资料来源：陈维政，余凯成，程文文 . 人力资源管理 . 3 版 . 北京：高等教育出版社，2011：50.

表4-4 某公司人力资源供给情况的马尔科夫分析

岗位层次	初期人员数量	G	J	S	Y	离职
高层领导者（G）	40	32				8
基层领导者（J）	80	8	56			16
高级会计师（S）	120		6	96	6	12
会计员（Y）	160			24	104	32
预计的人数供给量		40	62	120	110	68

再看表 4-4，如果下一年与上一年的人数相同，预计的人数供给量为：下一年将有同样数目的高层领导者（40 人），以及同样数目的高级会计师（120 人），但基层领导者将减少 18 人（80 − 62），会计员将减少 50 人（160 − 110）。这些人员变动的数据，与正常的人员扩大、缩减或维持不变的计划相结合，就可以用来决策怎样使预计的劳动力供给与需求相匹配。

三、人力资源供需关系

如果企业的人力资源需求与人力资源供给相等，就叫作人力资源供需平衡；若二者不等，就叫作人力资源供需非平衡或失衡。供需非平衡存在三种可能：供不应求，即人力资源需求大于人力资源供给；供过于求，即人力资源需求小于人力资源供给；结构失衡，即某几类人员供不应求，而另几类人员又供过于求。企业在不同的发展阶段，人力资源状况不可能始终都保持供需平衡状态，需要针对不同的状态采取各种措施对其进行调整。

（一）供过于求的调整方法

当预测企业人力资源供给大于需求时，通常采用下列措施以保证企业的人力资源供求平衡。

供过于求的调整方法

1. 裁员

裁员可以削减现有员工的数量规模。裁员的目的是减少成本、维持效益。从实践的角度看，裁员往往很难达到企业所预期的减少成本、维持效益的目标。原因在于，裁员不能从根本上解决企业面临的问题。如果企业没有制定出适当的发展战略，只是一味强调降低成本，这种裁员是不可能改变企业的现行经营状况的。

2. 提前退休

企业可以适当放宽退休的年龄和条件限制，促使更多的员工提前退休。如果将退休的条件修改到足够有吸引力，就会有更多的员工愿意接受提前退休。提前退休使企业减少员工比较容易，但企业也会由此背上比较重的包袱，而且退休是受到国家政策和法规限制的。

3. 变相裁员

变相裁员可以在一定程度上缓解裁员的矛盾。采取变相裁员的办法，比通常的正规裁员能更顺利地解决问题。变相裁员的主要方法有：鼓励员工辞职；买断工龄；对富余人员实行下岗政策，交给再就业服务中心和人才交流中心等机构安排。

4. 工作轮换

工作轮换是指在企业的不同部门或在某一部门内部调动员工的岗位。其优点是：有利于促进员工对企业不同部门的了解，提高员工解决问题的能力和决策能力，帮助他们选择更合适的工作。工作轮换的缺点是：不利于培养专业化的人才；培训费用会提高；当员工在原来岗位上效率已经较高时，此时轮换到新岗位，会使企业生产力下降；实行工作轮换后，工作小组的成员要调整与新成员的关系，管理人员也要花费更多时间来帮助新成员适应新的工作，并督促他们的工作。此外，工作轮换对那些愿意在自己专业领域做一番深入研究的员工来说有许多不利之处。

5. 工作分享

所谓工作分享，就是企业通过缩短员工的平均工作时间并灵活调整工作时间，从而调整付薪办法，以创造出更多的工作岗位，避免裁员。工作分享制不是对工作的简单平均分享，它建立在发达的生产力水平之上，以扩大就业、兼顾效率和公平为原则，通过对劳动的分割，让更多的人分享工作，实现更多的人就业。

（二）供不应求的调整方法

当预测企业的人力资源需求大于供给时，企业通过采用下列措施以保证企业的人力资源供需平衡。

供不应求的调整方法

1. 外部招聘

当企业生产工人或技术人员供不应求时，从外部招聘可以比较快地雇用到熟悉工种的员工，以及时满足企业生产的需求。

2. 内部招聘

内部招聘是指当企业出现岗位空缺时，从企业内部调整员工到该岗位，以弥补空缺的岗位。

3. 延长工作时间

当面临劳动力短缺时，企业可以选择让现有的员工工作更长的时间。延长工作时间具有聘用临时工的优点，节约福利开支，减少招聘成本，而且可以保证工作质量。但如果加班时间过长，员工就会因这种工作方式所导致的过度劳累而感到压力增加、挫折感增加，这样会降低员工的工作质量，而且工作时间也受到政府政策法规的限制。

4. 工作扩大化

当企业某类员工紧缺，在人才市场上又难以招聘到相应的员工时，可以通过拓宽员工工作范围或责任范围，从而达到增加企业工作量的目的。

5. 外包

人力资源外包是有策略地利用外界资源，将企业中与人力资源相关的工作和管理责任部分或全部转由专业服务机构承担。实施人力资源外包有两个前提：一是人力资源管理的一些工作在操作上具有基础性、重复性、通用性的特点，这使人力资源外包成为可能；二是人力资源专业服务机构的发展，为人力资源外包提供必要的外包条件。人力资源外包的优点有：缓解企业资源和技术短缺问题；有利于企业集中开展核心任务；集中优势管理资源，解决专业人员短缺问题，改善组织内的沟通；减少人力资源部门的固定成本。当然，人力资源外包也有多方面的风险，既有来自外包服务方面的风险，也有来自员工、文化差异等方面的风险。

第三节 人力资源战略规划

人力资源战略规划

案例 4-3

易通公司的人力资源战略规划

易通电子商务有限公司是中国首批从事航空电子客票开发与销售的合资公司，由某大型航空股份有限公司与某投资有限公司在中国境内共同投资设立。公司的主营业务包括航空公司电子客票售后服务、系统开发、机票直销业务等。公司成立于2007年，随着网络时代的到来和信息技术的迅速发展，电子客票已经在消费者中推广开来，易通公司也得到了迅猛发展，目前，该公司已在多个城市设立了办事处，员工人数近400人。随着市场竞争日益激烈，公司管理者也在思考如何拓展原有业务，实现利润的逐步增长。

但是，随着公司业务的扩张，公司内部管理建设的弊端日益明显，特别是人力资源管理系统的不完善，已经阻碍了公司的进一步发展，员工的流动也比较大，给公司的长远发展带来了压力。公司管理者也不清楚这些问题的根本原因在哪里，更无法有效解决。基于此，易通公司的高层管理者邀请顾问专家团队进驻公司，帮助公司诊断人力资源管理系统的问题所在，并提出有效的解决方案，实现公司的进一步发展。

通过对该公司管理现状的分析及市场环境的深入调研，针对该公司所存在的问题，顾问专家团队提出了以下解决方案。

1. 明确公司战略目标，规范公司组织结构

战略目标是企业宗旨的展开和具体化，是企业生存的关键所在。简单点说，战略目标即告诉企业该往哪里走，让企业明确自己该做什么。明确的战略目标可以使管理层达成共识，引导企业各部门朝着同一个方向努力，优化业务流程，规范经营管理。而组织架构是在企业管理要求、管控定位、管理模式及业务特征等多因素的影响下，在企业内部组织资源、搭建流程、开展业务、落实管理的基本要素。一个企业的组织架构是否合理，很大程度上影响其发展。同时，顾问指出，该公司因其合资性质，需要结合公司实际情况，有效组织原有管理团队及人才团队，实现人力资源的合理配置。

2. 搭建科学的人力资源管理系统，制定长远人力资源规划

该公司应理清整体运营管理的思路，在管理层达成共识的基础上，全面完成人力资源管理体系的构建，建立相关的招聘、培训、薪酬管理、绩效考核、激励与约束体系，保证企业有明确的人力资源供给和调控计划。同时，结合明确的战略目标制定长远的人力资源规划。

3. 规范薪酬管理、绩效管理体系

基于公司长远的人力资源规划，该公司需对各职位进行详细准确的工作分析和岗位评价，明确各岗位的工作内容和职责，并在此基础上，建立合理的薪酬管理、绩效管理体

系，有针对性地解决薪酬的公平性、激励性问题。此次项目中，针对业务人员建立了基于目标管理的绩效管理体系，引进 KPI 绩效考核指标，并将绩效结果与薪酬挂钩，有效实现了对业务人员的激励。

资料来源：佚名．人力资源规划案例．应届毕业生网，2020-08-17.

点评：从这个案例可以看出，基于战略的人力资源规划拟定可为企业的中期和长期人力资源实践活动提供理性依据，为企业战略实施过程提供充足的人力资源保障。

一、人力资源战略规划概述

（一）人力资源战略规划的概念

人力资源战略规划是人力资源管理的基础。人力资源战略是在企业总体战略的指导下制定的企业人力资源发展的战略，包括企业人力资源的使命和价值观，人力资源发展的目标、方向、方针与政策等。人力资源战略规划是在人力资源战略的基础上对企业未来人才的需要、供给、培养与选拔方式进行科学、整体的预测和规划，它是企业人力资源管理其他职能的基础。

早期的企业将人力资源规划作为一项单独的人力资源管理职能进行管理。现在，由于企业内部和外部环境的变化，人力资源规划逐渐与人力资源战略联系起来，成为人力资源战略体系中的一部分。人力资源规划逐渐演变成人力资源战略规划。美国人力资源学者詹姆斯·沃克认为，20 世纪 90 年代的人力资源规划已经开始与人力资源战略联系起来，出现以下几种趋势：

第一，企业正在使其人力资源规划更加适合于企业的精简且较短期的人力资源战略。

第二，企业的人力资源战略规划更加注意企业环境分析，以确保人力资源战略规划的实用性和相关性。

第三，企业的人力资源战略规划更加注重特殊环节上的数据分析，更加明确地限定人力资源规划的范围。

第四，企业更加重视将人力资源战略规划中的关键环节转化为行动方案，以便于对其效果进行测量。

人力资源战略规划是人力资源管理活动的基础，它是以企业战略目标为基础，对人力资源战略的目标、方针与政策、实施步骤以及费用预算等做出的总体安排。人力资源战略规划要求人力资源规划主体在人力资源规划程序的所有环节中，都应当站在战略的高度，充分审视企业自身的资源条件和外部环境，在企业战略的指引下制订企业未来人力资源需求清单以及相应的人力资源计划，从而支持人力资源战略规划的实施，促进企业愿景和目标的实现。

（二）人力资源战略规划的产生和发展

1. 人力资源战略规划产生的环境

（1）经济全球化使全球的企业都面临着前所未有的挑战。一个成功的全球化企业应该具备快速准确的应变能力、独特的视野和优秀的管理理念；能感知和预测世界市场的微妙变化和所经营产品的发展趋势；娴熟并妥善处理世界范围内各种不同文化和区域差异；能在全球范围内妥善处理共享信息和资源；能采取高效的激励措施和人力资源管理来激发全球不同区域员工的工作积极性和工作效率；能创建一种全球范围内的企业文化，保证在既能尊重各地条件的同时，又借鉴各地区的经验。这些挑战使企业对人力资源的需求特别是对质量和结构的要求大大提高，企业各级管理人员和人力资源工作人员必须以一种新的全球思维方式重新思考企业人力资源的角色与增加价值问题，建立新的模式和流程来适应全球化的变动，更好地为企业战略和目标服务。

（2）技术的发展提高了人力资源在生产中的地位。现代信息的通信技术以及复杂的计算机程序，有助于消除不同资本市场的时间差。在跨国的生产网络方面，竞争的全球化正在形成，商品、服务、资金、思想和信息的流通比过去更加自由、快捷。计算机、电子通信、互联网和其他技术的发展，缩小了企业之间和人们之间的距离，创造了一个不受区域边界限制与束缚的全球工作和竞争环境。高科技的飞速发展，不仅提高了企业的生产经营效率，降低了交易费用，而且使企业管理方式的创新速度越来越快。例如，通信和网络的发展在一定程度上改变了企业的市场营销理念和方式，也使顾客和员工能在获得更多相关信息的基础上，提高反应速度和灵活性；计算机网络和技术的运用，给企业内部组织结构及权利的分配带来了很多新的变化。信息经济和技术的飞速发展，使得企业越来越认识到创造发明技术的“人”的重要性，人力资源管理在企业的整体管理中所占的比重也越来越大。

（3）全球化和科技的飞速发展，迫使企业必须改变旧的竞争方式和侧重点，寻找或创造新的吸引顾客和提高竞争力的方法。企业必须找到一种新的或独特的方式来吸引和服务顾客，竞争的主题集中在更快、更好地对顾客需求做出反应。“顾客满意度”已成为判定企业在高度竞争的全球市场中能否获得成功的关键因素。因此，企业必须进行持续的、有效的改进和提高，在价格、产品质量和服务上领先于行业内的其他企业，与供给方甚至竞争对手合作为顾客创造一条高附加值的价值链。企业为达到这个目的，需要改变过去将人力资源管理仅仅限定为企业内部管理的这种观念和思想，应该沿价值增值的链条，充分发挥人力资源管理的战略角色和整体作用，为包括供给方、企业员工和顾客等在内的所有利益相关者实现价值创造功能。

2. 人力资源战略规划的发展

人力资源战略规划的发展可分为四个阶段：萌芽阶段、产生阶段、发展阶段和成熟阶段。

（1）人力资源战略规划的萌芽阶段。资本主义发展的早期阶段，由于资本是制约企业发展的主要生产要素，资本家在生产过程中，首先考虑的要素是资本。相对于资本而言，劳动力在市场上是相对过剩的资源。劳动力的过剩和价格的低廉使得企业没有产生对人力资源战略规划的需求。

（2）人力资源战略规划的产生阶段。19 世纪末期，工业生产发生了重大变化，机器代替了手工工具，并不熟练的操作工人及流水线工人代替了传统的工匠，标准件和相互替换件取代了特制件。管理理念和方法得到了很大程度的创新，越来越多的工厂采用所有权和经营权分离的现代企业制度，从而形成了一个专门从事企业日常经营活动的管理者阶层。但是，由于现代管理技术和标准化流水线还没有在社会上得到广泛的应用，企业的生产效率还不是很高，生产出来的产品还不能满足人们的全部需要，供给小于需求，整个市场处于“卖方市场”的状态。这使得企业对提高生产效率的愿望和对熟练工人的需求都越来越迫切，在企业对生产效率的重视和熟练工人缺乏的情况下，企业人力资源规划中的一些具体职能逐渐产生，如进行人力资源供给和需求的预测，以及根据供给和需求的差距制定人力资源规划政策。

（3）人力资源战略规划的发展阶段。从 20 世纪 60 年代开始，随着经济的高速发展和科学技术的飞速进步，企业的规模迅速扩大，面临着越来越大的竞争，导致对各类高级人才的需求增加。企业人力资源管理的重点开始放在人才的供需平衡，尤其是高级管理人员、专业技术人才等关键人员的供需平衡上。此时，人力资源战略规划被定义为“管理人员根据企业理想的人力资源状态和目前的实际状况进行比较，如何通过各种人力资源措施，让适当数量和种类的人才在适当的时间和地点，从事使企业与个人双方获得最大的长期利润的工作”。这一阶段对人力资源战略规划的普遍看法是企业预测其未来的人力资源需求，预测其内部和外部的人力资源供给，确定供求之间的差距，并且根据预测结果制定招聘、选拔和安置新员工的方案、员工培训和开发方案，以及预测必要的人员晋升和调动方案。部分企业在制定人力资源战略规划时已注意到与企业整体战略协调和配合。

（4）人力资源战略规划的成熟阶段。20 世纪 80 年代以来，企业面对的经营环境变化越来越快，面临的竞争也越来越激烈，企业的战略在管理经营中的重要性越来越强，人力资源战略作为企业战略的一个重要组成部分也变得越来越重要。企业开始使用一些专业化的人力资源管理工具和技术来确定人力资源战略，并将人力资源规划与战略联系起来。在不同的人力资源战略下，企业使用不同的规划工具，进行不同的规划活动。企业将人力资源规划与人力资源战略联系起来后，根据整体战略和经营环境制定人力资源战略，在统一的人力资源战略下，制定一致的人力资源管理职能。人力资源规划与人力资源战略联系在一起，根据明确的人力资源战略制定人力资源规划，标志着企业成熟的人力资源战略与规划管理职能的形成。

（三）人力资源战略规划的意义

第一，人力资源战略规划可以帮助企业识别战略目标。由于企业所处的内外环境是不断变化的，企业的战略目标也需要不断调整。人才竞争是未来竞争的焦点，企业必须认识到，那种需要什么人才就能找到什么人才的时代已经过去了。人力资源战略规划有助于企业认清企业目标的变化和人力资源管理现状，通过分析预测人力资源的供需，制定相应的规划，使得企业的战略目标更具有预见性，从而提高企业对环境变化的适应能力，提高竞争力。

第二，人力资源战略规划有助于创造战略目标实现的环境。企业的战略目标必须分解为更具体的目标体系，并且企业应采取有效的资源保障和配置，通过有效的激励和约束，才能实现目标。人力资源决策在企业的环境层面、企业层面、人力资源部门层面、人力资源数量层面和任务层面都对企业战略目标的实现有重要影响。人力资源战略规划可以在人力资源战略目标下，通过计划把资源集中到与企业目标一致的产品和服务中去，还可以通过计划的制订、实施和评估、反馈，保障政策的连贯性和一致性。

第三，人力资源战略规划为企业战略目标的实现提供人力资源的保证。人力资源战略规划在明确企业战略的要求后，要预测人力资源的供需缺口，采取相应的措施，平衡人力资源的供给与需求，确保企业目标的实现。

第四，人力资源战略规划可以使企业员工看到未来企业个体层面的人力资源需求，可参照企业人力资源的供给情况来设计自身的职业生涯发展道路，这对提高员工的工作和生活质量是非常有益的。

（四）人力资源战略与人力资源规划的关系

第一，人力资源战略是人力资源规划的前提。人力资源战略要高于人力资源规划。在工作层面，人力资源战略与人力资源规划都属于顶层设计，是高层管理者重点关注的事情，但战略是高瞻远瞩的决策。相对于人力资源规划，人力资源战略涉及的管理者层面更高一些，应该属于“一把手”工程，即高层管理团队应对人力资源战略有着更多、更深刻的思考。因此，人力资源规划在人力资源战略之后，涉及的管理者层面略低，即需要人力资源部门在这方面投入的精力更大一些。在工作内容上，人力资源战略关注的是在企业发展的各个不同阶段重点解决哪些重大的人力资源管理问题，使有限的人、财、物资源能够得到更好的使用，促进企业经济效益的提高与企业的可持续发展。人力资源规划关注的是怎样将人力资源战略意图具体到企业发展的各个不同阶段，并有重点地进行落实，确保人力资源战略能够在企业内很好地得到贯彻，真正促进企业的发展。因而，人力资源战略更多地关注在什么时间、在哪些关键性的问题上采取措施，而人力资源规划考虑的是怎样将战略意图更好地落实。

第二，人力资源规划是人力资源战略的延伸。人力资源战略是较为宏观的人力资源管理整体部署方案，具有目标性、方向性和引导性，但不具有可直接操作性。为了实现人力资源战略目标，必须将人力资源战略转化为可操作的措施逐步落实。其中，人力资源规划是人力资源战略进一步实施的前提，是建立在人力资源战略基础之上的、可以操作的人力资源战略实施方案和行动措施。

综上所述，人力资源战略要有明确的目标和思路，缺乏规划的人力资源战略只是空谈的观点，只能被束之高阁，难以“落地”；人力资源规划关注细节和操作，缺乏战略的人力资源规划则会失去方向与目标。在企业战略的统领下和人力资源战略的指导下，人力资源规划是确保企业在适当的时间、地点，聘用合适的数量和质量的员工，偏重处理和解决较为具体的问题；人力资源战略则主要关注在企业战略的统领下确保树立正确的人力资源管理指导思想、理念，偏重处理和解决较为抽象的问题。无论是从理论上还是从实践上看，都可以将人力资源规划与人力资源战略整合在一个统一的“人力资源战略与规划”的整体框架内。一方面，人力资源战略与规划服从和服务于企业战略；另一方面，其他人力资源职能活动都源于和服务于人力资源战略与规划。总之，人力资源战略与规划就是紧紧围绕企业的战略目标，并将这个目标转化为一套前后一致的、整体化的、完善的人力资源管理计划和政策的过程。

二、人力资源战略规划的理论基础

人力资源战略规划的理论基础主要包括战略管理理论和组织理论。

（一）战略管理理论

20 世纪 60 年代，战略思想开始用于商业领域，至 20 世纪 80 年代已发展为 10 多个学派。关于企业战略，比较全面的看法一般认为是加拿大管理学家明茨伯格的“5P”模型：从企业未来发展的角度看，战略表现为一种计划（Plan）；从企业发展历程的角度看，战略则表现为一种模式（Pattern）；从产业层次看，战略表现为一种定位（Position）；从企业层次看，战略则表现为一种观念（Perspective）；战略还可以表现为企业在竞争中所采用的一种计谋（Ploy）。战略管理是对企业战略的管理，是企业在信息和知识经济时代，面对瞬息万变的经营环境所必须采取的管理手段。一般认为战略管理包括战略分析、战略选择和战略实施三个过程。战略内容研究的是企业的战略选择及其与业绩之间的关系，是解释性的。

20 世纪 90 年代以前的企业战略管理理论，大多建立在对抗竞争的基础上，都比较侧重于讨论竞争和竞争优势。20 世纪 90 年代，战略联盟理论出现，使人们将关注的焦点转向了企业间各种形式的联合。这一理论强调竞争合作，认为竞争优势是构建在自身优势与他人竞争优势结合的基础上的。但是，联盟本身固有的缺陷，以及基于竞争基础上的合作，使得这种理论还存在许多有待完善之处，企业还在寻求一种更能体现众多优越之处的合理安排形式。进入 20 世纪 90 年代中期，随着产业环境的日益动态化，技术创新加快，竞争呈现全球化和顾客需求日益多样化趋势，企业逐渐认识到，如果想要发展，无论是增强自己的能力还是拓展新的市场，都得与其他公司共同创造消费者感兴趣的新价值。企业必须培养以发展为导向的协作性经济群体。在此背景下，通过创新和创造来超越竞争开始成为企业战略管理研究的一个新焦点。

（二）组织理论

1. 组织的含义

组织是社会的细胞和基本单元，是社会运行的基础。组织的含义有狭义和广义之分。在广义上，组织是指多种要素按照一定方式相互联系起来的一个系统，组织和系统是同等程度的概念；在狭义上，组织是指人们为了实现一定的目标，运用知识和技能互相协作结合而成的具有一定边界的集体或团体。组织具有多种形式，但都具有以下共同特点：组织有自己的目标；组织是由个人和群体组成的；组织通过专业分工和协调合作来实现目标。

2. 组织的构成

明茨伯格提出的组织理论认为，任何一个组织都有五个基本构成部分，即技术核心、高层管理部门、中层管理部门、技术支持部门和管理支持部门。

技术核心是指从事组织基本活动的成员，它执行着生产子系统的功能，完成将投入转换为产出的主体活动。技术核心在制造型企业中就是生产部门，在学校中就是教研室和学生班级，在医院中就是医疗部门。

管理是一个独特的子系统，负责指导和协调组织的其他部门。管理活动可以分为两部分：高层管理部门负责为整个组织或主要的事业部提供方向、战略、目标、政策；中层管理部门则负责部门层次的执行和协调工作。

技术支持部门的作用是帮助组织适应环境。如工程师、研究人员等技术支持人员，负责审视环境，搜寻其中的问题、机会和技术发展动向，他们促进了技术核心部门的创新，有助于组织的变革和适应。

管理支持部门是完成维持性功能的子系统，负责从物力和人力资源等方面确保组织运行的顺畅。管理支持部门具体负责的事项包括人员招聘、薪酬福利、员工培训等人力资源活动，以及机器设备的保养与维修、保安保卫等组织维护方面的活动。

在组织的现实活动中，以上五个构成部分是相互交织在一起的，每个部分常常需要承担多个子系统的功能。例如，管理者负责协调和指导系统的其他部分，但同时也可能参与到管理支持或技术支持活动中。

三、人力资源战略规划体系

（一）人力资源战略规划编制的目的

人力资源管理的各种功能，如招聘、任用、培训发展、绩效评估、薪酬计划和协调劳资关系等，基本上是相互联系并具有一定连贯性的，而不是各自独立和分散的。因此，在高度竞争的市场经济环境中，企业必须通过合适的人力资源战略规划，使得企业全部人力资源得到合适的整合，这样才能充分发挥企业的综合竞争力。人力资源战略规划编制的目的是配合企业的整体经营战略，评估企业人力资源外在环境的机会与威胁，以及企业内部人力资源的优劣，并拟定战略，以确保企业人力资源得以有效运用。

（二）人力资源战略规划编制的内容

强调人力资源战略规划过程的重要性，其目的在于提醒管理者对人力资源战略规划能够有一个准确的认识。任何思考终归要产生某些结果，在这些结果的基础上，思考者可以进入更深层次的思考。人力资源战略规划的结果就是人力资源战略规划内容，它通常包括两方面的具体内容。

1. 人力资源总体规划

人力资源总体规划是对计划期内人力资源规划结果的总体描述，包括预测需求和供给分别是多少，做出这些预测的依据是什么，供给和需求的比较结果是什么，企业平衡需求与供给的指导原则和总体政策是什么。具体包括人力资源数量规划、人力资源素质规划、人力资源结构规划。

2. 人力资源业务规划

人力资源业务规划是总体规划的分解和具体化，包括人力资源补充计划、人力资源配置计划、人力资源接替计划、人力资源培训计划、工资激励计划、员工关系计划和退休解聘计划等内容。这些业务计划之间应当相互联系、相互支撑，同时每项计划都有相应的目标、任务和步骤。

（三）人力资源战略规划编制的层次

目前，常见的人力资源战略规划编制所强调的重点各有不同，主要表现在：

第一，仅考虑人力资源供需问题而忽视了其他因素，如人力资源成本问题等。

第二，把长期的与短期的人力资源战略规划混为一谈，不易于实际应用。

第三，长期的与短期的人力资源战略规划脱节，人力资源战略规划与企业经营战略脱节，缺乏战略性整合。

综合国内外理论界的研究成果与企业的成功实践经验，可将人力资源战略规划分为三个层次：长期战略性人力资源战略规划；短期经营性人力资源战略规划；人力资源战略规划的实施、控制与评价。

（四）人力资源战略规划编制的程序

企业编制人力资源战略规划可按照以下四个步骤进行。

1. 环境评估

人力资源战略规划是企业规划的一个重要部分，必然受到企业所处经营环境的影响。而企业经营环境一般可从内、外两个方面分析。对于内在环境，应评估企业员工数量、员工素质、培训制度体系等。一般情况下，企业可以借助人力资源档案中每个员工的基本资料、工作经验、受教育程度以及其他特殊信息的记录来分析评估。而对于外在环境，评估则包括人口政策、教育政策、经济发展、科技发展等对未来劳动力市场构成影响的若干因素。

2. 设定目标与战略

人力资源目标与战略的设定应以企业的目标与战略为蓝本，以配合企业未来整体目标的实现。目标可以分为近期目标、中期目标和远期目标，这些目标的设定应相互连贯配合。某些企业的目标实质上也就是人力资源战略规划的目标，如降低员工流动率可能包括在企业整体目标之中，同时也是人力资源战略规划的目标之一。企业的目标一旦设定，就要提出实现此目标的一系列方法。

3. 拟订方案

人力资源战略规划的目标设定后，企业就要着手准备一套完整的人力资源方案，主要包括工作分析、工作评价、职业生涯分析、招聘规划、培训规划、绩效考核规划、人力资源流动规划、人力资源报酬规划等。

4. 实施与控制

行动方案通过可行性评估之后，就应推行于企业之中，并对其成效加以评估和控制，将结果反馈到人力资源管理部门以便于进一步修正。

思考题

1. 如何理解人力资源规划的含义及作用？
2. 人力资源规划的程序是什么？
3. 人力资源需求预测的定性、定量方法分别有哪些？
4. 人力资源供给预测有哪些基本方法？
5. 人力资源供过于求时有哪些解决措施？
6. 如何解决人力资源供不应求的问题？
7. 人力资源战略规划的概念是什么？有何意义？
8. 如何理解人力资源规划与人力资源战略规划之间的关系？
9. 人力资源战略规划的理论基础有哪些？
10. 人力资源战略规划体系的主要内容有哪些？
11. 人力资源规划如何服务于企业整体战略的发展？

在线自测

扫一扫　练一练

第五章

招聘管理

本章要点

- 招聘的概念和原则；
- 招聘的前提与流程；
- 招聘者的职责；
- 人员招募的过程与计划；
- 实施招募计划；
- 招募效果评估；
- 人员选拔的模式；
- 人员选拔的方法；
- 人员录用的原则；
- 人员录用须注意的事项。

案例 5-1

中兴通讯的人才招聘

通信公司的最大特点就是高速发展，高速发展伴随的是企业对人才需求的迅速扩大。对中兴通讯这类行业开拓者来说，人力资源短缺往往是限制业务拓展的主要障碍之一。因此，中兴通讯一直非常重视招聘，并提出了“以一流的标准选聘和培训员工”的理念。

什么是一流人才？对此，中兴通讯的定位是“在某一个专业领域里的国内前5%”。这一定位在其每一次招聘中都得到了体现。随着招聘的积累，中兴通讯目前的1万多名员工中面试人员就超过10万人，搜索的简历超过30万份到50万份。

谈到花费这么多的精力与时间选聘员工时，中兴通讯人力资源中心主任很肯定地说，这很值得！员工选聘就是从一组求职者中挑选最适合特定岗位要求的人的过程，而企业招聘工作对选择过程的质量影响很大，如果符合条件的申请人很少，组织可能不得不雇用条件不是十分理想的人，企业就不得不加强培训工作，这就增加了隐性成本。而且高能力员工和低能力员工的生产比率是 3 : 1。因此，选择一流人才可以获得很大的益处。只要这些一流的人才还列在企业的工资单上，这种益处就会不断延续下去。

在招聘中，中兴通讯的大部分岗位都要求员工有好的技术背景，因此对高校和专业都有一个较为明确的要求，此外，对工作经验及身体状况也要求较高。中兴通讯的面试非常严格，从技术能力和素质两方面进行考查，被面试者须通过六七关，把关极其严格，实行一票否决制，而且中兴通讯的面试官都是通过专业培训的。中兴通讯的招聘要求招聘到的人才既是优秀的人才，也是契合公司文化的人才。

资料来源：HRsee. 解读中兴通讯的人才招聘——选聘一流人才 . 2016-10-27.

点评：人力资源是企业持续发展的核心竞争力，人员招聘是影响企业人力资源管理工作有效性的关键环节。成功的招聘需要依据企业战略目标、企业文化、岗位特性等明确对人才的需求，并选择针对性的招募渠道与选拔方式，从而获取合适的人才，以实现人岗匹配，最终实现企业战略目标。因此，企业需要重点关注招聘的成功率，使招聘的人员发挥最大的效用。

人员招聘工作十分复杂，它涉及人员招募计划的制订、招募渠道的选择、常用的人员选拔方法、人员的录用等。

第一节 招聘概述

招聘的概念

一、招聘的概念和原则

（一）招聘的概念

招聘是人力资源开发与管理中非常重要的一个环节。它是指组织为了发展的需要，根据人力资源规划和工作分析的数量与质量要求，从组织的内部和外部获取人力资源的过程，它是人力资源规划的具体实施。①

招聘是组织吸收与获取人才的过程，是获得优秀员工的保证。招聘实际上包括两个相对独立的过程，即招募和选拔聘用。招募是聘用的基础与前提；聘用是招募的目的与结果。招募主要是通过宣传来扩大影响，树立组织形象，达到吸引人应征的目的；而聘用则是使用各种技术测评与选拔方法挑选合格员工的过程。很多组织往往忽视招募，只把工作重点放在选拔聘用上，这是错误的。因为这样有可能导致错误的录用与错误的淘汰。招聘应该注重招募的计划、时间、宣传、渠道选择等方面，因为做好这些工作可以节约选拔与培训成本，做到人岗匹配。

（二）招聘的原则

人员招聘是确保组织生存与发展的一项重要的人力资源管理活动。在招聘过程中，应

① 顾英伟 . 现代人力资源开发与管理 . 北京：机械工业出版社，2000：96.

遵循以下原则。

1. 公开原则

公开原则是指把招聘信息（如单位、种类、数量，报考的资格、条件，考试的方式、科目和时间等）向社会发布，公开进行。一方面给予社会上的人才以公平竞争的机会，达到广招人才的目的；另一方面使招聘工作置于社会的公开监督之下，防止出现不正之风。

2. 竞争原则

竞争原则是指通过考试竞争和考核鉴别并确定人员的优劣和取舍。为了达到竞争的目的，一要动员、吸引较多的人报考；二要严格考核程序和手段，公平、公正、科学地录取人选，防止“拉关系”“走后门”“裙带风”以及贪污受贿和徇私舞弊等现象的发生，通过激烈而公平的竞争，选择优秀人才。

3. 平等原则

平等原则是指对所有报考者应一视同仁，不得人为地制造各种不平等的限制条件和不平等的政策，努力为社会上的有志之士提供平等竞争的机会，不拘一格地选拔、录用优秀人才。

4. 能级原则

人的能力有大小、本领有高低，工作有难易、要求有区别。能级原则是指招聘工作不一定要选最优秀的，而应量才录用，做到人尽其才、用其所长、职得其人，这样才能持久、高效地发挥人力资源的作用。

5. 全面原则

全面原则是指对报考人员从品德、知识、能力、智力、心理、工作经验和业绩等方面进行全面考试、考核和考查。因为一个人能否胜任某项工作或者发展前途如何，是由多方面因素决定的，特别是非智力因素起着决定性作用。

6. 择优原则

择优是招聘的根本目的和要求。只有坚持这个原则，才能广揽人才，选贤任能，为组织引进或为各个岗位选择最合适的人员。为此，应采取科学的考核方法，精心比较，谨慎筛选。要坚持任人唯贤，反对任人唯亲，杜绝不正之风。

7. 效率原则

效率原则是指根据不同的招聘要求，灵活选用适当的招聘形式，用尽可能低的招聘成本录用高质量的员工。

8. 守法原则

守法原则是指人员招募与选拔必须遵守国家法令、法规、政策，在聘用过程中不能有歧视行为。

二、招聘的前提与流程

（一）招聘的前提

招聘有两个基本前提：一是人力资源规划，从人力资源规划中得到的人力资源净需求预测，决定了要招聘的职位、数量、时限、类型等；二是工作说明书，它们为录用提供了主要的参考依据，同时也为应聘者提供了关于该工作的详细信息。这两个前提也是制订招聘计划的主要依据。

（二）招聘的流程

招聘大致可分为招募、选拔、录用、评估四个阶段。招募是企业为了吸引更多、更好的候选人来应聘而进行的若干活动，它包括招募计划的制订与审批、招募信息的发布、应征者申请等；选拔则是企业从“人”和“事”两个方面出发，挑选出最合适的人来担当某一职位，它包括资格审查、初选、笔试、面试（含心理测验）、体检、人员甄选等环节；而录用主要涉及员工的初始安置、试用、正式录用；评估则是对招聘活动的效益与录用人员的质量进行评估。招聘流程如图 5-1 所示。

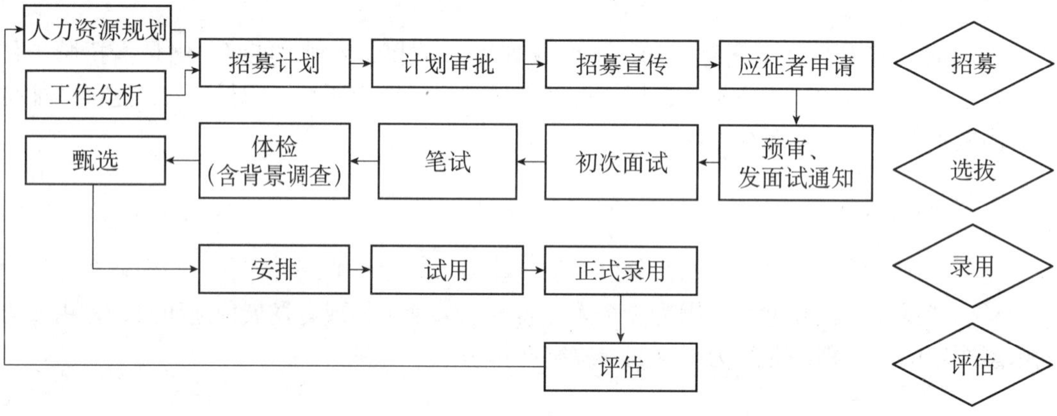

图 5-1　招聘流程

三、招聘者的职责

在招聘过程中，传统的人事管理与现代人力资源管理的工作职责不同。在过去，员工招聘的决策与实施完全由人事部门招聘者负责，用人部门的职责仅仅是负责接收人事部门招聘的人员，完全处于被动的地位。在现代组织中，起决定性作用的是用人部门，它直接参与整个招聘过程，并在其中拥有计划、初选与面试、录用、人员安置与绩效评估等决策权力，完全处于主动地位。人力资源部门在招聘过程中只起组织和服务的功能。表 5-1 是关于招聘过程中用人部门与人力资源管理部门的工作职责分工。

表5-1　招聘过程中用人部门与人力资源管理部门的工作职责分工

用人部门	人力资源管理部门
1. 招聘计划的制订	1. 招聘计划的审批
2. 招聘岗位的工作说明书及录用标准的提出	2. 招聘信息的发布
3. 应聘者申请登记、资格审查	3. 应聘者初选，确定参加面试的人员名单
4. 通知参加面试的人员	4. 负责面试、考试工作
5. 面试、考试工作的组织	5. 个人资料的核实、人员体检
6. 录用人员名单、人员工作安排及试用期间待遇的确定	6. 试用合同的签订
	7. 试用人员报到及生活安置
7. 正式录用决策	8. 正式合同的签订
8. 员工培训决策	9. 员工培训服务
9. 录用员工的绩效评估	10. 招聘工作评估
10. 人力资源规划修订	11. 人力资源规划修订

注：表中的数字表示招聘工作中各项活动的顺序。

第二节　人员招募

一、人员招募的过程

人员招募是招聘系统中的首要环节，它是根据组织的具体需要，发布招募信息，通过各种途径寻找满足空缺岗位所需人员的过程。人员招募的目的是形成一个候选人的蓄水池，为组织挑选合适的员工提供充足的备选对象。人员招募的过程如图5-2所示，包括三个步骤：一是制订招募计划，二是实施招募计划，三是招募效果评估。有效的人员招募可提高招聘质量，减少组织和个人的损失。

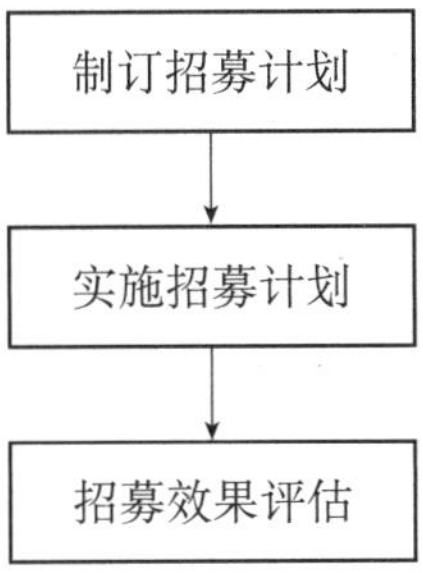

图5-2　人员招募过程

二、制订招募计划

招募计划是根据组织人力资源规划，在进行工作分析的基础上，通过分析和预测组织内岗位空缺及合格员工获得的可能性，制订的关于员工补充的一系列工作安排。

招募计划主要包括招募人数、招募标准、招募对象、招募周期和招募成本等内容。一个组织决定是否需要招募新的员工，是一项十分谨慎而重要的决策。

招募计划由用人部门根据业务发展需要制订，然后由人力资源管理部门进行审核，特别是对人员需求量、招募费用等项目进行严格复查，签署意见后交上级主管领导审批。

有效的招募计划离不开对招募信息的分析。招募信息既包括内部信息，也包括外部信息。内部信息主要包括：组织目标、组织发展现状和未来发展规划；组织现有职位和员工的情况，如现有职位及其任职要求、现有员工的详细资料及在各岗位的分布情况、职位空缺的状况等。外部信息主要包括：组织所处城市的环境、发展机遇；竞争对手的薪酬和福利；外部劳动力市场的供求状况；国家有关劳动人事管理的法律、法规及政策等。招募计划必须依据组织现状、未来发展需要与各方面信息来制订，以确定以后的招募行为。

（一）招募人数

招募人数是将组织现有员工与组织需求相比较所得的差额。招募计划不仅要有招募的总人数，还应该指出各部门、各岗位分别招募多少人等。招募人数由用人部门在人力资源需求预测的基础上提出，再由人力资源管理部门和上级主管领导依据总编制的数量审核确定。

（二）招募标准

招募标准是组织对拟招募员工的基本素质要求以及针对不同职位的特殊要求。这些标准在工作分析的基础上所形成的工作说明书中得到体现。对不同职位员工的招募标准一般是较具体的技能指标，这些标准是切实可行的选拔标准，也是招募效果评估的对照标准。

（三）招募对象

招募对象是针对不同职位的不同情况提出的应征人员的限定群体。确定招募对象应该在明确具体用人要求的前提下，广泛收集和了解人力资源供求信息，并从招募质量、成本、时间限制等几个方面加以综合考虑后决定。正确确定招募对象，既可以保证应征人员的基本素质，从中挑选到符合资格要求的优秀者，同时也可以缩短招募时间，降低招募成本。

（四）招募周期

招募周期是指招募工作从开始到结束所需花费的时间。确定招募周期是正确选择招募工作开始时间，以保证新聘人员准时上岗的重要依据。表 5-2 是一份招募周期表的举例。

表5-2　招募周期表

具体工作内容	平均天数	具体工作内容	平均天数
发布招募公告	5	初步面试筛选	7
接受应征者报名	6	通知筛选合格者	5
应征者资格审查	7	总的时间	30

（五）招募成本

招募成本的计算公式：

招募成本 = 人事费用 + 业务费用 + 一般开支

（1）人事费用，包括招募工作人员的工资、福利、差旅费、生活费补助和加班费等。

（2）业务费用，主要包括通信费（如电话、传真、邮资、上网）、专业咨询费、广告费（在广播、电视、报刊等媒体刊登广告）、信息服务费（如公司宣传资料、获得中介信息的费用）等。

（3）一般开支，主要包括设备和场地租用费、办公用品费、水电及物业管理费等。

在计算招募成本时，应仔细分析费用来源，以免出现漏算或重复计算的现象，从而导致成本估计产生偏差，不利于今后的评价工作。

（六）应征人员的估计

这是指为了保证招聘任务的完成，招聘单位希望吸引的应征者的最少人数估计。假设某公司的人员招募和选拔过程分为报名、确定初选名单、初步面试、确定候选名单和选拔聘用 5 个阶段。该公司希望录用 50 名销售员，候选与录用的比例为 2∶1，则需要 100 名候选人；初步面试与候选人的比例为 3∶2，则参加初步面试的应有 150 人；被列入初选范围的人与参加初步面试人的比例为 4∶3，则应有 200 人可供初选；报名者与初选名单的比例为 4∶1，则至少需要吸引 800 人前来应征。

三、实施招募计划

招募计划的实施具体包括招募人员的选择、招募地点的选择、招募开始时间的确定、招募渠道的选择、招募信息的发布、招募的宣传策略等。

（一）招募人员的选择

招募人员的选择是招募成败的关键。招募人员的工作能力、个性特征及各方面的素质将直接影响招募的质量。招募人员应主要来自用人部门和人力资源管理部门，开始工作前应进行相关培训。在招募过程中，招募人员对应征人员的评价是确定录用与否的重要参考指标。如果招募人员以个人的好恶和不公正的标准来评判应征人员，就会给招募工作带来损失。合格的招募人员应具备以下基本条件：

（1）良好的个人品质和修养。

（2）相关的专业背景。

（3）丰富的社会工作经验。

（4）优秀的人际交往能力。

（5）对组织内部情况十分了解。

（6）对拟招募岗位的工作特点及要求非常熟悉。

（7）了解各种人员素质测评技术。

（8）能有效地面对各种应征人员，掌控招募进程。

（9）能公正、客观、准确地识别应征人员。

（10）能充分展现组织形象。

（二）招募地点的选择

为了节省开支，组织应将招募的地点限制在劳动力市场。一般来说，高级管理人员倾向于在全国范围内招募；中级管理人员和专业技术人员通常在跨地区的劳动力市场上招募；操作工人和办事人员常常在组织所在地的劳动力市场上招募。组织之所以在不同的地理范围内招募不同层次的人，是因为不同范围内的劳动力市场提供的劳动者的素质是不同的。高素质的人才在全国招募更能体现择优的原则。另外，组织招募的地点也应该相对固定，因为经常在某个市场上招募，就会熟悉那个市场的情况，积累一些经验，有利于招募工作顺利进行。

（三）招募时间的确定

这是指为了保证新聘人员准时上岗而对招募工作开始时间的选择。一般来说，招募日期的具体计算公式为：

招募日期＝用人日期－准备周期＝用人日期－培训周期－招聘周期

公式中：培训周期是指新招员工上岗前的培训时长；招聘周期是指从开始报名、确定候选人名单、初试、复试，直到最后录用的全部时长。

（四）招募渠道的选择

招募渠道的选择

任何一种已确定的招募方案，对应征人员的来源渠道都应做出选择。这是招募计划实施过程中一项最重要的工作。根据招募对象的不同，可将招募渠道分为内部征招和外部征招。前者有内部晋升和职业转换等渠道；后者则有自荐、员工引荐、广告招募、就业机构招募、专职猎头机构招募、校园招募、网络招募和特色招募等渠道。

1. 内部晋升

当组织中有些比较重要的岗位需要招募人员时，让组织内部符合条件的员工从一个较低级的职位晋升到一个较高级的职位的过程就是内部晋升。

2. 职位转换

当组织空缺的岗位与现有员工的岗位层次相同或较低时，将现有员工补充到空缺岗位的过程即职位转换。

3. 自荐

没有通过预约就进入组织的人力资源管理部门或招募现场的求职者就是自荐的应征者。一般来说，一些大型的、知名度高的组织，常常会有许多这样的自荐者。在所有的外部招募来源中，自荐是招募成本最低的。

4. 员工引荐

这是指组织的员工从他们的朋友或相关的人员中引荐求职者。这种招募渠道在规模小、技术人员和关键人才缺乏、人力资源管理机构不健全的组织中运用得十分普遍。

5. 广告招募

这是指组织通过广播、报纸、电视、互联网和行业出版物等媒体发布招募广告对空缺职位进行招募。这种方法通常能够吸引大量的应征者，是组织招募常用的一种方式。招募广告的编写要做到真实、合法、简洁。在设计上要注意 AIDA 法则，第一个 A 是“注意”（Attention），I 是“兴趣”（Interest），D 是“欲望”（Desire），最后一个 A 是“行动”（Action）。一般情况下，招募广告应包括以下内容：组织的基本情况；政府与劳动部门的审批情况；招募的职位、数量与基本条件；招募的范围；薪资与待遇；报名的时间、地点、方式及所需的资料；其他有关注意事项。

6. 就业机构招募

就业机构是帮助组织招募员工和帮助个人找到工作的一种组织，具体是指各种职业介绍所、人才交流中心等。职业介绍所推介的求职者一般主要是工人、办事员等普通劳动者；而人才交流中心推介的求职者通常是专业人才。如果组织规模较小，还没有设置专门的人力资源管理部门，或虽有人力资源管理部门和专职人员，但还不能从事招募工作，或在过去的招募工作中，在招募渠道开发方面总是不大成功，那么，借助就业机构就是比较好的选择。如果通过就业机构招募，应注意一定要选择信誉较好的机构。

7. 专职猎头机构招募

在发达国家，专门为组织招募高级管理人才和稀缺特殊人才的私人就业机构被称为“猎头公司”。在我国，随着市场经济的发展，“猎头公司”已成为招募高级管理人才的主要渠道。“猎头公司”一般进行两类业务：一类是针对需要人的组织进行的；另一类是针对需要工作的个人进行的。这些公司通晓各种各样的组织对人才的特殊需要，同时也掌握着丰富的、有特殊才能的个人的信息。在向个人提供服务时，个人无论应聘成功与否，都要支付一定的费用；在向组织提供服务时，只有在组织需要的人才招募成功时，组织才支付给“猎头公司”相应的费用，费用额一般相当于被招募者第一年工资的 30%～35%。组织通过“猎头公司”招募高级管理人才时应注意以下几点：一是要避免与过多的“猎头公司”接触，应与精心挑选的少数信誉较好的“猎头公司”进行合作；二是在与合作的“猎头公司”中，应与几个熟悉组织需求的顾问建立联系，如果这个顾问离开了他们所服务的公司，组织也应该放弃这家公司，寻求新的“猎头公司”；三是组织要向“猎头公司”提供空缺职位的详细信息，以便寻求合适的“猎物”；四是“猎头公司”所推荐的人虽与其原来工作过的组织已经解除了聘用关系，但如果是组织的技术开发人员，则必须注意，由于技术人员因改变聘用关系而引发的法律诉讼事件时有发生，而且涉及的赔付金额也越来越高，一旦发生法律诉讼事件，则会对用人单位造成极大的损失。

8. 校园招募

在大中专院校对应届毕业生进行招募已经成为我国越来越多的组织喜欢运用的招募渠道。校园招募的具体方式有张贴海报招募、开招募会、毕业实习、学校就业中心推荐等。为了提高校园招募的质量和效率，组织应做好以下几方面的工作：第一，根据组织空缺职位的情况选择合适的学校及专业；第二，要与学校学生工作部门建立经常性联系；第三，为了宣传组织，可邀请学生到组织实习，或采取某些助学措施；第四，培养好招募人员。校园招募与其他招募相比有其独特之处，因为招募人员要在比较短的时间内与大量的毕业生交谈，而且这些人的资历都差不多，要从中鉴别出适合组织发展需要的人才是比较困难的，所以高素质的招募人员是很重要的。

9. 网络招募

随着计算机的广泛运用和互联网的迅速发展，网络招募成为许多大型组织普遍采用的员工招募渠道。网络招募有多种实现途径，既可以通过组织自己的主页或网站发布招募信息，也可以通过专业的人才招募网站和职位搜索引擎向社会发布人才需求信息。网络招募打破了传统招募的地域，具有一些独特的优势，其发展前景不可估量。目前，我国影响力较大的招募网站有前程无忧网、中华英才网、智联招聘网等。

10. 特色招募

这是指组织通过举办一些具有特色的招募活动来吸引求职者，如电话热线、接待日、体验营、主题活动等。

上述主要招募渠道优缺点之比较见表 5–3。

表5–3　主要招募渠道的比较

招募渠道	优点	缺点
内部晋升 职位转换	花费少；有利于提高员工士气；应征者了解企业情况	供给有限；会产生新的职业空缺；缺乏创新意识
自荐	节省招募费用	应征人员素质一般不是很高
员工引荐	对应征者比较了解；成功率较大；应征者就职后稳定	容易掺杂人情关系；录用后难以辞退
广告招募	覆盖面广；有利于提高企业的知名度	会吸引许多不合格的申请者；对应征者了解少；招募工作量大
就业机构招募	费用合理；应征者来源广；上岗效果较好	对应征者了解少；难以招到优秀人才；成功率较低
专业猎头机构招募	对“猎取”高级和特殊人才特别有效	费用高；容易上当受骗
校园招募	针对性比较强；能够吸引素质较高、有发展潜力的年轻应征者	应征者缺乏实际操作能力；企业培训成本高；可能有比较高的流失率
网络招募	涉及面广；信息量大；更新快	应征者信息过于繁杂，可能失真；企业初次筛选工作量较大
特色招募	形式新颖，有利于吸引应征者；能够较全面甄选应征者	费用较高；组织策划复杂

选择什么样的招募渠道与职位的类型、级别、组织的规模等有着很大的关系。一些研究表明，职位的类型是决定使用哪一种招募渠道的重要因素。例如，国外一项调查显示，对于管理职位来说，使用最多的招募渠道是内部晋升和报纸广告，其次是私人就业机构；对于专业技术职位来说，使用最多的招募渠道是校园招募，其次是报纸和专业杂志广告，再次是私人就业机构；对于销售人员的招募来说，组织使用最多的招募渠道是报纸广告。从我国的情况看，对于大多数组织来说，如果是集中招募一批人员，则通常采用广告招募、校园招募、就业机构招募等渠道，而员工引荐通常作为补充渠道或招募特殊人才的渠道。

案例 5-2

京东的校园招聘

校园招聘是企业人才招募的重要渠道，不仅可以为企业找到优秀的年轻人才，也是一个非常好的宣传企业及其产品的机会。

京东管培生的校园招聘对象为历年应届本科及硕士毕业生，招聘流程分为以下七个阶段：

1. 前期网上申请。投递方式包括登录京东校园招聘官网投递具体岗位申请，也可以通过内推的方式找到京东在职的师兄或师姐，获取京东校招的内推二维码进行投递。第一批次一般在每年的 7 月到 8 月，第二批次一般在每年的 9 月到 10 月。

2. 在线情景测试。测试通知会滚动发出，收到测试通知的申请人需要在邮件提示的有效期内完成测试，测试完成后招聘者会结合简历和测试结果进行综合评估，评估通过后方可进入后续环节。

3. 在线笔试。笔试内容主要为技术和产品方向的试题，每个申请人需完成两套笔试题，时间一般在网申结束后的两天内进行。

4. 面试。在线笔试通过后会收到面试通知。京东校园招聘的面试共分为小组面试、素质面试和专业面试，除综合方向的岗位不需要进行专业面试外，其他岗位类型的申报人都需要完成上述三类面试，其中专业面试的内容主要与技术和产品方向相关。

5. 个性测试。进入面试的申请人会陆续收到测评通知，申请人需注意查收邮件。

6. 高管终面。通过个性测试的申请人将接受京东高管的最终面试，第一批次从 9 月中旬开始陆续安排，第二批次从 10 月下旬开始陆续安排。

7. 发放录用通知。审批通过后可以随时发出。

点评：校园招募对象是高校应届毕业生，能够吸引素质较高、有发展潜力的年轻人才。企业在校园招募中可以线上、线下相结合，采用笔试、面试、情景测试等多种测评方式进行选拔，甄选出符合企业需求的优秀人才。企业应当利用校园招募的机会，一方面通过专业的招募方式快速锁定人才，另一方面可以通过参与高校双选会、选拔校园大使等方式对企业进行宣传。

（五）招募信息的发布

招募信息的发布就是向可能应征的人群传递组织将要招募人员的信息。发布招募信息是一项十分重要的工作，直接关系到招募的效果，应引起有关方面的充分重视。发布招募信息应遵循下列原则。

1. 面广原则

发布招募信息的面越广，接收到该信息的人就越多，应征的人也就可能越多，这样招募到合适人选的成功概率也就越大。不过发布信息的面越广，费用可能越大。

2. 及时原则

在条件许可的情况下，招募信息应该尽早地向有关人群发布，这样不仅有利于推进招募进程，而且有利于使更多的人获取信息，使应征人数增加。

3. 层次原则

要招募到的人员都处在社会的某一层次，要根据招募岗位的特点，向特定层次的人员发布招募信息。例如，招募科技人员的组织可以在《科技日报》上刊登招募广告。

4. 最佳原则

发布招募信息要选择最佳的媒介，信息发布的媒介不同，招募的效果也会不同。常用于发布招募信息的广告媒介有报纸、杂志、广播、电视、宣传资料、互联网等。表 5–4 比较了部分广告媒介的优缺点和适用范围，组织应根据需要与可能进行选择。

表5–4　部分广告媒介的优缺点及适用范围比较

类型	优点	缺点	适用范围
报纸	标题短小精练；广告篇幅大小可灵活选择；发行集中于某一特定的地域；各种栏目分类编排，便于积极的求职者查找	容易被未来可能的求职者所忽视；集中的招募广告容易导致招募竞争的出现；发行对象无特定性，企业不得不为大量无求职需求的读者付费；广告的印刷质量一般较差	当将招募限定于某一地区时；当可能的求职者大量集中于某一地区时；当有大量的求职者在翻看报纸，并希望被雇用时
杂志	专业杂志会到达特定的职业群体手中；广告篇幅的大小富有灵活性；广告的印刷质量较高；时限较长，求职者可能会将杂志保存起来再次翻看	发行的地域太广，在将招募限定在某一特定区域时通常不能使用；广告的预约期较长	当招募的工作承担者较为专业时；当时间和地区限制不是最重要时；当与正在进行的其他招募计划有关联时
广播、电视	不容易被受众忽略；能够比报纸和杂志更好地让那些不是很积极的求职者了解到招募信息；可以将求职者来源限定在某一特定区域；极富灵活性；比印刷广告能更有效地渲染招聘气氛；较少因广告集中而引起招募竞争	只能传递简短的、不是很复杂的信息；缺乏持久性；求职者不能回头再了解招聘信息（需要不断地重复播出才能给人留下印象）；商业设计和制作（尤其是电视）不仅耗时，而且成本很高；缺乏特定的兴趣选择；为无求职需求的广告接受者付费	当处于竞争的情况下，没有足够的求职者看印刷的广告时；当职位空缺有许多种，而在某一特定地区又有足够求职者时；当需要迅速扩大影响时；当在两周或更短的时间内足以对某一地区展开“闪电式轰炸”时；当用于引起求职者对广播电视注意时
招募现场资料宣传	在求职者可能立即采取某种行动的时候，引起他们对企业招聘的兴趣；极富灵活性	作用有限；要使此种措施见效，首先必须保证求职者能到招募现场来	在一些特殊场合，如在就业交流会、公开招聘会、定期举行的就业服务会上布置的海报、标语、旗帜、视听设备等；或者当求职者访问组织的某一工作地时，向他们散发招募宣传材料

资料来源：加里・德斯勒．人力资源管理．刘昕，译．北京：中国人民大学出版社，1997：127.

（六）招募的宣传策略

在招募过程中，组织一方面需要尽可能地吸引应征者，另一方面还必须利用招募的机会进行组织形象的宣传。好的口碑会成为一种无形的招牌，吸引很多的优秀求职者，而不好的口碑则会使潜在的应聘者敬而远之。因此，组织应从更高的层次上认识招募工作：一方面要通过树立组织良好的形象去影响求职者；另一方面也要通过招募过程树立更好的组织形象。

要树立良好的组织形象，组织在介绍其提供的职位时，应该向求职者传递准确、有效的信息。一般来说，职位薪水、工作类型、工作安全感等是影响人们选择工作职位和组织的最重要因素；其次是晋升机会、组织的位置等；组织的管理方式、组织文化、工作条件、工作时间、人际关系等也是不可忽视的因素。组织应该以诚恳的态度传递信息，否则，不仅不能给组织带来好处，反而可能带来负面影响。

四、招募效果评估

（一）招募效果评估的主要内容

1. 招募成本评估

招募成本评估是对招募过程中所发生的各种费用进行调查、核实，并对照招募成本预算进行评价的过程。招募成本评估是鉴定招募效率的重要途径之一。如果成本低，录用人员质量高，就意味着招募效率高；反之，则意味着招募效率低。组织进行小型招募时，成本评估工作比较简单，若是大型招募，就必须做好招募成本核算工作。招募成本核算是对招募经费的使用情况进行度量、计算、记录、审计等的总称。通过核算可以了解招募过程中经费的使用情况、经费的使用是否符合预算、支出结构是否合理，若有差异，要分析问题主要出现在哪里。

2. 招募人员评估

招募人员评估是根据招募计划对实际招募到的人员的数量和质量进行评价的过程。在大型招募中，招募人员评估显得十分重要，如果实际招募到的人员合格率低，那么招募过程中所花费的时间、精力、金钱就都浪费了。只有招募到的人员全部合格，才能说全面完成了招募任务。

3. 撰写招募效果评估小结

招募效果评估小结应由招募工作的主要负责人亲自撰写。招募效果评估小结的内容主要包括招募计划、招募进程、招募结果、招募经费、招募评定五个方面。撰写招募效果评估小结的基本要求：一是要真实地反映招募的全过程；二是要明确指出招募工作中的主要成绩和不足之处。

（二）招募效果评估的指标体系

招募效果的评估可以采用三种指标体系，即一般评价指标、基于招募人员的评价指标和基于招募渠道的评价指标，其具体内容见表 5-5。

表5-5　招募效果评价指标体系

评价体系	具体内容
一般评价指标	平均每位新员工的招募成本； 补充空缺岗位的数量和百分比； 业绩优良的新员工的数量和百分比； 留职至少一年以上的新员工的数量和百分比； 对新工作满意的新员工的数量和百分比
基于招募人员的评价指标	从事面试工作者的数量； 被面试者对面试质量的评级； 推荐的候选人被成功录用的比例； 推荐的候选人被成功录用且业绩突出者的比例； 平均每次面试的成本
基于招募渠道的评价指标	引发申请的数量； 引发合格申请的数量； 平均每个申请的成本； 从渠道实施到接到申请的时间； 被成功录用员工的质量（业绩、出勤等）

（三）增强招募效果的途径

1. 诚恳的招募态度

招募人员要热情周到、诚实准确地向应征者介绍与职位相关的一切信息。

2. 为应征者着想

招募人员既要考虑人岗匹配的要求，还要考虑应征者的职业发展。

3. 增加职位吸引力

招募人员要尽量满足应征者的多元化需求。

4. 善于识别虚假材料

招募人员要善于识别虚假材料，如假文凭、假简历等。

5. 注意拒绝的艺术

招募人员在拒绝明显不符合要求的应征者时不应让其难堪。

（四）增强招募效果需注意的问题

1. 歧视问题

这包括性别歧视、年龄歧视、学历歧视、区域歧视、籍贯歧视等。例如，招募公告中出现的“仅限男性”“985 大学毕业”“本市户籍”等，都是带有歧视性质的。

2. 报酬问题

招募公告中的“高薪诚聘”是缺乏诚意的。

3. 资料问题

招募公告中的“资料恕不退还”是不对的。

4. 上门问题

招募公告中的“谢绝来电来访”是不友好的。

5. 通知问题

招募公告中的“审核未通过者不另行通知”是不礼貌的。

相/关/链/接 >>>>>>>>>>>>>>>>>>>>>>>>>>>>>>>>>>>>>>

在线招聘的复兴与“猎头”的进化

人才招募的渠道多种多样，在如今这个移动互联网逐渐渗透全行业的新时期，人才争抢愈加激烈，猎聘网等一众招聘网站脱颖而出。

说到在线招聘，不得不提 Monster，这家全球最大在线招聘网站确立的海量简历模式给早期的在线招聘提供了一个样板。Monster 模式的优势是利用网络渠道为招聘企业和求职者搭建信息中介平台，招聘企业可以跨区域快速发布职位信息，求职者通过检索可以获得择业机会，充当信息中介的平台方借此获得流量和收入。得益于互联网高效的传播速度，Monster 模式相比传统线下招聘效率更高，在社交网络兴起前一直是主流招聘形式。但是 Monster 海量简历模式发展到后期，逐渐成为招聘企业和求职者眼中一块食之无味、弃之可惜的鸡肋。社交网络兴起后，基于真实社交身份和人际传播的在线招聘模式开始快速替代 Monster 模式，以领英网（LinkedIn）为旗手的社交招聘网站迅速崛起，成为招聘企业和职业“猎头”主攻的新方向。在中国市场，Monster 的风头早就被以猎聘网、拉勾网为代表的新生力量抢走。

Monster 模式衰落的同时，与 Monster 密不可分的“猎头”却迎来了春天。诞生于第二次世界大战后的“猎头”搭上互联网快车后又一次崛起，从在线招聘诞生的那一天起，“猎头”就一直如影随形。作为企业中高端人才资源的主要获取方式之一，“猎头”由小变大，“猎头”模式也逐渐平台化，并获得风投青睐。

“猎头”平台通过社交网络积累了大量的中高端人才资源，从而可以快速精准地提供优质候选人，有效地节省了招聘企业招聘的时间成本及人力成本，这也是“猎头”收费昂贵但依然受招聘企业欢迎的根本原因。

在线招聘网站一直以来解决的核心问题都是信息不透明和信息不对称，让招聘企业更快招到人才，让求职者更快入职。职业“猎头”连接招聘企业和求职者两端，初期充当的角色是信息中介，靠此获利。当互联网进化到社交网络时代时，六度空间理论落实到线上，获取信息的渠道增多，人与人之间产生直接联系的机会也大大增加，“猎头”的生存空间被压缩，不甘于被时代淘汰的“猎头”们开始自我进化。

猎聘网主打的三方互动模式其实是传统“猎头”的一次重大进化，他们放弃了“一锤子买卖”的经营思路，把自己定位为职场经理人的经纪人，在帮助职场经理人获得更高职位、更多收入的同时收获报酬。但这个商业模式依然存在不小的缺憾，猎聘网上数以万计的“猎头”主要以人工方式作业，匹配供求双方需求的人力成本居高不下，要解决这个难题，必须让“猎头”智能化。

或许在未来，基于数据与系统，能够真正打造出招聘行业的虚拟中介，取代传统中小“猎头”的大部分工作，推动“猎头”行业的高端定位和服务标准。这将是招聘行业的一次大胆的创新和尝试。

人才招募的渠道随着时代的发展逐渐改变和创新，企业要与时俱进，跟上发展的步伐。作为招募需求方，企业要依据自身的人才需求合理选择招募渠道，如此才能快速精准地确定招募对象，并且最小化招募成本、最大化招募效果，及时填补企业人才空缺，推动企业发展创新。

资料来源：路北．在线招聘的复兴与猎头的进化．蓝鲸财经，2015-04-08.

第三节 人员选拔

案例 5-3

百度的选才观：招最好的人

秉承“招最好的人，给最大的空间，看最后的结果，为价值创造付薪，让优秀的攀登者脱颖而出”的人才观，百度在人才的选、育、用、留等方面充分重视员工的需求层次，从实现功能性保障（生存、安全感）到获得精神性满足（归属感、被尊重感），再到“超级员工”的成功打造（员工获得自我实现），全方位努力并不断创新，让优秀的攀登者脱颖而出。

一、什么样的人才是最好的

在人才选拔上，百度关注人才的能力水平，更重视人才的优秀品质，因此确立了“正直、务实、自驱、坚韧、学习能力强、积极正能量”的人才标准，并辅以多元化的招聘方式和全方位的人才储备，以吸纳更多优质人才。

二、怎样选出最好的人才

百度坚持人才的选拔与培养并重，在实践中培养、从实践中选拔，鼓励优秀人才不断攀登新台阶，让真正有能力、有潜力的人脱颖而出；同时，百度建立了多元化的招聘体系，立足于全面覆盖的招聘渠道，辅以自主研发的智能招聘系统，全面提升招聘体验，助力人才招聘工作。

（一）多样的招聘渠道

1. 在校园招聘方面，百度主要采取项目制运行方式，主要包括以下四种招聘方式：

（1）春季实习生招聘。招聘满足公司所需的实习生，为秋招进行人才储备。

（2）秋季校园招聘。引入符合百度特质的国内优秀毕业生。

（3）海外校园招聘。引入符合百度特质的海外优秀毕业生。

（4）高端校园人才招聘。不限地域，在优秀的硕博研究生和博士后中选拔有意愿投身人工智能行业、促进科研发展的人才。

在面向全球范围所有高校的优秀毕业生推出“校园 AIDU 计划”（百度精英招聘计划）的同时，百度还通过定期的在校实习生招聘来为公司储备适合的人才，并为每一位入选的实习生和校招生配备资深员工导师，提供专业项目指导。数据显示，每年有接近 50% 在实习期表现良好的实习生，毕业后最终选择入职百度。

2. 在社会招聘方面，公司会根据不同业务线的职位需求，在百度的招聘网站定期更新招聘信息，同时也通过与猎头公司的长期合作来招聘匹配百度岗位的人才。

（二）聪明的招聘系统

百度从 2015 年便开始发挥自身技术优势，自主研发智能化招聘系统，并将其应用于包含简历评优、人岗匹配、笔试面试等招聘全流程。

1. 简历评优阶段。智能化招聘系统通过对历史上海量成功匹配的岗位招聘数据进行深度学习，挖掘和评估候选者具备的各项能力，从而辅助人力招聘专员进行客观科学的简历筛选，避免埋没人才。并且，该系统还能够进一步精准判断简历和招聘启事中的潜在关联，从而把最合适的候选人匹配到最适合的项目和岗位上。与此同时，百度在算法上重视推荐的公平性，杜绝歧视。

2. 人岗匹配阶段。百度研发了业界首创的神经网络方法，对求职者简历和应聘岗位需求进行综合语义建模，在保证模型准确性的同时避免算法歧视，确保招聘过程和结果的公平性，尤其保证女性获得平等的应聘机会。

3. 笔试面试阶段。百度开发设计了智能个性化试题推荐算法，基于层级技能知识图谱和神经概率图模型，结合求职者所提交的简历和投递岗位的能力要求，为求职者生成“千人千题、万人万卷”的定制化模拟考核，帮助求职者在正式考核前快速、精准地对自己进行能力评估，发现优势并进行查漏补缺。

例如，在 2019 年校招的正式笔试之前，百度校招官网上线了智能笔试龙虎榜，邀请求职者先使用百度招聘系统完成少量个性化题目，随后为每周排行榜上位置靠前的应聘者提供免笔试资格，使其直接进入面试环节。事实表明，无论是面试入职的成功率还是入职后的表现，这些应聘者都优于其他应聘者，体现了百度智能化招聘系统相较传统笔试系统的优越之处。

（三）灵活的招聘模式

2020 年，百度调整并实行“全面线上化”的新招聘模式，共计开展线上直播宣讲 19 场，包含事业部 4 场、职能部门 8 场、区域高校 7 场，宣讲覆盖的全网人数超过 700 万，简历实收总数 89 001 份，较 2019 年增长了 43%，创百度近 8 年来简历总数的新高。

除全面线上招聘外，百度也非常注重面试体验，一位求职者最快一天便可以完成所有的面试环节。此外，为吸引海外留学生，虽然招聘职位并无特殊倾斜，但公司会将海外笔试安排在凌晨等候选者方便的时间，尽可能提升候选者的招聘体验。见微知著，百度在招聘中的种种举措，彰显了百度对人才的重视与渴望。

资料来源：百度 2020 年人力资本专项报告 .

点评：吸纳人才是一项系统的引智工程，这涉及对人才的定位、人才招聘渠道的选择、人才招聘方式的设计等问题。关于人员选拔的理念，每个企业都有自己的一套逻辑。选拔什么样的人员，企业的人才观非常重要。因此，招聘中应确定与企业战略和文化相匹配的人才观，以此为基础运用合适的选拔方法，选出企业最需要的人才。

一、人员选拔的概念、过程和模式

（一）人员选拔的概念

人员选拔是指从应征的候选人中挑选出符合组织需要的优秀人才。人员选拔是招聘工作中最关键的一步，也是技术性最强的一步。因此，人员选拔必须遵循科学性、有效性、简明性、可行性原则。[①] 尤其是在人员选拔的过程中，要避免仅凭简单的面试、个人的主观感觉就草率决定聘用与否的情况，要把选拔时的成本支出看成是投资。因为选择科学的测试方法（如面试、心理测验）、聘用相应的专家指导都可以大大降低人员进入组织后的培训费用，提高人员在组织中的稳定性。

（二）人员选拔的过程

人员选拔的过程一般分为初选和精选两个阶段，如图 5-3 所示。初选主要由人力资源部负责，它包括求职者背景与资格的审查（初步筛选）和初次面试（考察面试）。精选包括笔试、心理测验、第二次面试（诊断面试）、甄选决策和体检。一般由人力资源部与用人单位的负责人共同协作进行。

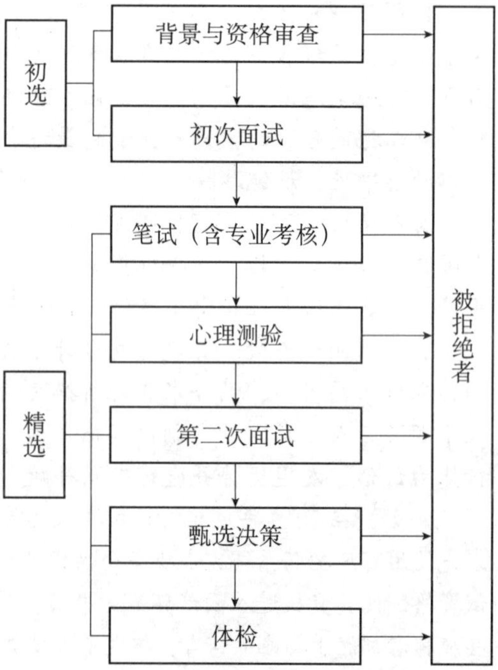

图 5-3　人员选拔的一般过程

（三）人员选拔的模式

由于每个企业的具体情况不同，录用人员的职位、层次、种类有差异，因此选拔时主要有三种程序模式：综合式、淘汰式和混合式。

1. 综合式

在选拔录用程序中，每个应聘者必须接受所有的选拔测评，在做录用决策时，是以应聘者的各项得分的总和或加权处理后所得的分数作为录用参考依据的。这种模式允许应聘者以某种测评中的高分弥补其他测评中的低分，被录用的应聘者可能在各项能力上均有较高水平，或者其中某一项或两项能力非常强，在弥补低分以后还能处于领先地位。

① 周文 . 员工招聘与选拔 . 长沙：湖南科学技术出版社，2005：6 .

在只要求对录用者的每一项资格水平做整体评定，并且各项能力均没有最低要求时，通常可以使用这一模式。另外，还可以根据每项能力的重要程度和与工作的相关程度等，对应聘者在各项能力上的得分进行加权，用加权分数来求总分；或者将应聘者的各项得分转换为以总体得分的标准差为单位的标准分数，然后将各项能力的标准分数相加得到总和进行比较，这样处理更科学。

2. 淘汰式

淘汰式与综合式不一样，应聘者不用参加每一项测试，而是经过一轮测试淘汰一批不合格的人，合格者参加下一项测试，然后再淘汰一批，只有在所有的测试中全部合格的人才能被录用。在这种模式中，每一项资格水平都是作为独立的指标，不可以相互弥补，其中只要有一项不合要求即被淘汰。通过审查应聘人员登记表，合格的应聘者参加笔试，笔试通过了进行结构化面试，面试通过后参加工作模拟测试，只有在工作模拟中表现良好才能被录用。当工作所需的各项能力、资格指标均达到要求或高于某一水平时，采用淘汰式进行选拔是比较有效的。由于每一次测试都会减少一部分应聘者，这样可以节省一些费用。采用此种方式，应把花费较少的测试方法放在前面，如审查应聘人员登记表、进行笔试等。将选拔效果好但花费较多的方法放在后面，只用于一小部分佼佼者的选拔，这是十分经济有效的办法。

3. 混合式

混合式就是将以上两种模式结合起来进行选拔。对有最低要求的资格评定，通常采用淘汰式（如对学历文凭、等级证书、技能水平的要求等）；通过这些筛选后的应聘者则需参加其他各种测试，效仿综合式的测评程序，综合评定应聘者的各项能力、水平，能力总体合格者可以被录用。

二、人员选拔的方法

人员选拔的方法既有笔试、心理测验等简便的团体测试，又有结构化面试及情景模拟等复杂测评，可根据不同需求加以选择。

（一）笔试

1. 笔试的概念

笔试又叫知识考试，是指通过书面文字的形式对被试者的知识广度、知识深度和知识结构进行了解的一种方法。笔试时可采用团体测试，效率较高，但是笔试最薄弱的环节是命题技术，主要问题表现为命题的随意性，试题质量不高。因此，采用笔试一定要有命题计划，即根据工作分析得出有关岗位工作人员所需要的知识结构，设计出具体的测试内容、范围、题量、题型等。另外，试题类型应是多种多样的，可以包括判断题、填空题、选择题、简答题、案例题、分析题等。

2. 编制笔试题型应注意的事项

不同题型有不同的结构与功能，编制上有不同的要求，试题编制一般应注意以下事项：

（1）试题的形式必须符合考试的目的，应能测出被试者的知识和能力。

（2）试题内容所涉及的范围及不同内容所占的比重，应以考试大纲为准，不得随意扩大或缩小范围、增减分量。

（3）试题内容必须具有实际意义，不能违背科学或夹杂不健康的成分。

（4）试题内容的取材要有公平性，不能出刁、尖、钻、怪的试题。

（5）试题内容的表述必须用词恰当、文字简练，所表达意思确切明了。要做到与解题无关的字词一个不留，与解题相关的字词一个不漏。

（6）试题的作答要求和指导语要言简意明，不会使考生费解或误解。凡需以特殊方式解答的试题，应在指导语中提出明确要求，并举出范例。

（7）试题应相互独立，各试题之间不得互有关联，试题中不能含有暗示本题或其他题正确答案的线索。

（8）试题应有不致引起争议的明确答案。

（9）试题应便于测试、作答，阅卷评分省时省力，抗干扰性强。

（10）所编试题的数量应是标准卷所用试题数量的 2 倍或 3 倍，以供审查、筛选和组卷之用。

总之，笔试试题的设计是一项难度很大的工作，绝不是随便出几道题就可以达到甄选和评价应聘者目的的，要考虑到其全面性、多样性、层次性和有效性。

（二）心理测验

人的心理虽然看不见、摸不着，但仍然是可以测量的，因为它是人脑对客观现实的主观反映，关键在于测量的科学性。心理测验是一门科学。在企业进行人员选拔，运用到心理测验时，应该由受过专门心理测验训练的人来进行或委托给心理学研究机构的专业人员来进行。心理测验是对人的智力、潜能、气质、性格、态度、兴趣等心理特征进行测度的标准化测量工具，它应具有较高的信度、效度，应该有稳定的常模。有关心理测验的内容详见本书第六章第二节。

（三）面试

面试

相/关/链/接 >>

向龙湖地产学习如何进行面试

优秀的公司能够清楚地定义自己所需要的员工的特性，并通过严格的选拔流程来保证招聘的质量。毫无疑问，龙湖就是这样的公司。龙湖的甄选流程包括简历筛选、初试、复试、性格测试、背景调查、正式录用等环节。而在招聘工作中，面试环节是非常重要的。通过面试，企业才能对求职者有一个直接而真实的了解，以判断其是否符合企业及岗位的要求。

候选人在面试前填写应聘申请表，基于龙湖的人才素质模型，龙湖设计了格式统一的应聘申请表，不同职业序列、不同职位的应聘者使用相同的面试评估表格，但公司要求的标准有所不同，对每项素质都建立了优异、优、良、中、差5个等级的评分标准。

一、面试前

1. 面试官的选择及责任分配：

（1）一般是求职者应聘岗位的商界或同级人员；

（2）在多人共同对一人进行面试的时候要确定主面试官；

（3）下级人员可以参与但不应作为主面试官；

（4）面试一个人时，可以几个人一起对其进行面试。

2. 面试前阅读简历和应聘申请表是整个筛选过程中的重要环节。

3. 筛选简历和应聘申请表是人力资源部的职责。

4. 审阅简历和应聘申请表后可以设计面试初试的问题。

5. 面试过程中获取信息的时间有限，要合理分配时间。

二、面试中

1. 在面试进行的过程中，面试官需要遵循一些基本原则：

（1）使求职者感觉轻松自然；

（2）问问题要有的放矢，直接明确；

（3）尊重并鼓励求职者；

（4）倾听，做出积极反应；

（5）少说多听，但要控制面试进程；

（6）面试过程中只是收集信息，不做综合判断；

（7）记录重要信息。

2. 面试的核心是要收集信息，收集信息时要做到：捕捉关键行为事件且进行追问。完整的关键行为事件实例应该包括三方面的信息，它通常需要通过追问才能实现。

（1）当时的情况怎么样（Context/Situation & Task）？

（2）你做了什么（Action）？

（3）结果怎么样（Result）？

3. 行为事件问题和假设性问题联系：

（1）行为事件问题：

1）请给我们一个例子，说明某公司某项业绩若你未参与其中的话就不会取得；

2）你的大学经历对你的职业发展有何作用？

3）你是怎样被提升为销售总监的？

（2）假设性问题：

1）如果你可以成为某种动物的话，你想成为什么动物？

2）10年后，你希望做到什么职位？

3）进入龙湖这样的公司，你觉得需要多长时间才可以取得成功？

三、面试后

面试过程只是收集信息的重要环节之一，要和其他途径收集到的信息综合起来做出判断。

1. 如果是小组面试，需要各自独立评估后再讨论做出一致的决定。

（1）忘掉不同面试官的级别，确保是多人评估而不是一个人评估；

（2）提高每个面试官的独立判断能力；

（3）如果你不试着去做判断，你的判断能力就不会提高。

2. 招聘甄选是个主观的过程，加之面试官面试技能不一定非常纯熟，难免会做出不尽客观的决策，一些典型的决策错误有：（1）光环效应；（2）中庸；（3）无意识的偏见（还不如有意识的偏见）；（4）仓促做出决定；（5）共同经历（面试官与应试者有相同的经历或相似的背景）。

企业在设计面试形式和面试流程时，不仅要考虑成本和可操作性，更要考虑面试的效果。

1. 面试的概念、要素及优缺点

面试是人员选拔中最传统也是最重要的一种方法。狭义地说，面试就是面谈的意思，是指通过主试者与应聘者双方面对面地观察、交流等双向沟通方式，主试者了解应聘者素质、能力与求职动机的一种选拔技术；广义地说，面试是主试者通过与应聘者直接交谈或者置应聘者于某种特定情景中进行观察，从而完成对其适应职位要求的某些能力、素质和资格条件进行测评的一种方法。

面试有五大要素，即被试者（应聘者）、主试者（评委、面试者）、测评内容（试题、评分标准）、实施程序、面试结果。

与笔试相比，面试的优点是考察内容深入广泛、考察灵活、持续时间较长、可防止舞弊、可测试应聘者多方面的能力；缺点是随意性较强，实施过程不规范，评分客观性和一致性差，对有关应聘者的品格、诚实度、忠诚度、技能等方面难以完全把握。所以对主试者一定要加以训练才行，否则会导致评分结果大相径庭。另外，还要配合其他方法进行筛选。

2. 面试的类型

（1）初步面试与诊断面试。从面试所要达到的效果来看，面试可分为初步面试和诊断面试。初步面试类似于面谈，比较简单、随意。它主要用来增进用人单位与应聘者的相互了解，起初步筛选作用，由人力资源部门负责。诊断面试则是对经初步面试筛选合格的应聘者进行实际能力与潜力的测试，往往由用人部门负责，人力资源部门参与。对于高级管理人员的招聘，企业高层领导也要参与。

（2）个别面试、小组面试、集体面试与流水式面试。从参与面试过程的人员来看，面试可分为个别面试、小组面试、集体面试与流水式面试。个别面试是一对一的，有利于双方深入了解，但结果易受面试者的主观因素干扰。小组面试是多对一，可提高面试结果的准确性，克服主观偏见。集体面试是多对多，通常由主考官提出一个或几个问题，引导应聘者回答、讨论，从中比较应聘者的表达能力、思维能力、组织领导能力、解决问题的能力、交际能力等。集体面试的效率较高，但对面试者的素质要求也比较高，并且要求每位面试者在面试前对每位应聘者的情况有大致的了解。流水式面试是每一个应聘者按次序分别与几个面试者面试，面试结束后，各个面试者聚集在一起，汇总、比较对所有应聘者的观察与判断。这种方法能对应聘者所具有的各种能力、特质加以全面考查，具有较大的优越性，在外企的招聘中是一种常用的方法。

（3）结构化面试、非结构化面试与半结构化面试。按面试组织形式是否标准化、程序化，面试可分为结构化面试、非结构化面试与半结构化面试。[①] 结构化面试是指面试的内容、方式、评委构成、程序、评分标准及结果的分析评价等构成要素按统一制定的标准和要求进行。结构化面试减少了主观性，对面试者要求较少，信度与效度较高，其缺点是过于僵化，难以随机应变，收集信息的范围受到限制。结构化面试取得成功的关键在于事先准备，尤其是对工作技能需求的分析。而非结构化面试无固定模式，其内容往往是开放式的问题，带有很大的随意性。面试者所提问题的真实目的往往带有很大的隐蔽性，要求应聘者有很好的理解能力与应变能力。半结构化面试综合了结构化面试与非结构化面试的特点，是常见的面试方式。

（4）压力面试与评估性面试。按测评的目的，面试分为压力面试与评估性面试。压力面试往往给应聘者一个意想不到的问题或将其置于一种不舒适的环境中以考察应聘者对压力的承受能力，常常用于招聘销售人员、公关人员与高级管理人员，而评估性面试主要用于评估工作业绩。[②]

（5）行为描述面试与能力面试。按面试内容侧重点的不同，面试可分为行为描述面试与能力面试。行为描述面试是基于行为的连贯性原理发展起来的，行为描述面试中所提的问题都是从工作分析中得到的，通过询问应聘者过去的工作经历，来判断应聘者在特定工作情形下的有效的和无效的行为模式，以预测他们在本组织中将会采取的行为模式。能力面试不太注重应聘者以往的经历，更关注他们如何去实现所追求的目标。在能力面试中，主试通过 STAR（即 Situation——情境、Task——任务、Action——行动、Result——结果）方法来确定被试者的能力优势。

3. 面试的基本步骤

面试的步骤一般包括准备、接触、了解背景、询问有关工作问题、向应聘者提供某些信息、面试结束、面试评价等，如表 5-6 所示。

表5-6　面试的基本步骤

步骤	面试者	应聘者	主要作用
准备	将应聘者的材料放在案头并浏览；回顾面试计划并对某些问题做一些必要的记号	注意形象，早早到面试处报到，等待面试并回顾自己的答题要点	双方都给对方留下良好的第一印象，表示相互尊重

① 周文．员工招聘与选拔．长沙：湖南科学技术出版社，2005：125.

② 马建新．人力资源管理与开发．北京：石油工业出版社，2003：203.

续表

步骤	面试者	应聘者	主要作用
接触	握手欢迎，自我介绍，请应聘者就座并适当寒暄	握手，在请就座时坐下，用简洁语言概括介绍自己（开场白）	消除应聘者的紧张感
了解背景	询问应聘者个人的家庭和社会背景，包括受教育情况	自述	核实材料中的有关内容，考察应聘者的社交性和集体性是否与将就职的工作团体相适应，考察其灵活应变能力
询问有关工作问题	询问应聘者的职业经历、职业计划，以及调换工作的原因；曾受过的培训，就该职位了解应聘者有关的技能和专业知识	提供工作经历、个人技能的有关情况，尽力表达申请此职位的动机和信心	在主动性、自我评价、主要能力、调换工作的理由、自我发展的愿望等方面得出结论，并核对其书面材料
向应聘者提供某些信息	向应聘者介绍企业组织及各个部门、各工作岗位的情况，并回答应聘者的提问	询问有关工资福利、提升机会的情况，了解企业背景等	让应聘者了解企业，避免对未来工作有误解
面试结束	稍做总结，表示面试结束，起身握手告别，示意应聘者可以出去了	等待主试者示意结束，询问下一步如何做，起身告别	正式结束面试
面试评价	根据面试提纲及评分标准进行评价	—	甄选应聘者

4. 面试技巧

（1）面试提问技巧。面试者要清楚提问的目的，准备好提问的提纲，尤其要采用他人能够理解的方式来提问，以避免理解困难。提问时，一般须遵循先易后难、循序渐进的原则。表 5-7 列出了面试者在进行面试时的几种提问方式。

表5-7　面试提问方式

提问方式	目的	举例
开放式提问：为什么、为何、什么、哪个	获取信息；避免被动	你为什么采用这种方式？
清单式提问：提出具有可选项或被选项的问题	获取信息；鼓励应聘者陈述优先选择；鼓励应聘者不只看一种选择	你认为产品质量下降的主要原因是什么？
假设式提问：探求别人的态度或观点	鼓励应聘者从不同角度思考问题	如果你处于这种状况，你会怎样处理这个问题？

续表

提问方式	目的	举例
重复式提问：返回信息以检验是否是对方的真正意图；检验得到的信息是否正确	让应聘者知道面试者听见了他提供的信息，检验获得信息的准确性	你是说……如果我理解正确的话，你说的意思是……
确认式提问：表达出对信息的关心和理解	鼓励应聘者继续交流	我明白你的意思，这种想法很好……
封闭式提问：得到具体回答	让应聘者用“是”或“否”来回答	你将文件打印好了吧？你曾经做过秘书工作吗？
追问式提问：请再往下说	获取进一步的信息	你有什么证据？

（2）面试评价技巧。面试结束时，面试者应给应聘者提问的机会，并整理好面试记录表，如表 5-8 所示。需要注意的是，面试评价要从面试的目的出发，评价项目尽量数量化、可操作化。

表5-8　某公司面试评价表

姓名： 应聘职位：	性别： 所属部门：		年龄：		编号：
评价要素	评价等级				
	1（差）	2（较差）	3（一般）	4（较好）	5（好）
1. 个人修养					
2. 求职动机					
3. 语言表达能力					
4. 应变能力					
5. 社交能力					
6. 自我认识能力					
7. 性格（内向、外向）					
8. 健康状况					
9. 掩饰性					
10. 相关专业知识					
11. 总体评价					
评价	□建议录用　□有条件录用　□建议不录用				
用人部门意见： 签字：	人事部门意见： 签字：		总经理意见： 签字：		

资料来源：顾英伟．现代人力资源开发与管理．北京：机械工业出版社，2000：109.

5. 避免影响面试效果的因素

（1）过早地做出录用决策。面试者常在见面后几分钟，凭印象做出录用决策。

（2）过分强调面试表中的不利内容，以致不能全面了解应聘者。

（3）面试者对空缺岗位的任用条件不了解，无法利用正确的标准衡量应聘者。

（4）面试者缺乏面试经验。

（5）面试过程中，面试者讲得太多，未让应聘者多讲，失去了面试的意义。

（6）由于招聘任务时间紧迫，不得不加快速度，急于求成。

（7）面试者易受前一位应聘者的影响，并以此作为标准衡量后一位应聘者。

（8）出现晕轮效应、趋中效应、以貌取人、个人偏见等常见心理偏差，影响面试效果。

6. 增强面试效果的对策

（1）做好面试前的准备工作。包括培训面试者、设计好面试的程序、准备好面试所需的全部资料和问题清单。

（2）紧紧围绕面试的目的提问。提问尽量要与工作有直接关系，着重了解工作所要求的知识、技术、能力和与其相关的特性。

（3）对每一位应聘者一视同仁。如面试时间的长短和提问的难度应保持一致，不能前紧后松。

（4）营造和谐的气氛。除压力面试外，都应使面试在尽可能舒适的环境和轻松的气氛中进行，这样了解到的应聘者信息才比较准确。

（5）保持良好的互动。面试者正式提问后，应给予应聘者充足的时间回答问题和提出问题。

（6）防止先入为主。不能过分看重第一印象，即面试者不要根据面试最初几分钟内对应聘者的印象就轻易对其做出判断。

（7）注意非语言行为。由于应聘者在面试之前都做过充分准备，在讲话的时候往往反映的都是好的一面，但要真正了解应聘者的心理素质，应该很仔细地观察应聘者的非语言行为，如表情、动作、语调等。

（8）防止“与我相似”的心理因素。例如，当面试者知道应聘者的某些背景和自己相似，如老乡、校友等，就会产生好感，从而做出好的判断。

（9）避免暗示。面试者不应以明显或不明显的提问，或给应聘者一个微笑、一个轻轻的点头等，引导应聘者说出正确的答案。

（10）尽可能采用小组面试。小组面试与一对一面试相比，可以减少因面试者的个人偏见而产生的不良后果，而且也能比一对一面试更全面、更从容地掌握信息。需要注意的是，面试小组人数不宜过多，以免给应聘者造成紧张感。

7. 面试研究中的某些发现

（1）结构化面试比非结构化面试更可靠。

（2）反对的信息比同意的信息对面试者的影响更大。

（3）在获得了大量的有关工作信息后，面试可靠性会增大。

（4）偏见往往在面试刚开始时就形成了，而这种偏见最后将导致形成赞成或反对的结论。给应聘者多一点时间讨论，可避免太快形成对他的第一印象。

（5）面试者往往能够解释为什么他们觉得一个应聘者不会是一个令人满意的员工，但却无法解释为什么应聘者会是一个令人满意的员工。

（6）在做出最后判定时，事实的数据看来比外表更重要，这一点随着面试者经验的不断丰富更能显现出来。

（7）当前一个面试者持有相反意见时，会使后一个面试者对应聘者的评价更加极端。

（8）人际关系的处理能力和动机可能是面试者最主要的评价应聘者的标准。

（9）应聘者言语和非言语的行为都会影响录用决定。

（10）虽然应聘者被录用的比例可能不同，但有经验的面试者会将应聘者按相同的方式进行评价，他们往往比没有经验的面试者更善于挑选。

（四）情景模拟

情景模拟是现代人才测评中最具特色、最复杂的一项技术。它是根据应聘者可能担任的职位，编制一套与该职位实际情况相似的测试项目，将应聘者安排在模拟的、逼真的工作环境中，要求应聘者处理可能出现的各种问题，来测试出其心理素质、实际工作能力及潜能的方法。一般是由专家来指导进行，成本较高，在高级管理人才选拔中使用较多。情景模拟法有时又称评价中心，这部分内容详见本书第六章第二节。

第四节　人员录用

案例　5-4

招聘流程再造——适职过程的重要性

北京一家著名房地产公司的招聘经理陈佳正在经历一件令他极其郁闷的事情。张越是他们用了6个月的时间招聘的一名项目经理。张越曾经在国内最大的房地产公司负责商业地产项目，拥有非常成功的经历以及丰富的经验，一上任就显示出非凡的能力。

公司给予张越丰厚的待遇，未来他极有可能会担任更加重要的职位。但加入公司仅仅5个月的时间，张越就提出了离职的想法。

事实上，在过去一年的时间里，陈佳已经碰到多件招聘失败的案例，包括：招聘人员与职位不匹配、优秀的人员拒绝加盟公司以及入职后不久就提出离职，等等。他不得不反思自己的招聘流程，并试图寻找突围之法。

陈佳发现：在公司里，员工入职就是领取电脑、账户密码以及认领办公桌，余下事情就没有了。其实，这也是张越离职的原因，公司根本就没有适职过程管理。事实上，一些人力资源管理人员根本没有听过“适职过程”这一词语。

适职过程是指“整合并加速新员工融入组织的过程，并为他们提供工具、资源和知识，使他们更加成功和高效”，这其实是指新员工从接受新工作到胜任工作的整个过程，暂且将其理解为“适职过程”。

一名新员工融入企业的挑战很大，失败概率极高，而这也往往成为招聘战役的“滑铁卢”。这种由于员工没有理解甚至错误地理解了企业的政策、商业流程、工作责任而采取的不恰当的行为所造成的隐性损失不可估量。而忽视这一过程的管理，极有可能使招聘努力付之东流，而且要重新开始！

一个精心设计的“适职过程”能够降低新员工失败的概率，提高其学习效率，增加新员工对企业的贡献，也能够帮助员工从新的职位中发现价值，进而迈向成功。“沟通”在这一过程扮演着极其重要的角色，业务主管应该清楚他们需要承担的“沟通职责”，向新员工表达他们的“期望”，并去理解新员工的“期望”，尤其是知识型员工。

适职过程并不复杂，企业可以参考下面的流程，见表 5–9。

表5-9　适职过程的流程

阶段	入职时间	过程
准备阶段	前一天	1. 向新员工表示欢迎； 2. 与新员工沟通第一天要做的事情； 3. 做好入职准备工作
入职阶段	第一天	1. 分享企业的价值观和使命； 2. 把新员工介绍给公司和上级领导； 3. 引荐新员工适职期的导师； 4. 沟通并满足新员工的期望和需求
	第一周	1. 明确新员工能够融入并开始工作； 2. 设定绩效期望和工作内容； 3. 分配给新员工有意义的工作并阐述远景； 4. 通过沟通了解完成本工作所需要的资源、工具、人际关系等
整合阶段	三个月	1. 提供必需的培训； 2. 监控绩效并提供反馈； 3. 通过入职调查或员工建言得到新员工的反馈
超越阶段	第一年	1. 认同员工的贡献和成绩； 2. 提供绩效沟通和绩效反馈； 3. 与员工一起制订发展计划

点评：招聘的最后一个过程，即人员录用。这一阶段往往包括试用合同的签订、员工的初始安排、试用、正式录用等环节。对于这一阶段的工作，有不少企业不够重视，实际上它关系到能否唤起新员工的工作热情的问题。如果员工在试用阶段（适职阶段）没有实现组织社会化，没有如期地融入本企业，则会使员工的工作表现不尽如人意，导致招聘效果大打折扣。

一、人员录用的原则

（一）因事择人与因人任职相结合

因事择人强调人员录用必须按照岗位的特性，根据工作的需要来进行。同时，还必须考虑每个人的能力及特点、个性的差异来安排相应的职位。把因事择人与因人任职相结合，可以大大提高人力资源的利用率。

（二）平等竞争原则

对所有应聘者应当一视同仁，不要人为地制造各种不平等的限制。对合格人员应该竞争录用、择优录用。

（三）慎用过分超过任职资格条件者的原则

在坚持平等竞争、择优录用原则的同时，还必须谨慎录用那些过分超过任职资格条件的应聘者。一般而言，任用一个知识、经验、技能和素质水平远高于工作要求的候选人，未必是一件好事。因为录用后，这类员工的要求（包括工资待遇、工作条件与环境等）往往过高，流动的可能性也增大。这里讲的是慎用，并非简单不用，而是要与候选人的工作动机和素质等因素密切联系进行判断和决策。

（四）重工作能力原则

在合格人选的基本条件差不多的时候，以往的工作经验和工作绩效应是决策时看重的条件。也就是说，当其他条件相同或相似时，工作能力强者优先。

（五）工作动机优先原则

在合格人选的工作能力基本相同时，候选人希望获得这一职位的动机强度是决策时所注重的又一个基本点。研究表明，个体的工作绩效一般取决于个体的能力和积极性两方面因素。如果两个人的能力基本相同，积极性却很不相同，那么，两个人的工作绩效则显著不同。所以当候选人的工作能力基本相同时，积极性高的优先。

二、人员录用的注意事项

（1）正式录用后，要及时通知已被录用的应聘者，同时，对于未被录用的应聘者，要由人力资源管理部门领导亲笔签名，人事专员委婉地拒绝。

（2）录用后的合同签订、试用期的培训等工作必不可少，这是关系企业形象的重要工作。

（3）如果空缺的岗位没有很大的发展前景，就不要录用能力超强的人。因为对工作感觉不充实的员工会很快对工作感到厌烦并离职。

（4）有些应聘者只想暂时找一份工作安身，然后再慢慢找一个更稳定的工作，对这些人要特别留心。企业很可能在他们身上投资了 3 个月的人员训练，而他们却在工作快要进入状态时离去。在甄选人员时，一定要就这一点对应聘者诚恳地表达出质疑。

（5）要特别注意那些频频更换工作的应聘者，他们现在也许会在新领导面前指出其以前领导的问题，同样，他们也有可能在数个月后在别人的面前指责现在的领导。一个不诚恳的应聘者并不是企业所要用的人。

（6）在决定录取某个人员时，要考虑这个人是否能跟小组里的其他成员相处，邀请他到应聘部门去待半天，便可知晓。

（7）对那些自称运气不好的应聘者要特别小心，不论他们解释得如何言之有理，也不要轻易相信。

（8）永远不要试图能在“百坏中选一好”。如果明知某人很不适合，但仍加以录用，那等于是在不久之后又得将“求才”程序再来一遍。

（9）假如面试后合适的应聘者有好几个，要利用考试的方法找出最佳人选。

（10）面试者千万不要急着做决定，尤其不要因为某一个应聘者急着想要知道结果，便受到影响。

此外，如果上级领导不满意招聘人员的方式，认为目前的甄选成本过高或用时过长，可以告诉他用错人所付出的代价会更高。

思考题

1. 招聘的概念、原则、前提和流程是什么？
2. 人员招募渠道的种类及其优缺点是什么？
3. 招募信息发布应遵循的原则有哪些？
4. 人员选拔的过程和模式是什么？
5. 人员选拔的主要方法有哪些？
6. 面试的概念和类型是什么？
7. 面试效果的影响因素及增强面试效果的对策有哪些？
8. 情景模拟的概念是什么？
9. 人员录用的原则及须注意的事项有哪些？
10. 新招录的员工入职后不久就提出离职，导致招聘失败的原因有哪些？如何避免？

在线自测

扫一扫　练一练

第六章

人员素质测评

本章要点

- 人员素质测评的含义；
- 人员素质测评的作用；
- 人员素质测评的原理；
- 人员素质测评的类型；
- 人员素质测评的原则；
- 人员素质测评的方法；
- 心理测验；
- 面试；
- 评价中心；
- 人员素质测评的实施程序。

案例 6-1

华为的人才招聘观

华为创立于1987年，是全球领先的信息与通信（ICT）基础设施和智能终端提供商。

华为始终认为：人才是第一生产力。当很多企业还停留在人力成本控制阶段时，华为已经提出了人力资本优先于财务资本增长的理念，将人力资源提升到企业战略的高度。初创业阶段，尽管实力单薄，华为仍在小范围内寻求技术人才。自1998年后，企业进入高速发展阶段，尽揽人才于高校，“万人招聘”的盛况让华为声名鹊起。从2005年开始，华为招聘的人才明显倾向于为全球业务发展服务。可见，华为的人才招聘计划完全是根据企业不同发展阶段的不同需要而制订的。

华为一直以来都以开放的用人态度广纳英才，不拘泥于学历、经验、国籍等因素，更看重人才的发展潜力。华为认为，只要用心，知识和技能谁都能学到，但并不是每个人都具有可塑性，都能在未来的工作岗位上有所建树。秉承着“英雄不问出处”的人才选拔理念，华为非常坚定地认为，改变世界的都是年轻人，要的就是“一文不名，但胸怀大志”

的精兵强将。

华为的招聘渠道总体上比较中规中矩。根据招聘渠道来划分，主要是社会招聘和校园招聘。华为在不同招聘渠道有着不同的选人标准。针对应届毕业生和有工作经验的人的不同特点，华为在这两种渠道的招聘方式上也有所不同。

华为面向社会的招聘主要是在各大人才市场或者在互联网上发布招聘广告，这种模式能够广泛而迅速地召集到各类人才。针对这些有工作经验的人，华为主要侧重于考查应聘者对专业技术的掌握程度和实际操作能力。在社会招聘中，前来应聘的人员以前都担任过类似的职位，而华为发布的社会招聘岗位，大多数都希望新员工能够尽快上手。这也意味着华为利用社会招聘渠道选拔人才时，应聘者的专业能力是“第一板斧”。如果应聘技术支持岗位，华为的面试官会拿出好多套题目，应聘者可以根据特长选择。

校园招聘一向是华为非常重要的招聘渠道，华为每年都会从全国重点院校招募人才。相较于社会招聘，在招聘基层员工时，华为更热衷于从大学校园里选拔。对于应届毕业生，在专业知识水平比较符合华为要求的情况下，华为更看重吃得了苦、努力好学并且能够尊重和包容他人的大学生。笔试和面试时，华为也会重点考量应聘者的潜力和未来可塑性，比如智商、情商、性格、心理素质、个人素养等。而且，为了防止对应聘者的考查过于片面化，华为的面试一般进行三轮或四轮，由不同的面试官从不同方面进行考查。

华为采用“行为描述式”的招聘面谈方式，即基于某个岗位对个人能力、素质以及价值观的要求，依据岗位素质模型，编写更具针对性的问题。设计问题的工具也被称作“STAR”面试法，每一个字母都代表一种类型的问题：S 指情境，如这件事发生的时间、地点、人物等背景介绍；T 指任务，如你要完成什么任务，面临什么抉择和困难；A 指行动，如你扮演了什么角色，做了哪些事情；R 指结果，如事情的结果如何，你收到了什么反馈。在面谈过程中，招聘者让应聘者围绕问题描述非常具体的工作事件，并根据细节进一步追问，以此判断应聘者是否应该被录用。

此外，华为也很注重价值观的匹配。2000 年，华为曾一次性从大学招聘了 300 多名应届毕业生，但不到一年的时间，这些人才流失大半，给公司造成了很大的损失。在经历无数次教训之后，华为进行反思：当面对岗位素质能力匹配度和价值观匹配度的衡量时，优先选择价值观匹配度较高的人才。华为认为应聘者如果在技术上暂时无法达到岗位要求，可以通过不断学习来加强；但如果应聘者在思想层面与华为的价值观不能共通甚至相悖，即使他有着天才技能，也无法被录用。

招聘的根本目的是为企业创造更多的价值。招聘并不是结束，而是开始，在新员工入职后做好试用期辅导、培训等工作，充分挖掘新员工的潜能，为企业创造更大的价值，才是华为招聘工作的最终目的。

资料来源：文丽颖 . 华为的人力资源管理 . 深圳：海天出版社，2006：6-13. 庞金玲，蒋国强 . 板凳要坐十年冷：内部解密华为人才管理——“士兵”如何成长为“将军”. 北京：中信出版集团，2021：28.

点评：从上述案例可以看出，华为在招聘人才时，对不同招聘渠道的应聘者有不同的要求，采用不同的招聘方式。同时，除了要求应聘者的专业技能外，也越来越呈现出人才选拔的新特点，即个人特征与目标组织特征的匹配，要求应聘者的价值观与组织强调的价值观一致。此外，华为已经形成了一套基于岗位素质模型的面谈方式，以此来识别应聘者各方面的能力。

人员素质测评，就是运用科学的方法对应聘人员的知识水平、能力及倾向、工作技能、个性特征和发展潜力实施测量和评价的管理活动。它通过运用现代心理学、测量学、社会学、统计学、行为科学及计算机技术等多种学科的原理和方法，为“知人”和“自知”提供科学依据，为人才的选拔、培养和职业生涯规划提供参考。

第一节 人员素质测评概述

一、人员素质测评的相关概念

（一）素质与素质模型的含义

1.素质的含义

素质是指个体为了完成某项活动与任务所具备的基本条件和基本特点，是行为的基础与根本因素。它包括身体素质（力量、速度、耐力、灵敏、柔韧）、心理素质（感知、技能、能力、气质、性格、兴趣、动机）、道德素质和专业素质等多个方面。身体素质是个体在运动、劳动和日常活动中，各个器官系统功能的综合表现。心理素质是人类在长期的社会生活中所形成的心理活动在个体身上的积淀，是一个人在思想和行为上表现出来的比较稳定的心理倾向、特征和能动性。

2.素质与绩效的关系

早在20世纪40年代，西方学者在研究绩效时就开始关注人的素质对绩效的影响。

1941年，美国学者约翰·弗莱纳根（John Flanagan）在研究美国飞行员绩效问题时提出，工作分析的主要任务之一就是描述这些工作行为所需要的素质，并于1954年创造了关键事件法，将素质引入绩效研究。

1973年，美国著名心理学家大卫·麦克利兰（David C. McClelland）在其发表的文章中指出，人的智力因素对其工作的成败并不具有绝对的影响效力，它们之间的关系要视情况而定，采用智力测验的方式预测未来工作的成败是不可靠的。他倡导用素质模型取代智力因素预测未来工作的绩效。

3.素质模型的含义

素质模型

素质模型，也称胜任素质模型、胜任力模型，是个体所应具备的对个人绩效和企业成功产生关键影响的各种素质要素的组合。美国学者莱尔·斯潘塞（Lyle M. Spencer）针对素质模型给出了一个较完整的定义，即素质模型是指与参照效标（优秀的绩效或合格绩效）有因果关系的个体的深层次特征。这一概念包括以下三方面含义：

（1）深层次特征，是指个体潜在的特征，能保持相当长一段时间并能预示个体在不同情况和不同工作任务中的行为和思考方式，其基本层面为深层的动机、特质、自我形象、态度和价值观，浅层的知识和技能。

（2）因果关系，是指胜任素质能引起或预测行为和绩效，一般说来，动机、特质、自我概念和社会角色等胜任素质能够预测行为反应方式，而行为反应方式又会影响工作绩效。

（3）效标参照，是指胜任素质能够按照某一标准（优秀或合格）来预测效标群体的工作优劣。

人力资源管理中通用的胜任素质模型大致可分为冰山模型和洋葱模型两种。

（二）素质的冰山模型

素质的冰山模型

斯潘塞在麦克利兰研究的基础上提出了一个著名的素质冰山模型，如图 6-1 所示。所谓冰山模型，就是将人员个体素质的不同表现形式划分为表面的“冰山水上部分”和深藏的“冰山水下部分”。其中，“冰山水上部分”包括基本知识和技能，是外在表现，是容易了解与测量的外显部分，相对而言也比较容易通过培训来改变和发展；而“冰山水下部分”包括角色定位、价值观、自我认知、品质和动机，是内在的、难以测量的内隐部分，它们不太容易通过外界的影响而得到改变，但对人员的行为与表现却起着关键性的作用。

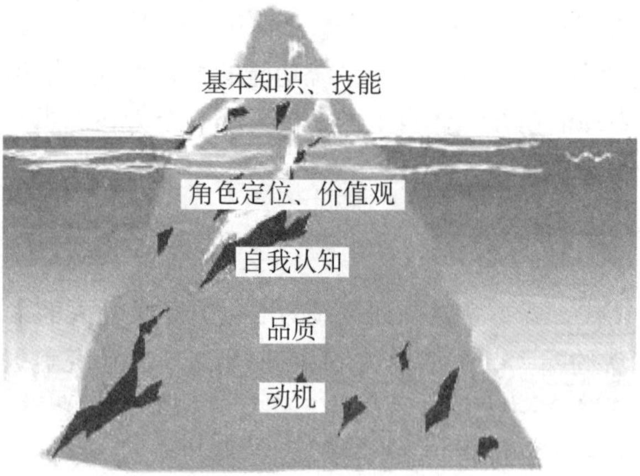

图 6-1　素质的冰山模型

（三）素质的洋葱模型

美国学者理查德·博亚特兹（Richard Boyatzis）对麦克利兰的素质理论进行了深入和广泛的研究，提出了素质洋葱模型，[①] 展示了素质构成的核心要素，并说明了各构成要素可被观察和衡量的特点。素质洋葱模型中的各核心要素由内至外分别是个性和动机、自我认知、价值观、态度、知识、技能等，如图 6-2 所示。

个性是指个人典型的稳定的心理特征的总和；动机是引起、维持和指引人们从事某一活动的内在动力；自我认知是指个人对于自身能力和自我价值的认识；价值观是指一个人对周围客观事物的意义、重要性的总体评价和总的看法；态度是个体对待客观事物所持有的一种持久而一致的心理和行为倾向；知识是指个体在某一领域所拥有的陈述性知识和程

① 黄维德，董临萍．人力资源管理．北京：高等教育出版社，2009：105.

序性知识；技能是指个体运用知识完成具体工作的能力。

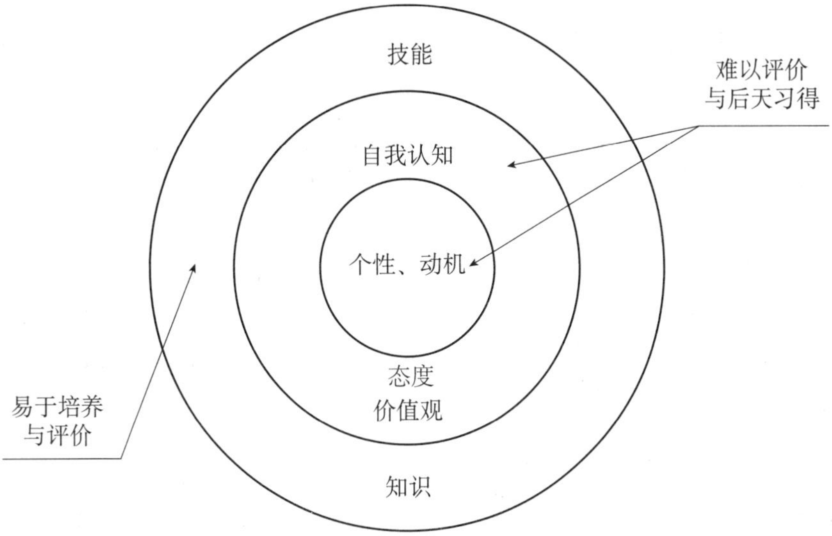

图 6-2 素质的洋葱模型

所谓洋葱模型，是把胜任素质由内到外概括为层层包裹的结构。越向外层，越易于培养和评价；越向内层，越难以评价和后天习得。大体上，“洋葱”最外层的基本知识和技能，相当于“冰山水上部分”；“洋葱”最里层的动机和个性，相当于“冰山水下最深的部分”；“洋葱”中间的自我认知与价值观等，则相当于“冰山水下浅层部分”。洋葱模型同冰山模型相比，本质是一样的，都强调核心素质和基本素质。对核心素质的测评，可以预测一个人的长期绩效。相比较而言，洋葱模型更突出潜在素质与显现素质的层次关系，比冰山模型更能说明素质之间的关系。

（四）人员素质测评的含义

人员素质测评（Personnel Quality Evalution）是指测评者采用科学的测量方法和手段对被测评者的身体素质和心理素质进行测量和评价的过程。人员素质测评包括“测”和“评”两层含义。“测”是指测试，是以量化的方式对人的能力水平及倾向、个性特点和行为特征等进行测量；“评”是指评价，是以定性化的方式对人的能力水平及倾向、个性特点和行为特征等进行评价。从心理学的角度来看，个人稳定的素质特点主要包括能力因素、个人风格因素和动力因素。从职业发展的角度来看，上述几方面的因素的确在人的职业行为中起着重要作用。因此，人员素质测评理论对人的能力因素、个人风格因素和动力因素进行测量和评价是客观可信的。

对个人而言，人员素质测评有利于个人职业生涯规划的制订与实施，可以帮助被测评者选择适合自己的职业，结合现代职业人应具备的素质制订合理的未来发展计划，不断适应现代职业对从业人员的要求，同时还有利于组织凝聚力和工作效率的提高。对组织而言，人员素质测评可以帮助一个组织有效地选拔和合理地利用人才，做到才尽其用。

二、人员素质测评的作用

（一）为人力资源培训开发提供科学依据

人力资源培训开发是组织采用教育、培训、调配、使用和管理等有效方式，塑造和发掘特定群体或个体的内在素质和潜能，以期提高其质量和效率的过程。哪些员工需要培训？哪些素质和能力需要培训？选择的依据都来自素质测评的结果。通过测评，员工在岗位上的胜任力都可以完整地呈现，可以根据其表现出的优势和劣势进行有针对性的培训开发。基于员工能力的测评能准确评价员工所具备的能力与岗位所需胜任力之间的差距，从而为培训开发内容和方式的设计提供依据。除此之外，人员素质测评还可以检查培训开发的效果，在培训结束后，利用测评工具对被测评人员再做一次能力、技术、心理和其他各方面素质的评估，其结果可作为数据资料来验证培训开发的效果。

（二）为招聘选拔提供科学的评价技术与工具

人员素质测评作为一种新型的识别人才的方法体系，通过科学的评价技术、严密的测评过程和客观的评分标准，对被测评者素质的结构形式、成熟程度及发展趋势进行综合性测评，以判断其能力类型与未来岗位要求的契合程度。在员工招聘工作中，人员素质测评主要是用来挑选组织的中高层管理人员、技术人员的。人的业务能力、外显行为和浅层心理，可以通过书面材料、面试观察等途径进行了解；而人的深层心理、人的潜能则犹如深海中的冰山，再高明的专家仅凭面试也只能窥探冰山的一角。面试交流的感性认识辅以人员素质测评量化技术的理性分析，再针对职位特点对人才进行全面、公正、客观的评价，则可以比较全面地评价人才的素质，做到知人善任。利用人员素质测评可以为组织把好招聘关，为组织招聘到合适的人才。

（三）为人岗匹配提供基本依据

现代组织是一个内部分工明确，各个部门专业化程度较高，且不同部门对人员的素质要求有很大区别的系统。所以，组织中员工的素质就会呈现多样性和复杂性。为了使具备不同素质的人员都能得到合理的安置，就需要对员工的素质进行测评，以能力和岗位相匹配为原则，对员工进行合理的配置。一方面通过工作分析确定从事每项工作所应具备的素质类型和素质结构；另一方面以人员素质测评为依据，全面了解每个人的素质状况，将每一位员工安排到适合自己的岗位上，以做到人岗匹配，最大程度地发挥员工的潜能，避免人才的浪费。

（四）为绩效考核和诊断提供解决方案

绩效考核是人力资源管理的重要模块，素质测评对人力资源考核工作具有非常重要的实践意义，也是保障考核科学性和准确性的必要条件。素质测评是一种综合性考核，既对员工在工作中可能展现的所有素质进行测度和评价，并最终给出一个综合评价和分项素质评价结果，也是对员工未来可能的绩效水平的一种预测和判断。在管理中存在的许多问题，其根本是人力资源管理问题，诊断型素质测评有助于针对这些问题寻找原因并提供解决方案。

三、人员素质测评的原理

（一）个体差异原理

个体差异是指个体在成长过程中受遗传和环境的交互影响，使得个体在身体特征和心理特征上显示出彼此各不相同的现象。个体的素质差异不仅表现在生理、性别和外貌上，而且更多地体现在心理上。心理差异可归结为两个方面：一是个性倾向差异，包括兴趣、爱好、需要、动机、信念、理想、世界观等方面的差异；二是个性心理特征差异，包括能力、气质与性格等方面的差异。

由于个体之间客观存在的差异，不同人就会对同一工作有着不同的适应性，或者表现为不同的工作要求具有不同个性心理特征的人来承担。只有这样，才能使工作效率最大限度地发挥出来，使工作越做越好。正是由于个体间的素质存在差异，人员素质测评才显得十分有意义。如果个体素质不存在差异，那么人员素质测评就会失去其存在价值。所以说，个体素质差异是人力资源素质测评存在的客观基础。

（二）职位类别差异原理

职位类别是指采用一定的标准，依据一定的分类原则，对从业人员所从事的各种社会职业进行全面、系统的划分与归类。我国的职业分类体系将职业划分为 8 个大类，66 个中类，413 个小类和 1 838 个细类。每一种职业都是依据工作性质的同一性，并考虑相应的能力水平进行分类的。所以，组织中不同类别的职位所承担的工作内容、工作责任、难易程度以及能力水平要求等，在客观上是不尽相同的。也就是说，不同的职位在客观上是存在差异的。人员素质测评的一个重要作用就是为岗位选拔合适的人员，实现人岗匹配。在进行测评的时候，要依据岗位的具体要求来测评员工，考查员工是否具备岗位所要求的素质和能力。

（三）测量与评定原理

测量是采用科学的方法对个体的素质进行定量化的描述，并最终得到关于个体的素质特征的得分情况；评定则是对有关人员素质的价值大小的主观评判。客观描述应以客观的行为和数据为依据，不得掺入个人主观因素和偏见；主观评判则以客观描述为依据，也不得掺入个人主观因素和偏见。因此，两者不是对立的，而是统一在客观行为和事实的基础之上的，否则，主观评判就将成为主观主义的判断。

（四）定量方法与定性方法相结合的原理

定量测评是指采用数学的方法，收集和处理数据资料，对评价对象做出定量结果的价值判断。它具有客观化、标准化、精确化、量化、简便化等鲜明的特征；而定性评价是不采用数学的方法，运用分析、综合、归纳等方法，对测评者做出定性评价的价值判断。定性所注重的通常是“质”的方面，而不是“量”的方面。但作为科学合理的定性，必须以定量为客观基础。因此，在进行人员素质测评时，必须将定量测量与定性评价结合起来。

四、人员素质测评的类型

按照测评的目的和用途，可将人员素质测评分为以下几种类型。

（一）配置性测评

配置性测评是以实现人力资源的合理配置，达到人岗匹配为目的。实践表明，每一种工作职位对任职者都有一个基本的素质要求，当任职者的能力、兴趣和价值观恰好与职位的要求相吻合时，则可以达到最佳的人力资源配置效果。配置性测评具有以下特点。

1.针对性

针对性特点体现在整个测评的组织实施与目的测评上。配置性测评是以所配置岗位的工作要求为依据，寻找合适的应聘者，整个测评过程都是围绕这个目的而开展的。

2.客观性

客观性特点主要体现在测评的标准上。配置性测评必须以工作分析所确定的岗位的客观要求为标准，不能主观制定。

3.严格性

严格性主要体现在测评的标准和测评的过程中。标准的客观性说明了标准是不能随便制定的，这恰好也体现了严格性的特点。过程的严格性是指测评必须按照科学的程序进行，不能随意改变测评的程序。

（二）选拔性测评

选拔性测评是根据职位的需要，以选拔优秀人才为目的的测评。当某一职位的应聘者数目过多，需要从中进行挑选时，就需要采用选拔性测评的方法。选拔性测评具有以下特点。

1.强调测评的区分和选拔功能

选拔性测评以区分和选拔优秀人才为目的，它是一种相对性的测评，是将优秀求职者和一般求职者区分开来，以便于选拔。

2.测评标准刚性较强

选拔性测评强调区分不同素质、不同能力的求职者，鉴于此，对人的要求就非常严格和精确。

3.测评指标的选择具有灵活性

一般来说，其他测评类型的指标都是将人员素质测评目标分解后直接制定，是测评标准的具体体现。而选拔性测评的指标允许有一定的灵活性，它以客观、便于操作及相关性为前提，甚至可以是一些表面上看起来与测评标准不相干的指标。

4.测评结果多以分数或等级的形式呈现

这一特点与其他测评类型相比特别明显。评语式的测评结果无助于区分测评功用的发挥。

（三）开发性测评

开发性测评是以开发员工的素质为目的的测评，强调通过测评来勘探个人的优势和劣势，尤其是潜在的发展可能。人的素质具有可塑性与潜在性，有些人也许并不具备某方面的素质，但可能具有发展这方面素质的潜力。发现这些人的潜力，这就是开发性测评的目的。开发性测评的特点如下。

1.勘探性

勘探性是指开发性测评对人力资源带有调查性，主要了解总体素质结构中，哪些是优势素质，哪些是短缺素质，哪些是显性素质，哪些是潜在素质，哪些素质有开发价值等。

2.配合性

配合性是指开发性测评一般是与素质开发相配合进行的，是为开发服务的。

3.促进性

促进性是指开发性测评的主要目的不在于评定哪种素质好，哪种素质差，哪种素质有，哪种素质无，而在于通过测评激励与促进各种素质的和谐发展与进一步提高。

（四）考核性测评

考核性测评又称鉴定性测评，是以鉴定与验证某种素质是否具备或者具备程度的高低为目的的素质测评，经常穿插在选拔性测评与配置性测评之中。它具有以下特点：

（1）测评结果主要是给想了解求职者素质结构与水平的人或雇主提供依据或证明，是对求职者素质结构与水平的鉴定。

（2）它侧重于求职者现有素质的价值与功用，比较注重素质的现有差异而不是素质发展的原有基础或者发展过程的差异。

（3）具有概括性的特点。它测评的范围比较广泛，涉及素质表现的各个方面，是一种总结性的测评。

（4）要求测评结果具有较高的信度与效度。考核性测评与其他类型的测评相比更要求所做的评定结论有据可查，而且充分全面，更要求所做的评定结论能够验证有关的结果。

（五）诊断性测评

诊断性测评的主要目的是了解素质现状或素质的开发问题。在组织管理中常常遇到一些问题，这些问题需要从人才素质测评方面查找原因，这就需要实施诊断性测评。诊断性测评具有以下特点。

1.测评内容精细、全面

诊断性测评的目的是查找问题的原因，测评时就如同医生问诊一样，任何细节都不能放过，故测评内容十分精细与深入。

2.测评过程寻根究底

诊断性测评一般是从观察现象出发，层层深入分析，综合考虑，直到找到答案。

3.测评结果不公开

其他各种类型的人员素质测评，其结果一般都向有关人员公开；而诊断性测评的结果，只供内部掌握与参考。

4.测评具有较强的系统性

诊断性测评要求从表面特征与标志观察搜寻入手，继而深入分析问题出现的原因，诊断“症状”，由此提出改进的对策和方案。

五、人员素质测评的原则

在进行人员素质测评的时候，应遵循以下原则。

（一）客观性原则

测评必须以人员的素质、能力、绩效等为客观基础，以被测评者实际所表现出来的行为和事件为依据，尽量减少甚至是排除测评者的主观随意性。

（二）标准化原则

由于人员素质测评的结果很容易受到测评者主观因素的影响，因此在进行素质测评的时候就必须强调标准化。标准化原则主要包括程序的标准化、施测条件的标准化、测量工具的标准化和施测方法的标准化。

（三）信度和效度的原则

测评的信度是指测量结果的可靠性、一致性和稳定性程度，即测量结果是否反映了被测者稳定的、一贯性的真实特征；测评的效度是指测量的有效性，即测量工具或手段能够准确测出所需测量的事物的程度。信度是效度的前提条件，效度是科学的测量工具所必须具备的最重要的条件。

（四）可行性原则

任何一项人员素质测评方案所需要的时间、人力、物力、财力应为使用者的客观条件所允许。在进行可行性分析时，应考虑限制性问题分析、目标效益分析以及潜在问题分析。

（五）可比性原则

人员素质测评的一个重要目的就是依据测评的分数，在不同素质特征的人员中做出选择。因此，在进行人员素质测评时要确保测评所得到的分数具有可比性。

六、人员素质测评的发展

（一）西方国家人员素质测评的发展

西方国家人员素质测评的发展是从心理测验起步的，到 19 世纪 80 年代以后，以高尔顿、卡特尔、比奈为代表的学者对人员素质测评做了大量的研究。

高尔顿（Galton）是英国的生物学家和心理学家，在研究遗传问题的过程中，他认识到有必要测量那些有亲缘关系和没有亲缘关系的人们的特性，以确定其相似程度。他设计了许多简单的测验，试图由各种感觉辨别力的测量结果来推估个人智力水平的高低。此外，高尔顿还是应用等级评定表、问卷法以及自由联想法的开创者。

美国心理学家卡特尔（Cattell）早年在德国留学，师从创立世界上第一个心理学实验室的冯特。1888 年，他在英国剑桥大学任职期间，与高尔顿过从甚密，深受高尔顿的影响。回到美国后，卡特尔编制了几十种项目的测验，包括测量肌肉力量、运动速度、痛感受性、视听敏度、重量辨别力、反应时间、记忆力以及类似的一些项目。此外，他还编制了著名的“卡特尔 16 种人格测验”，简称“16PF”。

1905 年，法国心理学家比奈（Binet）通过观察多种简单的行为活动来检测构成智力的各个因素，从而了解一个人的智力水平，并编制了世界上第一个智力测验量表——比奈 - 西蒙量表，成为智力测验的创始人。

第一次世界大战期间，美国使用团体测验方法选拔军人是人员素质测评在人事方面的第一次成功尝试。到了 20 世纪 50 年代，心理测量学家们在实践中评价求职者的“岗位适合度”，自此开始重视人职匹配。通过面试、投射测验等一系列测评方法，得到了被测评者的素质特点和能力水平，再与岗位要求相对应，挑选出适合岗位者。20 世纪 60 年代以后，人职匹配测评在许多大公司开始应用，使得测评对象不仅仅是以普通员工为主，而且扩展到中层和高层的管理人员。近几十年，随着测评工作更加专业化，西方国家出现了许多专门提供人员素质测评服务的公司，它们把人员素质测评技术应用到人力资源开发的各个领域中。

（二）我国现代人员素质测评的发展

人员素质测评的思想在我国古代就普遍存在。但是，那时候的测评只有定性的评价，没有对人员的素质做一个定量的描述，因而还称不上是现代意义上的人员素质测评。在我国，真正意义上的人员素质测评始于 20 世纪 80 年代，其发展大致经历了以下三个阶段。

1.萌芽阶段

1980 年至 1988 年，我国在心理测验的应用主要局限于教育领域，在社会经济领域的应用很少，在组织领域的应用就更少了。而且，当时仅有少数心理学家和测评专家开始在社会经济领域开展人员素质测评的应用研究。这一时期人员素质测评的发展还处在萌芽时期。

2.初步应用阶段

1989 年至 1992 年，国家公务员录用考试制度开始建立。至 1992 年年底，全国 29 个省（自治区、直辖市）、国务院三个部门都不同程度地采用了人员素质测评方法以补充人员，并且取得了良好的效果。这使得人员素质测评在社会上引起了人们的广泛关注。与此同时，我国在高级官员的任职中也开始借用人员素质测评技术。这种选拔方式客观公正，深受社会各界的欢迎。

3.繁荣发展阶段

从 1993 年至今，我国各地纷纷建立了人才市场，人才交流日益密切和繁荣，从而促进了人员素质测评的快速发展。从某种意义上讲，传统的人才价值尺度（如学历、工作经验和职称等）并不能客观准确地反映人才的价值，所以必须借助于人员素质测评。随着人员素质测评应用的不断扩大，新的人员素质测评手段不断发展，从事人员素质测评研究和服务的机构也不断增多。所有这些都象征着我国人员素质测评事业已经到了一个繁荣发展阶段。

案例 6-2

H省电力公司信息运维人员胜任力素质模型的构建

H 省电力公司是国家电网公司的全资子公司，为特大型国有企业，主要承担 H 省内电力资源优化配置，为该省经济社会发展和人民生活提供可靠优质的电力保障。

随着国家电网公司提出发展智能电网的总体目标，对信息化规范关键技术研究、信息安全保障、信息系统运行水平、信息化专业管理、单位信息化建设工作的信息化人才提出了更高的要求。智能电网的发展，以及公司 ERP、SG186 工程建设投入使用后，也让整个电力行业和 H 省电力公司面临从组织到业务的全面变革，产、输、配、售各个环节将按照新的价值链顺序进行重组。为此，H 省电力公司专门组织人力资源部的管理人员，经过一年多的调研，开发出基于电力公司信息运维人员的胜任力模型，为员工培训计划的制订提供了参考。

结合胜任力素质模型的构建方法和流程，人力资源部的管理人员将信息运维人员胜任力素质模型的构建过程分为以下几个阶段。

一、前期准备

1. 成立项目小组，包括 HR 部门、研究对象部门管理者、咨询人员。

2. 制订工作计划，向项目小组介绍相关知识。

3. 项目启动，召开动员大会，争取公司高层领导的支持。

4. 收集信息资料，包括公司基本情况、战略规划、组织结构、部门业务流程、岗位说明书、绩效考核表、人员基本信息（年龄、学历、性别、职称、工作年限等）、人员异动情况，分析当前信息岗位人员存在的问题。

二、实施阶段

（一）定义绩效标准

1. 若公司绩效考核指标设置齐全，可将信息运维人员的全年平均绩效考核系数作为绩效标准。

2. 将指标分析、项目小组讨论和头脑风暴法作为补充办法。包括硬指标，如研发任务完成率；行为指标，如主动性、执行力等；能力指标，如业务技能、人际技能等。

（二）选取分析样本

本研究分别抽取绩效优秀者 10 人，绩效一般者 10 人作为样本。

（三）获取分析胜任特质的数据资料

1. 行为事件访谈法（BEI）：让被访谈者详细描述他们在工作中遇到的关键事例，包括正面事件和负面事件各两三项，以此作为访谈编码基础。运用 STAR 工具访谈，每人访谈时间约 2 个小时。

2. 普遍性问卷调研：开发相关问卷，扩大样本进行调研，统计信息人才自己心目中产生优秀绩效所应具备的能力素质和典型行为。

（四）信息整理、分析和统计

1. 编码：通过访谈报告提炼胜任特征，对访谈内容进行分析、归纳，统计出各种胜任特征在报告中出现的频次。

2. 汇编出胜任特征频次统计表：对比优秀和一般信息岗位人员的差异，归纳出优秀信息岗位人员独具的胜任素质特征，并对每个特征进行定义。

3. 权重设置：通过专家讨论，基于访谈法和问卷法不同的权重（如访谈法权重是 60%，问卷法权重是 40%），综合确认各胜任素质项的权重。

（五）验证胜任素质模型

在构建信息运维人员胜任力素质模型后，项目小组随机抽取运维人员的上级、同事、下级和客户进行 360 度问卷调查，验证模型的准确性。

（六）形成胜任力素质模型

把绩效优秀者所表现出来的而绩效一般者没有的关键胜任力特征确定为信息人才的区分类胜任力特征，把两组中相似项作为基准类胜任力特征，汇总如表 6-1 所示。

表6-1　信息运维人员胜任力素质模型

区分类胜任力特征	基准类胜任力特征
责任心、系统思维、领导能力、协调能力、项目管理能力、团队合作、成就导向、沉稳、沟通能力	信息安全、创新能力、应变能力、学习能力、细致、职业兴趣、规范化管理、自我激励、知识分享、适应能力、主动性、抗压能力、解决问题的能力、工作与生活平衡、耐心、服务意识、专业技能

资料来源：周凤珍，彭勇 . 信息运维人员胜任力模型研究 . 成都：四川大学出版社，2014：62-65.

点评：胜任力素质模型是组织选人、育人、用人、留人的重要基础。案例中设计胜任力素质模型是为了响应国家电网提出的新要求，通过设计培训体系来打造一支具有高专业技能的运维队伍，为 H 省电力公司的业务变革提供信息人才支持。此外，胜任力素质模型还可以与招聘选拔、人岗匹配、绩效考核等环节结合起来，更有效地进行人力资源管理。

第二节　人员素质测评方法

心理测验、面试和评价中心是人员素质测评常用的方法，这三种测评方法各有其特点。

一、心理测验

（一）心理测验的含义和特点

心理测验是指通过观察个体的少数有代表性的行为，依据确定的原则对这种行为背后的且贯穿于个体行为活动中的心理特征进行科学的数量化分析的过程。

心理测验产生于对个体差异鉴别的需要，广泛应用于教育、企事业单位人员的挑选与测评。在这一过程中，人们编制了许多项目的心理测验。其中影响比较大的心理测验有比奈－西蒙智力测验、斯坦福－比奈儿童智力测试、罗夏墨迹测验（Rorschach Inkblot Method，RIM）、默里与摩根的主题统觉测验（Thematic Apperception Test，TAT）、明尼苏达多相个性测验（Minnesota Multiphasic Personality Inventory，MMPI）、艾森克人格测验（EPQ）、卡特尔 16 种人格测验、皮亚杰故事测验、科尔伯格两难故事测验、雷斯特测验等。

心理测验具有以下五个特点：

（1）心理测验是对行为的测量。这些行为主要是心理的而不是反射性的生理行为（如打喷嚏、打呼噜等），是外显行为而不是内部心理活动，是一组行为而不是单个行为。

（2）心理测验是对一组行为样本的测量。即所测量的行为组是有代表性的一组行为。任何个体在不同时间、不同空间与不同条件下的行为表现是不尽相同的，如果所测量的行为抽样不同，那么得到的结果就会不同。

（3）心理测验的行为样组不一定是真实行为，而往往是概括了的模拟行为。如投射测验中的答题行为不是真实的行为，而是一种间接的行为反应。

（4）心理测验是一种标准化的测验。所谓标准化，在这里是指测验的编制、实施、记分以及测验分数解释程序的一致性。这是测验的内在要求，因为要使测验的最后结果具有可比性，那么测验的条件必须具有等同性或统一性。

（5）心理测验是一种力求客观的测量。

（二）心理测验的分类

心理测验按照不同的标准可以划分为不同的类别，一般分为两大类，即认知测验和人格测验，具体如图 6-3 所示。认知测验测评的是认知行为，而人格测验测评的是社会行为。

认知测验又可以按其具体测验对象，分为成就测验、智力测验与能力倾向测验。成就测验主要测评人的知识与技能，这是对认知活动结果的测评；智力测验主要测评认知活动中较为稳定的行为特征，是对认知过程或认知活动的整体测评；能力倾向测验是对人的认知潜在能力的测评，是对认知活动的深层次测评。人格测验按其具体的对象可以分为态度测验、兴趣测验、品德测验与性格测验。

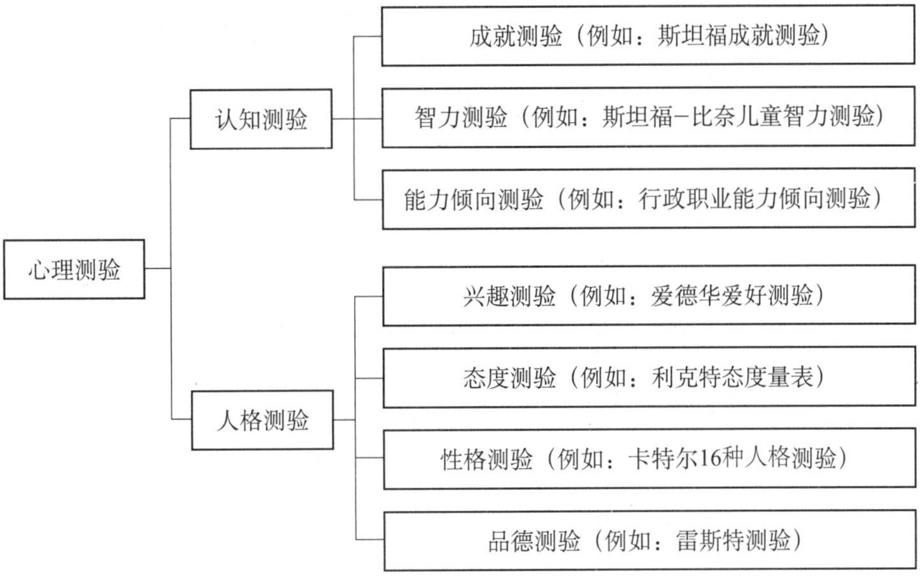

图 6−3　心理测验的类别

1. 认知测验

以下是几种常用的认知测验的方法：

（1）智力测验。智力是指人认识世界并运用知识解决实际问题的起基础作用或保障作用的能力的总和，包括观察能力、记忆能力、注意能力、思维能力等各个方面。

美国医学心理学家韦克斯勒（David Wechsler）编制了一个适用于成人的智力量表，于 1939 年初次发表，并不断实施和修订，于 1955 年再次发表。韦克斯勒量表测量的年龄范围是 16～64 岁。整个量表由言语量表和操作量表两部分组成，如表 6−2 所示。前者包括常识、记数广度、词汇、计算、理解、相似性六个分测验；后者包括完善图片、图片排列、积木设计、物体装置、数字符号五个分测验。测验后可得到三种智商：言语智商、操作智商和平均智商。

表6−2　韦克斯勒量表的内容

分测验的名称		测验的内容
言语量表	常识	知识的广度、一般学习能力及对日常事物的认识能力
	记数广度	注意力和短期记忆能力
	词汇	言语理解能力
	计算	数学推理能力、计算和解决问题的能力
	理解	判断能力和理解能力
	相似性	逻辑思维能力和抽象概括能力

续表

分测验的名称		测验的内容
操作量表	完善图片	视觉记忆、辨认能力、视觉理解能力
	图片排列	知觉组织能力和对社会情境的理解能力
	积木设计	分析综合能力、知觉组织及视动协调能力
	物体装置	概括思维能力与知觉组织能力
	数字符号	知觉辨别速度与组织能力

通过韦克斯勒的智力测验获得的智商分布如表 6-3 所示。

表6-3　智商与人口分布

智力类型	智商	占人口百分比（%）
超优	130 以上	2.2
优秀	120～129	6.7
中上	110～119	16.1
中等	90～109	50
中下	80～89	16.1
低等边缘	70～79	6.7
智力缺陷	69 以下	2.2

目前，国外流行的是斯坦福 - 比奈量表和韦克斯勒量表。这些量表的不断使用和修订，已经取得了以下四个方面的成果：

第一，初步确定了不同智力水平的智商区间和占总人口的百分比。

第二，证明了智商数与受教育程度之间呈现出高度的正相关。这说明，人的智商并非完全取决于先天的遗传因素，也取决于后天的智力投资，智力投资是智商开发的有效手段。

第三，证明从事不同复杂程度职业的人存在着群体智力差异，这说明不同性质的职务对人的智力发展起不同的促进作用。

第四，基本上确定了智力的发展速度。人的一生，20 岁之前是智力发展最快的时期；20～30 岁智力发展缓慢上升并逐步达到高峰；30～60 岁一般处于稳定状态，其中操作测验中偏重于动作反应和时间反应的项目，智商略有降低，而对偏重于心智活动方面的测验项目，智商不仅没有降低，反而有某种程度的上升；60 岁以后开始下降；70 岁以后则出现急剧下降。

（2）能力倾向测验。能力倾向是一种潜在的素质，是经过适当的培训或被置于适当的环境下完成某项任务的可能性，而不是当时就已经具备的现实条件。换言之，能力倾向是指一个人能学会做什么，即一个人获得新的知识、技能和能力的潜力如何。能力倾向与才能不同：才能是经过学习训练而实际具备的能力，能力倾向是未接受教育训练所存在的潜能；才能是事业成功的现实条件，而能力倾向是事业成功的可能条件。能力倾向测验中最具有代表性的是行政职业能力倾向测验，它是我国公务员录用考试中的一个重要科目。

行政职业能力倾向测验的内容决定于胜任国家行政机关工作需要的一些基本的能力素质。目前我国行政职业能力倾向测验的内容确定为五大部分：数量关系、判断推理、常识判断、言语理解与表达以及资料分析，如表6-4所示。

表6-4 行政职业能力倾向测验的内容

内容	考查内容	题型
数量关系	主要考查应试者解决算术问题的能力和计算能力	数字推理 数学运算
判断推理	包括逻辑判断与逻辑推理，两种能力涉及对图形、词语概念、事件关系和文字材料的认知理解、比较、组合、演绎、综合判断能力；反映对事物本质及事物间联系的认知能力的高低	图形推理 演绎推理 定义判断 事件排序 机械推理
常识判断	涵盖政治、经济、法律、公共管理、人文、社科等方面的常识，考查知识面以及运用基本知识分析、判断的基本能力	基本常识 常识的推理分析
言语理解与表达	对词和句子的一般意义和特定意义的理解；对比较复杂的概念和观点的准确理解；对语句隐含信息的合理推断；准确辨明句义，筛选信息	语句表达 阅读理解 选词填空 词语替换
资料分析	对图形、表格和文字形式的统计资料进行准确理解与综合分析的能力	统计表、统计图、文字资料

2.人格测验

人格是个体所具有的与他人相区别的、稳定和独特的思维方式和行为风格，它贯穿于人的整个心理，是人的独特性的整体写照。人格会影响人在工作中对事物的理解，影响人处理事物的方法，影响人在工作中与他人相互沟通的方式，影响人独特的表现方式。

人格测验就是采用统计测量的方法，对在人的行为中起稳定调节作用的心理特质和行为倾向进行定量分析，以便进一步预测未来。

人格测验的主要方法有量表法、投射法、作业法。

（1）量表法。量表法可以分为自陈量表法和评定量表法。

自陈量表法是人格测验最常用的一种方法。它依据所测验的人格特征编制客观问题，要求被测验者根据自己的实际情况或感受回答问题，以此衡量个体特征。

评定量表法是由测验者根据评定量表进行评价，将观察结果系统化和数量化的一种测评法。评定量表通常是由一组描述个体特征或特质的词或句子组成，要求测验者通过观察，对被测验者的某种行为或特质做出评价，因此可以说评定量表法是观察法和测评法的结合。

卡特尔16种人格测验在我国使用得最为广泛。卡特尔认为人格的基本结构元素是特质，特质是从行为推出的人格结构成分，表现出特征化的或相当一致的行为属性。卡特尔将人格特质分为六大类：个别特质和共同特质、表面特质和根源特质、体质特征和环境形成特质、动力特质、能力特质、气质特质。

卡特尔以其特质理论为基础，采用系统观察法、科学实验法以及因素分析统计法，经过二三十年的研究，确定了16种人格因素，如表6-5所示。16种人格因素是各自独立的，不同的组合构成了一个区别于其他人的独特个性。

表6-5　16种人格因素的定义

因素符号	因素名称	定义	高分特征	低分特征
A	乐群性	热情对待他人的水平	关注他人，易与人交往，对人热情	关心工作任务胜于对他人的关心
B	敏锐性	对外界反应的迅速性与表达的自发性	自发表达水平高，思维迅速，但在言行前未深思熟虑	在决策前会三思而后行，思考全面深刻
C	稳定性	应付日常生活要求的知觉水平	能控制现实的需求并能沉着、冷静地应付这些需求	觉得自己受生活的影响大，难以沉着对付
E	影响性	力图影响他人的倾向水平	喜欢去影响他人	不经常表达自己的观点，倾向于让他人领导
F	活泼性	寻找娱乐的倾向和表达的自发性水平	较活泼和任性，具有高水平的自发性	严肃认真，喜欢全面地思考问题
G	规范性	崇尚并遵从社会化的行为标准和外在的强制性规则	崇尚并遵从社会标准和外在强制规则	不喜欢严格的规则和强制指导及书本规则
H	交际性	在社会情境中感觉轻松的程度	在社会情境中表现自如，很少感觉到来自他人的威胁	对外界感到不舒服和害羞，不喜欢被关注
I	情感性	个体的主观情感对事物判断的影响程度	对事物的判断较易受到自己的情感和价值观的影响	决策和判断时倾向于注重逻辑和客观性
L	怀疑性	探究他人言行举止背后的动机的倾向水平	不按言行的表面去理解，喜欢探究他人言行背后的动机	乐于相信他人言行是真诚的
M	想象性	在外在环境因素与内在思维两者之间寻求平衡的水平	勤于思考，不拘泥于事件的细节信息，思索有限事实之外的东西	现实主义者和脚踏实地，喜欢直接做事
N	隐蔽性	将个人信息私人化的倾向	爱保守个人秘密	待人公开、直率
O	自虑性	自我批评的倾向	自我批评意识强，倾向于承担责任，觉得自己活得较难	很少自我怀疑
Q1	变革性	对新观念和新事物的开放程度	对新观念与经验有强烈的兴趣	按既定方法行事

续表

因素符号	因素名称	定义	高分特征	低分特征
Q2	独立性	融合于群体及参与集体活动的倾向	倾向于独立解决问题和做出自己的决策	希望成为组织的一员并热爱组织
Q3	自律性	以明确的个人标准及严格的组织纪律性对自身行为进行控制的倾向	有清晰的个人标准并以此来规划自己的行为	事先不计划和控制，可容忍无组织性
Q4	紧张性	与他人交往中的不稳定性、不耐心以及由此所表现的躯体紧张水平	体验高度的紧张，经常感受到不满和不耐烦	很少感受到不满和不耐烦

（2）投射法。投射法是向测验者提供一些未经组织的刺激情境，让被测验者在不受限制的情境下，自由表现他的反应。测验者通过分析被测验者的反应来推断其人格特征。

投射法依据目的、材料、反应方式、测验的编制和实施、对结果的解释方法的不同，有不同的分类。社会学家林赛（Lindzey）根据被测验者的反应方式将投射测评分为五类：第一类是联想法，要求被测验者说出某种刺激所引起的联想，如文字联想测验和罗夏墨迹测验；第二类是构造法，要求被测验者根据其所看到的图画，编造一套含有过去、现在和将来等发展过程的故事，通过故事的内容，探测被测验者的人格特征，如默里与摩根编制的主题统觉测验；第三类是完成法，向被测验者提供一些不完整的句子、故事或辩论材料，要求被测验者自由补充，使之完整，根据被测验者完成的倾向，探测被测验者的人格特征；第四类是选排法，要求被测验者根据一定的准则（如意义、美观等）来选择项目，或者做各种排列，根据这些选择和组合来推断其人格特征；第五类是表露法，要求被测验者以某种方式（如绘画、游戏、心理剧等）自由表露他的心理状态，通过这些表现探测其人格特征，如画树测验。

（3）作业法。德国精神病医生克雷佩林（E. Kraepelin）最早编制作业法，他的最大贡献是发现了由“连续加法的计算法”而得到的作业曲线。该方法于1902年问世以来被广泛运用，其中最具有代表性和影响力的是内田勇三郎心理测验。这种测验法内容简单，通过对作业曲线的分析，就能得到被测验者各种心理特点的大量信息，从而对被测验者的性格、气质、智力等做出全面的诊断。在日本，由于内田勇三郎及其开创的日本精神技术研究所的长期研究和大力推广，内田勇三郎心理测验被广泛应用于教育、医疗、司法、企业管理等许多领域，成为一个相当有名的心理测验工具。

二、面试

（一）面试的特点

面试是一种经过精心设计，在特定场景下以面对面的交谈与观察为手段，由表及里测评应试者素质的方式。

与其他人员素质测评的形式相比，面试有它的独特之处。

1.对象的单一性

在集体面试中，7～9 个应聘者可以同时位于考场之中，但面试者不是同时向不同的应聘者提问，而一般是逐个提问、逐个测评，即使是面试中引入辩论、讨论的方式，面试者也是逐个向应聘者提问的。这是因为面试的问题一般要因人而异，测评的内容主要应侧重于个别特征，若同时进行会相互干扰。

2.内容的灵活性

由于单位时间内面试对象的单一性，因此对面试的具体内容就有调节的自由性。面试的问题虽然事先可以设计，准备很多的试题，但绝不是向每个应聘者都提同样的问题，也不是按同样的步骤与内容进行。实际测评中，面试的问题可多可少，视所获得信息的情况而定。面试的时间可长可短，但就目前一般情况来看，面试时间大约 30 分钟，所提问题以 10 个左右为宜。

3.信息的复合性

与测验、量表等测评方式不同，面试对任何信息的确认都不是通过单一的视、听、想等信息通道进行的，而是通过面试者对应聘者的问、察、听、析、觉综合进行的。也就是说，对于同一素质的测评，既注意收集语言形式的信息，又注意收集非语言形式的信息，这种信息的复合增强了面试的可信度。

4.交流的直接互动性

与笔试、观察评定方式不同，面试中应聘者的回答行为表现与面试者的评判是相连接的，中间没有任何中介转化形式；面试中面试者与应聘者的接触、交谈、观察是相互的，是面对面的；主客体之间的信息交流与反馈也是相互作用的。面试的这种直接性提高了主试与被试间相互沟通的效果与面试的真实性，同时也使面试者了解了笔试中许多了解不到的信息，增加了人情味。此外，面试中应聘者与面试者发生的信息具有相互影响性。

5.判断的直觉性

其他的测评大多数是理性逻辑判断与事实判断，面试的判断却带有一种直觉性。它不是仅仅依赖于面试者严谨的逻辑推理与辩证思维，而往往包括很大的印象性、情感性与第六感觉特点。

（二）面试的内容

从理论上来说，面试可以测评应聘者的任何一种素质，但由于素质测评除面试外还有很多有效的方法，每种测评方法都有自己的长处与短处，扬长避短、综合发挥，则事半功倍，否则可能事倍功半。所以实践中不是以面试去测评所有的素质，而是选择用面试去测评最适宜用它测评的内容。

就一般情况来说，面试的内容主要包括仪表风度、知识点广度与深度、实践经验与专业特长、工作态度与求职动机、事业进取心、反应能力与应变能力、分析判断能力与综合概括能力、兴趣爱好与活力、自我控制能力与情绪稳定性、口头表达能力和沟通能力等。此外，面试时还要了解应聘者工作与生活中需要或亟待解决的问题，介绍本单位及拟招聘职位的情况与要求，讨论有关薪酬、福利、待遇等切身利益问题的解决方案，准备并回答应聘者可能要问到的一些问题。可按表 6-6 的方式，针对每个面试项目编制一些测评着眼点（要素）和准备一些问题或实施要点。

表6-6　面试问话提纲

面试项目	评价要点	提问要点
仪表与风度	体格外貌、穿着举止、礼节风度、精神风貌	—
工作态度与求职动机	过去和现在对工作的态度，更换工作与求职原因，对未来的追求与抱负，本企业提供的岗位或工作条件能否满足其工作要求和期望	请谈谈你现在的工作情况，包括待遇、工作性质、工作满意度。 你为何希望来本公司工作？ 你在工作中追求什么，个人有什么打算？ 你想怎样实现你的理想和抱负？
工作经验	从事所应聘职位的工作经验丰富程度，职位的升迁状况和变化情况，从其所述的工作经历中判断其工作责任心、组织领导力、创新意识	你大学毕业后的第一个职业是什么？ 在这家企业里你担任什么职务？ 在这家企业里你做出了哪些自己认为是值得骄傲的成就？ 在你主管的部门中遇到过什么困难？你是怎么处理的？
经营意识	判断应聘者是否具有商品概念、效率观念、竞争意识以及商品知识	通过经营小案例判断其是否有这方面的观念和意识。
知识水平、专业特长	应聘者是否具有应聘岗位所需要的专业知识和专业技能	你在大学学的是什么专业或接受过哪种特殊的培训？ 你上大学时对哪些课程最感兴趣，哪些课程学得最好？ 询问专业术语和有关专业领域的问题。 询问一些专业领域的案例，要求其进行分析判断。
精力、活力、兴趣、爱好	应聘者是否精力充沛、充满活力，其兴趣和爱好是否符合应聘岗位的要求	你喜欢什么运动？ 你怎样消磨闲暇时间？
思维力、分析力、语言表达力	对所提问题是否能够通过分析判断，抓住事物本质，并且说理透彻，分析全面，条理清晰；是否能顺畅地将自己的思想、观点、意见用语言表达出来	你认为成功和失败有什么区别？ 你认为富和贫、美和丑有什么区别？ 如果让你筹建一个部门，你将从何入手？ 提供一些小案例，要求其分析、判断。
反应能力与应变能力	头脑的机敏程度，对突发事件的应急处理能力；对提出的问题能否迅速、准确地理解，并尽快做出相应的回答	询问一些小案例或提出某些问题要求其回答。

续表

面试项目	评价要点	提问要点
工作态度、诚实性、纪律性	工作态度如何、谈吐是否诚实，是否热爱工作、奋发向上	你目前所在企业管理严格吗？ 在工作中看到别人违反制度和规定，你怎么办？ 你经常向领导提出合理化建议吗？ 除本工作外，你还在其他单位兼职吗？ 你在处理各类问题时经常向领导汇报吗？ 你在领导与被领导之间喜欢哪种关系？
自知力、自控力	应聘者是否能够通过经常性的自我检查，发现自己的优点和缺点；同时在遇到批评、遭受挫折以及工作有压力时，能否克制、容忍、理智地对待	你认为自己的长处是什么？ 你觉得你个性上最大的优点是什么？ 领导和同事批评你时，你如何对待？ 你准备如何改正自己的缺点？

（三）面试的方法和技巧

面试的方法技巧，是指面试实践中解决某些主要问题与难点问题的技术，它是面试操作经验的积累。

1. 如何“问”

自然、亲切、渐进、聊天式地导入。无论是哪种面试，都有导入过程，在导入阶段中的提问要自然、轻松，应该用一些刚遇到、刚完成的事情来提问，如：“什么时候到的？家离这儿远吗？怎么来的？”等。

提问应通俗、简明、有力。面试时的提问与谈话，不应使用易让应聘者误解的语言，不要用生僻字，尽量少用专业性太强的词汇；提问的内容、方式与词语要适合应聘者的接受水平。

问题的安排要先易后难，循序渐进。面试的问题，一般都要事先准备好一部分，尤其是一些基本问题与重点问题。问题的提出要遵循先熟悉后生疏、先具体后抽象、先微观后宏观的原则，这有利于应聘者逐渐适应，展开思路，进入角色。

坚持问准、问实原则。面试提问的目的是通过应聘者对问题的回答，进一步考察其思想水平和能力素质，以实现面试的目的。通过提问要探准、探实应聘者的素质及优势与差异，而不是去问“难”、问“倒”（压力面试除外）应聘者。提问必须有利于挖掘应聘者的品德与能力素质，有利于应聘者的经验、潜能与特长的充分展现，有利于应聘者真实水平的发挥。

2. 如何“听”

（1）要善于发挥目光、点头的作用。面试中，在倾听应聘者回答时，面试者的目光要恰到好处，轻松自如。俯视、斜视、直视应聘者，都将使应聘者感到紧张，从而产生一种压力，并使应聘者处于一种不自在、不舒服的状态中。

（2）要善于把握与调节应聘者的情绪。在倾听应聘者回答问题的过程中，要善于把握与调节应聘者的情绪，使之处于良好的状态，正常发挥。当应聘者在回答问题过程中突然出现紧张、激动状态时，可以采用反复陈述对方的话或慢慢记录等方式，先稳定应聘者的情绪，待其冷静后再进入正题。当应聘者情绪过于低沉时，可以采取夸奖、鼓励、刺激等方法来调动他的情绪。

（3）要注意从言辞、音色、音质、音量、音调等方面区别应聘者的内在素质水平。研究表明，说话快慢、用词风格、音量大小、音色柔和与否等都充分反映了一个人的内在素质。

3. 如何“观”

谨防以貌取人。之所以要谨防以貌取人，是因为在问、听、看三方面，由看获得的信息往往在人们评判中是先入为主的。一般来说，人见面都是先看清对方的相貌才会问话，问话后才能听到声音，即使是老熟人也是这样。往往在应聘者未开口前便把他与心目中的某类人归并在一起了。

充分发挥感官的综合效应与直觉效应。笔试的判断是依靠大脑的思维分析与综合分析，观察评定主要是靠视觉与大脑推断的共同作用，面试则因为集问答、眼观、耳闻、分析于一体，所以各感觉有一种共鸣同感的综合效用，其中视觉效应尤为明显。这是其他测评形式所没有的。因此对于那些有丰富经验的面试者来说，要充分发挥其直觉的作用，然而直觉不一定是绝对可靠的。因此，直觉的结果应该尽可能获得“证据”上的支持，即通过具体的观察去验证说明。

4. 如何“评”

选择适当的标准形式。面试测评的标准是一个体系，它一般由项目、指标与标度共同构成。项目规定所测评的性质、内容与范围；指标揭示所测素质的形式、特征与标志；标度规定所测素质的级别、差异与水平。

（1）分项测评与综合测评相结合。

面试时测评的内容与感觉到的信息比较多，为了提高评判的准确性，进行分项测评是必要的。但是，由于对象的整体性与行为反应展示信息的辐射性，因此应该设计一个综合印象评判项目，对应聘者进行整体性的评判，这不仅发挥了感官直觉的作用，而且突出了多种感官综合共鸣的特点，有利于面试效果的提高。

（2）横观纵察比较评判。

面试中，有些素质本身模糊不清，难以揭示与把握，此时应采取横纵比较的方式，使几个应聘者同时位于考场，进行集体面试，通过应聘者之间的比较进行评判。横观是指不同应聘者在同一项目上的行为反应比较；纵察是指同一应聘者在前后不同问题上的行为反应比较。注意，应是针对反应过程与结果的观察。面试与笔试的不同在于：它既要注意行为反应的结果，又要注意反应的过程，而且更重要的在于过程。面试者提问后，不要仅仅注意应聘者最后回答的是对还是错，而是要特别注意他是怎么回答的，思路又是什么，回答过程中表情如何，表现如何。许多有价值的信息是在回答过程的本身而不是回答的结果。

三、评价中心

评价中心

（一）评价中心的含义与特点

评价中心又称评价中心技术，是1929年德国心理学家建立的一套用于挑选军官的多项评价体系。它是一种系统化、标准化和综合性的人才测评方法和技术，运用心理测验、情境模拟等多种测评技术，对测评对象的性格、能力、潜能和行为表现进行综合评价。严格来讲，评价中心是一种程序而不是一种具体的方法，其核心技术是情境模拟测试，即通过创设一种逼真的模拟管理情境或工作情境，将被测评者放入情境中，要求其完成岗位所要求的工作。评价中心通常用来选拔较高层次的管理人员和技术人员。

评价中心具有较高的信度和效度，得出的结论质量较高，但与其他测评方法比较，评价中心需要投入很大的人力、物力和财力，且时间较长，操作难度大，对测试者的要求很高。评价中心有以下几个特点。

1.情境模拟性

完全模拟现实中的经营、管理情境，对实际操作有高度仿真性。这些情境模拟包括撰写某一问题的调查报告，发表口头演说，处理一些信件与公文，接待基层工作人员或向上级汇报工作等。它如实地模拟特定的工作条件和环境，并在特定的工作情境和压力下实施测评。测评获得的结果不仅包括一般的心理素质，而且包括管理人员解决问题的实际动手能力。

2.综合性

评价中心综合运用了心理测验、公文处理、小组讨论、管理游戏、角色扮演等测评技术，并取长补短，使测评效度与信度大大提高。有关研究表明，其预测效度系数在0.6以上。

3.全面性

与其他测评相比，评价中心的信息量较大。评价中心的测评材料涉及上级、下级、人事、公共关系、政策法规等方面，考察计划、授权、预测、决策、沟通等方面的素质，不仅能够很好地测评被测评者的实际工作能力，而且可以测评其他方面的素质和能力，从而对被测评者进行全面的评价。

4.整体互动性

评价中心的测评大都是在群体互动之中进行的，对于每项素质的测评，不是进行抽象的分析，而是将测评对象置于动态的观察之中，不断地对被测评者发出该环境下各种发生变化的信息，并要求其在一定的时间内和一定的情境压力下做出决策，在动态的环境中充分展示自己的能力和素质。

5.预测性

评价中心在功能上，主要是对管理人员进行管理能力与绩效的观测，因此它的测评内容主要是管理人员的管理素质与潜能。它通过模拟更高层次的工作环境，从而为尚未进入这一层次的人员提供了一个发挥其才能与潜力的机会，为将来选拔和使用人才提供最重要的参考依据。评价中心的测评结果与事实的吻合程度远远高于其他测评方法。

（二）评价中心测评的主要形式

评价中心测评的主要形式有文件筐测验、无领导小组讨论、管理游戏和模拟面谈等。

1.文件筐测验

文件筐测验是指将被测评者置于特定的职位或管理岗位上，让其在给定的时间内处理一组杂乱无章的文件、信件、信息等，并以书面或口头的形式给出采用这种方法处理的原因。这些文件、信息涉及组织的各个方面。采用这种方法可以考察被测评者的统筹协调能力、应急能力、分析能力、决策能力等。

文件筐测验的具体形式如下：

（1）背景模拟。采用这种形式，在正式开始之前，便告知被测评者所处的工作环境，在组织中所处的地位，所要扮演的角色，上级主管的领导方式、行为风格，情境中各种角色人物的相互需求等信息，用以评价被测评者反应的恰当性。

（2）公文类别处理模拟。在这种形式中，所要处理的文件有三类：第一类是已有正确结论的，并已经处理完毕归档的材料。因为这类文件已有结论，容易对被测评者处理的有效性做出判断。第二类是处理条件已经比较具体的材料，要求被测评者在综合分析的基础上进行决策。第三类是缺少某些条件和信息的材料，观察被测评者是否善于提出问题并取得进一步信息的能力。

（3）处理过程模拟。这种形式要求被测评者以某一领导的身份参与公文处理活动，并尽量使自己的行为符合角色规范。当被测评者在规定的时间内读完背景材料后，测评者即宣布测评活动开始，并告知被测评者递交处理报告的时间，递交报告后即进行讨论。测评者可参与讨论或引导讨论。讨论中被测评者可自由发表观点。

企业在决定使用文件筐测验前，应进行充分的分析，设计出适合本企业的文件筐测验的内容。同时，应考虑以下因素：

一是成本因素。文件筐测验的测试题目的设计、评分标准的确定过程需要投入相当大的人力、物力、财力，只有通过深入的研究与筛选，才能保证较高的效度。从企业成本控制的角度分析，文件筐测验适用于重大职责、战略性的关键职位，一般为中级或高级管理职位，而用于基层管理职位则可能得不偿失。

二是评价因素。文件筐测验是综合性测验。测评者必须对测试题目的可能答案及题目之间的内在联系了然于胸。一般情况下，非专业测评者要接受1～2周的培训，并且最好有测评专家随时进行指导。

2.无领导小组讨论

无领导小组讨论

无领导小组讨论（Leaderless Group Discussion，LGD）是将一定数目的被测评者（一般是5～7人）组成一个小组，采用情境模拟的方式，让被测评者在一定的时间内（一般为一个小时）就给定的问题进行讨论，并最终给出确定的答案。所谓无领导，是指在讨论中小组成员的地位是平等的，小组中没有领导者。在此过程中，测评者只是一个旁观者，不参与讨论，也不发表任何意见，完全由小组成员自主进行。测评者根据成员在讨论中的表现对被测评者进行评价。采用这种方式能够考察被测评者的个性特征、表达能力、沟通能力、团队精神、人际交往能力、应变能力、综合分析能力等。

（1）无领导小组讨论的一般步骤。接受问题，成员分别准备发言提纲；小组成员轮流发言，阐述自己的观点；成员交叉讨论，渐渐得出最佳方案；总结并汇报讨论结果。

（2）评分标准。在无领导小组讨论中，测评者评分标准的依据是：发言次数的多少；是否善于提出新的见解和方案、敢于发表不同意见、支持或肯定别人的意见、坚持自己的正确意见；是否善于消除紧张气氛、说服别人、协调争议问题；创造一个使不愿开口的人也想发言的气氛，把众人的意见引向一致；能否倾听他人的意见，是否尊重他人，是否侵犯他人的发言权等。此外，还要观察被测评者的语言表达能力，分析问题、概括或总结不同意见的能力，发言的主动性，反应的灵敏性等。

（3）无领导小组讨论的优点。无领导小组讨论的优点主要有以下几个方面：

1）为被测评者提供平等的机会，结论更加客观、准确。无领导小组讨论明显优于其他测评方法的一个方面就在于，它提供给被测评者一个平等的相互作用的机会。在相互作用的过程中，被测评者的特点得到了淋漓尽致的表现机会，同时也给测评者提供了与其他测评者进行对照比较的机会。测评者是依据被测评者实际表现出的行为特征来对其进行评价的，因此对被测评者所做出的评价结论将更加客观、准确、全面。

2）真实诱发效应。在无领导小组讨论的过程中，被测评者往往会处于压力情境下，在讨论中的快速反应和随机反应有利于诱发被测评者真实的行为模式。这样能够使其在无意中显示自己各方面的特点，难以掩饰自身的不足之处，用这种方法预测团队中的真实行为有很高的效度。

3）生动的人际互动。被测评者需要在与他人的沟通和互动中表现自己，无领导小组讨论所要考察的内容也多与人际交往有关，如语言表达能力、人际影响力等。该方法适用于那些需要经常与人打交道的岗位人员的选拔，如中层管理者、人力资源管理部员工和销售人员等。

4）独特的考察维度。无领导小组讨论可以考察一些笔试和面试不能考察或难以考察的能力和素质，如人际敏感性、组织协调能力、人际影响力等。

5）效率高，应用范围广。此种方法可以同时考察多名被测评者。无领导小组讨论提供了一个“赛马场”，有利于识别最具潜力的千里马。同时，此种方法可以应用于非技术领域、技术领域、管理领域和其他专业领域等。

（4）试题形式。无领导小组讨论试题一般都是智能性的题目，从形式上来分，可以分为以下五种：

1）开放式问题。主要考察被测评者思考问题时是否全面，是否有针对性，思路是否清晰，是否有新的观点和见解。例如，你认为什么样的领导是好领导？关于此问题，被测评者可以从很多方面，如领导的人格魅力、领导的才能、领导的亲和力、领导的管理取向等方面来回答，可以列出很多优良品质。对于测评者来说，开放式问题容易设计，但是不容易据此对被测评者进行评价。因为此类问题不太容易引起被测评者之间的争辩，所考察被测评者的能力范围较为有限。

2）两难问题。所谓两难问题，是让被测评者在两种互有利弊的答案中选择其中的一种，主要考察被测评者的分析能力、语言表达能力以及说服力等。例如，你认为以工作取向的领导好，还是以人际关系取向的领导好呢？此类问题对于被测评者而言，不但通俗易懂，而且能够引起充分的辩论。对于测评者而言，不但在编制题目方面比较方便，而且在评价被测评者方面也比较有效。但是，设计此种类型题目需要注意的是，两种备选答案一定要具有同等程度的利弊，不存在其中的一个答案比另一个答案有很明显的选择性优势。

3）多项选择问题。此类问题是让被测评者在多种备选答案中选择其中有效的几种或对备选答案的重要性进行排序，主要考察被测评者在分析问题实质、抓住问题本质方面的能力。

4）操作性问题。操作性问题是指给被测评者一些材料工具或者道具，让他们利用所给的这些材料，设计出一些由测评者指定的物体来，主要考察被测评者的主动性、合作能力以及在一项实际操作任务中所充当的角色特点。例如，给被测评者一些材料，要求他们相互配合，构建一座铁塔或者一座楼房的模型。此类问题，在考察被测评者的操作行为方面要比其他分析方面多一些，同时情境模拟的程度也要大一些；但考察言语方面的能力则较少，同时测评者必须很好地准备所能用到的一切材料，对测评者的要求和题目的要求都相对较高。

5）资源争夺问题。此类问题适用于指定角色的无领导小组讨论，是让处于同等地位的被测评者就有限的资源进行分配，从而考察被测评者语言表达能力、分析问题的能力、概括或总结的能力、发言的积极性和反应的灵敏性等。例如，让被测评者担当各个分部门的经理，并就有限数量的资金进行分配。因为要想获得更多的资源，被测评者必须要有理有据，必须能说服他人，所以此类问题会引起被测评者充分辩论，也有利于测评者对被测评者进行评价。但是，这种问题对题目的要求较高，即讨论题本身必须具有角色地位的平等性和准备材料的充分性。

3.管理游戏

管理游戏是一种以完成某项或某些实际工作任务为基础的标准化模拟活动，通过活动观察和测评被试者的实际管理能力。在管理游戏测评中，被测评者将置身于一个模拟的工作情境中，面临着一些管理中常常遇到的各种现实问题，小组成员会被分配一定的任务，相互之间必须合作才能较好地完成任务，如购买、供应、装配或搬运等。有时引入一些竞争因素，如三四个小组同时进行销售或进行市场占领，以分出优劣。有些管理游戏中包括劳动力组织与划分、动态环境相互作用及更为复杂的决策过程。

管理游戏通过活动来观察被测评者的实际管理能力。其优点在于：它能够突破实际工作情境中时间与空间的限制，具有趣味性，具有认知社会关系的功能等。其缺点在于：被测评者专心于战胜对方，从而忽略对所掌握的一些管理原理的学习；压抑了被测评者的开创性，因为富有开创精神的被测评者，会在游戏中遭受经济上的惩罚或亏本；操作不便于观察，花费时间较长等。

4.模拟面谈

模拟面谈是角色扮演的一种形式，一般是由主试者的助手扮演某一角色，与被测评者谈话。主试者的助手可以扮演被测评者拟任职位的下属、客户或其他可能与被测评者在工作中发生关系的角色，甚至可以充当对被测评者进行采访的电视台记者。

按照具体情境的要求，主试者的助手可以向被测评者提出问题、建议或反驳被测评者的意见，拒绝被测评者的要求等。被测评者必须与主试的助手进行交谈以解决他所要解决的问题，由主试者对面谈的过程进行观察和评价。这个项目主要考察候选人的说服能力、表达能力以及灵活性和敏捷性等。

这一方法的优点是费时较少，一般给被测评者10～15分钟的准备时间，然后利用15～30分钟的时间进行正式谈话。对于缺乏经验的管理人员进行培训，这也是一种很好的方法。当然，这种方法也有其不足之处：一是它需要一个人来扮演某一角色与被测评者进行交谈；二是扮演者与不同的被测评者交谈时可能会有不同的表现。

相/关/链/接 >>

无领导小组讨论经典问题

【经典问题一】

海上救援

现在发生海难，一游艇上有8名游客等待被救援，但是现在直升机每次只能够救1个人。游艇已坏，水不停渗入。寒冷的冬天，海水刺骨。游客情况如下：

1. 将军，男，69岁，身经百战；
2. 外科医生，女，41岁，医术高明，医德高尚；
3. 大学生，男，19岁，家境贫寒，参加国际奥数比赛获奖；
4. 大学教授，男，50岁，正主持一个科学领域的项目研究；
5. 运动员，女，23岁，奥运金牌获得者；
6. 经理人，男，35岁，擅长管理，曾将一大型企业扭亏为盈；
7. 小学校长，男，53岁，劳动模范，“五一劳动奖章”获得者；
8. 中学教师，女，47岁，桃李满天下，教学经验丰富。

请将这8名游客按照营救的先后顺序排序。

【经典问题二】

荒岛逃生

一架私人飞机坠落在荒岛上，只有6人存活：

1. 孕妇：怀胎8个月；
2. 发明家：正在研究新能源（可再生、无污染）汽车；
3. 医学家：多年研究艾滋病的治疗方案，已取得突破性进展；
4. 宇航员：即将远征火星，寻找适合人类居住的新星球；
5. 生态学家：负责热带雨林抢救工作；
6. 流浪汉。

这时逃生工具仅有1个能容纳1人的橡皮气球吊篮，没有水和食物。那么，应该让谁乘坐气球离岛呢？

【经典问题三】

能力和机遇

能力和机遇是成功路上的两个非常重要的因素。有人认为成功路上能力重要，但也有人认为成功路上机遇更重要。

若只能倾向性地选择其中 1 项，你会选择哪项？至少列举 5 个支持你这一选择的理由。

【经典问题四】

你会怎么办？

单位经费紧张，现只有 20 万元，要办的事情有下列几项：

1. 解决办公打电话难的问题；
2. 装修会议室大厅等以迎接上级单位委托承办的大型会议；
3. 支付职工的高额医疗费用；
4. “五一”劳动节为单位职工发些福利。

很明显，用 20 万元无法将这 4 件事情都办圆满，如果你是这个单位的分管领导，将如何使用这笔钱？

第三节　人员素质测评的实施

人员素质测评的过程包括准备阶段、实施阶段、评定结果阶段以及跟踪检验和反馈阶段，如图 6-4 所示。

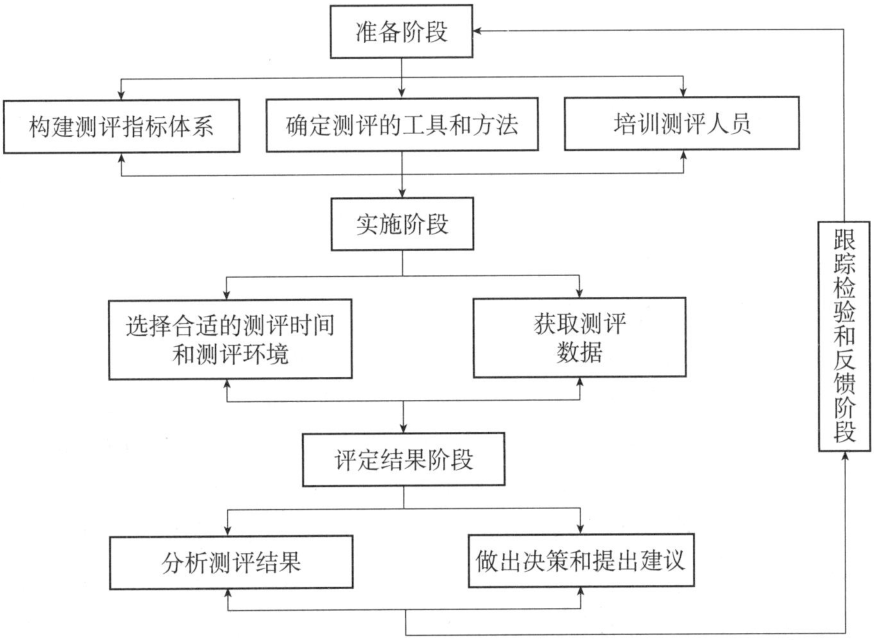

图 6-4　人员素质测评过程

一、准备阶段

准备阶段是测评工作的起始阶段，它直接关系到整个测评工作的展开和纵深发展。在准备阶段要做好以下工作。

（一）构建测评指标体系

测评指标也称测评维度，是组织对员工的具体要求。同一组织的不同岗位或是不同组织的同类岗位，测评指标均存在差异。

1.构建胜任力素质模型

胜任力素质模型是员工在岗位中达到或超出预期质量水平所必须具备的能力组合，包括目标岗位所需的知识、技能、思维品质等。通过员工胜任力素质模型构建，确定岗位对人员的素质要求，以便为确定测评指标提供依据。

2.基于胜任力素质模型筛选测评指标

员工能力模型是一系列高绩效、潜在特质的集合，但并不是每个能力指标都适合作为测评指标。因此，需要对这些能力指标进行筛选。

一般而言，筛选测评指标需要遵循两个条件：其一，是否具有实际价值；其二，是否具有可行性。考虑这两方面条件后，将不符合的能力指标剔除，同时对符合测评条件的能力指标予以保留并做进一步分解和细化，提高测评的可操作性。对最终保留的测评指标进行分解和细化时，要界定清晰、表达准确，使测评者、被测评者以及第三方均能明白测评指标的具体含义，避免因理解不同而产生误差。

此外，如果测评指标过大或过于宽泛，可以将测评指标进一步细化为测评要素。测评要素是根据测评指标细化形成的测试点，是表征测评对象能力特征的基本单位。

3.确定测评指标权重

测评指标在整个测评指标体系中的相对重要程度，即测评指标的权重。权重因测评主体、测评目的、测评时期和测评角度等的不同而有不同的数值。

确定权重的方法有很多种，包括德尔菲法、层次分析法、主观经验法。

德尔菲法也称专家咨询法，采用专家“背靠背”反复填写对权重设立意见的方法，不断反馈信息使专家意见趋于一致，得到专家认可的合理的权重分配方案。

层次分析法中，针对同一层次的测评指标运用两两比较的方法建立判断矩阵，通过运算得出每个指标的相对优先权重。层次分析法是美国运筹学家萨蒂（T.L.Saaty）于20世纪70年代提出的一种定性和定量相结合的决策分析方法。层次分析法是将决策问题按总目标、各层子目标、评价准则直至具体的备选方案的顺序分解为不同的层次结构，用求解判断矩阵特征向量的办法，求得每一层次的各元素对上一层次某元素的优先权重，得出不同方案重要性程度的权重，此权重最大者即为最优方案。

主观经验法在对测评对象非常熟悉时采用，通过主观经验权衡加权值，根据每个测评指标的轻重直接加权。使用此种方法时要注意权重分配的合理性、变通性、模糊性和归一性。

4.确定测评标度

测评标度是揭示测评指标或测评要素的程度差异与状态的顺序和刻度，有等级式、量词式和数量式三种。等级式标度是用一些等级顺序明确的字词、字母或数字揭示测评指标的状态和水平变化，例如“优”“良”“中”“差”等；量词式标度是用一些带有程度差异的形容词、副词、名词等修饰的词组刻画和揭示有关测评指标的状态、水平变化与分布的情形，例如“多”“较多”“一般”“较少”“少”；数量式标度在用分数来揭示测评标志水平变化时，有离散型点标式（表 6–7）与连续区间式（表 6–8）两种形式。

表6–7 离散型点标式测评标度示例

考评要素	考评标志	考评标度
受教育程度	大专以下	2
	大专或相当于大专毕业	4
	本科或相当于本科毕业	6
	硕士研究生或以上	8

表6–8 连续区间式测评标度示例

考评要素	考评标志	考评标度
人际交往能力	非常善于人际交往	4～5 分
	较强的人际交往能力	3.1～3.9 分
	人际交往能力一般	2.9～3 分
	人际交往能力差	2.9 分以下

（二）确定测评的工具和方法

人员素质测评的方法包括很多种，都有各自的特点。要使人员素质测评在预测人员行为方面充分发挥作用，需要根据每种测评方法的特点，结合测评的实际情况，选择最适合、最有效的方法。在人员素质测评实践中，人们通常采用效度、公平程度、实用性、成本四个指标来选择人员素质测评的方法和工具。

效度是指测评工具能否测量它所想要的东西以及它所测得结果的准确度，即利用测评方法或工具所测得的结果与其工作绩效之间的相关程度。效度越高，表明这种测评方法或工具获得的测评结果越能预测该被测评人员的工作绩效。

公平程度是指测评方法和工具对不同的测评人员（性别、年龄）所测结果的无偏差度。在设计测评工具时要排除与测评目的无关因素的影响。在使用中了解测评工具的公平程度，主要是考察遇到问题的大小程度，遇到的问题越小越公平。

实用性是指某一背景下设计的测评工具适用于其他情况的程度。一般而言，这里所说的背景是指不同的处境（即不同的组织和企业）、不同的人员样本和不同的时间段。

成本是指使用某一测评工具用于人员素质测评时所花的费用。一般而言，成本越低越好。实际上，测评精准程度越高，测评成本就越高。例如，纸笔测验能大规模实施，成本较低，但收获信息及准确程度有限；评价中心虽然投入较大，成本较高，但可以得到一些纸笔测验得不到的信息。

（三）培训测评人员

在测评前设立测评小组，具体负责测评过程中的事务性工作。测评过程中，使用测评方法有一定的技巧，需要对测评人员进行培训，让他们熟悉测评方法，掌握测评技巧，尽量避免个人感情因素对测评工作的干扰。

在施测的过程中应该使用统一的指示语。指示语是在测评过程中说明测评进行方式以及如何回答问题的指导性语言。指示语应力求清晰、简明，使被测评者能很快明白应该做什么以及如何对题目做出反应。一般来说，指示语应包括：（1）如何选择反应方式（画圈、打钩、填数字、口答、书写等）；（2）如何记录这些反应（答卷纸、录音、录像等）；（3）时间限制；（4）如果不能确定正确的反应时，该如何去做（是否允许猜测等）以及如何确定记分方法；（5）当题目形式比较生疏时，应该给出附有正确答案的例题；（6）某些情况下告知被测评者测验的目的。

二、实施阶段

（一）选择合适的测评时间和测评环境

人员素质测评是在一定的时间和空间内完成的，测评时间和环境的选择对测评结果有不同程度的影响。测评时间应根据测评内容来确定。同时，选择测评时间时还应该考虑是否会引起被测评者的疲劳感或厌烦情绪等，尽量选择被测评者状态正常的时段进行测评。

对测评环境的选择主要考虑测评现场是否适合被测评者完成所测任务事项。在选择测评环境时要注意环境中的温度、湿度、整洁度、照明、噪声等因素。另外，测评者的态度要保持温和，无论被测评者有什么特点和反应，都不要对被测评者的反应表现出任何倾向性，否则会对被测评者产生暗示，从而影响测评结果的客观性。

（二）获取测评数据

获取测评数据阶段是测评者对被测评者进行实际测量，从测评开始到回收测评数据的过程。在这个阶段要注意保持测量的标准化，让每位测评者都在同等的条件下接受测评。保证标准化测评的一个普遍做法是，在测评前向被测评者宣讲指示语。指示语可以在屏幕上显示出来，或者打印成稿并与正式测评材料一起发给被测评者。

测评者要严格控制整个测评的实施过程。验证被测评者的身份，防止作弊，防止与测评无关因素的干扰，控制测试的进程，在允许的范围内回答被测评者的提问，做观察记录，处理意外事件等。总而言之，要尽量保证测试实施过程的标准化。

三、评定结果阶段

（一）分析测评结果

对测评结果的分析通常包括对测评结果的记分、统计和解释。对于心理测验来说，它的记分和统计方法往往是预先建立的，使用者只需按照测验说明进行操作即可得出结果。然而，对结果的解释就比较复杂了，对单一测评结果可以参照标准进行解释。但很多情况下，人员素质测评包括实施的多个测验，需要结合多个测验的结果做出整体的评价和解释，这需要分析者对各项测验都充分了解，并有丰富的经验。

（二）做出决策和提出建议

决策与测评目的联系紧密。以选拔为目的的测评，其决策内容为候选人名单；以安置为目的的测评，其决策内容为岗位与应聘者的匹配；以评价为目的的测评，其决策内容为被测评者素质的评价；以诊断为目的的测评，其决策内容为被测评者的问题和特长或应试团体的状况和管理问题；以预测为目的的测评，其决策内容为被测评者未来的绩效和工作表现。

由于测评结果只是决策信息的一部分，因此在参考测评结果的同时，也要考虑其他的因素。另外，在进行人员选拔时，测评结果往往只给出参考性建议，决策需要有关部门通盘考虑后做出。

四、跟踪检验和反馈阶段

在多数情况下，还需要对测评结果及聘用结果进行跟踪，主要是根据工作绩效对测评结果和聘用进行检验。这就为前面的工作提供了重要的反馈，为测评取得了经验性资料。通常可以通过测评分数和绩效之间的相关性，来判断测评的效度，并可据此测量工具进行校正。可以说，到这一阶段，才真正完成了一个人员素质测评的作业环路。

案例 6-3

南京银行“90后”新生代员工人才选拔之路

随着时代的变革，当前劳动力市场的主体是20世纪90年代及后期出生的“90后”新生代员工，受到成长时代环境的影响，新生代员工有着与老一辈员工诸多不同乃至截然相反的个性特征。南京银行希望通过变革新生代人才选拔制度，注重年轻干部的选拔和培养，为南京银行的发展注入更多鲜活的血液。

对于国有商业银行，拥有一批高学历、高素质、新思路的新生代员工队伍将如虎添翼。由于国有商业银行的管理模式还处于传统管理阶段，这与个性独立、思维敏捷、乐于接受新事物的新生代员工所能接受的管理是不相匹配的，因此国有商业银行对新生代员工的管理只有与时俱进，才能更好地选拔优秀人才。南京银行全行干部员工平均年龄32岁，本科及以上学历的员工占比为98%，硕士及以上学历的员工占比为28%，南京银行积极践行“尊重人才、发掘人才、培养人才、成就人才”的人才理念，致力营造“想干事者有机会，能干事者有舞台，干成事者有成就”的用人思想，为新生代员工创造了良好的选拔环境。

南京银行“90 后”新生代员工人才选拔评估包括 4 个阶段。

1. 准备阶段。依据胜任力模型，结合本银行实际情况建立评估模型。在新生代人才选拔前期，南京银行在传统的人才选拔标准上针对新生代员工选拔创立了“3+1”人才优选法，其中：“3”是人才选拔考察的 3 个方面，包括受教育水平、任职经历和品行。“1”是采用公开演讲这一选拔方法。品行这一考察标准采用一票否决制，同时注重受教育水平和任职经历。随着以上 3 个标准的运用，确实选拔出了一批有丰富任职经历和优异学历背景的新生代员工，但是由于新生代员工心理承受能力差，吃苦耐劳精神不如上几代人，在工作表现中出现了心浮气躁的现象。于是南京银行进一步完善选拔标准，在品行、受教育水平、任职经历的基础上新增记录和业绩水平两个标准，选拔方法在之前的公开演讲上新增了员工 360 度评价法，最终形成了“5+2”人才优选法，如表 6–9 和表 6–10 所示。

表6–9　南京银行人才选拔标准

素质类别	素质名称	考察内容
第一部分：岗位基本能力	品行	价值观
第二部分：岗位核心能力	任职经历	专业知识、业务技能、写作能力、开拓能力
	业绩	完成工作目标的程度及质量
	记录	财务、违规违纪、考勤、荣誉等记录
第三部分：岗位拓展能力	受教育水平	知识与技能

表6–10　南京银行人才选拔方法

人才选拔方法	应用场景
公开演讲法	候选人在竞聘环节需要参与同台演讲竞选
员工 360 评价法	从员工的上级、平级、下级多视角评价员工品行、任职经历、受教育水平、业绩、记录

2. 实施阶段。在人才选拔阶段，依据选拔标准，南京银行结合自身情况，创新性地综合使用了两种方法：一是公开演讲法。候选人在竞聘环节需要参与演讲竞选，据此考察员工的谈吐、思维方式以及随机应变的能力；二是员工 360 度评价法，从员工的上级、平级、下级多视角评价员工品行、任职经历、受教育水平、业绩、记录。

3. 评定结果阶段。将选拔结果应用于人事决策，截至 2019 年年底，“5+2”优选法提升了人才选拔的效果，80% 左右的“90 后”新生代员工根据测评结果被提拔到了新的管理职位，满足了新生代员工自我实现的需要，提高了人岗匹配度，部门领导对他们的表现满意。

4. 结果反馈阶段。将测评结果反馈给相关人员，让他们对测评结果有更清楚的了解。反馈对象有三类：第一类是南京银行人力资源经理；第二类是各业务部门的经理以及被测评对象的直接上司；第三类是测评对象本人，向他们及时反馈结果并提出合理建议，解答测评疑惑，降低工作压力。接收到反馈结果的相关人员肯定了测评结果反馈的及时性，为今后工作能力素质的培养提供了更明确的改进方向。

资料来源：姚文韵，辛辉，刘雨辉．我该如何“爱”你：南京银行“90后”新生代员工人才选拔之路．中国管理案例共享中心，2022-03-03.

点评：由案例我们可以了解到，首先，南京银行对“90后”新生代员工的选拔是在成熟评估机制的基础上进行了与时俱进的创新，使得选拔的有效性和准确性得以提高。其次，南京银行充分地利用了测评结果，及时进行反馈，一方面让被测评者知道自己的优劣，加以提高和改进，另一方面有利于让管理人员意识到新生代员工素质测评指标体系的更新，不断提升内部人才竞争优势。

思考题

1. 什么是素质？素质和绩效的关系如何？
2. 什么是素质模型？什么是素质的冰山模型和洋葱模型？
3. 什么是人员素质测评？人员素质测评的作用和原则是什么？
4. 简述人员素质测评的三大方法。
5. 什么是心理测验？心理测验有什么特点？
6. 面试的特点是什么？
7. 面试有什么方法和技巧？
8. 什么是评价中心？评价中心测评的主要形式有哪些？
9. 无领导小组讨论的问题设计需要注意些什么？
10. 如何实施人员素质测评？
11. 人员素质测评指标体系如何构建？
12. 如何选择人员素质测评的方法？

在线自测

扫一扫 练一练

第七章

员工培训

本章要点

- 培训的概念与作用；
- 培训的相关理论；
- 新员工培训与在职员工培训；
- 员工培训的步骤；
- 员工培训的方法与各种方法的特点。

案例 7-1

腾讯人才培训发展之道

腾讯是一家以互联网为基础的科技与文化公司，向来视人才为第一财富，高度重视对人才的培养。人才培养本着为公司战略、企业文化建设服务的理念，帮助员工提升工作绩效和个人能力，推动员工与公司共同成长。腾讯学院的成立，就是围绕着为公司培养更多、更好的人才的核心目标，致力于搭建一个有腾讯特色的学习型组织。学院的使命是通过提供多样的学习与发展方式，成为员工 3A（Anytime，Anywhere，Anyway）学习的知识银行、经理人培养团队的黄埔军校以及公司知识管理的最佳平台。学院现拥有超过百人的内部兼职讲师队伍、超过百门的自主研发课程和过千门的网络课程。对外，学院与哈佛、中欧、长江商学院及惠普商学院等知名企业大学建立了合作关系，员工可接触到外部顶尖的专家讲师和顾问。同时，学院引进了全球范围内领导行业标准的培训管理与在线学习系统（内部称 Q-learning 系统），目前这套系统正在影响着越来越多的腾讯人的学习习惯。

腾讯人才培训体系主要包括三个部分。

一、新员工培训

腾讯根据入职新员工的不同特点，安排了不同系列的新员工培训。

（1）校园招聘新员工培训。新员工进入岗位前要进行为期 10 天内容丰富的封闭培训。进入工作岗位后，60 天或 90 天针对岗位量身定做的岗位培训，可以使新员工得到来自公司和伙伴的支持。

（2）社会招聘新员工培训。每一位通过社会招聘进入公司的新员工，都有机会参加为期 3 天半的入职集训，一系列精心设计并呈现的课程将帮助新同事迅速了解腾讯，获得工作必需的知识，并建立在公司的第一笔人脉资源。

（3）导师制。每一位入职的新人都有一位资深员工来担任导师。

二、双通道员工职业发展体系

腾讯员工根据自己的特长和兴趣，可以选择走管理发展通道，还可以选择技术、设计、产品、市场等专业发展通道，在专业通道上发展可以获得和管理通道发展相同的认可和回报。公司针对不同的专业类别，在不同职业发展等级上都设计有配套的能力要素，使员工清楚地知道自己应该努力和发展的方向；同时，公司还根据能力要素标准，设计了一系列的职业培训，帮助员工尽快达到能力要求，实现发展目标。

三、全面多样的经理人领导力发展培养体系

腾讯结合公司领导力模型打造了全面的领导力发展培养体系。无论是后备干部、新任干部还是成熟干部，无论是基层干部、中层干部还是高层管理干部，都可以在这套领导力发展培养体系中找到对应的培训方案。

资料来源：刘昕．人力资源管理．北京：中国人民大学出版社，2016：191.

点评：腾讯的使命是通过互联网服务提升人类生活品质。拿做产品的理念来做培训，就是腾讯的一个想法，每一个培训的设计都从自身和客户的不同角度去思考。腾讯把企业大学办成自己的学习型组织，办成员工成长顾问、业务发展伙伴和企业变革助手。腾讯在人才培训发展方面采用多渠道、双通道的培养体系，培训工作做得有声有色，讲求实效，而且贴近业务。

随着知识经济时代的到来，将知识的载体——人，推到了前所未有的高度。员工培训，关系到组织在日趋激烈的市场竞争中的成败，关系到组织顺应社会变革的能力与活力。因此，员工培训是组织提升员工素质与技能进而实现组织发展的重要手段，同时也是员工个人生存与发展的需要。那么，培训能否真正成为组织培养人才的手段？如何提高培训的实际效果？正是本章要探讨的问题。

第一节　员工培训概述

一、培训的概念

培训

培训是指组织根据经济和社会发展特别是自身实际工作的需要，采取多种多样的形式对员工进行有目的、有计划、有组织、多层次、多渠道的培养、教育和训练活动。其目的在于提高员工各方面的素质和能力，使之适应现职工作或未来发展需要。

在企业中，培训被认为是给员工传授其完成本职工作所必需的基本技能的过程。因此，培训可以是给一个机械工演示如何操作他的新机器，也可以是给一个推销员示范怎样卖出公司的产品，或者是向一个新的主管讲授如何与员工面谈、如何评价员工，等等。培训的内容是非常广泛的，实现的目的也是多种多样的，它涉及员工职业发展的各个方面，但众多的培训归纳起来主要是实现以下两个目的：

一是向本企业员工传授更多的技能。包括解决问题的技能、沟通的技能以及团队建设的技能等。

二是利用培训来强化员工的献身精神。现代企业中的员工，自我意识和自我实现的愿望很强烈，工作对于他们来说，不仅仅是生存的手段，也是实现自我价值的途径，他们十分看重工作中个人的发展前景。员工培训能够有效地开发员工自身的能力和素质，使他们在工作中感受到个人的成长和发展，从而激发他们对企业的忠诚感和献身精神。

在人力资源管理领域，培训、开发、学习、教育等词汇都与员工的培训有关，在实际生活中，它们相互交叉和融合，差异并不明显，概念之间彼此重叠，有时还相互替代。例如，教育过程应该包括学习，有时还包括一些特殊技能的培训。但从学术上讲，它们还是有差异的。

英国学者瑞德和巴灵顿对教育给出了一个定义，他们认为，教育就是为了满足生活中各方面的要求，对知识、技能、道德、价值观等方面进行开发与理解的各类活动。教育的目的在于为人们创造基本条件，帮助人们理解社会中具有影响作用的各种传统与观念。

相对于教育而言，培训的概念则狭窄一些。培训是一个有目的的过程，旨在改变态度，提高知识和技巧水平，通过学习经验性的知识来改善各项活动的绩效。

教育和培训的区别主要体现在以下几方面：

第一，教育更抽象化，培训更具体化；

第二，教育比培训更加耗时；

第三，培训与工作场所紧密相连，而教育一般是脱产的；

第四，培训一般是培养当班人的，而教育一般是培养接班人的。

当然，在一定条件下，培训也可以转化为教育。当培训课程包含了丰富的内容，时间也相对持久，例如职业教育或 MBA 的课程内容，也可以算作教育。

总之，无论人员培训是基于什么样的目的，培训对组织和个人发展的重要性是不言而喻的。

二、员工培训的作用

（一）培训是调整人与事之间的矛盾、实现人事和谐的重要手段

随着科学技术的飞速发展，“事”对人的要求越来越高，人与事的结合处在动态的矛盾中。总的趋势是各种岗位对工作人员的智力素质和非智力素质的要求都在迅速提高。要解决这一矛盾，一是通过人员调动，二是通过人员培训。人员调动是用“因事选人”的办法实现人事和谐，即通过在组织外部招聘或内部调整的方式解决；而人员培训则是用“使人适事”的办法实现人事和谐，即通过必要的培训手段，使人员更新观念，增长知识和能力，重新适应岗位要求。显然，人员培训是实现人事和谐的更为根本的手段。

（二）培训是快出人才、多出人才的重要途径

企业发展仅仅靠常规学校教育是难以满足自身发展要求的，因此必须大力发展成人教育，企业培训是成人教育的重要环节，最能针对岗位的需要培训人才，时间短、见效快，最具有实用性。

企业对人才的需要涉及各个方面，对人才的培养要求越来越高，这就必须通过结合工作实践强化培训，提高岗位人员的知识技能，使其尽快成为企业需要的人才。

当今社会，知识、技术更新的周期越来越短，而技术在竞争中的地位日益加强。技术发明、技术创新的关键都在于人才的培养。通过技术培训，企业的技术队伍不断更新知识、更新技术、更新观念，这样才能走在新技术革命的前列。同时，技术创新推动和管理创新要求，这些都必须通过培训环节加以解决。

（三）培训是调动员工积极性的有效办法

大多数员工都渴望不断充实自己、完善自己，使自己的潜能充分发挥出来，在企业中得到锻炼与成长，这种自尊、自我实现的需要一旦得到满足，将会产生深刻而又持久的工作动力。

充分的员工培训还有助于提高员工的职业安全感以及工作满意度，使他们感受到企业对自己的重视和关心，从而增强他们对企业的认同感和归属感，强化他们的企业承诺度和忠诚感，促使他们更好地完成工作，创造更高的业绩水平。国内外大量事实证明，安排工作人员参加培训，去国外子公司任职，去知名企业学习，脱产去高校深造，去发达国家进修，都是满足员工这种需要的途径。经过培训的员工，不仅提高了素质和能力，也改善了工作动机和工作态度。

（四）培训是建立优秀企业文化的有力杠杆

良好的企业文化对员工会产生强大的凝聚、规范和引导作用，培训对于企业文化发展来说至关重要。企业文化的建设一方面有赖于企业的正式制度，尤其是企业的人力资源管理体系。另一方面，也需要借助培训活动来向员工不断传递和强化企业的价值观和文化。可以通过培训来宣传企业的道德标准，从而使员工更加全面、更加深刻地理解企业的使命和愿景，认同企业的文化和价值观，使员工不断更新观念，自觉与企业的要求保持一致。

人类社会进入当今时代，管理继从经验管理到科学管理的第一次飞跃之后，正经历从科学管理到文化管理的第二次飞跃。在激烈的市场竞争中，有越来越多的政治家、企业家发现文化因素的重要作用。

近些年来，企业文化建设成为发达国家企业界的热门话题，企业精神、企业道德、企业目标、企业哲学、企业风气等也逐渐进入员工培训的课堂。企业文化成为员工培训的重要内容，而员工培训则成为宣传、讲授和强化企业共同价值观的重要环节，成为企业文化建设的有力杠杆。

三、培训理论

（一）成人学习理论

成人学习理论是在满足成人学习这一特定需要的理论基础上发展起来的。教育心理学家认识到了以前的大多数教育理论都是针对儿童和在校生，于是开发了“成人学习理论”。美国成人教育学家马尔科姆·诺尔斯（Malcolm Knowles）在他所著的《被忽略的群落：成人学习者》一书中对这一理论进行了全面阐述。

诺尔斯通过理论研究，认为成人学习者具有四个方面的突出特征：

（1）随着个体的不断成熟，其自我概念将从依赖型人格向独立型人格转化。

（2）成人在社会生活中积累的经验为成人学习提供了丰富资源。

（3）成人学习的计划、学习的内容与方法等与其社会角色任务密切相关。

（4）随着个体的不断成熟，学习目的逐渐从为将来工作准备知识向直接应用知识转变。

诺尔斯的理论明确划分了现代成人教育与普通教育的区别，并带有浓厚的人文主义色彩和很强的实践性。

（二）刺激–反应理论

刺激－反应理论的代表人物是新行为主义心理学家斯金纳（B. F. Skinner）。①

斯金纳认为人是通过两类行为和反应进行学习的：

（1）应答性行为，又称经典性条件反射，即由已知的刺激引起的行为。

（2）操作性行为，又称操作性条件反射，即由未知的刺激引起的自发反应。

该理论的主要特征为：

（1）强调反射是刺激和反应的函数。

（2）注重反应的强化刺激。

（3）自身的反应可以通过外部强化机制或自我强化机制控制。

（4）具有可变的、适应环境的特性，是发展的。

（三）社会学习理论

社会学习理论又称模仿理论②，其创始人是美国社会心理学家班杜拉（A. Bandura）。班杜拉反对把通过动物学习实验得到的规律随意生搬硬套到人类学习上。他认为斯金纳的强化方法并不足以形成反应，只不过使原有的反应经过强化得以显露和加强而已。班杜拉认为，人是通过观察模仿学会新的行为的。人可以通过个人的直接经验模仿榜样的行为，但人更多的是模仿别人的榜样行为，从而通过模仿学会新的行为模式。

班杜拉提出的模仿在学习中的作用问题，是从一个新的方面对学习理论的重大贡献，这一理论对教育的实践也有重要意义。但该理论也有一定的片面性，因为模仿只是学习的方式之一，不能把一切学习都归结为模仿。

第二节 员工培训的内容和步骤

一、新员工培训

（一）新员工培训的概念

新员工培训是指为新加入的人员介绍有关企业的基本背景情况，使新员工了解其所从事工作的基本内容，明确自己工作的职责、程序、标准，并向他们初步灌输企业及其部门

① 卿涛．人力资源管理概论．北京：清华大学出版社，北京交通大学出版社，2006：181.

② 同①182.

所期望的态度、规范、价值观和行为模式的活动。通过培训，新员工可以顺利地适应企业环境和工作岗位，尽快进入角色。

（二）新员工培训的意义

1.新员工培训有助于减少新进员工的焦虑感

刚刚进入企业的新员工，会产生紧张和不安的情绪。这是因为：一方面，由于面对一个全新的环境，头脑中会产生一连串问号，思想上会产生一种不确定感，行动上不知所措；另一方面，由于原来对新工作具有过高的期望，事实上，进入企业后发现有出入，心中会感到震惊和焦虑，美国学者霍尔（Hall）称之为"真实情况的振荡"。为此，及时对新员工进行引导，有助于稳定新员工的情绪。

2.新员工培训有助于增进新员工的归属感，尽快成为企业人

进行新员工培训，让他们学习企业所期望的工作态度、价值观和行为方式，会使新员工尽快进入和熟悉企业环境，成为企业的一员，与企业老员工一起，步调一致地实现企业目标。

3.新员工培训有助于增进新员工的认同感，激发动机，鼓励行为，提高士气

进行新员工培训，使他们尽快进入工作状态，了解企业内部各项规章制度、奖惩政策和晋升规划等，会促使新员工制订个人发展计划，努力工作，积极进取。

（三）新员工培训的内容

1.企业文化方面的培训

（1）企业文化精神层次的培训。参观厂史展览；请先进人物宣讲企业传统；请企业负责人讲企业目的、宗旨、企业哲学等。

（2）企业文化制度层次的培训。组织新员工学习企业规章制度，如考勤制度、奖惩制度、福利制度、考核制度等，使新员工在工作中自觉遵守企业的规章制度，按企业制定的规则、标准、程序、制度办事。

（3）企业文化物质层次的培训。让员工了解企业的内外环境，如厂容、厂貌等；了解企业的主要产品、设备、品牌、商标等；了解厂旗、厂标、厂服等。

2.业务方面的培训

（1）参观企业生产的全过程，请技师讲解主要的生产工艺和流程。

（2）请总工程师给新员工上课，讲解企业生产中最基本的理论知识。

（3）根据每个人的不同岗位，分类学习有关的业务知识。

3.开展对新员工的"传、帮、带"活动

这里的"传"是指传授，"帮"是指帮助，"带"是指带领。在对新员工集中培训之后，

各部门指定专门人员对新员工进行分别指导，使他们更加顺利地进入工作岗位。对新员工的“传、帮、带”活动，对新员工尽快独立开展工作是非常有意义的。

对于新员工的培训，以上只是谈了一些共性的问题，不同的企业对新员工培训有不同的方法和内容，应该按照企业自身的实际情况和需要进行培训。

案例 7-2

华为新员工入职培训方案

华为新员工180天培训计划，体现企业对于人才培养的重视程度，如何快速提升新员工的能力，取决于这180天管理者做了什么。

华为的新员工培训分为文化培训和岗位培训，除了集中培训以外，管理者还要做好以下八个阶段的工作。

第一阶段：新员工入职，让他知道是来干什么的（3~7天）。管理者需要做到下面七点：

1. 给新员工安排好座位及办公桌，使其拥有自己的位置，并介绍位置周围的同事相互认识（每人介绍的时间不少于1分钟）；
2. 开一个欢迎会或聚餐会，介绍部门里的每一个人，相互认识；
3. 直接上司与新员工单独沟通；
4. 人力资源部主管告诉新员工的工作职责及自身的发展空间；
5. 直接上司明确安排第一周的工作任务；
6. 对于新员工日常工作中出现的问题及时发现、及时纠正（不做批评）；
7. 让老员工（工作1年以上）尽可能多地和新员工接触。

第二阶段：新员工过渡，让他知道如何能做好工作（8~30天）。下面提供五个关键方法：

1. 带领新员工熟悉公司环境和各部门；
2. 最好将新员工安排在老员工附近，方便观察和指导；
3. 观察新员工情绪状态，提醒其及时做好调整；
4. 适时地把自己的经验教给他，让其学中干、干中学，这是新员工十分注重的；
5. 对新员工的成长和进步及时给予肯定和赞扬。

第三阶段：让新员工接受挑战性任务（31~60天）。

在适当的时候给予新员工适当的压力，往往能促进新员工的成长。应注意以下几点：

1. 知道新员工的长处及其掌握的技能；
2. 多开展团队活动，观察其优点和能力，扬长避短；
3. 新员工犯错误时给其改正错误的机会；
4. 如果新员工实在无法胜任当前岗位，看看是否适合其他部门，管理者很容易犯的错误就是“一刀切”。

第四阶段：表扬与鼓励，建立互信关系（61~90天）。

管理者很容易吝啬自己赞美的语言，或者说缺乏表扬的技巧。表扬时一般遵循三个原则：及时性、多样性和开放性。

第五阶段：让新员工融入团队，主动完成工作（91～120 天）。

1. 鼓励下属积极踊跃参与团队的会议并发言，他们发言之后，对其进行表扬和鼓励；

2. 对于激励机制、团队建设、任务流程等好的经验要多进行会议商讨并分享；

3. 与新员工探讨任务处理的方法和建议，并及时肯定他们；

4. 如果发现新员工和老同事之间产生了矛盾，要及时处理。

第六阶段：赋予员工使命，适度授权（121～179 天）。

当度过了前 3 个月，一般新员工会转正成为正式员工，管理者的任务中心也要随之转入以下五点：

1. 帮助下属重新定位，让下属重新认识工作的价值；

2. 时刻关注下属，当下属有负面情绪时，要及时帮其调整；

3. 让下属感受到公司的使命，放大公司的愿景和文化价值；

4. 当公司有重大的事情或者有振奋人心的消息时，要引导大家分享；

5. 开始适度放权，让下属自行完成工作，应注意，放权不宜一步到位。

第七阶段：进行总结，制订发展计划（180 天）。

6 个月过去了，是时候帮下属做一次正式的评估与发展计划了。

第八阶段：全方位地关注下属成长。

1. 关注新下属的生活，当他受打击或生病时，需要多关心、多帮助；

2. 记住部门每个同事的生日；

3. 每月举办一次不限形式的团队集体活动，增强团队的凝聚力。

点评：新员工入职的 180 天培训计划往往体现出企业对于人才培养的重视程度，但许多企业往往只将重点放在入职后的第一周，导致新生代员工的离职率较高，让企业消耗大量的成本。培训做完之后新员工就要上岗，华为最关键的动作还有“思想导师”的安排。华为的“思想导师”，不仅可以让新员工在华为顺利开展工作，尽快融入企业，而且可以帮助导师实现自身的发展。从重视新员工入职培训的程度来看，华为的崛起绝对不是偶然。

二、在职员工培训

（一）在职员工的概念

在职员工是指已经在企业工作一段时间并具有工作岗位的员工。对在职员工的培训是企业培训中的重要组成部分，企业对在职员工的培训是一项经常性的工作。在科技发展日益加快的今天，及时更新员工的知识和技能，拥有一支具有最先进知识技术和创新意识的员工队伍是企业赢得竞争力的关键因素。

（二）在职员工培训应注意的问题

在职员工与新员工不同，他们已经在企业工作了一段时间，企业和员工双方都有了一定程度的了解。员工对企业和工作有了自己的认识和想法，企业对员工的能力等也有了较多的了解，因此在培训中更应该注重以下两方面。

1.重视员工的参与

对于在职员工来说，他们自己更能发现工作中的不足，更能了解自己需要哪些方面的培训。同时，让员工参与自己的培训设计工作，可以调动员工参加培训的积极性和主动性，从而取得更好的培训效果。

2.重视开发在职员工的潜力

完善自我是每个人追求的目标，特别是知识型的员工，他们更重视自我能力的提高和个人的发展。给员工提供发展机会就是增强企业竞争力，这一点已经被越来越多的企业所认识。另外，要针对每个人的发展潜力，为员工提供职业发展路径，这是企业领导应该经常考虑的问题。

（三）在职员工的分类培训

在一个组织或一个企业中，在职员工所处的工作岗位有许多，应该对其进行分类培训，才更具有针对性。但对于在职员工来讲，不论在什么岗位，对其培训内容大体可包括以下五个层次[①]：

第一层次为知识更新。当今时代产品技术更新、升级速度加快，企业员工只有不断更新知识，才能跟上时代的步伐。

第二层次为能力培养。随着时代的变迁，人们越来越认识到，能力比知识更重要。知识不等于力量，有知识不等于有力量，仅有知识没有能力的人在未来很难成就事业。企业员工培训更应在提高能力上下功夫，掌握应知，强化应会。

第三层次为思维变革。世界的进步有赖于创新。仅有知识和能力还远远不够，更重要的问题在于变革思维。要从常规的思维定式中解放出来，变单向思维为多向思维，变平面思维为立体思维，变个体思维为群体思维，变常规思维为创造性思维。

第四层次为观念变化。人们对事物的看法千差万别。社会在发展，思想观念要跟上变化，要破除旧观念，树立新观念，认识新事物。要树立竞争观念、开放观念、市场观念、法治观念、创新观念等。

第五层次为心理调整。主体的自我认识如何，对于主体的行为及其结果影响甚大。一个人能否获得成功，很大程度上取决于他的心理素质。心理调整又称为“第五深度的培训”，是一种内化型的培训，其主要内容包括潜意识之谜、塑造自我形象、思维与心境、确定目标等。它的主要特点是把心理学的有关知识运用到人力资源开发当中，目的是调整人的心态，提高人的情商，确立美好憧憬，实现理想夙愿。

为了使培训效果更好，可以对在职员工进行分类培训。分类的标准不同，结果也会不同。比如，从培训与工作的关系来看，可分为在职培训和脱产培训；从培训的目的来看，可分为技能培训和素质培训等。这里主要介绍的是按照培训对象进行分类，大致可分为普通员工培训、基层管理人员培训、中层管理人员培训、高层管理人员培训和专业技术人员培训等。

---

① 赵凤敏.人力资源管理理论与管理艺术.长春：吉林大学出版社，2008：217.

1.普通员工培训

普通员工培训的重点：一方面为技能和技巧的提高、行为规范的调整，是为受训者当前工作所需知识与技能设计的；另一方面是为将来岗位轮换做一些技能方面的准备。

2.基层管理人员培训

基层管理人员承担着部门工作的分配、协调、监督等工作，同时他们又参加实际工作，与普通员工接触紧密，他们的培训内容主要是先进的生产技术、基本的管理方法、沟通协调技巧和时间管理等。

基层管理人员主要是在第一线从事具体的管理工作，执行中层和高层管理人员的指示和决策。因此，为他们设计培训内容应着重于管理工作的技能、技巧，如怎样组织他人工作，如何为部门成员创造一个良好的工作环境等。

3.中层管理人员培训

中层管理人员是企业发展壮大的重要力量，是企业高层领导重大决策的直接执行者，担负着重要的管理和领导的使命，在企业中起着承上启下的关键作用，是管理团队的中坚力量。企业的成功取决于正确的决策与有效的执行，中层管理人员作为企业战略的执行者，掌握着企业重要的命脉，因而应该提升企业中层管理人员的综合管理能力，使他们掌握团队建设的沟通技巧，提升执行力。

中层管理人员的培训应注重提高发现问题、分析问题和解决问题的能力，还应注重用人能力、控制和协调能力、经营决策能力以及组织设计技巧的培养。

中层管理人员对于本部门的经营管理必须十分精通，除了熟悉本部门工作的每个环节和具体工作安排以外，还必须了解与本部门业务有关的其他部门的工作情况。

4.高层管理人员培训

高层管理人员是整个企业的决策者和经营管理者。由于他们处于关键岗位，其影响对企业来说是举足轻重的，因此对高层管理人员的要求很高，他们应该德才兼备。对高层管理人员的培训，应该包括多方面的内容，主要是政治法律意识、分析决策能力、战略思维能力、创新精神、市场观念、财务管理、公关能力、岗位胜任能力、团队建设的领导艺术等。

5.专业技术人员培训

在企业中，各类专业技术人员通常都需要进行定期的培训。在科学技术飞速发展的时代，各类专业知识和技能都要不断更新，跟上时代的步伐。企业中，专业技术人员的类别很广泛，应该按照行业的要求，规范培训技术岗位上的员工，使得技术岗位为企业整体战略目标的实现和绩效水平的提高提供高水平的服务和技术支持。

三、员工培训的步骤

员工培训是一项十分复杂的工作，要做好员工培训工作，遵循合理的流程是非常重要的。员工培训基本流程包括高质量的培训需求分析、精细的培训方案拟订、认真地实施培训计划、有效的培训成果转化和准确的培训效果评估等一系列环节，如图 7-1 所示。

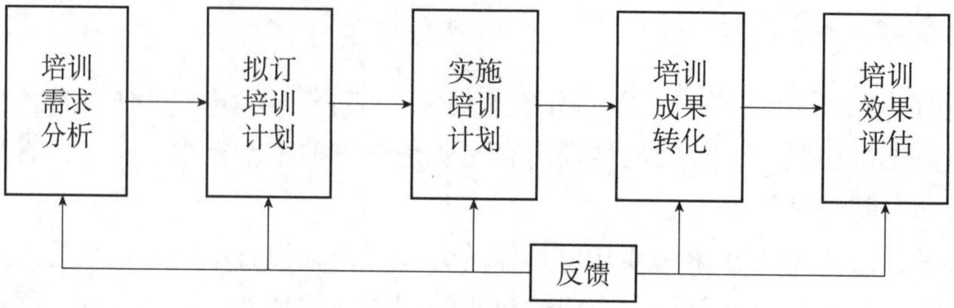

图 7-1　员工培训流程

资料来源：温志强．人力资源开发与管理．北京：清华大学出版社，2011：296.

科学严谨的人力资源培训体系可以从员工培训步骤中得到体现，现将培训步骤介绍如下。

（一）培训需求分析

1.培训需求分析的概念

培训需求分析

员工培训不是盲目进行的，而是要以组织的相应需求为依据，因此员工培训实施之前的需求分析就成为员工培训工作的起点。培训需求分析是指在规划与设计每个培训项目之前，由培训部门、主管人员及相关工作人员采取各种方法和技术，对组织及其成员的目标、知识、技能方面进行系统的鉴别与分析，从而确定培训的必要性及培训内容的过程。培训需求分析是实施培训管理的首要环节，是确定培训目标和制订培训计划的前提，同时也是进行培训评估的重要依据。

2.培训需求层次分析

培训需求分析是员工培训活动的第一个步骤。培训需求分析，可以在三个层次上进行，即组织层次、工作岗位层次、个人层次。

第一，组织层次分析。组织层次分析是指对组织的战略、资源、环境等因素的分析。

（1）战略分析。组织的一切活动都要以组织战略为导向，组织战略是确定组织目标的根本依据，战略分析也就成为组织层面培训需求分析的必要内容。组织战略往往会影响培训政策、培训频率和培训职能部门的组建方式。例如，企业的重组与兼并通常要求员工扮演新的角色，承担新的职责，适应新的企业文化和业务方式，这些都会对培训需求产生重要影响。

（2）资源分析。组织资源分析主要包括组织的人力、财力和物力的分析。其中人力资源体现在员工的数量、质量、年龄、态度等方面；财力资源体现在组织经营效益、培训经费的数量等方面，培训经费的多少将直接影响培训的深度和广度；物力资源体现在培训设施上，例如有的组织自身拥有学校，如海尔大学、腾讯学院等，这些良好的设施也是组织资源分析的一部分。

（3）环境分析。组织环境分析主要是从外部环境和内部环境两个方面进行。外部环境分析需要考虑的主要因素包括：国家政策，即国家的政治、经济、产业、行业政策；人才培养，即高等教育、职业教育人才培养方面的信息；高新技术，即相关产业、行业的高新技术发展趋势；竞争对手，即竞争对手的发展状况等。内部环境分析需要考虑的主要因素包括经营理念、价值观和组织文化等。

第二，工作岗位层次分析。这是指确定各个工作岗位的员工为达到理想的工作业绩所必须掌握的知识和技能。这个层次的培训需求决定了培训的内容，包括系统收集反映工作特征的数据，并以这些数据为依据，制定每个岗位的工作标准。

第三，个人层次分析。主要分析员工个体现在的工作状况与岗位应有标准的差距，在此基础上确定谁需要接受培训和需要接受什么样的培训。

3.培训需求分析方法

第一，任务分析法。任务分析主要适用于决定新进员工需要哪些培训。

所谓任务分析，就是对工作内容进行详细研究，以确定员工在工作中需要哪些特殊技能。例如，装配工人的工作需要焊接技能，人力资源管理部门工作人员的技能之一是面试，等等。

这样就可以根据所需技能制订培训计划。

由于岗位说明书记载着各岗位的职责和工作所需的资格条件（技能），因此，它就可以作为决定培训需求的起始依据。

进行任务分析还可以采用“任务分析记录表”和“工作盘点法”。

“任务分析记录表”主要是列出工作中的主要任务和子任务及其所对应的技能和知识，然后据此决定培训需求。

“工作盘点法”是列出岗位任职者所应从事的各项工作活动，以及各项工作活动的重要性程度和执行时所需花费的时间，然后据此排出培训活动的优先次序。

第二，绩效分析法。绩效分析主要适用于决定现职员工的培训需求。

所谓绩效分析，就是首先通过检查工作进行绩效评估，确认有绩效偏差存在，然后进行绩效偏差的原因分析，最后确定采用培训或其他相应方式去矫正绩效偏差的过程。绩效分析包括八个主要步骤。[①]

（1）绩效评估，以确认绩效偏差存在。例如，通过检查工作进行绩效考核，发现 3 号装配线的次品率是允许标准的 2 倍。这一步可以简称为“找出问题”。

（2）成本或价值分析。就是权衡一下，花费时间和努力去解决上述问题是否值得。因为在某些场合让问题悬着反而比组织培训还要合算。如果值得解决，就进入下一步，这一步可以简称为“要不要解决问题”。

（3）绩效偏差的原因分析。在这一步骤要认定是“能不能”还是“肯不肯”的问题，

① 韩淑娟，赵风敏 . 现代企业人力资源管理 . 合肥：安徽人民出版社，2010：255.

即分析绩效偏差的原因是员工“不能做”还是“不肯做”。这里需具体分析三个问题：知道该做些什么吗？即员工是否了解岗位工作的内容和绩效的标准。如果肯做的话，能够做吗？肯尽心竭力吗？如果员工不了解岗位工作的内容和绩效标准，或者员工肯尽心竭力地工作，但也不能够做好工作，这些说明导致绩效偏差的原因是员工“不能做”。如果员工知道岗位工作的内容和绩效标准，也有能力做好工作，但是不肯尽心竭力去做，这说明导致绩效偏差的原因是员工“不肯做”。

（4）激励员工。这里是解决员工“不肯做”的问题。一般条件下，员工不肯做，常常是由企业没有有效地运用激励手段，没有及时表扬和批评、奖励和惩罚所致。因此，“不肯做”的问题可以通过运用激励手段来解决。

（5）明确标准。从这一步骤开始解决“不能做”的问题。对“不能做”的问题，并非都要通过培训来解决。因为培训不一定是最好的办法，有时还可能是成本最高的解决办法。例如，3 号装配线的装配工人根本不了解绩效标准——次品率不得超过 1%，而且也不了解自己的次品率有多高。这就可以通过明确绩效标准，强调产品质量来解决。比方说，可以把这一标准以及显示每小时次品率的图表贴在工作现场的标语牌上，问题可能很快得到解决。这一办法省时省力，节约费用，不用培训。

（6）消除障碍。第三步所述“员工肯尽心竭力地工作，但也不能够做好工作”的问题，也并非都由培训来解决。因为在这里，影响员工绩效的因素主要有两个：一个是员工的自身能力；另一个是工作的客观环境。如果是客观环境造成的障碍，就应当设法消除障碍，以提高员工的绩效。例如，3 号装配线次品率高是因为材料经常不能及时运到装配现场，迫使工人在材料送到后为完成生产定额而进行生产突击造成的。在这里，就可以通过解决材料运送不及时的问题，来排除影响装配工人绩效的障碍。

（7）培训。如果影响员工绩效的因素是员工自身的能力问题，如装配工人焊接电路的技术不过关，这显然需要通过培训来解决。至此，可以确定培训需求之所在，并着手进行培训。

（8）培训后仍不能达到满意绩效者，则可考虑变换工作内容、调职直至按合同规定解除劳动关系。

除上述方法外，培训需求分析方法还有主管的培训建议报告、人事记录、观察法以及问卷调查等。

（二）拟订培训计划

培训计划需要结合培训需求分析制订，主要目的是保证培训工作的合理开展，提高培训的针对性和有效性。一般而言，培训计划可分为中长期培训计划、年度培训计划和单项培训计划。中长期培训计划一般为 3 ～ 5 年，主要考虑组织长远战略发展对人才的要求，相对比较宏观一些，主要明确一个组织的培训理念、培训方针和政策等培训方向性规划；年度培训计划是中长期培训计划的具体化，是对企业各部门该年度应该完成培训任务的安排；单项培训计划是针对某一次培训活动或某个培训项目所做的计划，操作性很强，基本上是一项培训活动的指南。

我们这里所讲的拟订培训计划就是指拟订单项（或项目）培训计划，其内容包括培训什么、培训谁、何时培训、在哪里培训、谁来培训和怎样培训等。

1.培训的内容和目标（培训什么）

培训实施计划要明确培训的内容和目标。培训内容就是根据上一步骤培训需求分析中选择出来的内容。培训目标在于指出培训对象在接受培训以后，应达到的工作行为标准或应具有的工作表现。目标要力求具体，要能够观察、可以衡量，能够成为人们评估培训效果的依据。

2.培训对象（培训谁）

实施培训计划前要先确定培训对象，然后再确定培训内容、期限、场所、师资和方法等。培训对象可做纵向或横向区分，纵向可以按级别分，如第三岗的员工，横向可以按岗类、岗群、岗系分，如财务（岗系）等。

3.培训时间和期限（何时培训）

培训的时间和期限可根据培训目的、场所、师资和培训对象的素质水平、上班时间等因素来确定。新进员工可实施 1 周至 10 天，甚至 1～2 个月的岗前培训。对一般员工则可根据培训对象的能力、经验来确定培训期限。培训时间的选定以尽可能不过分影响工作为宜。

4.培训场所（在哪里培训）

培训场所根据培训内容及方式而定。一般可分为利用企业内部培训基地和设备及利用外部培训机构和设备两种。

5.师资（谁来培训）

负责培训的师资包括企业自有师资和企业外部师资两部分。要提高培训质量，必须建立一支实力雄厚的教师队伍。教师必须具有精深的专业知识和丰富的经验，还应具有卓越的训练技巧和对教育的执着、耐心和敬业精神。

6.培训方法、课程和教材（怎样培训）

企业要根据不同的培训内容和培训对象等来选定不同的课程和教材，根据自身的规模、经费、技术性质、培训对象、人数、目的等实际情况选定适合的培训方法。总之，应采用适合成人学习的培训方法和现代化的培训手段，采用互动式教学方式，集教学、小组讨论于一体，理论讲授、角色扮演、管理游戏相结合，使学员有更多的参与机会，真正做到教员与学员、学员与学员之间的经验共享，实现真正意义上的理论联系实际。同时，在培训过程中，辅之以多媒体教学等现代化手段，使培训更加形象、逼真、生动。

（三）实施培训计划

实施培训计划是整个员工培训过程的中心环节，一旦这个环节出现问题，无论计划多么周密都会前功尽弃，无法取得良好的效果。

员工培训的实施过程大致包括四个环节，即执行、检查、反馈和修正。切实发挥这些环节的作用并使其相互协调是员工培训实施过程顺利进行的重要保证。因此，必须做到：

第一，全力以赴切实严格执行计划，不可随意偏离计划；

第二，严格检查各环节，及时发现问题；

第三，重视员工培训信息的反馈，经常对这些信息进行分析整理，确保其真实性，为改进工作提供可靠的依据；

第四，要根据环境、需求等实际情况的变化和实施计划过程中反馈的信息，及时调整和修正原计划，以保证员工培训任务的顺利完成，实现员工培训目标。

（四）培训成果转化

1.培训成果转化的概念

所谓员工培训成果转化，就是员工将培训中所学到的知识、技能、行为规范运用到自己的实际工作中去，形成新的工作行为和工作绩效，并最终使组织的整体绩效得到改善和提高。[①] 从这个意义上说，员工培训成果转化的过程就是员工培训目标实现的过程。

培训成果转化

2.培训成果转化的理论

培训成果转化的理论见表 7-1。

表7-1　培训成果转化的理论

理论	内容	强调重点	适用条件
同因素理论	培训成果转化取决于培训任务、材料、设备和其他学习环境与工作环境的相似性	培训环境与工作环境完全相同	工作环境的特点可预测且稳定 例如：设备使用的培训 如培训飞行员，就是在一个类似于飞机驾驶舱的模拟器中进行，飞行员在模拟器中学习起飞、飞行、降落等技能，很容易将这些技能转换到工作环境中
激励推广理论	促进培训成果转化的方法是：在培训项目设计中重点强调那些最重要的特征和一般原则，同时明确这些原则的适用范围	一般原则运用于多种不同的工作环境	工作环境是经常变动且不可预测的。例如：人际关系技能培训
认知转化理论	培训成果能否转化取决于受训者回忆所学技能的能力	有意义的材料和编码策略，可增强培训内容的存储和回忆	各种类型的培训内容和环境

资料来源：中国就业培训技术指导中心．企业人力资源管理师．北京：中国劳动社会保障出版社，2010：216.

① 温志强．人力资源开发与管理．北京：清华大学出版社，2011：300.

3.培训成果转化的层面

从受训者的角度，培训成果转化可分为四个层面。[①]

第一个层面：依样画瓢式应用。培训成果转化的效果取决于实际工作环境与培训时环境特点相似性的大小。

第二个层面：举一反三。当工作环境与培训时的环境特征有所差异时，受训者也能正确应用所学的知识和技能。

第三个层面：融会贯通。即使受训者在实际工作中遇到的问题或状况完全不同于培训过程的特征，也能回忆起培训中的学习成果，建立起所学知识与现实应用之间的联系，并恰当地加以应用。

第四个层面：自我管理。即受训者能积极主动地应用所学的知识和技能解决实际工作中的问题，而且能思考培训内容在实际工作中的应用。

4.培训成果转化的环境

受训者的培训成果转化水平会受到多方面环境因素的影响。

（1）管理者的支持。管理者的支持是指受训者的上级管理者能够认识到下属参加培训项目的重要性，同时给予鼓励和指导，并为培训成果转化积极创造条件，重视督促员工将在培训中学到的知识和技能运用到实际工作中去。一般情况下，上级管理者对受训者的支持程度越高，培训成果得到转化的可能性就会越大。

（2）同事的支持。对于一起参加培训的同事，经常交流培训成果转化的经验和教训，其他没有参加培训的同事，也要为运用培训内容的受训者提供必要的帮助和鼓励，形成良好的培训成果转化氛围。

（3）受训者自身努力程度。受训者应具有积极运用所学知识和技能尽快提高自己的工作绩效的强烈意识，制订出切合实际的培训成果转化计划和设想，并积极主动地与上级和同事沟通，争取他们的支持与配合。

（五）培训效果评估

员工培训效果评估的目的，一是对员工培训过程各个环节进行跟踪和测量，总结其中的经验和教训，并据此提出改进措施，为以后员工培训工作的优化提供依据；二是通过测量受训人员在接受培训后的工作绩效，考察员工培训是否达到了预期目的，进而对其整体效果做出客观评价。

培训效果评估

关于员工培训评估的模型（指标）和方法有许多种，例如，成本－收益分析法、效用评估法和决策导向（CIPP）评估模型等，这里介绍一种培训效果评估模型——柯克帕特里克模型。[②]

美国威斯康星大学教授唐纳德·柯克帕特里克（Donald Kirkpatrick）于 1959 年提出的柯克帕特里克模型是迄今为止运用最广泛的模型。他按照评估的深度和难度递进的顺序，将培训效果分为四个层次：反应层、学习层、行为层和结果层，这被称为柯氏四级评估法。

① 中国就业培训技术指导中心.企业人力资源管理师.北京：中国劳动社会保障出版社，2010：215.

② 赵继新.人力资源管理.北京：清华大学出版社，北京交通大学出版社，2011：139.

（1）反应层，即反应评估，也称一级评估。了解受训者的满意程度。这是培训评估中最低的层次，指受训者对培训项目的看法。反应层的评估工作主要是评估受训者的反应，了解受训者培训后的总体反应和感受，了解受训者对培训项目结构、培训师、培训内容等的看法和态度。这种反应结果对于确定受训者认为哪些因素有利于学习，哪些因素会阻碍学习是非常有用的。

（2）学习层，即学习评估，也称二级评估。测试受训者的学习获得程度。该层次的评估主要是用于了解受训者通过培训学到了什么，反映受训者对培训内容的掌握程度。

（3）行为层，即行为评估，也称三级评估。考察受训者对所学知识的运用程度。该层次的评估工作，主要是考察受训者接受培训后在实际工作中行为的变化，以判断其知识、技能对实际工作的影响。

（4）结果层，即成果评估，也称四级评估。测算培训创造的经济效益。该层次的评估工作主要是考察培训是否改变了组织绩效。此阶段的评估上升到组织的高度，但评估需要大量的费用、时间，是培训效果评估的难点。

对培训效果评估模型（指标）、评估重点、评估方法、评估主体和评估时间等内容可以通过表 7-2 更进一步清晰地掌握。

表7-2　培训效果评估一览表

评估模型（指标）	评估重点	评估方法	评估主体	评估时间
反应层	学员对培训活动的感受	问卷调查、访谈等	培训主管机构	培训中或刚结束
学习层	学员对知识、技能的掌握	测试、问卷调查、现场模拟等	培训主管机构	培训结束后
行为层	学员受训后行为的改变情况	绩效考核、观察、访谈等	培训主管机构、学员上级主管、同事等	培训结束后一段时间
结果层	学员及组织的绩效改进情况	绩效考核结果、投资回报率等	培训主管机构、学员上级主管等	下一考核期或一年后

资料来源：彭剑锋．人力资源管理概论．上海：复旦大学出版社，2004：465.

拓/展/阅/读

柯克帕特里克模型的应用误区

随着企业对培训效果评估的日益重视，柯氏评估模型已成为企业培训效果评估的主要标准。但是正如唐纳德·柯克帕特里克的儿子吉姆·柯克帕特里克所说，企业在使用该模型时存在着许多误区，其中表现最为明显的误区有三种。

误区之一：柯氏评估模型的作用只能有限地发挥在前两个层次，即评估反应层和学习层。

由于存在执行难度的原因，大多数企业对柯氏评估模型的使用，都只是进行到反应层和学习层，很少有企业能够推进到行为层和结果层，即对于培训后续效果的评估比较有限。尽管如此，吉姆·柯克帕特里克认为，柯氏评估模型还不是一种尽善尽美的评估方法，目前包括财富500强在内的企业都没有将隐蔽在这一模型背后的真正功能发挥出来，即没有对培训的结果层评估进行有益的尝试。

误区之二：柯氏评估模型仅对一般的培训课程和项目的评估有效。

事实上，柯克帕特里克在其原著里指出，设计四个层次评估模型是为了更好地评估针对管理人员的培训项目。今天的培训更多的是基于战略开展的，是为了满足企业的发展战略而进行的，因此对企业的培训效果的评估也需要与企业的发展战略紧密连在一起，而柯氏四层次评估模型正是以此为出发点的。

误区之三：柯氏评估模型和培训教学设计、胜任特征、绩效管理毫无关联。

吉姆·柯克帕特里克指出，他通过将四层次评估模型和培训教学设计、胜任特征、绩效管理结合起来进行的一系列研究发现，把它们联系在一起可以增加四层次评估模型的运用深度，并且可以在此基础上形成战略协同性，这就从真正意义上使人力资源管理中的培训活动成为企业发展战略的“业务伙伴”。

柯氏评估模型在增强培训效果和论证培训活动的有效性方面具有十分重要的作用，但正是上面所述的三个误区，以及其他一些误解限制了这些作用的发挥，使这些作用被隐藏起来了。随着管理科学的发展，人力资源管理理论的应用水平也会不断提高，柯克帕特里克模型在培训效果评估中的作用还会进一步发挥。

资料来源：赵继新.人力资源管理.北京：清华大学出版社，北京交通大学出版社，2011：140.

案例 7-3

中兴通讯的员工培训

中兴通讯从成立之初就立志打造学习型组织，从董事长、总经理到中层管理干部再到一般员工都在不断地学习，以适应公司国际化和业务发展的需要。

中兴通讯从20世纪90年代，就首创管理干部“读书班”，目前在业界已经形成一个品牌，公司每年为高层领导选择几本好书，然后让管理干部全脱产封闭读书并进行研讨。现在，“读书班”已经从单一的读书发展为全员读书学习、管理干部高端研讨等多种形式，并且在公司内各部门遍地开花。经过不断的探索，该公司已经建立一整套比较完善的培训体系和制度，如管理总则方面的制度、培训运作过程管理制度、培训资源管理制度、培训考核管理制度、针对特定对象（项目）的制度。

多种培训方式，激发“主动学习”的热情

中兴通讯不但设立了完善的培训体系，还提供了丰富的培训实施资源（如内部企业大学），因此，中兴已经基本形成员工主动学习的企业文化。更为重要的是，所有的培训和培养都与岗位技能和岗位任职资格密切相关，这使得受训员工能够快速地学以致用。

如“以师带徒项目”，目的是让新人迅速熟悉工作内容并融入新环境。从新员工进入公司的第一天起，人力资源部就会指派一位资深的老员工担任新人的师傅，这些师傅都有丰富的工作经验并且业绩优秀。作为师傅，不仅要担任严师，帮助新人尽快地进入工作角色，还要成为新人的朋友，帮助他们克服陌生环境带来的障碍，使其尽快融入企业。

徒弟在学习期的学习和工作计划由师傅和徒弟沟通后共同完成，然后提交人力资源部门备案存档。在实施阶段，师傅对徒弟的指导几乎是每时每刻的，指导形式也是多种多样的，如讲授、演示、考试、安排相应的工作、共同讨论，等等。最终，新人转正的成绩将记入师傅辅导工作的考评结果。

以师带徒不仅能够帮助新人快速成长并达到岗位要求，也增加了优秀老员工的荣誉感和责任感，把自己优秀的岗位经验进行固化和传承，更使新员工的能力得到快速提升，可谓“多赢”。项目实施以来，有近万名的新员工在公司里有了良师益友。

除了公司集中的课堂技术培训外，针对不同岗位的需求，公司还提供了形式多样的培训，如，e-Learning、OJT（在岗培训）、以师带徒、行动学习、案例研究与分享、轮岗等。

寻找短板分层培养

在“员工能力发展和提升项目”中，中兴通讯基于“任职资格能力评估和岗位认证”需求，设定了相应的素质模型。同时，通过调查问卷、测评等方法分析出能力短板，然后针对短板实施分层分岗的培训和培养。

以中兴通讯的“海外阳光行动项目”为例。中国的企业走向国际本身就会面临许多困难和问题，对于主动走向国际的中国企业，海外本地员工（外籍员工）的培训培养在业界尚无任何经验可以借鉴，加之海外区域分散，海外培训实施成本高以及文化差异等原因，这个项目的实施存在许多风险和困难。在项目立项阶段，项目组成员结合公司国际化战略分析了目前海外员工岗位技能现状，确定了最急需进行培训培养的关键人群和相关内容，明确了项目最终要达成的目标，然后采取了一系列如制度搭建、重点员工来华培训、种子教官培养、远程学习等有效的措施和培训方式，集中资源分层分批实施。项目实施后，不仅完善了海外培训管理体系，还培养了一批海外优秀的兼职讲师，他们可以满足长期国际化培训授课的需要。更为重要的是，通过一系列的培训，海外员工对公司企业文化的认可度得到大幅度提升。

点评：企业员工培训是推动企业不断发展的重要手段之一，有利于企业获得竞争优势、实现战略目标。因此，每个企业都非常重视员工的培训问题，中兴通讯在员工培训方面，通过项目管理方式，分层次、多形式地对员工进行培训培养。从中兴通讯的培训案例可以看到，他们取得了很好的效果，为其他企业的员工培训工作提供了可借鉴之处。

第三节　员工培训的方法

一、讲授法

（一）讲授法的概念

所谓讲授法，是指培训者通过口头语言向受训者传授知识、描绘情境、叙述事实、解释概念、论证原理和阐明规律的教学方法。[①] 它是教师使用最早的、应用最广的教学方法，

① 李艺. 信息技术教学法：继承与创新. 北京：高等教育出版社，2003：43.

其他教学方法的运用，几乎都需要同讲授法结合进行。讲授法有多种具体方式，如讲述、讲解、讲演等。

（二）讲授法的优点和缺点

1. 优点

（1）信息量大。能够在短时间内将信息传递给一个大规模受训群体，有利于大批量地培训员工，成本较低，在时间和人力、物力、财力方面都比较经济。

（2）操作容易。无论何种类型的组织，基本上都要或多或少地采取这种培训方法，在培训内容确定后，只要寻找到适合的授课教师和培训地点，培训工作就可以开展，受客观条件制约比较少。

（3）传授的知识比较系统、全面。

2. 缺点

（1）单纯地讲授是单向的信息传递过程，缺少交流和沟通。

（2）对受训者的差异不敏感，难以根据受训者的差异采取有针对性的培训。

（3）讲授法一般不太适合技能的培训。

二、案例分析法

（一）案例分析法的概念

所谓案例分析法，是指把实际工作中真实的情境加以典型化处理，编写成供受训者思考和决断的案例，通过独立研究和相互研讨的方式，来提高受训者分析问题和解决问题能力的一种培训方法。

（二）案例选择的基本要求

1.典型性

即所选案例必须具有代表性，要能充分运用受训者已具有的知识和技能，达到触类旁通、举一反三的目的。

2.真实性

即所选案例和所涉及的资料必须是实际存在的，不能是虚构的，尤其应体现受训者的亲身体验，案例要和培训内容相一致。

3.可操作性

即所选案例要符合受训者的认知结构及探究能力，既要防止过于理论化、专业化，给人以高不可攀的畏惧之感，又要避免过于简单，给人造成唾手可得的简单错觉，应体现具有现实意义的可操作性。

4.结果的多样性

即所选案例不能只包含唯一的答案，案例应该只有情况没有结果，有激烈的矛盾和冲突，没有唯一的处理方法和结论。对问题的解决，应该由受训者自己去决策、去处理，而且不同的办法会产生不同的结果。从这个意义上说，案例的结果越复杂、越多样，就越有价值。

（三）案例分析法的优点和缺点

1.优点

（1）案例分析法生动形象，有利于深化理论学习。案例分析法是一种理论联系实际的教学方法，在具体实施中，这种方法生动具体、直观易学，能够集思广益，比较易懂好记，有助于理论学习的进一步深化。

（2）案例分析法运用方式灵活多样，有利于激发受训者的求知欲。案例分析法在具体实施中可以有多种形式，既可以进行典型示范引导，又可以进行现实模拟训练；既可以进行自我研究，又可以开展小组讨论。教师可根据不同的教学内容创设问题情境，使受训者由被动接受知识变为接受知识与运用知识和主动探索并举，激发受训者的求知欲。

（3）案例分析过程中的交流，有利于受训者能力的培养。案例分析法强调教与学的过程应是一种互动关系。在这种关系中，受训者能够主动参与培训活动，并且变注重知识为注重能力。受训者能够通过反复的练习，形成一定的学习能力、社会能力和职业能力。

2.缺点

（1）收集典型的、有针对性的案例比较困难；

（2）案例对工作流程不具有广泛和普遍的指导作用，使受训者难以得到较为系统的和完整的技能或知识。

三、角色扮演法

（一）角色扮演法的概念

所谓角色扮演法，就是提供一组模拟情境，让受训者担任各个角色并出场演出，真正体验所扮演角色的感受及行为，理解不同角色所担负的任务与困难，从而改变自己原先的态度与行为。

换句话说，角色扮演法是在培训情境下给予受训者角色实践的机会，使受训者在模拟情境中体验某种行为的具体实践，帮助他们了解自己，改进提高。

这种培训方法多用于改善人际关系和处理冲突事件。例如，生产部门和销售部门的经理经常因为业务性质不同，不能理解对方的处境和权责而发生冲突。销售部门常指责生产部门所生产的产品不符合要求，不能如期完成生产任务等。而生产部门也常怪罪销售部门所接的订单分布不均，有时订单太多使现有设备不能负荷。这些都是由于所站的立场不同，不能理解对方的处境所致。采用角色扮演法，彼此易地而处（临时调换工作岗位），则能亲身体会对方的处境，有助于消除彼此之间的误解。

（二）角色扮演法实施的要求

（1）需要明确角色扮演的目的，拟定详尽的关于各角色的说明资料，并且要为角色扮演准备必要的场景和工具等。

（2）需要在角色分配之后，营造角色扮演的气氛，充分调动受训者的积极性和参与热情。

（3）在角色扮演结束之后，还应当对活动中受训者的表现和学习成果进行评估、总结，并对受训者进行多方位的能力检测和学习培养。

（三）角色扮演法的优点和缺点

1. 优点

（1）受训者的参与性强，受训者与教师之间的互动交流充分，可以提高受训者参与培训的积极性，让受训者在互动、轻松的学习氛围中达到培训的目的。

（2）通过观察其他受训者的扮演行为，可以学习各种交流技能，增加角色扮演者之间的感情交流，培养受训者的沟通、表达和相互认知等社会交往能力。尤其是同事之间一起接受培训并进行角色扮演，能够培养员工的集体荣誉感和团队精神。

（3）能给受训者提供模拟的实验机会，受训者有亲身体验他人工作岗位的机会，从而增强彼此的理解和融通。

（4）通过模拟后的指导及受训者之间的互动点评，帮助受训者认清自己的不足和优点，并掌握改善方式。

2. 缺点

如果没有精湛的设计能力，可能会出现简单化、表面化和虚假人工化等现象。这无疑会对培训效果造成直接的影响，使受训者得不到真正的角色锻炼和能力提高。

四、头脑风暴法

（一）头脑风暴法的概念

所谓头脑风暴法，又称智力激励法，是通过会议的形式，让所有参加者在自由愉快、畅所欲言的气氛中，自由地交换想法或点子，每个人毫无顾忌地提出自己的各种想法，让各种思想火花自由碰撞，好像掀起一场头脑风暴，以此激发与会者的创意及灵感，从而产生更多有创意的方法。[①]

这种方法是由美国创造学家奥斯本于 1939 年首次提出的，是一种激发创造性思维的方法。

① 朱新林．头脑风暴在管理中的应用．经营管理，2009（3）．

（二）头脑风暴法应遵循的原则

1.禁止批评和评论

与会人员在头脑风暴的第一阶段不能对任何人提出的任何设想进行评价；同时，也禁止发言人的自我批评，因为自我批评同样会破坏会议气氛，影响自由畅谈；也不准参加者私下交流，以免打断别人的思维活动。

2.以量求质

头脑风暴法的目标是获得尽可能多的设想，追求数量是它的重要任务。每个参加者都要抓紧时间多思考、多提设想。至于方案的质量问题，可留到设想处理阶段去解决。在某种意义上，设想的质量和数量密切相关，产生的设想越多，其中的创造性设想就可能越多，可行办法出现的概率就越大。

3.异想天开

参加者不应该受任何条条框框限制，放松思想，让思维自由驰骋，思维越狂放，构想越新奇越好。要从不同角度、不同层次、不同方位大胆地展开想象，尽可能地标新立异、与众不同，提出独创性的想法。

4.鼓励综合

在头脑风暴法实施过程中要鼓励参加者对他人已经提出的设想进行补充、改进和综合。全新的创意是非常好的，但是有时候解决问题的最好方法只是需要对原有创意进行改进和综合。

（三）头脑风暴法实施的基本要点

（1）确定需要，明确目标。
（2）选择人员，组成小组。
（3）讲明要求，营造气氛。
（4）多出点子，认真记录。
（5）筛选组合，寻找最优。

（四）头脑风暴法的优点及影响因素

1. 优点

（1）简便易行。头脑风暴法没有高深的理论，对环境没有特殊要求，实施起来简单易行。

（2）集思广益。头脑风暴法能够使参与者通过交流信息、相互启发，产生思维共振，起到集思广益的作用，从而极大地提高管理决策的质量与效率。

（3）创新性强。头脑风暴法由于使用了没有拘束的规则，使参加者没有心理压力，能在短时间内获得更多创造性的成果。

（4）培养人才。由于头脑风暴法采用了自由畅谈、禁止批评等规则，这样不仅有助于创新，并且还可以发现并培养思路开阔、有创造力的人才。

（5）增强团队精神。头脑风暴法为参加者创造了一个无拘无束的信息交流平台，大家可以自由发表自己的意见和看法，从而增进参加者的交流与了解，有利于增强群体凝聚力和团队精神。

2.影响因素

影响头脑风暴法实施效果的因素主要有以下几个方面：

（1）主持人的个人素质。头脑风暴法成功的关键，很大程度上取决于主持人的高素质。一般来讲，一个合格的头脑风暴法主持人需要具备下列条件：了解召集会议的目的；思想敏锐，表达归纳能力强；掌握头脑风暴法的原则；善于引导参加者思考和发表观点；及时阻止相互间的评价和批评。

（2）参加者自身的素质和水平。

（3）环境因素。

（4）问题的难易程度等。

拓/展/阅/读

现代培训观

现代培训观包括的内容有：

1. 企业竞争的核心是人才的竞争，而培训可以帮助企业培养人才。

2. 培训绝非可有可无，它是一项重要的人力资源工作，是企业应对知识经济时代的挑战、取得竞争优势、培育和提升竞争能力的重要途径。

3. 培训不仅是培训者的事，更是受训者的事。要由“要我培训”转向“我要培训”，由被动转向主动、互动，培训者要特别注重开发、利用员工的人力资源价值。

4. 培训是一套“生产人才”的程序，通过培训可以造就一批符合企业需要的人才。

5. 培训费用并非一项纯粹的成本费用，更应该是一项战略性投资，即对未来人力资本的投资。

6. 培训也是企业给予员工的奖励，为企业所需要的员工的招聘和配置使用提供了支持，良好的培训机会和条件是企业吸引人才、留住人才的关键策略之一。

7. 学习已经成为知识经济时代学习型组织不可或缺的必要活动，高层次的培训有利于增强企业凝聚力和学习能力。

8. 企业的培训不同于学校的教育，组织培训的目的是通过培训增加员工的知识和技能，改进态度和行为，进而改变绩效，重在将学习的成果转化为实际工作能力和创新能力。

9. 要想培训别人，先要培训自己。

10. 结合企业的实际及发展目标，有针对性地做好培训工作是关键。

> 11. 培训内容要与企业战略相结合，与员工的职业生涯相结合，与员工能力素质模型相结合，与企业文化相结合。
>
> 资料来源：闫飞龙．人力资源管理．北京：中国人民大学出版社，2018：94.

五、视听法

（一）视听法的概念

视听法，又称多媒体教学法，是指以幻灯片、电影、录像、录音等多媒体视听教学形式为主要工具进行培训的方法。视听法一般很少单独使用，它常与讲授法等其他培训方法一起作为辅助手段使用。

视听内容一般包括专家讲座、案例影片、企业工作现场录音资料、企业专题宣传片等。

（二）视听法的优点和缺点

信息靠感官刺激传递进入大脑。经专家实验证明，5 种人体感官所传递的信息分量如表 7-3 所示。

表7-3　5种人体感官所传递的信息分量　　单位：%

感官类别	嗅觉	触觉	味觉	听觉	视觉
所传递的信息量	1	1.5	3.5	11	83

资料来源：于秀芝．人力资源管理．北京：中国社会科学出版社，2009：220.

表 7-3 显示，在人的 5 种感官中，有 83% 的信息是由眼睛传递的，即视觉在感官中是最强有力的，因而也是最令人信服的。因此，在培训中，企业应多采用视觉刺激，包括多种手段刺激，如彩色的资料、笔记、实物及各类视听教材等，使受训者对所学的知识有全方位的了解，从而加深印象。

随着视听技术的发展，企业应该大力提倡这种形式的培训。如福特汽车公司在其经销商培训讨论会上，用电视来模拟处理各种客户投诉问题和回应；海尔公司利用本企业的录像宣传资料作为本企业新员工入厂学习的首堂课，使其了解海尔的创业和发展过程，同时也在向员工宣扬企业文化。

视听技术的最新发展是交互式视频技术，交互式视频技术是把视频培训和计算机培训两者的优点结合起来，是以计算机为基础，结合动画、录像等视听形式来培训的方法。培训的内容可以储存在 U 盘上，甚至可以直接放到服务器上，受训者可以借助电脑或手机通过一个与键盘相连接的监视器，以一对一的方式接收培训内容。在培训中，受训者可以通过敲击键盘或触摸监视器屏幕来与培训程序之间进行互动。①

① 刘昕．人力资源管理教程．北京：中国人民大学出版社，2018：219.

1.优点

（1）直观。可以让受训者直接观看或感知到非常贴近工作现实的真实困境，比如设备故障、顾客不满以及一些紧急事件等，能让受训者观察到许多过程细节；通过向受训者展示现实生活中的经验或者实例，引起视觉想象；可以向受训者展示一般讲座中难以展现的真实场景，从而能够激发受训者学习的积极性。

（2）规范。受训者会得到一致性的指导，培训项目的内容不会受到培训人员个人兴趣和心态的影响，使培训活动始终保持规范的状态。

（3）灵活。培训人员可以根据受训者的实际水平，通过慢放、快放或反复播放等方式灵活调整培训的进度，做到全面和重点相结合，使受训者弄懂为止，既可以多人同时接受培训，也可以一对一地培训。

2.缺点

（1）比较先进的视听设备成本较高。

（2）制作与培训内容一致、有针对性的视听资料不容易。

（3）受训者容易受设备和场所的限制。

六、游戏法

（一）游戏法的概念

所谓游戏法，是指有两个或更多的参与者在游戏规则的约束下，相互竞争达到预期目标的培训方法。[①]游戏法能够激起受训者的学习兴趣和好奇心，使员工在模拟演练中学习知识、拓展思路，提高解决问题的能力。

培训的目的和对象不同，游戏的内容也有所不同。现在专门的培训公司开发了很多种游戏供培训中使用。游戏的种类主要有团队建设类、沟通技巧类、领导力与管理技能类等。国外已有许多企业将游戏训练引入员工培训课程中，将其作为一种辅助教学方式。国内许多企业也在采用此方法。比如，华为的文化培训课程就是通过一个个游戏和互动将华为的理念融入的。培训中构建团队时，新员工就像士兵一样 10 人组成一队，首先进行“破冰”活动，通过“深度会谈”摘掉每个人的面具，以坦诚开放之心面对大家。每个人以自己独特的方式“营销”自己，同时记住同一团队的伙伴。大家一起在规定的时间内给自己的团队起名字、设计队徽、凝练出队训、创造队歌，之后各队民主推选自己的队长，向全体士兵（全班学员）陈述自己团队的宗旨、特色。通过一个个环节，各团队之间既有竞争又有合作，而成功的团队里没有失败的个人，失败的团队里也不会有成功的个人，只有双赢的关系。然后通过博弈论中的红黑游戏，让新员工体会企业经营中与顾客、市场的博弈关系，体会诚信、真诚、细致地为客户服务对企业的重要性，这就把华为的“服务文化”理念化入其中了。再通过“海上遇难”游戏，让员工体验“公司是一条船”，员工都是船上的船员，当面临险境时，每个人都有责任挺身而出，与公司同舟共济，命运与共。每个人都要以开放的心态把经验和知识与别人共享，这样才能使团队创造出更优的业绩，把华为“胜

① 于秀芝．人力资源管理．北京：中国社会科学出版社，2009：221.

则举杯相庆，败则拼死相救”的合作理念融入其中。

（二）游戏法的原则

1.制定游戏规则

没有明确的游戏规则会使游戏变成一场闹剧。只有制定游戏参加者的约束制度，使游戏有章可循，游戏才能顺利进行。受训者担任不同的角色，明确自己能做什么、不能做什么，通过做事领略到许多新鲜的知识，从而可以从不同的角度来审视自己和他人，有助于开阔受训者的视野。

2.游戏需要有结果

游戏的结果不是目的，而是通过游戏结果使受训者对培训内容有更深刻的认识，加深对知识的理解。在一些引入竞争比赛的游戏培训活动中，要有最终的胜负者，这对胜者是一种鼓励，对败者也是一种激励。

（三）游戏法的优点和缺点

1.优点

优点在于营造轻松的氛围，获得充分的释放，让受训者在游戏的过程中学习，在学习的过程中思考。不同的培训目的，选择不同的游戏。常见的游戏活动如沙漠遇险、孤岛求援、红黑游戏、海上沉船等。①

2.缺点

缺点在于开发游戏时间较长，培训占用的时间也较多，如果培训师讲解能力不够，则会使游戏失去培训的意义。

七、碎片化学习法

（一）碎片化学习法的概念

碎片化学习法既可以作为自身学习的方法，也可以作为员工培训的方法。

所谓碎片化学习法，就是利用比较零散的时间进行学习，是指学习者在自然情境中根据自我学习需求，随时、随地利用多样化学习媒体，获取零碎知识的学习方式。②

（二）碎片化学习法的优点和缺点

1. 优点

（1）碎片化学习可以在任何方便的时间、地点、设备上学习，对于学习者而言，具有

① 卿涛．人力资源管理概论．北京：清华大学出版社，北京交通大学出版社，2006：180.

② 王竹立．移动互联时代碎片化学习及应对之策．远程教育杂志，2016（4）.

很高的灵活性，学习者可以根据自己的情况灵活地进行学习，不再受时间和空间的限制。

（2）针对性。学习者可重点学习对自己更有帮助或更有启发的知识内容，有针对性地消除学习者的痛点。

（3）个性化。碎片化学习相对于传统的课堂正式学习而言，是一种个性化的非正式学习，学习者根据自己的兴趣，有针对性地、有选择地、个性化地进行学习。

（4）高效率。由于单个碎片内容的学习时间短，在学习者的认知水平上，可以保障学习者的学习兴趣，使其很快接受这些知识，学习效率较高。

2. 缺点

（1）无序性。如网上提供的碎片信息过于简短，通常是一些零散事实的集合而缺少逻辑性，杂乱无章，不够严谨。

（2）随意性。由于大量碎片化信息未被优化和整理，信息质量良莠不齐，通过海量信息不断刺激大脑，学习者很容易被无关信息吸引，偏离学习目标。

（3）浅层化。许多学习者的碎片化学习方式只是个人的快速浏览式学习，缺少深度的思考和讨论与互动，学习过程没有产生情感的共鸣，仅沦为一种感官愉悦。

（三）如何使碎片化学习法更有效

碎片化学习已经成为一种不争的现实，既然我们无法拒绝碎片化，那么如何掌握碎片化学习方法，提升碎片化学习效果，就显得非常必要。

碎片化学习最有效的方式应该是在碎片化的时间里，做到体系化学习。

第一步：定一个应用目标。目标要根据自身职业生涯状态和个人兴趣来确定，以这个目标为导向，实现知识和能力的融会贯通。

第二步：建立知识体系框架。从应用目标出发，分解出实现这个目标所需的知识，并组织为一个系统的框架。能否构建出一个应用导向的知识体系，是碎片化学习是否有效的基础。

第三步：碎片化输入、体系化积累。知识体系有了之后，无论学习时间多么短、学习内容多么零碎，你都可以根据应用的需要，将碎片化的内容，系统地填充在知识体系的相应位置。

（四）碎片化学习法的形成原因与发展前景

1.形成原因

碎片化学习产生的原因，与互联网时代巨量资料的产生、人们阅读方式的改变、新媒体的出现、微资源的开发有着密切的关系。大数据为碎片化学习提供了环境支撑和便利条件，信息的多样化以及生活节奏的加快，正悄然改变着人们的阅读方式和学习行为。

2.发展前景

随着互联网技术的高速发展，利用移动设备在碎片化的时间进行学习已经成为人们日常生活中不可或缺的一个部分。碎片化学习是“互联网+”时代学习方式与学习行为的重大变革，是深受人们喜爱的一种非正式学习方式，符合当代人学习的价值取向。现代社会，人们面对的信息越来越多，碎片化程度也越来越高，信息获取习惯也在不断地发生改变。

利用碎片化时间高效地吸收知识是未来社会每个人都需要的，更是员工培训的发展方向。未来企业员工培训将大部分采用“翻转课堂”[①]等方式，培训课程将不再构建于课堂上，而是在书桌旁、汽车上、沙发上……碎片化学习入侵正式学习体系，人才需要同时游走于多个学习体系，高频、新鲜、个性、多样的学习时代正在开启，用碎片化的时间进行学习已经是一个不可阻挡的趋势。因此，未来企业员工培训的方式也要与现实的学习习惯相匹配，充分利用线上、线下的碎片化时间学习新知识，掌握新技能，在轻松自在的环境中完成各项培训任务。

培训的方法多种多样，不同的培训方法有不同的特点，选择适当的培训方法，对保证培训效果是非常必要的。

思 考 题

1. 什么是培训和教育？它们之间有何区别？
2. 培训的作用和培训理论有哪些？
3. 新员工培训的意义和内容有哪些？
4. 在职员工培训的分类有哪些？
5. 员工培训步骤有哪些？
6. 员工培训的主要方法有哪些？它们分别有哪些优点和缺点？
7. 现代培训观的内容有哪些？

在 线 自 测

扫一扫　练一练

① 翻转课堂就是通过对知识传授和知识内化的颠倒安排，在课堂外实现在线教学，并且将“作业”带入课堂，课堂是师生互动和交流的场所，转变了传统的教学模式。

第八章

绩效管理

本章要点

- 绩效的含义与特点；
- 绩效管理的作用；
- 绩效管理体系的含义和内容；
- 绩效计划的含义和作用；
- 绩效计划的主要内容；
- 绩效计划的主要工具；
- 绩效沟通的内容和方式；
- 绩效考核的含义与作用；
- 绩效考核的流程；
- 绩效考核体系的相关内容；
- 绩效考核中常见的误区；
- 绩效反馈的相关内容。

案例 8-1

A公司的绩效管理

A 公司在业内已具有较高的知名度，目前有员工 1 000 人左右。总公司本身没有业务部门，下设一些职能部门；总公司下设有若干子公司，分别从事不同的业务。在同行业内的企业中，A 公司无论是对管理的重视程度还是在业绩上都是比较不错的。由于国家政策的变化，该公司目前面临着众多小企业的竞争与挑战，为此，公司从前几年开始引入了绩效管理。

绩效考核工作是 A 公司重点投入的一项工作，公司的高层领导非常重视，由人力资源部负责绩效考核制度的制定和实施。人力资源部在原有的考核制度基础上制定了《中层干部考核办法》。在每年年底正式进行考核之前，人力资源部又出台当年的具体考核方案，以使考核达到可操作化程度。考核小组通常是由公司的高层领导与相关的职能部门人员组成。考核的方式和程序通常包括被考核者填写述职报告、在单位内召开全体职工大会进行述职、民意测评（范围涵盖全体职工）、向中层干部甚至全体职工征求意见（访谈）、考核小组进行汇总并写出评价意见，然后征求主管副总的意见，最后上报公司总经理。

绩效考核的内容主要包含三个方面：被考核单位的经营管理情况，包括该单位的财务情况、经营情况、管理目标的实现等方面；被考核者的德、能、勤、绩及管理工作情况；下一步的工作打算，重点努力的方向。具体的考核细目侧重于经营指标的完成、政治思想品德，对于能力的定义则比较抽象。各业务部门（子公司）在年初与总公司对于自己部门的任务指标都进行了讨价还价。对中层干部的考核完成后，公司领导在年终总结会上进行说明，并将具体情况反馈给个人。尽管考核方案中明确说明考核与人事的升迁、工资的升降等方面挂钩，但最后的结果总是不了了之，没有任何下文。

对于一般员工的考核则由各部门的领导掌握。子公司的领导对于下属业务人员的考核通常是从经营指标的完成情况（该公司中所有子公司的业务员均有经营指标的任务）来进行的；对于非业务人员的考核，无论是总公司还是子公司，均由各部门的领导自由进行。通常的做法是，年度分奖金时，部门领导才会对自己的下属做一个笼统的排序。

这种考核方法，使得员工的参与程度较高，颇有点儿声势浩大、轰轰烈烈的感觉。公司在第一年进行操作时，获得了比较大的成功。由于被征求了意见，一般员工觉得受到了重视，感到非常满意，领导看到该方案得到了大多数人的支持，也觉得满意。但是，被考核者觉得自己的部门与其他部门相比，由于历史条件和现实条件的不同，导致年初所定的指标也不同，相互之间无法平衡，心里很是不服。该考核方案进行到第二年时，大家已经失去了第一年时的热情。第三年、第四年进行考核时，员工考虑到前两年考核的结果出来后，业绩差的和业绩好的领导并没有任何区别，自己还得在他手下干活，领导来找员工谈话，员工也只能敷衍了事。考核者认为年年都是那套考核方案，没有新意，只不过是领导布置的任务，不得不照做罢了。

点评：从上述案例可以看出，绩效考核并不等同于绩效管理，绩效考核只是绩效管理的一个组成部分。绩效管理是由绩效计划、绩效跟进、绩效考核、绩效反馈四个部分组成的一个完整的循环系统。绩效管理的目的并不是年底分奖金，也不是为了各种利益分配，而是为了确保组织成员的工作行为和工作结果与组织期望的目标保持一致，从而通过持续提升个人、部门以及组织的绩效水平，最终实现组织的战略目标。要想做到有效的绩效管理，上述四个部分缺一不可，否则就难以实现组织的最终目标。

第一节　绩效管理概述

一、绩效的含义与特点

（一）绩效的含义

从管理学的角度看，高绩效是组织期待的结果，是组织为实现其目标而展现在不同层面上的有效输出。它包括个人绩效和组织绩效两个方面。[①]

绩效

① 郭琦．绩效管理实务．北京：中国财富出版社，2013：2.

在人力资源管理看来，绩效也称为业绩、效绩、成效等，反映的是人们从事某一种活动所产生的成绩和成果。关于绩效的理解一直存在结果论、过程论和潜能论之争。结果论强调，“绩效”等于“结果”、“产出”或“目标实现度”，体现绩效结果的概念有责任履行度、目标完成度、关键结果领域产量、销量、利润等。按照结果论来理解，绩效管理就是对企业所有员工的工作结果进行客观评价与管理的过程。过程论强调，绩效是一个实现目标、采取行动的过程，“绩效”等于“行为”，是与个人在其工作的组织或组织单元的目标有关的一组行为（包括正确做事的方式、方法）。过程论将“绩效”定义为“行为”的同义词，它是人们实际的行为表现并能观察到，绩效包括在个体控制之下的、与目标相关的动作，无论这些动作是认知的、驱动的、精神运动的，还是人际间的。按照这一观点理解，绩效管理的关键是使员工掌握正确的做事方式、方法，是员工行为规范化、职业化的过程。潜能论认为，“绩效”=“做了什么”+“能做什么”，这一观点将个人潜力与能力纳入绩效评价的范畴，绩效评价不再仅仅是追述过去、评价历史的工具，而更在于关注未来，更加适合知识性员工、创新性的工作。因此，绩效管理的关键是寻找产生高绩效的人才。

综合以上观点，绩效就是指员工在工作过程中所表现出来的与组织目标相关的并且能够被评价的工作业绩、工作能力和工作态度，其中工作业绩就是指工作的结果，工作能力和工作态度则是指工作的行为。理解这一含义，需要把握以下几个要点：

（1）绩效是基于工作而产生的，与员工的工作过程直接联系在一起，工作之外的行为和结果不属于绩效的范围。

（2）绩效与组织的目标有关，对组织的目标应当有直接的影响作用。组织的目标最终都会体现在各个职位上，因此与组织目标有关的内容就直接表现为与职位的职责和目标有关。

（3）绩效应当是表现出来的工作行为和工作结果，没有表现出来的就不是绩效。这一点和招聘录用中的选拔评价是有严格区别的。选拔评价的重点是可能性，而绩效考核的重点则是现实性，即要评价员工是否做出了绩效。

（4）绩效既可以体现为员工个人的绩效，也可以理解为团队和组织的绩效；既可以理解为结果，也可以理解为行为和潜能。因此，便产生了绩效的三纵三横模式，如图 8-1 所示。

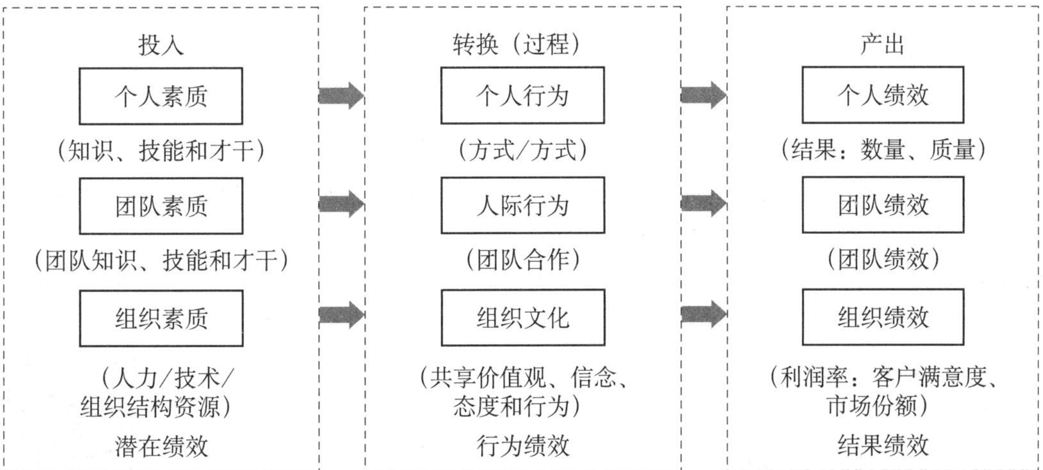

图 8-1　绩效的三纵三横模式

（二）绩效的特点

一般来说，绩效具有以下三个主要特点。

1.绩效的多因性

多因性是指员工的绩效是受多种因素共同影响的，既有员工个体的因素，如员工的知识、能力、价值观等，也有组织环境的因素，如组织的制度、激励机制、工作的设备和场所等，见图 8-2。绩效并不是哪一个单一的因素就可以决定的，绩效和影响绩效的因素之间的关系可以用一个公式表示：

$$P=f(K, A, M, E)$$

式中：P（Performance）是指绩效；f 表示一种函数关系；K（Knowledge）是指知识，即与工作有关的知识；A（Ability）是指能力，即员工自身所具备的能力；M（Motivation）是指激励，即员工在工作中所受到的激励；E（Environment）是指环境，即工作的设备、场所等。

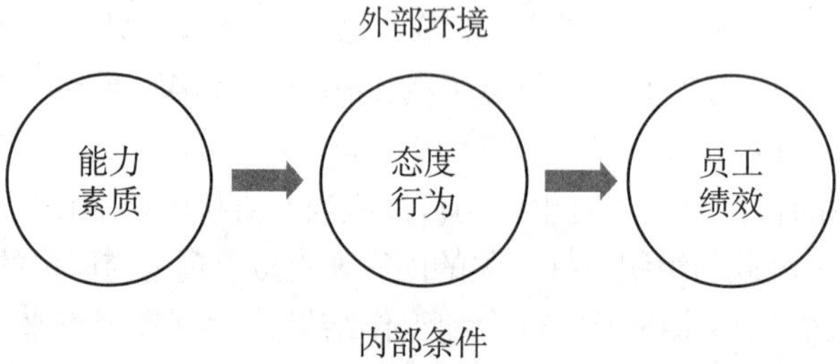

图 8-2　绩效的多因性

2.绩效的多维性

多维性就是指员工的绩效往往是体现在多方面的，员工的工作结果和工作行为都属于绩效的范围。对员工的绩效评估必须从多方面进行考察。一般来说，管理者可以从工作业绩、工作能力和工作态度三个维度来评价员工的绩效。当然，不同维度在整体绩效中的重要性是不同的。

3.绩效的动态性

动态性是指员工的绩效并不是一成不变的，在主观或客观条件发生变化的情况下，绩效是会发生变化的。评估员工绩效时，应该以发展的眼光看待员工绩效，切忌以主观僵化的观点看待。同时，正是因为绩效的多因性和动态性，也要求管理者以适当的方式介入，帮助员工持续改进并使组织绩效不断提高。

二、绩效管理

绩效管理

（一）绩效管理的含义

在企业及其他各类组织中，绩效向来都是受到关注的问题，管理者也都希望通过对绩效进行考评来加强管理。事实上，无论是传统人事管理还是现代人力资源管理，绩效考核都是其中的一个重要内容。[①] 一个管理者如果不能对下属的绩效进行考核，也就不能对其进行有效的管理。因此，美国管理大师德鲁克也曾说过："你不能评价，也就不能管理。"这句话进一步印证了绩效考核在现代企业中的普遍性。

与绩效考核不同，绩效管理的思想在于对绩效的不断改进和完善，绩效管理的重心不在于"考核"，不在于过去，不在于人与人之间的绩效比较，而在于个人和组织未来绩效水平的持续改进。绩效管理的过程就是管理者提升组织绩效的过程，而绩效考核只是绩效管理整个体系中的一个环节、一种手段。在绩效考核中，员工是被动的考核，常常被认为是"秋后算账"，有时员工很不愿意接纳。绩效管理则是以人为本，它让员工参与到组织的管理过程中，最终达到组织与员工"双赢"的局面。因此，绩效管理更强调：目标是什么？如何达到目标？这些都要与员工达成共识。绩效管理过程强调加强与员工的沟通、辅导和提高员工的工作能力；强调结果导向，重视实现目标的过程。因此，与过去单纯的绩效考核相比，绩效管理更注重员工的参与和组织未来的长远发展。绩效管理与绩效考核的区别和联系如表 8-1 所示。

表8-1　绩效管理与绩效考核的区别和联系

绩效管理	绩效考核
一个完整的管理过程	管理过程中的局部环节
伴随管理活动的全过程	只出现在特定的时期
事先的沟通与承诺	事后的评估
员工参与并反馈	上级对下级的评估
侧重绩效改进与提高：教练	侧重判断和评估：裁判
关注过程，关注将来	关注结果，关注过去
重点是绩效改进与员工发展	重点是奖惩或人事任免
业绩管理程序	人事管理程序

绩效管理是指制定员工绩效目标并收集与绩效有关的信息，定期对员工的目标完成情况做出评价和反馈，以确保员工的工作活动和工作产出与组织的保持一致，进而保证组织目标完成的管理手段与过程。要想科学地理解绩效管理的含义，我们应该把握以下几个要点：

（1）绩效管理建立了组织目标与员工目标的联系与整合，是对组织和个人的目标达成一致的过程。因此，它是与组织战略紧密相关的，寻求在人力资源层面通过绩效管理来推动战略的实施，关键在于绩效责任的落实和绩效压力的传递。

（2）绩效管理是以绩效考核制度为基础的人力资源管理的子系统，它表现为一个有序的且复杂的管理活动过程。通过提供一个集成的流程和系统，把平时分散在各部门的经营管理整合起来，形成合力来有效贯彻经营计划和预算。强调把企业的财务和运营活动有

① 安锋，等．人力资源管理教程．北京：中国经济出版社，2016：170.

机、有效地集成起来，形成战略、经营计划、预算、统计、信息、审计的闭合循环。

（3）强调以人为中心的绩效管理循环过程（绩效计划、绩效辅导、评价、回报），基于绩效评价、激励、使用人。

（4）绩效管理不是简单的任务管理，它特别强调组织沟通、辅导和员工能力的提升。绩效管理不仅强调结果，更重视达成目标的过程。

（二）绩效管理的作用

组织中完整的绩效概念由个人绩效和组织绩效共同构成。绩效管理系统正如组织运行的神经系统，一方面，明确组织中个人活动的方向、方法；另一方面，又将个体活动统合为组织发展的战略意图。在不同情况下，绩效管理系统可以在组织中发挥不同的作用。

1.引导性作用

在绩效管理活动过程中往往蕴含、体现着管理者的特定目的或偏好，就像英国管理学者赛茨指出的那样，“绩效某种程度上是组织偏好的同义词”。传统工业企业偏重对生产流程的控制，因此次品率、生产量、流程规范性往往是其绩效管理的关键，而对于高新技术企业而言，其生产过程中的创新性、人力资源素质等绩效因素是主要关注点。

2.价值性作用

在组织绩效管理中的偏好和导向是组织已有价值的具体体现，其在具体实施过程中又会催生出新的组织价值系统。

3.战略性作用

在传统的绩效管理活动中，绩效系统往往在组织中扮演着“调节器”“指示器”的作用，只是执行具体组织目标、偏好的工具。而战略性绩效管理不仅关注“如何管理”的问题，更对“因何而管”这一根本性价值问题发问，通过价值目标明确绩效活动，最终保障组织战略目标的实现。

三、绩效管理体系的含义与内容

绩效管理体系

（一）绩效管理体系的含义

绩效管理是一个过程，首先明确组织要做什么（目标和计划），然后找到衡量工作做得好坏的指标和标准进行监测（构建指标与标准体系并进行监测），通过管理者与被管理者的互动沟通，将目标责任层层传递（辅导、沟通），发现做得好的（绩效考核）进行奖励（激励机制），使其继续保持，或者做得更好，能够完成更高的目标。更为重要的是，发现不好的地方要通过分析找到问题所在，进行改正（绩效改进），使得工作做得更好。这个过程就是绩效管理。组织为了完成这个管理过程所构建起来的管理体系就是绩效管理体系。归结以上论述的关键点，我们可以把绩效管理纳入绩效计划（Plan）、绩效实施（Do）、绩效考核（Check）以及绩效反馈与调整（Adjust）的PDCA 循环中，由此得到了现代绩效管理的闭环控制体系，如图 8-3 所示。

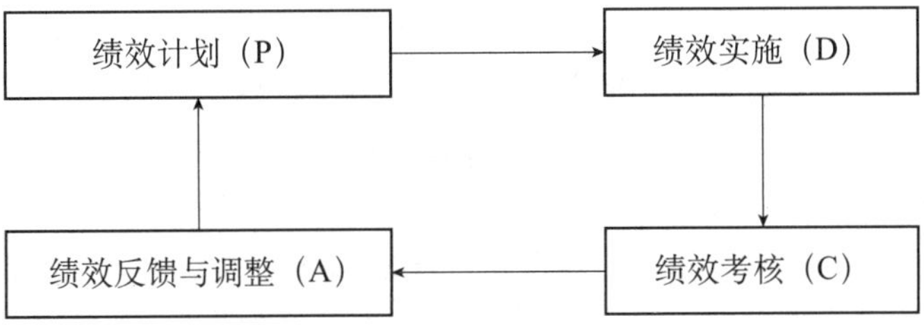

图 8-3 绩效管理体系

（二）绩效管理体系的内容

1.绩效计划

绩效计划是整个绩效管理体系的起点，是在绩效周期开始时，结合组织的中长期规划即年度经营计划，在公司、部门、个人层面设定绩效目标和衡量指标的过程。在制订绩效计划过程中，需要注重各个层次之间的沟通工作，保证员工理解并认同他们的绩效目标和责任。①

2.绩效实施

这是实施绩效计划的过程。管理者要跟进绩效的实施，对下属给予必要的辅导。它是上下级之间对绩效的完成情况、绩效与工作能力的差距展开充分讨论的过程。管理者通过反馈让员工了解自身的工作进展，辅导是基于反馈基础之上的一种双向式讨论，着重培养工作能力和提高绩效水平。

3.绩效考核

绩效考核是指确定一定的考核主体，借助一定的考核方法，对员工的绩效做出正确的评价。

4.绩效反馈与调整

绩效反馈是在绩效周期结束时在上下级之间进行的绩效考核面谈，上级要将考核结果告诉下属，肯定员工的工作表现，指出其在工作中的不足；绩效调整是在反馈的基础上，管理者和员工针对不足一起制订下一绩效周期员工工作调整和改进的计划。因此，绩效反馈与调整在很大程度上影响着组织实现绩效管理目的的程度。

相/关/链/接 >>

绩效管理的目标设置是思考的艺术

A 公司是一家房地产公司，近日来人力资源部正为员工的考勤情况犯愁。因为公司整体的考勤情况始终不理想，尤其是公司的销售部，且有愈演愈烈之势。加强员工考勤管理

① 郭琦 . 绩效管理实务 . 北京：中国财富出版社，2013：36.

势在必行，因而人力资源部按照公司《员工考勤管理制度》的规定加大了执行力度。3个月下来，员工的考勤情况确实有了很大改观。其中，行政人员已经杜绝了迟到现象，可销售部的情况却不尽如人意。尤其是一到雨雪天，迟到现象依然如故，看来加大惩罚力度势在必行。于是，人力资源部在原有制度的基础上，除加大经济处罚外，还视情节加上了行政处罚。原以为可以收到杜绝迟到的效果，可没想到的是销售部反应冷淡：你罚你的，我晚我的。人力资源部几经思索，经多方求证后，做出了如下规定："销售部的接单为排号接单，而排号的顺序将遵循到岗的顺序。"新规定一经落实，顿生奇效，不但日常考勤有了保障，而且天气越是恶劣，员工反而越准时。

第二节 绩效计划

一、绩效计划的含义与作用

如前所述，绩效管理是由绩效计划、绩效实施、绩效考核以及绩效反馈与调整四个环节构成的闭环控制系统，绩效计划是这一系统的起始点，它对绩效管理的成功与否具有重要影响作用。一份良好的绩效计划可以给未来工作提供规划和指导，同时也是将来进行绩效考核与评价的依据。绩效计划是管理者进行绩效管理的有效环节。

（一）绩效计划的含义

绩效计划是整个绩效管理过程的开始，这一阶段主要是要完成制订绩效计划的任务。也就是说，通过上级和员工的共同讨论，确定出员工的绩效考核目标和绩效考核周期。①对于绩效计划的理解应该把握以下几个要点：

（1）绩效计划是对整个绩效管理过程的指导和规划，是一种前瞻性的思考，是管理计划职能的有机组成部分。

（2）绩效计划包含三部分内容：员工在考核周期内的绩效目标体系（包括绩效目标、指标和标准）和绩效考核周期；为实现最终目标，员工在绩效考核周期内应从事的工作和采取的措施；对绩效跟进、绩效考核、绩效反馈阶段的工作做一个规划和指导。

（3）绩效计划必须有员工和管理者双方的共同参与，绩效计划中有关员工绩效考核的事项（如绩效目标等）需经双方共同确认，达成共识。

（4）既然是前瞻性思考，就有可能出现无法预料的事情，所以绩效计划应该随外界环境和组织战略的变化而随时调整，不能墨守成规。

（二）绩效计划的作用

绩效计划在整个绩效管理体系中的作用表现在以下几个方面：

（1）制订行动计划，指导整个绩效管理四个环节的有效实施。

（2）增强后续工作的计划性，有效降低浪费和冗余。

（3）设定考核指标和标准，有利于组织对员工工作的监控和指导，同时也为考核工作

① 安锋，等.人力资源管理教程.北京：中国经济出版社，2016：176-177.

提供了衡量指标和标准，使考核公正、客观、科学，考核结果容易获得员工的接受。

（4）员工参与计划的制订，增强员工的参与感和受重视感，同时也提高了员工对绩效目标的承诺。

（5）绩效计划是将组织战略目标和员工的考核指标相结合的重要环节，只有经过这一环节，才能使绩效考核和绩效管理上升到组织战略的高度，有助于组织战略目标的实现。

二、绩效计划的主要内容

绩效计划最主要的内容是绩效目标体系的构建，同时还包括绩效周期的确定以及对绩效管理其他三个环节的初步规划。这里只对绩效目标体系（绩效指标体系）和绩效考核周期进行简要介绍。

（一）绩效目标的制定

绩效目标，或者叫作绩效考核目标，是对员工在绩效考核期间工作任务和工作要求所做的界定，是对员工进行绩效考核时的参照系。绩效目标由绩效内容和绩效标准组成。

1.绩效内容

绩效内容界定了员工的工作任务，明确了员工在绩效考核期间应当做什么事情，具体包括绩效项目和绩效指标两个部分。

绩效项目是指绩效的维度，即要从哪几个大的方面对员工的绩效进行考核。常见的绩效项目包括工作业绩、工作能力和工作态度三个方面。

绩效指标是绩效项目的具体内容，是对绩效项目的进一步细化和分解。比如：销售员的工作业绩，可以分解为销售的合同额、回款情况、成本与盈利情况、客户开发的数量和质量、市场和客户信息的搜集情况等；某一职位的工作能力可以细化为分析判断能力、沟通协调能力、组织指挥能力、开拓创新能力、公共关系能力以及决策行动能力等。

对于工作业绩，提取指标时一般要从数量、质量、成本和时间四个方面进行考虑；对于工作能力和工作态度，则要具体情况具体分析，应该根据不同职位的不同工作内容进行设定。

在确定绩效指标时，管理者应当遵循以下几个原则：

（1）有效性原则。绩效指标应该涵盖员工的全部工作内容，这样才能够准确地评价出员工的实际绩效。有效性，一方面是指绩效指标不能有缺失，员工的全部工作内容都应该包括在指标体系中；另一方面是指绩效指标不能溢出，职责范围以外的工作内容不应当包含在绩效指标体系之内。

（2）以定量指标为主、定性指标为辅的原则。由于定量化的绩效指标便于确定清晰的级别标度，可以提高评价的客观性，因此在实践中被广泛应用。财务指标之所以一直以来被国内外企业广泛用作关键绩效指标之一，是因为其易于量化的优点。但是，这一原则并不适用于所有类型的职位，它只是提醒我们将能够量化的评价指标尽量量化。而对于一些定性的指标，也可以借助相关的数学工具对其进行量化，从而使评价的结果更加精确。

（3）明确具体原则。绩效指标要明确地指出到底考核什么内容，不能过于笼统，否则员工在工作中无所适从，考核主体也没有办法进行考核。考核指标要具体，是说当人们对指标有不同理解时，应当清晰具体地界定其含义，不能让考核主体误解。

（4）少而精原则。绩效指标应该通过一些关键指标反映评价的目的，有时并不需要面面俱到，这与指标的有效性原则是不冲突的。设计支持组织绩效目标实现的关键指标，不但可以帮助组织将有限的资源集中在关键业务领域，同时可以有效缩短绩效信息的处理过程，提高整个评价体系的效率。另外，少而精的评价指标也易于被员工理解和接受，也可以使考核主体快速地了解绩效评价系统，掌握相应的评价方法和技术。所以，在选择绩效指标时，要选取最有助于组织战略目标实现的指标，以引导组织和员工集中实现组织的绩效目标。

（5）可测性原则。评价指标本身的特征和该指标在评价过程中的现实可行性决定了评价指标的可测性。绩效评价指标设置指标的级别标志和级别标度就是为了使指标可以测量。同时，评价指标代表的对象也处在不断变化之中，在选择绩效指标时，要考虑获取相关绩效信息的难易程度。很难搜集绩效信息的指标一般不应该作为绩效评价的指标。

（6）差异性原则。差异性原则一方面强调对于同一员工来说，各个指标在总体绩效中所占的比重应该有所不同，这是因为不同指标对于员工绩效的贡献各不相同；另一方面还强调对于不同的员工，绩效指标应当是有差异的，因为每个员工从事的工作内容不同。

此外，绩效指标还应该具有可变性，可随着不同绩效周期任务的变化而变化，随着工作重点的不同而有所区别。

2.绩效标准

绩效标准是对员工工作要求的进一步明确，即对员工绩效内容做出明确的界定，回答员工应该怎样来做或者做到什么程度的问题。比如“产品合格率达到98%以上”，“产品合格率”是评价的一个维度，即指标，对这一指标的要求是达到98%以上。确定绩效标准时，应当注意以下几个问题：

（1）绩效标准应该明确。按照目标激励理论的解释，目标越明确，对员工的激励效果就越好。因此，在确定绩效标准时应该具体清楚，不能含混不清，这就要求在管理实践中尽可能地使用量化标准。常见的量化标准主要有三种类型：一是数值型的标准，如“产量达到100件”“成本控制在每个30元”“培训500人次”等；二是百分比型的标准，如“产品合格率达到98%”“顾客满意率达到90%”等；三是时间型标准，如“面试后3个工作日内通知结果”“接到任务后3天内完成”等。而从绩效标准量化的方式上看，可分为绝对值量化和相对值量化两种，前面所举的数值型量化标准，都属于绝对值量化；而像“销售额提高20%”“每件产品成本降低1元”等这样的指标都属于相对值量化。

虽然我们在绩效指标体系构建中特别强调量化，但像能力和态度这样的工作行为指标，不太容易量化，或者量化的成本比较高，这就需要描述性标准。描述性标准在特质类指标中的应用主要是用来区分被评价者能力或特质差异的行为因素，此时需要借助行为指标和相应的描述性标准来区分优劣。

但是，建立行为标准并不是一件容易的事，需要管理者进行细致的观察和认真分析。首先，工作行为的观察者要了解被评价者的工作，在长期跟踪、观察并记录被评价者工作行为之后，还需要观察者从大量的记录中整理出具有代表性和典型性的工作行为。这里所说的典型性的工作行为，就是能够体现绩效优异者和绩效较差者差异的一系列行为。其次，还要通过简洁明了、规范化的语言详细描述筛选出来的行为标准，以尽量使其成为能够衡量员工日常工作行为的尺度。这样才能形成有效的行为标准。

这种描述性标准既可以采用对整体性的描述，也可以采用对分要素描述的方式进行。下面举一个分要素描述的例子，见表 8-2。

表8-2 单一要素的描述性标准

项目	评价等级的定义与描述
计划与组织管理	定义：有效地利用人、财、物，计划安排和组织工作
	1 级：缺乏预先制订的工作计划，解决问题准备不足
	2 级：有计划，但缺乏系统性，导致工作执行不力
	3 级：能有效地计划和组织下属的工作
	4 级：对工作的执行和可能遇到的问题有计划性解决方案，并能够组织实施
	5 级：具有系统、准确、迅速解决问题的工作行为特征，并进行有效的工作分解，以较佳的方式达成工作目标

（2）绩效标准的压力要适度。考核标准要使大多数人经过努力可以达到。绩效标准的可实现性会促使员工更好地发挥潜能。考核标准不能定得过高，否则会使员工可望而不可即并产生沮丧和自暴自弃的情绪。实践表明，员工在适度的压力下可以取得更好的绩效。因此，考核标准的尺度要适当，标准产生的压力应以提高生产效率为限。

（3）绩效标准要具有一定的稳定性。考核标准是衡量员工工作绩效的权威性标尺，因此绩效标准应具有一定的稳定性，以保证标准的权威性。当然，这种权威性需要以标准的适度性为基础。一般来说，绩效标准一经制定，其基本框架不应轻易改变。

（4）绩效标准应该具有一定的可变性。在一定的绩效周期内，绩效标准需要具备一定的稳定性。但随着技术的进步、工具的改进、生产效率的不断提高，员工的工作环境也在发生着较快的变化，这就需要对绩效标准进行不断的修订。但有时修订可能只是针对部分内容或者某些条款。

（二）绩效考核周期

绩效考核周期，又叫作绩效考核期限，也可以理解为一个完整的 PDCA 绩效管理循环的时间，就是指多长时间应对员工进行一次绩效考核。由于绩效考核需要耗费一定的人力、物力，因此考核周期过短，会使各部门陷入频繁的绩效计划、绩效考核中，去应对大量的人事表格，增加管理成本的开支；但绩效考核周期过长，又会降低绩效考核的准确性，不利于员工工作绩效的改进，从而影响绩效管理的效果。绩效考核周期的确定，通常考虑以下几个因素。

1.职位的性质

不同的职位，工作的性质和内容是不同的，因此绩效考核的周期也应当不同。一般来说，职位的工作绩效比较容易考核的和职位的工作绩效对企业整体绩效的影响比较大的，考核周期相对要短一些，这样有助于及时发现问题并加以改进。

2.指标的性质

不同的绩效指标，其性质是不同的，考核的周期也应当不同。一般来说，性质稳定的指标，考核周期相对要长一些；相反，性质缺乏稳定性的指标，考核周期相对就要短一些。例如，员工的工作能力比工作态度相对要稳定一些，因此能力指标的考核周期相对比态度指标的就要长一些。

3.标准的性质

在确定考核周期时，还应当考虑绩效标准的性质，也就是说，在考核周期内应当保证员工经过努力能够实现这些标准。这一点其实是和绩效标准的适度性联系在一起的，如“销售额达到 50 万元”这一标准，按照经验需要 2 周左右的时间才能完成，如果将考核周期定为 1 周，员工根本就无法完成；如果定为 4 周，又非常容易实现。在这两种情况下，对员工的绩效进行考核都是没有意义的。

三、绩效计划的主要工具

20 世纪 50 年代以来，绩效管理越来越受到企业的普遍关注，逐渐发展成为人力资源管理的重要领域。学者们也开发出多种绩效管理的有效工具，其中被广泛使用的有关键绩效指标、平衡计分卡等，这些方法不仅具有较强的操作性，而且能够将企业战略目标与绩效指标紧密衔接，成为促进企业战略落实的有效方法。本节介绍两种战略性绩效评价方法：关键绩效指标和平衡计分卡。

（一）关键绩效指标

1.关键绩效指标的含义

关键绩效指标（Key Performance Indicator，KPI）是通过对企业内部流程的输入端、输出端的关键参数进行设置、取样、计算、分析，衡量流程绩效的一种目标式量化管理指标，是把企业的战略目标分解为可操作的工作目标的工具，是企业绩效管理的基础。关键绩效指标可以使部门主管明确部门的主要责任，并以此为基础，明确部门人员的业绩衡量指标。建立明确的切实可行的关键绩效指标体系，是做好绩效管理的关键。关键绩效指标是用于衡量工作人员工作绩效表现的量化指标，是绩效计划的重要组成部分。[①]

2.关键绩效指标的特点

（1）关键绩效指标来自对企业战略目标的分解。作为衡量各职位工作绩效的指标，关键绩效指标所体现的衡量内容最终取决于企业的战略目标。当关键绩效指标构成企业战略目标的有效组成部分或支持体系时，它所衡量的职位便以实现企业战略目标的相关部分作为自身的主要职责；如果关键绩效指标与企业战略目标脱离，则它所衡量的职位的努力方向也将与企业战略目标的实现产生分歧。企业的战略目标是长期的、指导性的、概括性

① 郭琦 . 绩效管理实务 . 北京：中国财富出版社，2013：59.

的，而各职位的关键绩效指标内容丰富，针对职位而设置，着眼于考核当年的工作绩效，具有可衡量性。因此，关键绩效指标是对真正驱动企业战略目标实现的具体因素的发掘，是企业战略对每个职位工作绩效要求的具体体现。关键绩效指标随企业战略目标的发展演变而调整。

（2）关键绩效指标是对绩效构成中可控部分的衡量。企业经营活动的效果是内因和外因综合作用的结果，其中内因是各职位员工可控制和对关键绩效指标起影响作用的部分，也是关键绩效指标所衡量的部分。关键绩效指标应尽量反映员工工作的直接可控效果，剔除他人或环境造成的其他方面的影响。例如，销售量与市场份额都是衡量销售部门市场开发能力的标准，而销售量是市场总规模与市场份额相乘的结果，其中市场总规模则是不可控变量。在这种情况下，两者相比，市场份额更体现了职位绩效的核心内容，更适于作为关键绩效指标。

（3）关键绩效指标是对重点经营活动的衡量，而不是对所有操作过程的反映。每个职位的工作内容都涉及不同的方面，高层管理人员的工作任务更复杂，但关键绩效指标只衡量那些对企业整体战略目标影响较大，对战略目标的实现起到不可或缺作用的工作。

（4）关键绩效指标是企业上、下认同的。关键绩效指标不是由上级强行确定下发的，也不是由本职职位自行制定的，它的制定过程由上级与下属共同参与完成，是双方所达成的一致意见的体现。它不是以上压下的工具，而是企业中相关人员对职位工作绩效要求的共同认识。

3.关键绩效指标设计的流程

建立关键绩效指标的要点在于流程性、计划性和系统性，其设计流程如下：

（1）明确企业的战略目标，并在企业会议上利用头脑风暴法和鱼骨分析法找出企业的业务重点，也就是企业价值评估的重点。鱼骨图的基本模式如图 8-4 所示。然后，再用头脑风暴法找出这些关键业务领域的关键业绩指标，即企业级关键绩效指标。

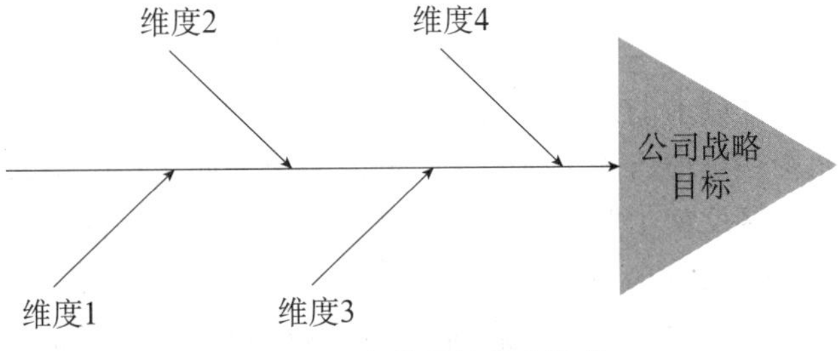

图 8-4 鱼骨图的基本模式

（2）各部门的主管需要依据企业级关键绩效指标建立部门级关键绩效指标，并对相应部门的关键绩效指标进行分解，确定相关的要素目标，分析绩效驱动因素（技术、组织、人），确定实现目标的工作流程，分解出各部门级的关键绩效指标，以便确定评价指标体系。

（3）各部门的主管和人员一起再将关键绩效指标进一步细分，分解为更细的关键绩效指标及各职位的业绩衡量指标。这些业绩衡量指标就是员工考核的要素和依据。这种对关键绩效指标体系的建立和测评过程本身，就是全体员工统一朝着企业战略目标努力的过程，也必将对各部门管理者的绩效管理工作起到很大的促进作用。

（4）指标体系确立之后，还需要设定评价标准。一般来说，指标指的是从哪些方面衡量或评价工作，解决“评价什么”的问题；而标准指的是在各个指标上分别应该达到什么样的水平，解决“被评价者怎样做、做多少”的问题。

（5）对关键绩效指标进行审核。比如，审核这样的一些问题：多个评价者对同一个绩效指标进行评价，结果能否取得一致？这些指标的总和是否可以解释被评估者80%以上的工作目标？跟踪和监控这些关键绩效指标是否可操作？等等。审核主要是为了确保这些关键绩效指标能够全面、客观地反映被评价者的绩效，而且易于操作。

（二）平衡计分卡

1.平衡计分卡的含义

平衡计分卡（Balance Score Card，BSC）是美国学者卡普兰和诺顿通过对绩效评估方面处于领先地位的12家公司进行了为期1年的研究之后，于1992年推出的一套综合平衡财务指标和非财务指标的评价体系。平衡计分卡打破了传统的单一使用财务指标（如资产负债表）衡量业绩的做法，而是在财务指标的基础上加入了未来驱动因素，即客户因素、内部流程和员工的学习与发展。只有把财务指标和非财务指标两者结合起来，组织才能够实现长远、持续的发展。

平衡计分卡是一种战略性绩效管理思想和指导方法，它以公司战略为导向，寻找能够驱动战略成功的关键因素，并建立与成功关键因素具有密切关联的关键绩效指标体系，通过关键绩效指标的跟踪监测，衡量战略实施状况并进行必要的修正，以实现战略的成功实施和业绩的持续增长。①

2.平衡计分卡的基本框架

（1）财务方面。

财务绩效指标主要包括收入增长类指标、成本减少或生产率提高类指标、资产利用或投资战略指标等。平衡计分卡的设计不是贬低财务数据的重要性，而是对传统中绩效评价过度重视财务指标而忽视其他方面进行修正，使财务成为四类指标中的一类，它仍是最被关注的指标，因为它直接反映了股东利益。平衡计分卡的所有目标与指标都有内在的因果逻辑关系。平衡计分卡是从股东利益出发，最终是为了获得可观的财务绩效，因此财务目标与指标的设定，一方面是为了确定企业预期的财务绩效，另一方面也是作为平衡计分卡中其他维度目标与指标的最终目标。确定财务目标与指标是平衡计分卡目标与指标设置的第一步，它一般位于平衡计分卡的最上端，是滞后或结果性指标。

（2）客户方面。

企业要想获得良好的财务绩效，就必须创造出受客户青睐的产品与服务，企业运作必须以客户价值为出发点。客户市场类指标包括市场份额、客户满意度、客户保持率等。客户类目标与指标标志着企业财务目标的收入来源。因为不同类型的客户对于产品和服务有

① 冯光明，等.人力资源开发与管理.北京：机械工业出版社，2013：190.

着不同的偏好，而价格、质量、性能、形象、商誉及服务等方面的价值主张是存在差异的，因此在确定客户类目标之前，建议进行目标客户的定位。

（3）内部流程方面。

生产运营流程是从企业接受订单开始，直至向客户发售和提供服务为止的整个活动过程，它包括接受订单、采购、生产加工、交货等步骤的活动，生产运营流程指标包括产品生产时间、存货周转时间、产品和服务质量等；售后服务流程包括提供担保、对产品进行修理和帮助客户完成结算等一系列的活动步骤，售后服务流程指标包括对产品故障的反应时间、客户还款周期等；创新流程包括市场调查发现客户目前与未来的需要并挖掘潜在需要，在完成调查后，决定是否设计和开发新产品，随后进行应用技术的调研，考量技术应用的可能性，最后企业进行产品的研发，企业创新流程指标包括新产品开发所用的时间等。

平衡计分卡通过内部运营流程将企业的学习与成长、客户满意度与财务目标联系起来。它有助于管理层了解业务运作状况、内部运营是否有效率、产品和服务是否满足客户需要等。通过评估，管理层可以发现企业内部存在的问题，并采取改进措施，以提高企业内部管理。

（4）学习与发展方面。

利用平衡计分卡对企业未来投资进行引导，不仅要关注传统的硬件设备的投资，还应该关注对员工成长等方面的投资。为了提高员工的满意度、降低员工流失率和提高员工的劳动生产率，学习与发展类的关注点包括员工核心技能与专长，以及激励、授权等文化氛围。学习与发展类指标关注企业的长期、持续发展能力，在设置这个维度的目标时应考虑这样的问题：为了更好地改进企业的内部运营，员工必须具备什么能力？

这四个维度之间有清楚的逻辑联系，如图 8-5 所示。先从财务层面来说，将如何让股东满意和如何实现他们价值的指标摆在最高层（财务类指标），这个层面全面测量企业业务运作的最终成就。为了实现财务类目标，企业需要向客户提供合适的产品和服务，满足客户的需求。当企业清楚客户需要什么时，接下来的问题是企业如何改进内部运营过程以提高产品和服务质量并降低成本以满足客户的需要。能否提高内部运营效率的目标取决于企业是否具有可持续发展的能力。学习与发展类指标能够测量企业可持续、长期发展的能力。总之，这四个维度互相支持、互相影响。平衡计分卡中的指标之间存在着因果关系。为了正确使用平衡计分卡，企业必须为四个层面的目标找出对应的驱动业务流程以及支持子流程等，直到出现合适的绩效指标，这是平衡计分卡的关键——战略和运作分解。

3.平衡计分卡的特点

相对于传统的以财务类指标衡量为主的绩效评价方法，平衡计分卡有以下特点：

（1）实现了长期目标与短期目标的平衡。平衡计分卡以战略的眼光协调企业长期行为与短期行为的关系，从而实现企业的可持续发展。在平衡计分卡的四个部分中，有些指标是前驱的，有些指标是滞后的。传统的业绩评价方法偏重于财务衡量，财务类指标虽然能较好地反映过去决策的执行结果，但不能很好地指导企业未来的发展。而且过于重视财务类指标，容易导致管理者的短期化行为。在决策时偏好“短平快”项目，不愿意在研究开发、设备更新和员工培训等方面进行长期投资，这势必会妨碍企业的长期发展。

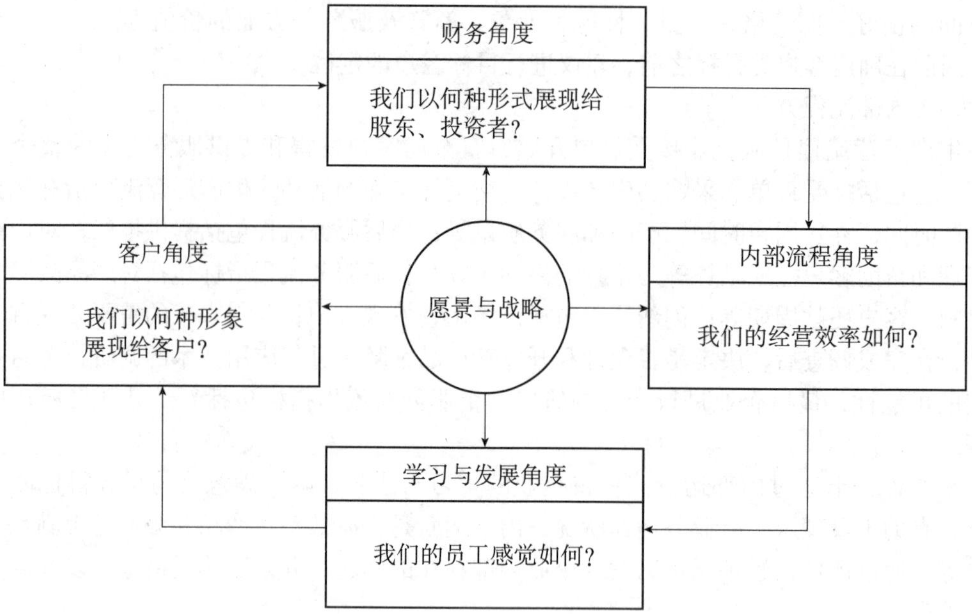

图 8-5　平衡计分卡的基本框架

（2）实现了财务目标与非财务目标的平衡。尽管企业的最终目标是获得利润，但利润的实现却依赖于客户、内部流程、学习与发展等非财务方面的绩效，而有些非财务因素是影响企业竞争优势的关键因素。平衡计分卡把财务类指标和非财务类指标两者紧密地联系在一起，避免了顾此失彼。

（3）以因果关系为纽带。平衡计分卡的四个维度并不是完全独立的，而是有着密切的内在联系。财务业绩与其驱动因素之间存在一系列因果关系。财务类指标说明了已采取的行动所产生的结果，非财务类指标则说明了这种财务业绩得以实现的具体动因。比如说，为了改善财务业绩，企业需要怎样对目标客户重新定位；新的客户群将有哪些新要求；企业怎样使自己的产品和服务赢得新的客户群的满意；要想在时间、质量、成本上赢得客户的满意，企业需要对内部流程进行哪些改进，如降低成本、提高质量、缩短生产周期、改进工艺流程等；而以上过程又需要企业去考虑如何投资于员工的培训和学习，如何改进信息系统的运行等一系列问题。

（4）把制定战略与实施战略紧密地联系起来。平衡计分卡展示了财务结果与业绩驱动因素之间的因果关系，有助于增强员工对经营战略的理解与信任，它通过对学习与发展方面的评价增加了企业上下交流的机会，把企业财务目标与各部门的具体目标协调一致，使各部门在如何实施企业战略上达成共识。此外，平衡计分卡还将企业战略目标与实施战略的措施具体化为各部门、小组与个人的绩效评价指标，从而对企业内部员工的计划与行动产生重大影响，保证企业战略与各部门、团队、个人目标之间相一致。

4.平衡计分卡的实施流程

（1）要明确企业的使命、愿景和战略。明晰企业的愿景，这有助于管理者就公司的使命和战略达成共识，确定企业的平衡计分卡（包括财务、客户、内部流程、学习与成长四个角度)。

平衡计分卡使用战略地图对企业战略进行描述。图 8-6 是一个通用版的战略地图。该战略地图从财务、客户、内部流程、学习与成长四个层面出发详细描述了企业的战略目标以及各层目标之间的相互关系。

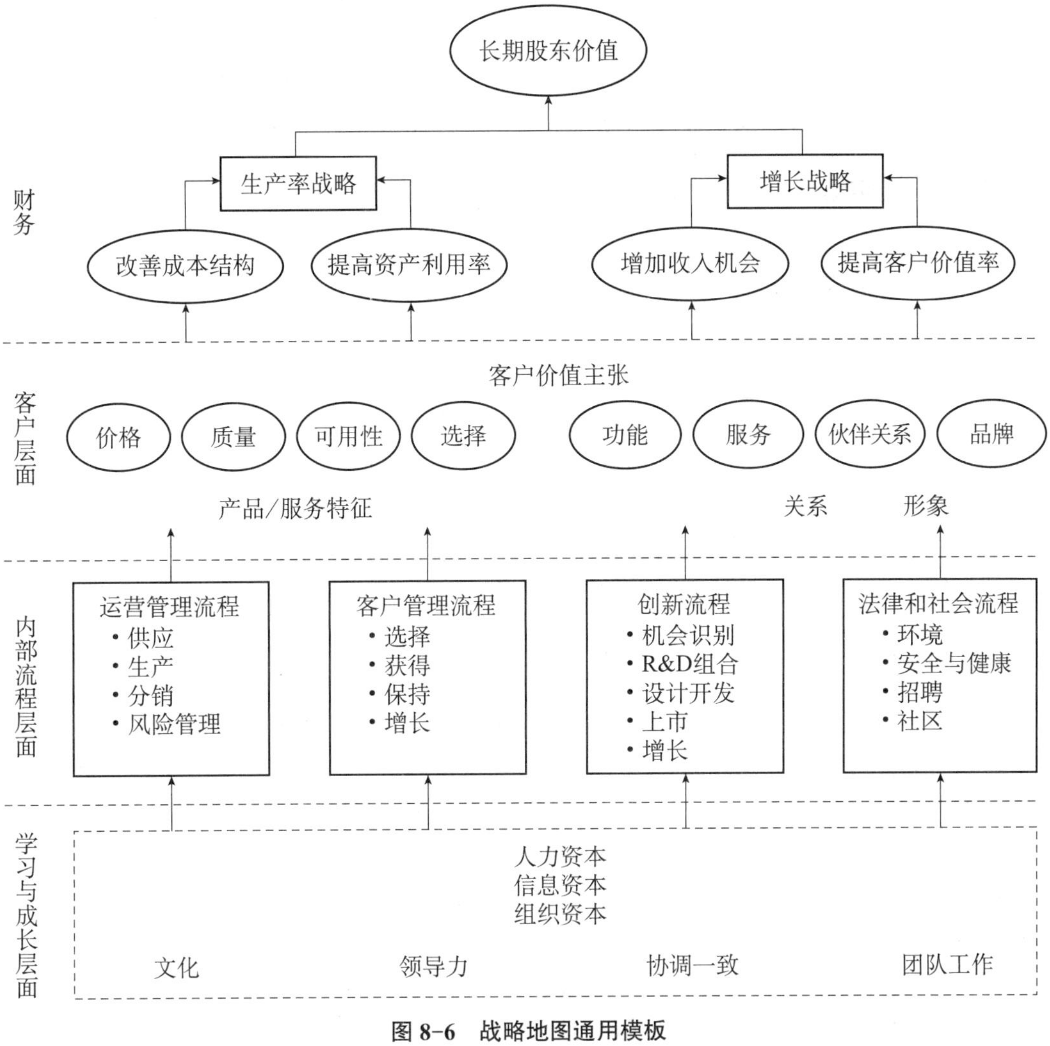

图 8-6 战略地图通用模板

(2)要进行战略目标沟通,使各级经理能在企业中就战略要求进行上下沟通,并把企业战略目标与各部门及个人的目标联系起来。即将企业的平衡计分卡目标落实到各部门的计分卡中,再落实到关键经理人和关键员工。

目前,完成这项工作的方法有两种:一种是把各部门看成是一个个虚拟的企业,分别为每个部门单独制定出平衡计分卡四个维度的绩效指标。例如,对于人力资源部,财务类指标是该部门的费用率等;客户指标是各部门对其的满意度等;内部流程指标是招聘流程、培训流程等;学习与成长指标是内部年人均培训时间、部门内员工满意度等。另一种是由不同的部门来分别承担企业级平衡计分卡不同维度的不同指标。例如,财务类指标由销售部门和服务部门承担,内部流程指标由生产部门承担,学习与成长指标由人力资源部门承担。

（3）要进行基于战略的业务规划。经理们将利用平衡计分卡所制定的目标作为分配资源和确定先后顺序的依据，采取那些能推动企业实现长期战略发展目标的措施，并注意协调。

（4）要在企业、部门和个人层面建立反馈机制、绩效考核和能力发展模型，赋予企业战略性的学习能力。

（5）要建立浮动薪酬的绩效激励系统，与企业、部门和个人层面挂钩，发挥员工的积极主动性并将自己的目标与企业战略保持一致，更好地执行企业战略和长期发展目标。

四、绩效沟通

（一）绩效沟通的含义和作用

1.绩效沟通的含义

绩效沟通是绩效管理的核心，是指考核者与被考核者就绩效考评反映出的问题以及考核机制本身存在的问题展开实质性的沟通，并着力于寻求应对之策，是服务于企业与员工绩效改善和提高的一种管理方法。

需要注意的是，绩效沟通贯穿于整个绩效管理过程，在绩效管理的各个阶段都需要通过有效的绩效沟通来实现绩效管理效用的最大化。

2.绩效沟通的作用

（1）设定共同认可的绩效目标。企业要界定员工在企业中所扮演的角色，角色的定位决定了员工将发挥的功能是什么，员工的能力要求是哪些，员工需要承担什么样的工作职责。只有通过有效的绩效沟通，才能对上述问题进行规划谈判，才能清晰地了解期望员工做些什么，员工在什么样的情况和环境下履行哪些职责，让管理者与被管理者都做到对绩效目标结果何为优、何为劣“心中有数”。这样，员工对实现目标有了努力的方向和动力，管理者对量化考核员工也就有了双方都认可的标准。

（2）在履行目标职责过程中不断沟通。管理者与员工就员工的工作目标和工作任务完成情况，以及工作中存在的问题进行沟通，这是员工的业绩反馈和管理者的业绩指导阶段。员工要反馈预定的工作目标完成情况，从管理者那里得到支持和帮助，而管理者需要了解员工的工作进展情况，了解员工所遇到的问题。通过了解，才能帮助员工清除工作中的障碍，为员工提供所需要的培训，提供必要的领导支持和智力帮助，并将员工的工作表现反馈给员工，包括正面的和负面的。

从绩效管理流程来看，绩效沟通是串联绩效目标管理过程的重要环节，它贯穿于整个过程。当绩效目标在实施过程中朝着良性方向发展时，通过不间断的沟通与对话，管理者掌握了员工在目标实施过程中继续提升业绩的空间有多大，员工在后期工作中有什么样的期望和要求；通过沟通，员工能及时地反馈工作完成情况，从上级主管那里得到必要的帮助。当绩效目标在实施过程中偏离正确的轨道时，绩效沟通尤显重要，对企业而言，它有助于降低负面影响，及时阻止损失的继续蔓延，甚至将对企业的负面影响和损失全面清除，重新为提升企业整体业绩起到助推作用；对员工而言，及时的沟通有助于员工改进方法和措施，重回正确轨道并改变糟糕业绩，避免成为企业整体业绩提升的落后者。

（3）使考核思想深入人心，考核结果令人信服。通过绩效沟通，员工（包括被考核的员工和作为考核者的各级主管）认识到对绩效目标的考核有利于提升企业整体业绩、长远发展和员工的职业生涯发展，并清除和澄清对绩效考核的错误及模糊认识。绩效管理不是考核者对被考核者滥用手中职权的“杀手锏”，也不应成为无原则的走过场、走形式。通过沟通，绩效考核者和被考核者都认识到，绩效的考核不是为了制造员工之间的差距，不是把员工分为三六九等的标尺，而是实事求是地挖掘员工工作的长处，发现其短处，以扬长避短，有所改进和提高。

通过沟通，考核者把工作要领、目标以及工作价值观传递给被考核者，使考核者明白要考核什么、考核谁、如何考核，被考核者明白自己该干什么、怎么干，什么样子是干得好、什么样子是干得不好，最终让双方达成共识与承诺，避免在绩效考核实施过程中出现分歧，影响考核结果。只有通过绩效沟通，才能使绩效考核思想深入人心，绩效考核这一工具的使用和考核结果才能得到认可。

（二）绩效沟通的内容与方式

1.绩效沟通的内容

企业绩效管理就是上下级间就绩效目标的设定与实施而进行的持续不断双向沟通的过程。在这一过程中，管理者与被管理者从绩效目标的设定开始，一直到最后的绩效考评，都必须保持持续的绩效沟通，任何单方面的决定都将影响绩效管理的有效展开，降低绩效管理体系效用的发挥。绩效沟通分为四个阶段，其模型如图 8-7 所示。

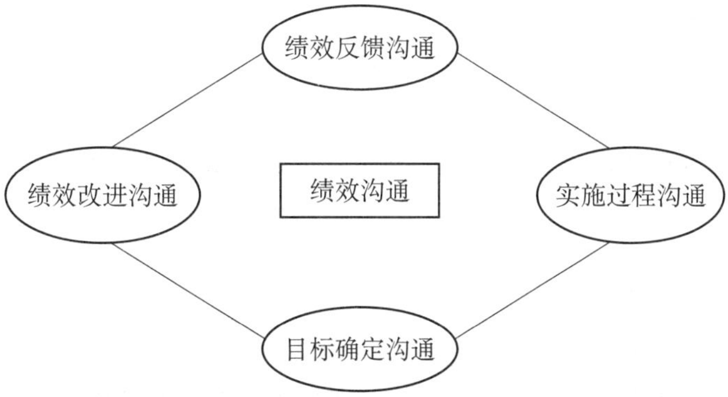

图 8-7　绩效沟通四阶段

（1）目标确定沟通。为了确保员工在业绩形成过程中实现有效的自我控制，在确定绩效目标时，主管必须与员工就考核的内容和标准进行沟通，使员工了解三个问题：这一阶段我的目标是什么？应该采取什么样的措施和手段来完成目标？完成目标需要什么样的支持？通过这一阶段的沟通，可以防止主管硬派任务、员工被动接受的情况，员工对自己确定的目标的认可度就会大大提升。通过沟通，员工能够感受到主管的全力支持，就会对完成目标充满信心，斗志昂扬地投入工作之中。

（2）实施过程沟通。此阶段的沟通是在考核过程中就绩效执行的关键控制点、员工出现的问题及员工行为出现偏差的纠正等所采取的正式或非正式的沟通方式。绩效执行的关键控制点沟通主要是通过对先前绩效实施措施的说明，主管会对员工的目标完成实施手段有一定的了解。在关键环节控制点上，主管就需要适时地监督和沟通，看员工完成的结果怎样、进度如何。员工可能出现的问题主要包括在执行任务的过程中遇到难题，出现新的问题困扰而导致工作停滞不前，这时主管应该及时出现，在员工需要支持的时候帮助他们排忧解难，让他们感觉到主管能与他们同甘共苦，这样员工就会相信主管是他们的坚强后盾，心有感激，更积极地投入工作。员工行为偏差纠正沟通是要主管对员工在执行任务的过程中所采取的手段进行监督，防止员工为达目的不择手段，采取有损企业长远利益的行为，而对于员工好的行为和进步应及时赞扬。

（3）绩效反馈沟通。本阶段的沟通是在绩效评估结果出来后就本次评估所得的结果、员工目标的完成情况、没有完成的原因分析以及下一阶段的改进计划所进行的沟通。

评估结果的沟通，要求主管把本次评估的结果向员工说明，同时把打分的结果、依据和相关证明资料向员工展示，让员工感到主管的评估是有理有据的。同时，主管要听取员工对本次目标自评的结果和相应的依据。这样双方对照，并根据实际情况对评估结果进行适当的修正，这样的评估结果就会更有说服力。双方就结果进行充分沟通和修改后，需要对原因进行深入的分析，特别是对于没有完成的目标，看看是由客观原因还是主观原因造成的。如果是内因，就要分析是员工的知识能力不足、经验不够还是态度欠缺。如果是员工知识能力不足，就需要安排相应的培训；如果是经验不够，就需要多安排锻炼机会；如果是态度欠缺，就需要继续分析，到底是什么原因导致的，是企业激励措施不好、内部管理有问题，还是员工自身态度有问题。对这些问题，都需要穷根究底，找出背后真正的原因，并采取相应的解决措施。对于完成或超前完成的目标也要分析是怎样完成的，把员工所采取的有效方法和措施在内部进行分享，让集体共同进步。

（4）绩效改进沟通。绩效考评的完成，既是上一个过程的终点，又是下一个过程的起点。因此，绩效面谈不仅仅是谈过去，更重要的是谈未来发展，对未来目标的确定就成了本阶段沟通的重要组成部分。双方对下一阶段的目标要达成一致，对实现目标所采取的措施和相应的支持条件也要形成共同意见，使员工更好地实现绩效改进，不断提升自身的绩效水平。

2.绩效沟通的方式

绩效沟通是一个充满细节的活动过程。管理者与员工的每次交流（不论是书面的还是口头的）都是一次具体的沟通。总的来说，绩效沟通可分为正式的绩效沟通与非正式的绩效沟通两类。正式的绩效沟通是企业管理制度规定的各种定期进行的沟通；非正式的绩效沟通则是员工与管理者在工作过程中的信息交流过程。

（1）正式的绩效沟通。

正式的绩效沟通是事先计划和安排好的沟通，如定期的书面报告、面谈，有经理参加的定期的小组会或团队会等。

1）定期的书面报告。员工可以文字的形式向领导报告工作进展、反映发现的问题，主要有周报、月报、季报、年报。如员工与领导不在同一地点办公或经常在外地工作的人员可通过电子邮件的传送进行沟通。书面报告可培养员工理性、系统地考虑问题，提高逻辑思维和书面表达能力。但应注意，报告应采用简化的文字，只保留必要的报告内容，避免烦琐。

2）一对一正式面谈。一对一正式面谈对于及早发现问题，找到和推行解决问题的方法是非常有效的，可以使管理者和员工进行比较深入的探讨，也可以讨论不宜公开的观点；使员工有一种被尊重的感觉，有利于建立管理者和员工之间的融洽关系。但面谈的重点应放在具体的工作任务和标准上，鼓励员工多谈自己的想法，以一种开放、坦诚的方式进行谈话和交流。

3）定期的会议沟通。会议沟通可以满足团队交流的需要；定期参加会议的人员相互之间能掌握工作进展情况；通过会议沟通，员工往往能从领导口中获取企业战略或价值导向的信息。但应注意明确会议重点和会议的频率，避免召开不必要的会议。

（2）非正式的绩效沟通。

非正式的绩效沟通是未经计划的沟通，其沟通途径是组织内的各种社会关系，形式有非正式的会议、闲聊、走动式交谈、吃饭时进行的交谈等。非正式的绩效沟通的好处是形式多样、灵活，不需要刻意准备；沟通及时，问题发生后，马上就可以进行简短的交谈，从而使问题很快得到解决；容易拉近主管与员工之间的距离。

相/关/链/接 >>

绩效沟通的技巧

沟通就是沟通双方的对话和交流，“沟通”两字看似简单，但事实上远非如此。绩效沟通是一门艺术，管理者在进行沟通时需要掌握一些技巧。

（1）沟通时态度应该坦诚，给员工以信任感和安全感，不可使用带威胁性的词语；以询问的方式进行，通过询问获得员工更多的信息，以便帮助员工解决问题。

（2）沟通时内容应该具体，尽量获得与员工绩效有关的具体信息。比如，表扬时应该指出员工在哪一点上做得好，反映了员工的哪些方面品质，其所带来的影响如何。

（3）要让员工知道自己的想法和需要，以便员工更好地配合工作，不能简单地认为员工应该知道自己的想法。“想当然”在绩效沟通中有百害而无一利。

（4）不能仅看问题，更要看到成绩，鼓励多于批评的沟通才更加有效，更具前瞻性，更符合绩效管理的原则。

（5）注意倾听，少说多听是沟通的又一重要技巧，因为多听才能获得更多需要的信息。

（6）沟通需及时，出现问题及时进行沟通，消极等待只能使问题恶化，后果不可想象。

（7）沟通应具有建设性，作为沟通的结果，管理者应提出建设性意见，以帮助员工更好地调整自己，更好地完成绩效目标。

沟通作为一个重要的管理技巧，在管理活动中运用得非常广泛，其带来的影响也非常大，管理者应结合自己的管理实践，不断探索和提高沟通技巧，以更高的效率获得更大收益。

案例 8-2

某集团公司的绩效考核

某集团公司是一家以开发、生产和销售电源、电线杆为主要业务的公司。公司前身为乡镇企业，始建于20世纪90年代初，后转制成为有限责任公司，2005年又改制成为集团公司。近年来，该集团公司先后获得“工业经济突出贡献奖”“明星工业企业”“重点骨干企业”“诚信企业”“劳动关系和谐企业”“银行资信AAA级企业”“纳税信用AAA级企业”“重合同守信用AAA级企业”等荣誉称号。

随着公司规模的不断发展壮大，公司走出了一条多元化经营、集团化管理的发展道路。目前，集团下属18家公司，有4 000多名员工，2020年公司销售收入为21亿元，实现利润9 200万元。但随着公司规模的扩大和内部机构的完善，公司管理也遇到一些问题。其中，比较突出的是绩效考核问题。

以前，公司没有实施绩效评估，年终奖金的发放由总经理一人说了算。人少的时候倒也相安无事。不过近年来随着公司规模的扩大、部门的增多，考核方面的问题变得更加突出。首先，各个部门都对现行的考核方法有意见，都觉得对自己不公平，而且常常为此闹矛盾；其次，似乎各个层面的人员都对考核和奖金发放不满。

总经理觉得再这样下去是个问题，于是要求人力资源部经理做一套绩效评估方案，对公司员工进行全面考核。很快，公司的绩效考核方案被制定出来，规定员工每隔半年考核一次。在绩效考评会上，林强所在的企划部遭到了其他部门的“炮轰”。一向说话温和的林强提高了嗓门，历数部门受到的委屈。林强认为，他所在部门的人员虽然没有整天在外面跑，但他们做的并不比其他部门差，主要表现在以下两个方面：

一是企划部是一个综合服务部门，公司要实施什么项目、要开展什么工作，对其不敢怠慢；

二是上半年，企划部为了确保电源项目能尽快得到认证，几乎把所有的精力全投到这上面了，所以其他部门项目的策划只能放一边。因此，其他项目部纷纷把矛头指向企划部。

林强很无奈，他也很想通过各项具体的考核指标和数字，把企划部的成绩准确无误地说出来。可惜，公司对于企划部的绩效考核始终是一笔糊涂账。每年的总结大会，公司领导总是以类似于“企划部为我们实现今年的目标做出了突出贡献”的话一笔带过。对企划部人员的考核，人力资源部参照的是业务部门的考核体系。由于企划部的定位是服务部门，人力资源部又增加了其他部门对企划部的考核栏。结果，企划部的考核成绩比公司平均水平差了一大截。

前不久，林强从朋友那里听说“平衡计分卡”可以解决这个问题，但效果到底如何，实施过程中有哪些问题，他一头雾水。跟人力资源部的人提起来，人力资源部的主管说："有这个必要吗？就是简单问题复杂化。"

半年考核很快就要到了，林强很想在这之前给自己部门的人一个说法。

点评：从本案例可知，该公司在对企划部的绩效考核过程中存在如下问题：

（1）绩效考核目的不明确，对绩效考核的理解存在偏差。

（2）绩效考核的标准设置不合理，对部门的定位不准，对诸如考核的是工作态度、行为过程还是工作结果，没有明确的界定。

（3）考核的程序和方法存在问题，谁有资格考核企划部门主管？谁来处理考核中的申诉行为？

（4）没有落实专人负责绩效考核的辅导和绩效面谈。

绩效考核不是简单地打分、评定等级，考核的核心环节在于面谈，肯定成绩，找到不足，寻求改进。考核不是挑毛病，考核结束了也并不一定要扣减工资或给予奖励。考核在于鼓励员工重新认识过去的工作，是从不同的角度检讨工作方式，这一切必然要用面对未来的眼光和开放的心态来对待，否则，绩效考核将会进入一个无休止的讨价还价和抱怨责难的深渊之中。

第三节 绩效考核

绩效考核

一、绩效考核的含义与作用

（一）绩效考核的含义

绩效考核也叫绩效评价，是指企业在既定的战略目标下，运用特定的指标和标准，对员工的工作行为及取得的工作业绩进行评估，并运用评估的结果对员工将来的工作行为和工作业绩产生正面引导的过程和方法。[①]

（二）绩效考核的作用

绩效考核的结果会对人力资源管理的其他职能产生重要影响，也关系着员工的切身利益，受到全体员工的重视。具体地说，绩效考核可以在以下几个方面对企业管理产生深刻影响。

1.达成目标方面

绩效考核本质上是一种过程管理，而不是仅仅对结果的考核。它是将中长期的目标分解成年度、季度、月度指标，不断督促员工去实现、完成的过程。有效的绩效考核能帮助企业达成目标。

① 安锋，等．人力资源管理教程．北京：中国经济出版社，2016：196.

2.挖掘问题方面

绩效考核是一个不断制订计划、执行、检查、处理的 PDCA 循环过程，体现在整个绩效管理环节，包括绩效目标设定、绩效要求达成、绩效实施修正、绩效面谈、绩效改进、再制定目标的循环，这也是一个不断地发现问题、解决问题的过程。

3.分配利益方面

与利益不挂钩的考核是没有意义的。员工的工资一般会分为两个部分：固定工资和绩效工资。绩效工资的分配与员工的绩效考核得分息息相关，所以提起考核，员工的第一反应往往是绩效工资的发放。

4.促进成长方面

绩效考核的最终目的并不是单纯地进行利益分配，而是促进企业与员工的共同成长，通过考核发现问题、解决问题，找到差距进行提升，最后达到双赢。

5.人员激励方面

绩效考核把员工聘用、职务升降、培训发展、劳动薪酬相结合，使得企业的激励机制得到充分运用，有利于企业的健康发展；同时对员工本人也便于建立不断自我激励的心理模式。

二、绩效考核的流程

为了确保绩效考核结果的公正性、客观性和科学性，企业应该建立一套科学的绩效管理流程。一般而言，企业在进行绩效考核时，要经过五个步骤，如图 8-8 所示。

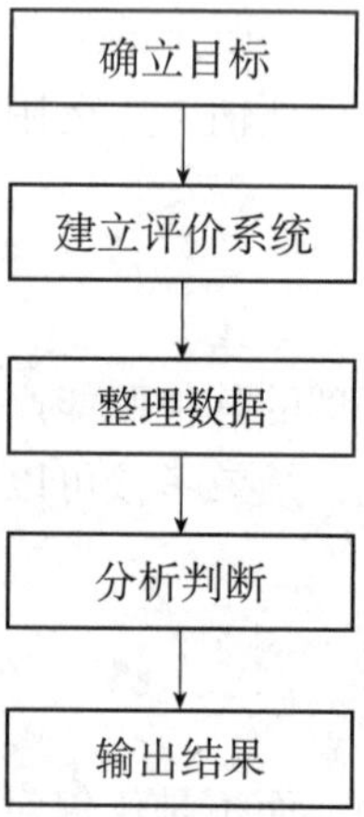

图 8-8　绩效考核流程

（一）确立目标

这一步骤需要明确企业的战略目标，选择考核对象。这一过程主要是在绩效计划中实现，使用平衡计分卡和关键绩效指标两种考核工具。考核指标体系的建立都是源于企业的使命和战略目标。同时，平衡计分卡和关键绩效指标都是对企业战略目标的层层分解，由企业目标到部门目标和团队目标再到员工个人目标，利用这些目标分别对企业层面、部门层面和个人的绩效进行评价。

（二）建立评价系统

建立评价系统包括三个方面的内容：确定评价主体；构建指标体系；选择恰当的考核方法。

（三）整理数据

把在绩效实施阶段收集到的绩效信息和数据进行整理分析，按照考核指标和考核标准进行界定、归类。在这一过程中，要尽量减少主观色彩，以事实和客观标准来进行，以保证考核结果的公正、客观。

（四）分析判断

在这一阶段，需要对信息进行重新整合，按照所确定的评价方式对评价对象进行最终的判断。

（五）输出结果

考核结束后，需要给出一个具体的考核结果。考核结果既要包括绩效得分和排名，也应该对绩效结果进行初步的分析，找出优秀或者不足的原因，以供反馈和改进之用。

三、绩效考核体系

绩效考核是一项系统工程，其中包括多项工作，只有每一项工作都落实到位，考核工作才能有实效。具体而言，绩效考核体系包括考核对象、考核的主体、考核的内容和方法、考核周期，如图 8-9 所示。这里主要介绍后三种。

（一）绩效考核的主体

由谁来考核是绩效考核的重要问题，考核者的选择关系着绩效考核的信度和效度，也是保证考核公正、权威的一个重要因素。在绩效考核的过程中，根据不同的考核目的，有时需要由几方面的人共同对被考核者进行全面的考核，有时也可能是部分人员分别对其进行考核。一般来说，根据考核执行者的不同，可以把考核主体分为以下四类。

1.上级

由于上级直接管理着下级，因此他们了解和熟悉下级的各项工作，对员工的工作业绩比较了解。上级常常是处于最优的位置来考核下级，因此可以排除同级之间互相考核的一些弊端，具有一定的公正性。不过，上级可能会强调员工业绩的某一方面，而忽视其他方面。此外，上级有可能操纵考核的组织和实施，使考核的结果不能反映出员工的实际业绩和能力。

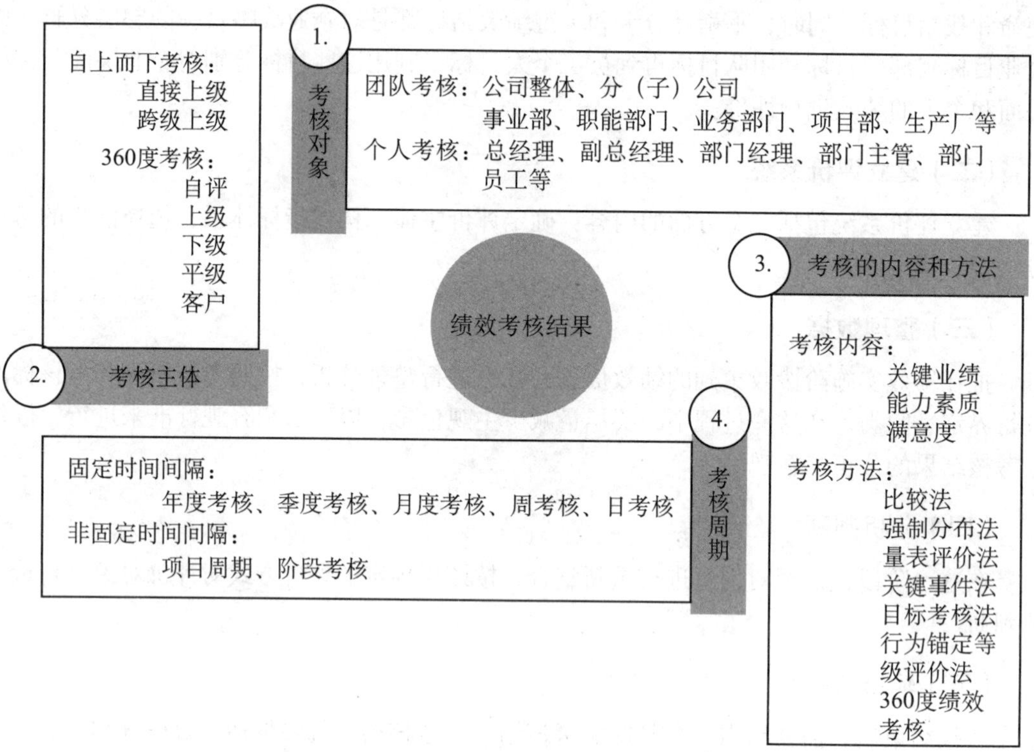

图 8-9　绩效考核体系

2.同级

由于同级对彼此的业绩更为了解，因此他们做出的评价更为准确。同时，同级的竞争和压力对员工来说可以成为一个极为有力的激励因素，会激发员工的积极性，促使员工努力提高工作绩效。不过，由于同级之间在奖金分配上和职位晋升中存在着竞争关系，这可能会导致考核结果失真。

3.下级

下级直接了解上级的实际工作情况、领导风格、管理水平，通过他们的评价，能帮助上级重新审视自己的工作，明确潜在的问题，并采取相应的行动予以改进。但是，下级可能会因担心遭到报复而不愿反映真实情况。因此，由下级考核上级时，需要做好保密工作，通常采用不记名的方式对上级的工作行为和工作结果进行考核。

4.个人

员工对自己的绩效进行考核，是有效考核的必要补充。员工最清楚自己在工作中哪些做得好、哪些需要改进。通过自我评估，员工可以全面地反映自身的情况，客观地评价工作业绩，并采取必要的措施加以改进。但是，员工通常会高估自己、低估他人。当考核结果与员工的期望相差太远时，容易引起他们的不满。

（二）绩效考核的内容和方法

1.绩效考核的内容

目前，对国家公务员的考核内容一般包括“德、能、勤、绩、廉”五个方面，对企业员工的考核内容并没有统一的规定。但是根据绩效考核的定义，我们可以发现，考核主要针对员工的关键业绩、能力素质和满意度。所以绩效考核的内容也可以概括成以下三方面的内容：

（1）关键业绩。关键业绩考核就是考核企业内的成员对组织的贡献，或者对企业内的成员的价值进行评价。对一个企业的经营者来说，希望每一位员工的行为能够有助于企业经营目标的实现，为企业做贡献，而通过关键业绩考核可以掌握员工对企业贡献的大小、价值的大小。因此，对企业而言，业绩就是任务的数量、质量及效率方面的具体体现。

（2）能力素质。能力素质考核则是考核员工在岗位工作中发挥出来的能力，诸如某员工在工作中判断是否正确、迅速，协调关系如何，等等，依据他在工作中表现出来的“能力”，参照标准或要求，确定他的能力发挥得如何，对应于所担任的职务、承担的工作，能力是大还是小、是强还是弱等，做出评定。

（3）满意度。满意度是考核员工的工作成效，该指标较难量化。一般从工作态度、基本能力、业务熟练程度、责任感、协调性等方面进行综合考核。

2.绩效考核的方法

绩效考核的方法，按照所选择效标的不同，可分为五种类型，即品质主导型的考核方法、行为导向型的主观考核方法（排列法、选择排列法、比较法、强制分布法和结构式叙述法）、行为导向型的客观考核方法（关键事件法、强迫选择法、行为定位法、行为观察法和加权选择量表法）、结果导向型的绩效考核方法（目标考核法、绩效标准法、短文法、直接指标法、成绩记录法和劳动定额法）和综合型的绩效考核方法（图解式评价量表法、合成考评法）。这里选择几种常见的绩效考核方法进行简要介绍。

（1）比较法。比较法是一种相对考核的方法，通过员工之间的相互比较得出考核结果。这种方法比较简单且容易操作，可以避免宽大化、严格化和中心化倾向的误区，适于作为奖惩的依据。但这种方法对于实现绩效管理目的、发挥绩效管理作用的帮助不大，不能提供有效的反馈信息。比较法主要有以下几种具体方法：

1）个体排序法。这种方法也叫作排队法，在被考核员工人数不多，且所从事的工作又是相同的情况下，排队法是一种简便易行的方法。这种方法把被考核的员工按每个人绩效的相对优劣排出顺序或名次。排队时，可以按照某种考核标准，首先选出绩效最优者排在第一位，然后再选出次优者排在第二位，以此类推，直到最后把绩效最差的一位排在末尾。也可采取交叉排队的方法，首先选出最优的排在第一位，然后选出最差的排在最后，下一步再分别选出次优与次差的，分别排在第二位与倒数第二位，直到全部排完为止。

排队时可将每个员工的整体工作状况作为标准，这样员工在排队中的位置就是最终的考核结果。也可使用复合考核标准，即根据工作分析的结果，从几个特定的绩效维度（如产品数量、质量、销售额、服务态度等）分别对员工进行考核。使用复合标准进行考核时，员工最终的绩效结果取决于在各个绩效维度上的排队位置的平均值，用这个位置与其他员工的排位进行比较，从而决定他的最终位置。复合考核标准排队法如表 8-3 所示。

表8-3　复合考核标准排队评估表

评估因素：工作质量		评估因素：工作数量	
序号	员工姓名	序号	员工姓名
1		1	
2		2	
3		3	

2）配对比较法。在使用排队法对员工进行绩效考核时，需按照某种绩效标准把全部员工从好到差进行排列，随着员工数量的增加，排队的难度也越来越大。为了降低排队的难度，可以采用配对比较的方法。这种方法要求按照某种绩效标准，把员工进行两两比较，每一次比较时，给表现好的员工记“+”，另一位员工就记“−”。所有员工都比较完后，计算每个人“+”的个数，依此对员工做出考核，谁的“+”的个数多，谁的名次就排在前面，见表 8-4。

表8-4　配对比较法示例

员工姓名	A	B	C	D	E
A		+	+	−	−
B	−		−	−	−
C	−	+		+	+
D	+	+	−		+
E	+	+	−	−	
评估结果					

3）人物比较法。人物比较法就是在考核之前，先选出一位典型员工，以他的各方面表现为标准，对其他员工进行考核。见表 8-5。

表8-5　人物比较法示例

员工姓名：	考核项目：工作积极性		基准人物姓名：		
档次	A	B	C	D	E
甲					
乙					
丙					

续表

员工姓名：	考核项目：工作积极性		基准人物姓名：		
丁					
戊					

（2）强制分布法，也称强制比例法、强制分配法。这种考核方法是先确定几个绩效等级，如优、良、中、差、劣，然后按照事物“中间大，两头小”的正态分布规律，人为地确定每个等级中的员工数在总人数中所占的比例。例如，把最好的 10% 的员工放在最高等级的小组中；把次之的 20% 员工放在次一级的小组中；把再次之的 40% 的员工放在中间等级的小组中；把再次之的 20% 的员工放在倒数第二级的小组中；最后的 10% 的员工属于最差的小组。见表 8–6。

表8–6　强制分布考核表

员工姓名	优（10%）	良（20%）	中（40%）	差（20%）	劣（10%）

使用强制分布法时，是将员工按不同的组进行排队，而不是按人排队，有时不能解决具体比较两个个体绩效差别的问题。此外，员工的绩效有时并不遵循“中间大，两头小”的正态分布规律。例如，当员工进行了有效的选择后，其绩效分布应该是偏态的而不是正态的。如果一个部门全是优秀员工，按正态分布规律强制进行分配显然是不合理的。因此，使用这种方法时应根据本部门的具体情况灵活规定评定的等级及每一等级所占的比例。

（3）量表评价法。量表评价法是根据设计的等级评价量表来对被评价者进行评价的方法。这是目前应用最广泛的绩效评估法。无论被评价者的人数是多还是少，这种方法都适用；而且采用这种方法评价的定性、定量考核指标较全面，故多为各类企事业单位所选用。其具体步骤是：先设计等级评价表，列出有关业绩因素；再把每一业绩因素分成若干等级并给出分数；说明每一级分数的具体含义；评价者根据表格对被评价者进行打分或评级；最后加总得出总的评价结果。常见的量表有绩效评估表，如表 8–7 所示。

表8–7　绩效评估表

<table>
<tr><td colspan="5">姓名:_____　部门:_____　单位:_____　职务:_____
评估者:_____　评估者和被评估者关系:________</td></tr>
<tr><td>绩效因素</td><td colspan="2">评分参考</td><td>评分</td><td>备注</td></tr>
<tr><td rowspan="3">工作实绩</td><td>工作质量</td><td>杰出　优　良　中　差
8～10　7～8　6～7　5～6　4～5</td><td></td><td>等级下边的数字代表的是区间分数</td></tr>
<tr><td>工作数量</td><td>杰出　优　良　中　差
8～10　7～8　6～7　5～6　4～5</td><td></td><td></td></tr>
<tr><td>创新</td><td>杰出　优　良　中　差
8～10　7～8　6～7　5～6　4～5</td><td></td><td></td></tr>
</table>

续表

<table>
<tr><th colspan="2">绩效因素</th><th>评分参考</th><th>评分</th><th>备注</th></tr>
<tr><td rowspan="4">工作态度</td><td>纪律性</td><td>杰出　优　良　中　差
4～5　3～4　2～3　1～2　0～1</td><td></td><td></td></tr>
<tr><td>责任性</td><td>杰出　优　良　中　差
4～5　3～4　2～3　1～2　0～1</td><td></td><td></td></tr>
<tr><td>合作性</td><td>杰出　优　良　中　差
4～5　3～4　2～3　1～2　0～1</td><td></td><td></td></tr>
<tr><td>积极性</td><td>杰出　优　良　中　差
4～5　3～4　2～3　1～2　0～1</td><td></td><td></td></tr>
<tr><td rowspan="4">能力</td><td>知识技能</td><td>杰出　优　良　中　差
7～9　5～7　3～5　1～3　0～1</td><td></td><td></td></tr>
<tr><td>决断洞察</td><td>杰出　优　良　中　差
7～9　5～7　3～5　1～3　0～1</td><td></td><td></td></tr>
<tr><td>人际关系</td><td>杰出　优　良　中　差
7～9　5～7　3～5　1～3　0～1</td><td></td><td></td></tr>
<tr><td>应用开发</td><td>杰出　优　良　中　差
7～9　5～7　3～5　1～3　0～1</td><td></td><td></td></tr>
<tr><td colspan="2">杰出：成绩非常突出</td><td>合计得分：69～86 分</td><td rowspan="5">合计得分</td><td rowspan="5">评估人（签名）：</td></tr>
<tr><td colspan="2">优：没有过失</td><td>合计得分：54～68 分</td></tr>
<tr><td colspan="2">良：符合要求</td><td>合计得分：39～53 分</td></tr>
<tr><td colspan="2">中：勉强符合要求</td><td>合计得分：24～38 分</td></tr>
<tr><td colspan="2">差：不符合要求</td><td>合计得分：12～23 分</td></tr>
</table>

（4）目标考核法。目标考核法，即按照一定的指标或评价标准来衡量员工完成既定目标和执行工作标准的情况，根据衡量结果给予相应的奖励。具体步骤如下：

第一步，确定总体目标和执行各层的具体目标。无论是总体目标还是具体目标，必须明确、具体，可以计量。每一层次的每一位员工，都要在企业总体目标的背景下，形成各自具体的目标。

第二步，制订计划和业绩评价标准。目标确定以后，就要制订达到目标的具体计划，同时制订执行计划中的业绩评价标准。

第三步，业绩评价。在目标管理的过程中，对照设定的目标和业绩评价标准，对员工完成目标的情况做出具体的评价。这类业绩评价一般在目标管理过程中就开始进行，在员工期末评价中正式完成。

第四步，检查调整。通过业绩评价，员工找出了自己实际工作业绩与预定目标之间的差距，接着必须分析产生这些差距的原因，并且通过调整自己的工作方法等手段，致力于缩小乃至消除上述差距，努力达到自己的目标。

（5）关键事件法。关键事件法是由上级主管者记录员工平时工作中的关键事件：一种是做得特别好的；另一种是做得不好的。在预定的时间，通常是半年或一年之后，利用积累的记录，由主管者与被考核者讨论相关事件，为测评提供依据。关键事件法包含三个重点：第一，观察；第二，书面记录员工所做的事情；第三，有关工作成败的关键性事实。

对每一事件的描述内容包括：导致事件发生的原因和背景；员工的特别有效或多余的行为；关键行为的后果；员工自己能否支配或控制上述后果。在收集这些关键事件以后，可以对它们进行分类，并总结出职务的关键特征和行为要求。采用关键事件法既能获得有关职务的静态信息，也可以了解职务的动态特点。关键事件的简单描述如表 8-8 所示。

表8-8　关键事件法描述举例

- 好的关键事件：某年某月某日，小王主动加班，协助其他同事完成一份计划书，使公司在第二天能够顺利地与客户签订合同。
- 不好的关键事件：某年某月某日，小王在休息时间结束后晚到了 30 分钟才回到生产线，造成流水线上其他工人工作中断，影响了整个车间的生产进度。

（6）行为锚定等级评价法。行为锚定等级评价法是一种将同一职务工作可能发生的各种典型行为进行评分度量，建立一个锚定评分表，以此为依据，对员工工作中的实际行为进行测评记分的考核办法。行为锚定等级评价法实质上是把关键事件法与量表评价法结合起来，兼具两者之长。它将关键事件和等级评价有效地结合在一起，通过一张行为等级评价表可以发现，在同一个绩效维度中存在一系列的行为，每种行为分别表示这一维度中的一种特定绩效水平，将绩效水平按等级量化，可以使考评的结果更有效、更公平。行为锚定等级评价法的示例如图 8-10 所示。

行为锚定等级评价法通常要求按照以下五个步骤来进行：第一步，获取关键事件，要求对工作较为了解的人（通常是工作承担者及其主管人员）对一些代表优良绩效的关键事件进行描述；第二步，建立绩效评价等级，由这些人将关键事件合并为为数不多的几个绩效要素（5～10 个），并对绩效要素的内容加以界定；第三步，对关键事件重新加以分配，由另外一组同样对工作比较了解的人对原始的关键事件进行重排，确定这一关键事件的最后位置；第四步，对关键事件进行评定，第二组人会被要求对关键事件中所描述的行为进行评定（一般使用 7 点或 9 点等级尺度评定法），以判断它们是否能有效地代表某一工作业绩要素所要求的绩效水平；第五步，确立最终的工作绩效评价体系。对于每一个工作绩效要素来说，都将会有一组关键事件（通常 6～7 个关键事件）来作为其“行为锚”。

（7）360 度绩效考核，又称 360 度绩效反馈或全方位评估，最早是由英特尔公司首先提出并加以实施的。它是指由员工自己、领导、直接部属，同事甚至客户等全方位来了解个人的绩效。

自我评价是指让员工针对自己在工作期间的绩效表现，或根据绩效表现评估其能力并据此设定未来的目标。当员工对自己做评估时，通常会降低自我防卫意识，从而了解自己的不足，进而愿意加强、补充自己尚待开发或不足之处。同事的评价是指由同事互评绩效的方式，来达到绩效评估的目的。对一些工作而言，有时上级与下属相处的时间与沟通

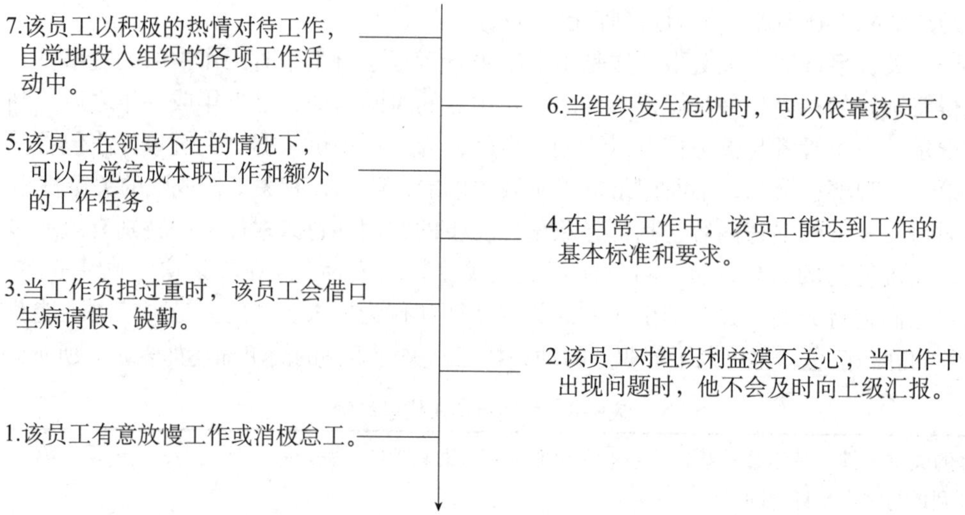

图 8-10　行为锚定等级评价法示例：员工在工作中的行为表现考评

机会，反而没有下属彼此之间沟通的机会多。此时，他们之间的互评反而比较客观。而且，下属之间的互评可以让彼此知道自己在人际沟通方面的能力。下属的评价是指由下属来评价上司，管理者可以通过下属的反馈，清楚地知道自己的管理能力有什么地方需要加强，若自己对自己的了解与下属的评价之间有太大的落差，则管理者亦可针对这个落差深入了解其中的原因。客户的评价对从事服务业、销售业的人员来说特别重要，因为唯有客户最清楚员工在客户服务关系、行销技巧等方面的表现与态度。所以，在类似的相关行业中，在绩效评估的制度上不妨将客户的评价列入评估系统之中。主管的评价是绩效评估中最常见的方式，即绩效评估的工作由主管来执行。因此，主管必须熟悉评估方法，并善用绩效评估的结果作为指导下属、发展下属潜能的重要武器。

（三）绩效考核周期

绩效考核周期指的是多长时间进行一次绩效考核。考核周期有固定时间间隔和非固定时间间隔。固定时间间隔一般有月度考核、季度考核、年度考核甚至周考核、日考核；非固定时间间隔一般是指一个任务或一个项目完成后进行的考核，如果这个任务或项目的时间跨度比较大，那么可以把这个任务或项目分为几个阶段，中间进行阶段考核。

四、绩效考核中常见的误区

由于绩效考核是一种人对人的评价，在这一过程中往往会出现一些错误或者不当行为，从而影响考核的效果。绩效考核中常见的错误有以下几种。

（一）首因效应

首因效应也叫首次效应、优先效应或第一印象效应。当人们第一次与某物或某人接触时会对此物或此人留下深刻印象，此为第一印象，个体在社会认知过程中，通过“第一印象”最先输入的信息对客体以后的认知产生的影响作用就是首因效应。第一印象作用最强，持续的时间也长，比以后得到的信息对于事物整个印象产生的作用更强。绩效考核中，首因效应是指考核者由于对被考核者第一印象不佳或很好，以至于在以后的绩效考核中对他的评价偏低或偏高。常见的“以貌取人”就是此效应的结果。其实，不管是在绩效考核还是在人际交往或者其他方面，首因效应是广为存在的，特别是在人际交往过程中，首因效应尤其突出。首因效应的产生常常与个体的社会经历、社交经验的丰富程度有关。因此，要在绩效考核中避免此效应的产生，可以从考核者的社会经历和社交经验角度加以控制。

（二）近因效应

近因效应是指当人们识记一系列事物时对末尾部分项目的记忆效果优于中间部分项目的现象。前后信息间隔时间越长，近因效应越明显。原因在于前面的信息在记忆中逐渐模糊，从而使近期信息在短时记忆中更为突出。绩效考核中，被考核者可能一向表现平庸，但在临近考核期做了一件让主管非常满意的事情，这一件事会掩盖其长期的碌碌无为，导致主管在评分时使评分偏高；同时，被考核者最近的一次失误也可能使几个月的优秀表现付诸东流，最后的评分比相应的要低。

（三）从众效应

从众效应是指当个体受到群体的影响（引导或施加的压力），会怀疑并改变自己的观点、判断和行为，朝着与群体大多数人一致的方向变化。一般来说，群体成员的行为，通常具有跟从群体的倾向。当他发现自己的行为和意见与群体不一致，或与群体中大多数人有分歧时，会感受到一种压力，这促使他趋向于与群体一致，这种现象就叫作从众效应。

（四）晕轮效应

晕轮效应是指人们对他人的认知判断首先主要是根据个人的好恶得出的，然后从这个判断推论出认知对象的其他品质的现象。如果认知对象被标明是“好”的，他就会被“好”的光环笼罩着，并被赋予一切好的品质；如果认知对象被标明是“坏”的，他就会被“坏”的光圈笼罩着，他所有的品质都会被认为是坏的。晕轮效应是在人际相互作用过程中形成的一种夸大的社会现象，常表现为一个人对另一个人的最初印象决定了他的总体看法，而看不准对方的真实品质。有时候晕轮效应也会对人际关系产生积极作用，比如你对人诚恳，那么即便你能力较差，别人对你也会非常信任，因为对方只看见你的诚恳。晕轮效应的最大弊端就在于以偏概全。

在绩效考核中，晕轮效应主要表现为主管对下属的某个绩效要素（比如“与他人相处的能力”）的评价较高或较低，会导致他对此人的其他绩效要素（如“工作质量”）的评价也较高或较低，即“一好百好，一差百差”。

（五）趋中效应

趋中效应是错误地将被考核者划为接近平均或中等水平，以避免即使有正当根据的过高或过低考核时的一种错误。当趋中效应发生时，所有员工均以平均或接近平均的得分结束考核，进而不能辨别谁是最佳或最差的工作者。趋中效应在绩效考核中主要表现为由于缺乏责任和勇气，害怕引起矛盾和冲突，尽管员工的实际绩效差别很大，但主管往往将考核成绩集中在平均水平，没有真正区别出好、中、差。此外，由于缺乏绩效评价的相关事实和依据，考核者在绩效评价中不敢拉开档次，考核结果集中于中间或两头。很显然，这种做法根本不能实现绩效考核的目的，更不可能提高员工和企业的绩效。

（六）拟己效应

拟己效应又称像我效应，即“以己度人”现象，主管将自己与员工相比较，对与自己相似的员工在绩效考核中不由自主地打出高分；对与自己共同点少的员工，在考核中则给分较低。比如主管认为自己的进取心很强，在考核他人时就可能会更多地寻找进取心这个特点，那些表现出这个特点的人则会受益，而没有表现出这个特点的人就会吃亏。又如一个作风比较严谨的上级，对做事一丝不苟的员工评价比较高，而对不拘小节的员工评价比较低，尽管两个人实际的绩效水平差不多。

（七）个性效应

不同的主管一般有不同的个性，由于主管个性的不同，在绩效考核中可能对被考核者的要求也会不一样。比如，有的主管比较宽厚，对下属的要求就相对比较宽松，在绩效考核中评分可能就较高；反之，对下属要求比较苛刻和严格的主管，评分就比较低。假如，小张和小李为不同的主管做同样的工作，他们取得了绝对相同的工作绩效，如果小张的上司比较宽厚，有偏松倾向，而小李的上司对下属要求严格，有偏紧倾向，那么他们的绩效评估结果可能会完全不同。

（八）情感效应

情感效应又叫情绪效应，是指一个人的情绪状态可以影响对某一个人今后的评价。尤其是在第一印象形成过程中，主体的情绪状态更具有十分重要的作用。第一次接触时主体的喜怒哀乐对于对方关系的建立或是对于对方的评价，可以产生不可思议的影响。与此同时，交往双方可以产生“情绪传染”的心理效果。主体情绪不正常，也可以引起对方不良态度的反应，进而影响良好人际关系的建立。在绩效考核中，情感效应主要体现为，当考核者对某人有成见时，无论这个人做什么事情，都觉得有可挑剔之处，考核评分偏低；当对某人抱有好感时，无论这个人做什么事情，都觉得符合要求，考核评分偏高。

此外，绩效考核中出现的对比效应、宽大倾向、溢出效应等误区也是比较常见的，需要管理人员在对员工进行绩效考核时多加留意，尽量避免这些心理误区。

第四节　绩效反馈

与绩效考核紧密衔接的是绩效反馈，这一阶段主要是完成绩效反馈的任务，即上级要就绩效考核的结果和员工进行面对面的沟通，指出员工在绩效考核期间存在的问题并共同制订出绩效改进计划。为了保证绩效的改进，还要对绩效改进的执行效果进行跟踪。此外，需要根据绩效考核结果对员工进行相应的奖励。因此，绩效反馈主要涉及两方面内容，即绩效反馈和绩效考核结果的应用。

一、绩效反馈的含义

绩效反馈是一种正式的绩效沟通。绩效反馈是绩效管理过程中的一个重要环节，它主要是指通过评价者与被评价者之间的沟通，将被评价者在评价周期内的绩效评价结果反馈给评价对象，在肯定成绩的同时，找出工作中的不足并加以改进，对被评价者的行为产生影响的过程。具体内容包括：

第一，回顾现有工作绩效情况，双方就绩效考核结果达成共识。绩效周期结束时，员工需要了解自己在整个绩效周期内的表现，在工作中的优点、缺点和取得的进步、存在的不足，以及管理者对自己工作的看法。[①]

第二，分析现存绩效问题，找出需要改进的方面。通过绩效考核，管理者可以发现一些员工可能存在一些不足，和其他一些员工的绩效相比，虽然可能不错，但仍然具有进一步改进的余地。员工不仅希望知道绩效考核的结果，更希望有人能够帮助自己找出存在问题的原因。

第三，展望未来绩效发展路径，共同协商下一个绩效周期的绩效目标。管理者和员工双方对绩效考核结果和需要改进的方面达成共识后，就可以通过绩效反馈来解决工作中存在的问题，并针对其方法、步骤和所需帮助等问题进行沟通，从而形成绩效改进计划。

二、绩效反馈面谈

（一）绩效反馈面谈的准备

（1）确定面谈者。通常面谈的双方，一方是本部门的员工，另一方是该部门的管理者，也就是员工的直接上司。对管理者的绩效考核，则由其上级部门的管理者进行面谈。在某些情况下，也可由人力资源管理部门的专门人员代替管理者对其下属进行绩效反馈面谈。

（2）收集与分析信息。绩效反馈面谈者确定之后，就要收集面谈对象的有关信息和材料，并且对之进行详细的分析。这些信息与材料主要包括：面谈对象的年初工作计划和工作目标、工作或职位说明书、有关绩效考核标准、面谈对象完成任务的情况以及某些具体事实等。

（3）起草绩效反馈面谈提纲。注意掌握绩效反馈面谈的重点、澄清不明白的地方、设计面谈的开场和结束。管理者通常会设计绩效反馈面谈表，来界定绩效反馈面谈的内容。表 8-9 就是一个绩效反馈面谈表的示例。

表8-9　绩效反馈面谈表

<table>
<tr><td>面谈对象</td><td></td><td>职位编号</td><td></td></tr>
<tr><td>面谈者</td><td></td><td>面谈时间</td><td></td></tr>
<tr><td>面谈地点</td><td colspan="3"></td></tr>
<tr><td colspan="4">绩效考核结果（总成绩）：</td></tr>
</table>

① 安锋，等．人力资源管理教程．北京：中国经济出版社，2016：208-212.

续表

工作业绩		工作能力		工作态度	
上期绩效不良的原因：					
导致上期绩效不良的原因：					
下期绩效改进的计划：					
面谈对象签字			面谈者签字		
绩效改进计划的执行情况：					
记录者签字			时间		

（4）选择面谈的时间、地点并通知面谈对象。绩效反馈面谈的时间应当选择在面谈双方都有空，并且在心境与健康上都处于正常状态时。地点则应选择在比较安静、不易受干扰的场所。面谈的时间、地点和目的都要提前通知面谈对象，以便让对方做好充分的准备。

（二）绩效反馈面谈的程序

绩效反馈面谈可以有多种程序，最为常用的程序如下。

1.面谈开场

面谈开场主要是由面谈者简短地向面谈对象说明面谈的目的和主要程序。面谈者要注意调节气氛以让面谈对象消除紧张情绪，双方轻松自如地进入正式面谈。

2.面谈对象简要进行自我评估

即由面谈对象对照年初制订的工作计划和工作目标，汇报一年中的工作情况和计划完成程度。在这一过程中，面谈者需要把握的情况有三个：一是注意倾听下属的发言，不要轻易插言打断；二是注意下属的工作实绩和失误的事实，避免感情用事；三是询问并澄清不明白之处，在面谈对象自我评估完毕时，可以及时就其自我评估做一小结。

3.面谈者对面谈对象进行评估

即由面谈者根据年初工作计划或目标对下属一年的工作绩效逐条予以评估或打分，并说明所评估等级或所得分数的依据和理由。在这一过程中，面谈者的评估一定要有根据

（定性、定量），并辅以事实举例。同时，面谈者还可以运用各类信息和材料，肯定下属的工作成绩，并实事求是地指出其不足之处。

4.双方商谈

商谈的问题：一是让下属进一步说明情况，进一步了解事实，澄清与所掌握的信息有出入的地方，并听取下属对绩效评估结果的意见和看法；二是商谈下属在未来工作中需要改进的地方，并讨论如何加以改进；三是分析并确定下属改善工作绩效所需要的行动，包括调整工作目标、改进工作方法、参加培训、获得其他有关部门的支持等。

5.进一步讨论

在上述谈话的基础上，双方进一步讨论管理者对下属未来工作的要求和期望，以及下属在未来工作中的发展需要和相应要求，双方达成理解和共识。面谈者要认真听取下属的建议，对下属的发展要求和建议予以积极的肯定和支持。最后，双方就下属来年的工作目标达成一致性意见。

6.确定绩效考核的得分或等级

填写有关表格，将绩效评估最终结果交被考核者签字。

7.绩效反馈面谈结束

面谈者应当给予下属积极的鼓励和可行的指导性意见，让下属在结束面谈时，能充满信心地去制订新的工作计划，增进来年的工作绩效。

（三）绩效反馈面谈的技巧

绩效反馈面谈时，应当防止面谈双方产生冲突，以免面谈不能达到预期的目的。因此，在绩效反馈面谈中，面谈者应当注意把握以下几点：

（1）保持友好认真的态度。面谈者应注意倾听下属的意见，设身处地地为下属改善工作绩效考虑问题。面谈者不要一言堂，不给下属发言的机会。

（2）先肯定成绩，再指出缺点。在面谈中，面谈者可以先肯定并赞扬下属的成绩和贡献，再根据事实，指出下属的不足之处并要求他改进。还可以先就没有异议的地方进行评估和讨论，然后再就可能有异议的地方进行商谈，并给下属充分表达和解释的机会。不要一味说教，指责下属。

（3）考核以事实为依据。面谈者应收集绩效考核年度中员工的总体表现材料和信息，并且对照年初的工作计划、目标，客观地对下属的工作进行评估。避免翻出员工前几年的旧账，也不可将被评估者与他人做比较。

（4）着重员工的工作绩效，避免涉及与此无关的问题。

（5）把握面谈的局面，避免冷场，避免双方的冲突和僵局。在面谈过程中，自始至终营造轻松可信和以诚相待的气氛。

案例 8-3

失败的面谈

（距下班时间只有五分钟，客服部经理王明正收拾整理一天的文件，准备下班后去幼儿园接孩子，这时吴总走了进来。）

吴总：王明，你现在不忙吧？考核结果你也知道了，我想就这件事与你谈一谈。

王明：吴总，我下班后还有点事……

吴总：没关系，我今天晚上也有个应酬，咱们抓点儿紧，在我办公室谈。

王明（无奈地）：那我马上过去。

（总经理办公室，办公桌上文件堆积如山。王明心神不宁地在吴总对面坐下。）

吴总：王明，绩效考核结果你也看到了……

（电话铃响，吴总拿起了电话："喂，谁？啊，李总呀，几点开始？好，一定！"……）

吴总（通话用了五分钟。放下电话，笑容满面的脸重新变得严肃起来）：刚才我们谈到哪里了？

王明：谈到我的绩效考核结果。

吴总：哦，你上一年的工作嘛，总的来说还过得去，有些成绩还是可以肯定的。不过成绩只能说明过去，我就不多说了。我们今天主要来谈谈不足。王明，这可要引起你的高度重视，尽管你也完成了全年指标，但你在与同事共处、沟通和保持客源方面还有些欠缺，以后得改进呀。

王明：您说的"与同事共处、沟通和保持客源方面还有些欠缺"具体指什么？

（电话铃再次响起，吴总接起电话："啊，李总呀，改成六点了？好好，没事，就这样。"吴总放下电话。）

吴总：王明，员工应该为领导分忧，可你非但不如此，还给我添了不少麻烦！

王明：我今年的工作指标都已经完成了，可考核结果……

吴总：考核结果怎么了？王明，别看我们公司人多，谁平时工作怎样，为人处世如何，我心里可是明镜似的。

王明（委屈地）：我觉得您可能对我有些误会，是不是因为在上次销售报告会议上我的提议与李部长发生冲突，弄得很不愉快……

吴总：你不要乱琢磨。你看看陈刚，人家是怎么处理同事关系的。

王明（心想：怪不得他的各项考核结果都比我的好）：吴总，陈刚是个老好人，自然人缘好；但我是个业务型的人，比较踏实肯干，喜欢独立承担责任，自然会得罪一些人……

吴总：好了，李总又该催我了，今天就这样吧。年轻人，要多学习、多悟！

王明（依然一头雾水）：……

（吴总走了，留下王明一个人愣在那里。）

点评：这是一次失败的绩效面谈。由于吴总和王明都没有做好充分的事前准备，最终导致面谈结果未能达到预期，甚至还引起了员工的不满。绩效反馈是在绩效评价结束后，管理者通过与下属绩效反馈面谈，将评价结果反馈给下属，并共同分析绩效存在的问题及原因，制订绩效改进计划的过程。在面谈前，管理者和员工都必须做好事前准备：一是时间、地点的准备和安排；二是相关材料的分析和准备。面谈时，管理者应灵活运用正面反馈和负面反馈来达到更好的效果。面谈结束前，管理者应制订员工的改进辅导计划，帮助员工提升工作绩效。

三、绩效改进

（一）绩效改进的含义

绩效改进是指确认工作绩效的不足和差距，查明产生的原因，制订并实施有针对性的改进计划和策略，不断提高竞争优势的过程。绩效改进是绩效考核的后续应用阶段，是连接绩效考核和下一循环计划目标制订的关键环节。绩效考核的目的不仅仅是确定员工薪酬、奖惩、晋升或降级的标准，员工能力的不断提高以及绩效的持续改进才是其根本目的，而实现这一目的的途径就是绩效改进。[①]

（二）绩效改进的过程

绩效改进是一个包括一系列活动的过程。首先，分析员工的绩效考核结果，明确其中存在的不足和问题；其次，由管理者和员工一起对绩效问题进行分析，找出导致绩效问题出现的原因；再次，和员工一同沟通，针对存在的问题制订绩效改进目标和绩效改进计划，并与员工达成一致；最后，以绩效改进计划补充绩效计划，进入下一个绩效考核周期，适时指导和监控员工的行为，与员工保持沟通，帮助员工实现绩效计划。

四、绩效考核结果的应用

（一）用于招募与甄选

首先，是用于新员工的转正、定级。对于新入职的员工，为了避免招聘面试环节的识人风险，企业往往会有在岗测试制度。对新员工在岗测试期间的表现同样会进行绩效考评，主要考察其绩效、能力和态度。在在岗测试期结束之后，其绩效考核结果往往作为新员工转正定级等的依据，也是主管了解新员工特长、能力等的主要依据材料。此外，绩效考核结果也可以用来衡量招聘和甄选的有效性。

（二）用于人员调配

人员调配主要针对人岗不匹配导致绩效考核结果不良的员工。许多企业都有末位淘汰制，但是业绩不好的员工很可能不是能力不行，也有可能是与岗位不匹配。企业招聘和培养一个员工是非常不容易的，这部分的成本很高，因此对于绩效差的员工，企业应给出缓冲期，对末位员工进行再培训后，再到企业内部劳动力市场竞争上岗，调整到合适的岗位

① 安锋，等．人力资源管理教程．北京：中国经济出版社，2016：212.

工作，只有竞争不到合适岗位，才终止劳动关系，这样既不违法，也可以引入竞争机制，节约企业成本，促进企业发展。

（三）用于人员培训与开发决策

在员工培训上，绩效考核的结果用于发掘员工培训需求，作为培训开发有效性的判断依据。通过考核，找到员工现有的能力表现和企业所要求的能力表现之间的差距，差什么补什么，知识不足的补知识，能力不足的去提高他们的能力，经验不足的去积累经验，从而确定并开发出真正为员工所需要的培训。

（四）用于确定和调整员工薪酬

把绩效考核结果同岗位薪酬挂钩，实则是让员工重视绩效考核，使得绩效考核的结果能真正引导员工的行为。许多企业的绩效考核工作流于形式，员工积极性不高，甚至对绩效考核结果产生抵触情绪，这是因为绩效考核结果没有与薪酬、晋升和培训挂钩。

相/关/链/接 >>

绩效反馈的小方法——“汉堡”原则

当需要赞扬一个人的工作时，一定要及时且明确。当需要批评一个人时，就可以用修正性的反馈，也称为“汉堡”原则。第一块面包指的是指出某人的优点，中间的牛肉是指还存在哪些需要改进的项目，最下面的一块面包是指一种鼓励和期望。简单一点说，要帮助某个人认识他的缺点，可以先指出他的优点，然后说出他需要改进的地方，最后再给予一定的鼓励和期望。“汉堡”原则最大的好处是给一个人指出缺点的时候不会让他有逆反心理，从而使他能更好地工作。

绩效考核后，进行绩效面谈时，员工一般都会有些紧张，为了缓和员工紧张的情绪，面谈者可以先对员工进行表扬，让员工心情舒畅，接下来指出员工的不足，最后再对员工的优点进行表扬，使他们能带着愉快的心情结束谈话。“两块赞赏的‘面包’，夹住批评的‘馅’，员工‘吃’下去就不会感到太生硬。”

思考题

1. 什么是绩效？
2. 什么是绩效管理？
3. 绩效管理体系的内容有哪些？
4. 绩效沟通的方式有哪些？
5. 绩效考核中常见的误区有哪些？

6. 什么是绩效反馈、绩效改进?
7. 平衡计分卡的基本框架是什么?
8. 常用的绩效考核方法有哪些?

在　线　自　测

扫一扫　练一练

第九章

薪酬管理

本章要点

- 薪酬的概念；
- 薪酬的分类与构成；
- 薪酬的功能；
- 薪酬水平；
- 薪酬结构；
- 薪酬设计原则；
- 工作评价的方法；
- 薪酬设计的基本流程。

案例 9-1

格力电器的薪酬管理

格力集团是珠海市国资委监管的珠海市属国有企业，格力电器是珠海格力集团有限公司的下属控股子公司。与一些民营控股企业相比，格力电器是国有控股企业，其薪酬政策和薪酬模式有一定的限制，因此格力电器在薪酬制度及体系上需要更多科学而合理的安排，从而稳定公司的人才队伍。

1. 科学制定薪酬政策

格力电器采用固定工资与浮动薪酬工资相结合的薪酬机制，综合考虑员工的岗位性质、工作成果、工作地域、技术难度等，按时为员工核定并发放薪酬。同时，员工的薪酬政策会根据宏观经济环境、行业发展趋势、公司战略方向等做动态调整。

针对专业技术员工群体，公司建立起适用于自身发展的专业技术等级评定体系，并于 2018 年正式向集团铺开，标志着格力电器员工职业发展通道的全面打通。当前，公司共设计出 100 余条员工职业发展通道，并成功完成任职资格标准体系、培养体系、评定体系及激励体系的全流程体系搭建，实现评定工作常态化运行。2018 年，格力电器全集团获评等级员工共计 13 000 余人，并实现评定结果在薪资方面的突破应用，进一步优化基于员工能力的薪资调整机制，全方位激发员工能力提升，更为人才甄别及发展保驾护航。

公司为进一步拓宽员工职业发展通道，促进人才梯队的建设，按照不同关键领域员工群体，搭建基于员工能力、业绩双升的职业发展通道：针对专业技术型员工，积极引导员工不断提高专业技术水平，围绕员工关键行为、绩效表现、工作能力、工作经验等内容构建专业技术等级评定体系；针对技能型员工，完备技术工种人才储备机制，建立技能工等级评定体系，不断提高技能工专业技能素质。同时，公司将评定结果应用于薪酬等各项人事决策中，进一步优化基于员工能力的薪资调整机制，全方位激发员工能力的提升，形成动态长效的激励和发展机制。

2. 提供有竞争力的薪酬

格力电器的工资水平一直高于行业的薪酬水平，早在 2010 年，格力电器一线工人年薪便达到了 5 万元，员工年终奖发放标准也随公司的发展而逐年提升。2013 年，珠三角收入较高的初级工程师平均年薪仅 5 万元时，格力电器的人均年薪已经达到了 5.6 万元。根据格力电器 2018 年年报，公司将近 9 万名员工的平均年薪（包含了短期薪酬、离职后福利、辞退福利和其他长期职工福利等内容）达到了 9.6 万元，而 2018 年广东制造非私营单位就业人员的年平均工资是 74 030 元。

3. 提升员工的幸福感

格力电器自主创新，需要有梦想、有情怀的人才。格力电器努力给员工创造良好的工作和生活环境。

公司为员工购买养老、医疗、失业、工伤、生育等保险，并提供丰富的福利，诸如免费班车、免费午餐、节假日慰问金、中晚班津贴、工龄津贴、保健津贴、夏季高温津贴、特殊工种津贴，在职员工学历教育的费用报销和员工培训等。

2017 年在整个家电行业盈利能力持续下降的背景下，格力电器宣布为员工平均加薪 10%。格力电器宣称，提出为员工平均加薪不低于 10% 的计划并非应对通货膨胀的暂行举措，而是格力电器长期以来关注员工生活、让员工分享发展成果的有计划、有步骤的行动，加薪是对员工价值的尊重。

格力电器 2017 年关于加薪的通知非常简单，《关于公司全员每人每月加薪 1 000 元的通知》内容显示：从 2016 年 12 月起，在现有月工资的基础上，格力电器将对入职满三个月的全体员工（特殊议薪人员除外），每人每月加薪 1 000 元。对于这项制度，格力电器员工肯定是拍手称快，但有人质疑这是一项没有明确区分绩效高低的薪酬战略，不利于对员工的激励。

2019 年年初，格力电器又根据不同岗位对员工给予薪资调整，总共增加薪酬在 10 亿元左右。按照格力电器员工人数来算，平均加薪超过 1 000 元。这次，格力电器加薪在具体执行方案上有了一些变化。针对不同类型的岗位，格力电器采取加薪的标准不一样。比如，技术岗位按照等级评定结果来加薪；管理岗位按照绩效和工作表现来加薪；等等。这样的安排更能产生激励效果，也更加公平合理。

格力电器管理层表示，一个企业的责任，是应该主动地给自己的员工与其工作付出相匹配的工资待遇，这是企业主观上就要做的一件事，不能因为企业成本上升就挤压劳动力成本，以此来实现市场竞争。

此外，格力电器还努力为员工营造舒适的生活环境，让员工无后顾之忧。比如，格力电器先后斥资6亿元建设康乐园，为员工提供稳定舒适的生活环境，2018年8月，格力电器投资20亿元建成的“格力明珠广场”人才公寓正式奠基，力求员工与公司同进步、共发展，稳步推进“格力员工一人一套房”工程，同年9月，格力学校落成开学，公司积极利用政府学位政策解决公司技术研发人员、管理骨干、双职工等群体子女入学需求，为员工解决后顾之忧，有效提升员工的幸福感和满意度。

4. 高管工资从低到高

2016年，格力电器常务副总裁的税前薪酬为434万元，其他副总裁薪酬在200万元左右。这些薪酬当然比普通大众高很多，但对于一家年收入上千亿元、净利润百亿元的公司高管来讲，这种薪酬水平是偏低的。

格力电器在薪酬管理上制定了科学合理的薪酬政策，采用了有竞争力的薪酬水平，并且努力通过给予员工各种不同形式的报酬来提升他们的获得感和幸福感，这些薪酬管理措施值得企业管理者好好学习与研究。

点评：薪酬管理是企业人力资源管理中的重要一环，是重要职能之一。对于企业而言，薪酬是调动员工工作积极性、提高工作效率的激励手段，同时也能起到吸引、留住和开发人才的重要作用。对于员工而言，薪酬是企业对他们付出劳动的补偿并使之维持日常生活的保障，也是尊重员工价值的一种体现。薪酬管理既是一门科学，又是一门艺术，能否科学合理地实施薪酬管理关系到企业和员工的双重利益。

第一节 薪酬概述

薪酬

一、薪酬的概念

薪酬是指雇员在其工作岗位上为雇主付出劳动或劳务并实现了一定的价值后所获得的各种货币收入和各种福利酬劳之总和。

对于薪酬的概念，我们可以从以下几个角度来理解：

第一，薪酬的基础是雇佣关系。从薪酬概念可以看出，薪酬支付这一行为是依存于实质雇佣关系的。没有雇佣关系的存在，支付的报酬不能被冠以薪酬之名。

第二，薪酬的主体是雇主。薪酬是雇主对企业收入的分配，他们通过行业薪酬调查并结合企业的经营状况设计适合本企业的薪酬体系，根据雇员的绩效水平确定其实际的薪酬，薪酬的支出方是雇主。

第三，薪酬的客体是雇员。雇员具有双重性质，既是劳动力商品，具有商品的市场价值，又是人力资本的占有者，要求分得资本的利润。薪酬的接受方是雇员，雇员在其工作岗位上为雇主付出劳动，为企业创造了价值，薪酬是企业对雇员的答谢。

第四，薪酬的本质是一种等价交换过程。雇主购买员工的学识、才能、经验，员工运用这些在工作岗位上付出时间，努力实现价值，为企业带来效益。员工让渡的是自己的劳动和才能的使用权，薪酬就是衡量这个等价交换过程的价格表现。对企业来说，薪酬直接衡量的是员工工作的价值；对员工来说，薪酬体现了其与工作匹配并通过在企业劳动实现的自身价值。雇主与雇员间既有合作又有冲突，薪酬是双方的筹码，只有双方对这个等价交换的价格表示满意，员工才会有良好的工作表现，企业才能获取良好的人力资源回报。

我们常常会将薪酬与工资、薪水、个人收入等概念混淆。工资（Wage）是我国普遍使用的一个概念，指的是雇员付出劳动所得到的货币收入。工资可以分为狭义工资和广义工资。狭义工资为员工收入的基本部分，广义工资除基本工资外，还包括其他各种形式的货币收入，如奖金、津贴、补贴等。《关于贯彻执行〈中华人民共和国劳动法〉若干问题的意见》中对工资的定义是：用人单位依据国家有关规定或劳动合同的约定，以货币形式直接支付给本单位劳动者的劳动报酬，一般包括计时工资、计件工资、奖金、津贴和补贴、延长工作时间的工资报酬以及特殊情况下支付的工资等。薪水（Salary）是指给专业人士的报酬，以换取员工持续的工作或服务，以相对比较长一点的时间段为基础来计算（但可能按月来支付），不以劳动时间为基础来计算。个人收入（Personal Income）是指个人从各种途径所获得的收入的总和，包括工资、租金收入（动产、不动产）、股利股息及社会福利等所收取得来的收入。

薪酬（Compensation）与工资、薪水、个人收入既有联系又有区别。联系是这四个概念都属于收入的经济范畴，都是获得的报酬，在一定程度上都可以货币形式来衡量。区别在于，个人收入的范畴最广，包括了非职业收入的财产性收入，相比薪酬具有不确定性、隐性化甚至非法化的特点。薪酬范畴次之，薪酬与职业劳动密切相关，具有确定性、公开性和合法性的特点。薪酬相比工资是一揽子整体报酬，除去工资等货币收入外，还有企业提供的福利及心理满足等非货币收入，福利等非货币收入不与员工的工作能力绩效挂钩，而且这部分的地位正急剧上升，成为企业员工的身份报酬。工资和薪水的支付周期有别，在西方国家，工资是支付给蓝领雇员的以小时计算的货币收入，薪水是支付给白领雇员的以年或月计算的货币收入。

二、薪酬的分类与构成

（一）薪酬的分类

薪酬是一种多种多样的价格表现形式，可以从不同角度将其划分为货币性薪酬与非货币性薪酬，外在薪酬与内在薪酬，计时薪酬与计件薪酬，短期薪酬与长期薪酬，能力薪酬、绩效薪酬与职位薪酬等。常见的薪酬分类如表 9-1 所示。

表9-1　常见的薪酬分类

分类标准	种类	
是否用货币衡量	货币性薪酬	非货币性薪酬
基本发生机制	外在薪酬	内在薪酬
支付量的界定	计时薪酬	计件薪酬
激励时间长短	短期薪酬	长期薪酬
发放标准	能力薪酬、绩效薪酬、职位薪酬	

按照薪酬是否可以用货币衡量可分为货币性薪酬和非货币性薪酬。货币性薪酬是可以直接用货币来衡量的薪酬，包括工资、奖金、各种津贴和补贴分红等。非货币性薪酬则不能直接用货币来衡量，包括企业为员工提供的各种福利、保障计划及培训机会等。

按照薪酬基本发生机制的不同可分为外在薪酬和内在薪酬。外在薪酬是指企业就员工的劳动贡献支付给员工的各种形式的报酬，包括以货币形式支付的工资、奖金、津贴等和非货币形式支付的福利等。对外在薪酬较容易进行定量和定性分析，支付不同水平薪酬时操作较简易。内在薪酬是指由于员工努力工作而得到表扬、重视或晋升后所产生的工作荣誉、自主安排工作的时间等。对内在薪酬较难进行定量分析和比较，对薪酬管理有着更高的要求。

按照薪酬支付量如何界定可分为计时薪酬和计件薪酬。计时薪酬是指根据员工的计时薪酬标准和工作时间的长短来计算并支付给员工的薪酬。计件薪酬是指根据员工在一定时间内生产的合格产品数量，按照原先规定的计件单价来计算并支付给员工的薪酬。

按照薪酬激励时间的长短可分为短期薪酬和长期薪酬。短期薪酬是指一段时间内（按月或按年）支付的薪酬，长期薪酬比短期薪酬的时间跨度要长，通常是数年或数十年，长时间内兑付的薪酬将员工的利益和企业的长远利益紧密联系起来。

按照薪酬的发放标准可分为能力薪酬、绩效薪酬和职位薪酬。能力薪酬是以员工对工作的胜任能力为依据支付的薪酬；绩效薪酬是以员工的工作绩效为依据支付的薪酬；职位薪酬是以员工从事的岗位价值为依据支付的薪酬。

（二）薪酬的构成

狭义的薪酬构成仅指经济性的薪酬，包括基本薪酬、激励薪酬、绩效薪酬及福利薪酬。

薪酬的构成

1.基本薪酬

基本薪酬是以员工劳动的熟练程度、复杂程度、工作环境、责任大小、劳动强度及员工的资历、学历等因素为基准，根据员工所承担或完成的工作本身或者员工所具备的完成工作的技能或能力而向员工支付的固定数额的报酬。基本薪酬是员工从企业那里获得的较为稳定的经济报酬，这一薪酬组成部分对员工来说很重要，它既为员工提供了基本生活保障和稳定生活来源，也是确定可变薪酬的一个主要依据。基本薪酬的变动主要取决于社会通胀水平、同类劳动者基本薪酬的变化和影响员工绩效的知识、技能和经验的变化。

根据基本薪酬的概念，有两种确定基本薪酬的标准：第一，企业以员工劳动的熟练、复杂程度以及工作性质、强度为基准，按照员工实际完成的劳动总额、工作时间来计算劳动报酬。它反映的是工作本身的价值，而不反映员工由于经验、工作态度和能力不同带来的企业贡献差异，这就是职位薪酬体系。第二，根据员工所具备的工作技能或能力来确定基本薪酬，这就是技能薪酬体系或者能力薪酬体系。

基本薪酬具有常规性、稳定性、基准性和综合性等特点。常规性是指基本薪酬是劳动者在法定工作时间内从事劳动并在正常条件下所完成的定额劳动的报酬。在正常雇佣关系下，员工都能获取基本薪酬。稳定性是指员工的基本薪酬数额以企业所确定的基本薪酬等级标准为依据，由于等级标准具有一定时期的稳定性，因而员工的基本薪酬数额也保持相对稳定。基准性是指基本薪酬是可变薪酬数额、比例及变动的计算基准，而且国家强制规定了企业最低的基本薪酬。综合性是指基本薪酬能较全面地反映薪酬对员工、企业和社会的各项职能，其他形式的薪酬通常只能侧重于体现某一方面的职能。[①]

2.激励薪酬

激励薪酬也称可变薪酬，是指预先将具体的利益分享方案和考核标准告知员工，并根据员工的实际业绩达成情况按规定给予兑现的薪酬，对员工的未来具有引导性。激励薪酬按照时间的长短可以分成短期激励薪酬和长期激励薪酬。短期激励薪酬是指对一定期限内员工提高工作效率和质量的超额劳动部分或劳动绩效突出部分发放的奖金，长期薪酬是指对员工多年为企业做出的工作贡献的肯定和回报，如给高层管理人员和核心技术人员的股票期权、员工持股计划等形式都属于长期薪酬。

激励薪酬具有补充性、激励性、灵活性、战略性的特点。补充性是指激励薪酬是基本薪酬的补充形式；激励性是指激励薪酬对实现企业绩效目标作用很大，通过支付激励薪酬有助于企业、个人和团体的优秀绩效，为企业创造更多更大的价值；灵活性是指激励薪酬的形式多样、比例多变，能根据企业经营情况和员工的实际情况变化做出适当的调整；战略性是指激励薪酬与企业的经营战略高度保持一致，对于企业实现战略目标及战略薪酬有积极作用。

3.绩效薪酬

绩效薪酬也称成就薪酬，是指为了鼓励员工提高工作效率和工作质量，根据员工超额完成工作部分或工作绩效突出部分支付的一种奖励性报酬。绩效薪酬直接与员工的绩效挂钩，是对员工过去的工作行为和已取得的成就的认可，具有累积性。常见的绩效薪酬形式有绩效加薪、一次性奖金和个人特别绩效奖。

激励薪酬和绩效薪酬既有联系又有区别。两者都与员工的工作业绩直接相关，都可以作为基本薪酬的补充形式，并通过支付方式、支付标准和支付时间的变化把员工和企业的利益联系在一起，进而起到激励员工的目的。两者主要存在如下两方面的差异：第一，影响绩效的方式不同。绩效薪酬是从过去的突出业绩出发，而且企业没有预先告知员工具体的利益分配方案，是在员工的理想工作绩效出现之后的“奖励”；激励薪酬旨在影响员工未来的行为，让员工明确自己的努力目标，是在员工的理想工作绩效出现之前的“诱导”。第二，对企业劳动成本的影响不同。绩效薪酬通常会永久地加到员工的基本薪酬上，会增加企业的劳动成本；对于激励薪酬，如果无法达到预先规定的业绩目标，激励薪酬会下浮或者不支付，因此，一次性支付的激励薪酬不会对企业劳动成本造成永久性的影响。

① 姜晓萍，范逢春．薪酬管理．成都：四川大学出版社，2007：7.

4.福利薪酬

福利薪酬也称间接薪酬，是指企业为了保障员工的基本生活而对员工提供经济上的帮助、生活上的便利以满足员工基本的、经常的、共同的或特殊的生活需要采取的福利措施，在非正常情况下工作所支付额外劳动消耗的生活费用，以及为保证员工身心健康所给予的生活补偿。[①] 福利分为法定福利和企业提供的各种自愿福利。法定福利主要包括社会保险、法定假日及劳动安全等；自愿福利是指企业根据自身的条件并针对员工的需求设计的多样补充福利，如廉价住房、交通津贴、子女教育补贴等。福利薪酬已成为薪酬的重要形式，它对于吸引并留住人才作用重大。

与基本薪酬和激励薪酬不同，福利薪酬不是以员工的工作时间来计算的，它有自己独特的特点：第一，福利薪酬具有多种灵活的支付形式，有针对性地满足不同员工的生活需求，以此增强员工对企业的满意度；第二，企业通过支付福利薪酬可以在一定程度上起到节税的效果，福利薪酬很多是以非货币形式支付的，而且国家为鼓励福利项目制定有免税政策；第三，福利薪酬是保证员工基本生活的有力补充，诸如一揽子保障计划为员工发生的不可测事件提供保障。

薪酬构成形式没有固定统一的模式和组合比例，不同国家、地区、企业都应根据实际需要和可能的条件，灵活制定适当的薪酬制度。狭义的薪酬构成如图 9-1 所示。

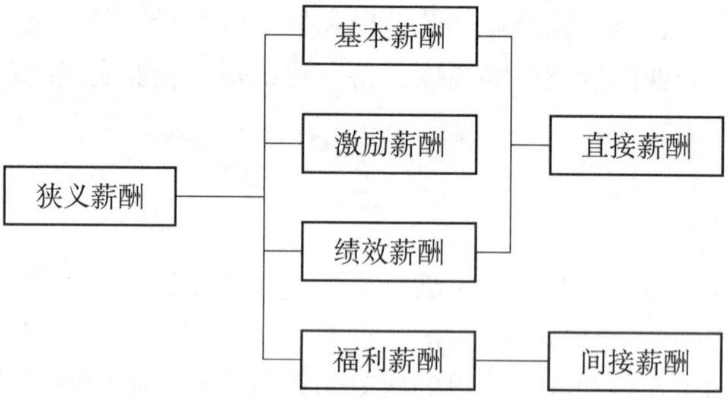

图 9-1　狭义的薪酬构成

20 世纪 80 年代以来，随着对薪酬内涵和外延认识的不断深化和完善，以及人力资源管理和心理学实践的不断摸索和进步，一些非经济性报酬因素，如工作带给员工的挑战和成就、企业工作的舒适和便利等都被纳入了薪酬的范畴，因此“全面薪酬”概念出现了。全面薪酬主要包括两部分，既包括员工所得的经济性薪酬，又包括为员工创造良好的工作环境及工作本身的内在特征、组织特征等所带来的非货币性心理收入和发展机遇等精神收益，即非经济性薪酬。全面薪酬的构成如表 9-2 所示。

① 金延平．薪酬管理．大连：东北财经大学出版社，2008：3.

表9-2　全面薪酬的构成

全面薪酬	经济性薪酬（外在薪酬）	直接经济薪酬	基本工资 绩效工资 激励工资 职位消费 股票期权
		间接经济薪酬	生活福利 员工培训 带薪休假 保障计划 住房资助
	非经济性薪酬（内在薪酬）	成果型	升职晋升 提高社会地位 工作成就感 自我价值实现
		过程型	便利工作条件 舒适工作环境 工作挑战 参与企业决策

直接经济薪酬是企业支付给员工的货币性薪酬，包括基本工资、绩效工资、激励工资、职位消费和股票期权等。间接经济薪酬一般以非货币形式支付，给员工提供保障计划和生活便利，使员工无后顾之忧，可以更好地为社会创造价值。它主要包括生活福利、员工培训、为员工提供一揽子的保障计划、带薪休假、住房资助等。非经济性薪酬是无法用货币等手段衡量的工作特征、工作环境和企业文化给员工带来的正面心理效用，主要包括工作带来的成就感、趣味性、挑战性及工作环境的舒适便利等。员工物质需求满足后，他们对更高层次的需求如工作成就感、自我价值的实现等会更加强烈。企业提供的各种非经济性薪酬是吸引并保留人才的独特手段。

三、薪酬的功能

薪酬是一个涉及多方利益的概念，在微观层次上，薪酬是企业与员工之间的一种利益交换，在宏观层次上，薪酬分配在国民经济分配中占有重要地位。因此，可从员工、企业和社会三个方面来阐述薪酬的功能。①

（一）薪酬对员工的功能

1.补偿功能

任何劳动都要消耗一定的体力和脑力，为了使得劳动持续进行，必须使劳动得到补

① 解进强，史春祥．薪酬管理实务．北京：机械工业出版社，2008：7-12.

偿，给予劳动者恢复体力和脑力不可或缺的生活资料；劳动力的代际延续，要通过劳动者抚养家庭子女来实现，这都要通过薪酬的补偿功能来实现。为了提高劳动者的工作技能和素质，投入人力资本以实现劳动力扩大再生产，这项人力资本投资的费用也需要得到补偿。一些从事核心劳动的员工在劳动过程中起着关键性的作用，他们希望在薪酬上和普通员工有差别以体现他们的价值，这时薪酬发挥了精神补偿的功能。

2.激励功能

薪酬是个人和企业之间的一种心理契约，这个契约通过员工对薪酬状况的感知而影响员工的工作态度、工作行动和工作绩效。薪酬的三种主要激励机制有物质激励、精神激励和团队激励。员工希望获得的薪酬是公平的，和自己为企业做的贡献成正比，认为得到更高的薪酬是对自己工作能力强和在集体中贡献大的肯定。员工在高层次上的需求被满足，他们的工作积极性就能被充分地调动，就能主动承担工作中的挑战，为企业的发展竭尽全力。在薪酬分配时，根据劳动者贡献的劳动数量和质量及岗位对技术水平要求的高低等加以区分，使优秀员工多劳多得，相对较差的员工少劳少得，这就是薪酬的激励功能。

3.保障功能

薪酬的保障功能体现在满足员工在吃、穿、住、行等方面的基本生活需要，同时还要满足他们在娱乐、教育、文化和自己发展方面的需要。劳动者通过付出劳动为企业创造价值得到报酬，工资收入是劳动者及其家庭的主要收入来源，它是劳动者日常生活的主要保障手段。我国强制规定了劳动者在法定时间或合法劳动合同约定的时间内，在提供正常劳动的前提下用人单位所支付的最低劳动报酬。最低工资制度就是对劳动者权益的保障。

4.价值功能

薪酬体现了员工工作业绩，是对员工工作业绩、综合能力的认可和回报，是晋升的凭证，是员工身份和地位的象征，是个人价值实现的重要信号。薪酬除了在物质上保障员工的生存需要外，还有助于增强员工的归属感、安全感、成就感，从而满足其安全需要、社会需要、尊重需要乃至自我实现的需要，让员工将企业利益和自身利益高度统一。在工作之余，员工可以利用薪酬为自身进行人力资本投资，实现自己的人生价值。

（二）薪酬对企业的功能

1.资本增值功能

薪酬是企业投入的人工成本，是企业剩余价值的来源，能为企业带来预期的资本收益。企业科学合理地分配薪酬，将薪酬分配给收益大、效率高的部门和岗位，积极调动员工的生产积极性，创造出比他们所得到的工资报酬更多的价值。同时，薪酬也向员工传递了一种信号，激励员工以企业期望的工作态度和行为来提升业绩，提高企业的经营效益。

2.资源配置功能

薪酬是劳动力市场的价格，也是优化企业人力资源配置的有效杠杆。在劳动力市场上，劳动技能稀缺、劳动经济效益高的行业价格高，劳动力资源就会流向这些高效率的行业。在企业内部人力资源流动上，薪酬水平较高的部门和岗位就会吸引更多高素质的人力资源流入。在薪酬的引导下，企业人力资源内部和外部的流动满足了企业对各层次人力资源的匹配需求。

3.控制成本功能

企业支付较高水平的薪酬对于吸引和保留优秀员工意义重大，但较高的薪酬水平会使企业的经营成本上升，在产品市场上处于劣势，企业需要在控制企业人工成本和获得必不可少的人力资源之间进行平衡。薪酬成本的可控程度较高，通过合理控制企业的薪酬成本，企业将降低总成本。

4.文化塑造功能

合理并富有激励性的薪酬文化是企业文化的有机组成部分，它体现了企业独特的价值分配取向。如果员工认同企业的价值分配观念、薪酬方案，那么就会强化员工的企业认同感，增强员工的凝聚力。因此，薪酬制度和薪酬政策对企业文化具有塑造功能。

5.组织协调功能

企业通过制定员工认可的薪酬政策和制度可传递给员工企业的管理目标，随着薪酬结构和水平的公平合理变动，员工和企业管理者之间的关系逐渐融洽和谐。通过合理的薪酬差别，可以化解员工之间的利益矛盾，协调企业内部的人际关系。

（三）薪酬对社会的功能

1.价格信号功能

薪酬是劳动力市场的价格信号，政府通过制定法律、发布政策对薪酬进行干预，使薪酬合理地反映劳动力市场价格，保证劳动力市场供需平衡。薪酬分配不仅能调节劳动力的供求与流向，还可以调节人们对职业和工种的评价，调节就业观念和价值取向。

2.公平标准功能

薪酬是居民收入的主要来源，在一定程度上可以反映社会公平。通过薪酬的变动，可以发现不同社会群体、层面收入分配和收入差距的问题。合理的薪酬水平有利于市场经济的公平与效率提高，薪酬指标的统计和监督可以为国家制定收入政策提供依据。

3.宏观调控功能

薪酬水平的高低直接影响国民经济是否正常运行，政府可以通过薪酬成本调控来影响企业成本，从而影响企业的发展方向。对于国家支持发展的产业给予低薪酬成本的支持，可以增强其产品在市场上的竞争力，使国家产业结构调整目标得以实现。

第二节 薪酬水平和薪酬结构

案例 9-2

腾讯的薪酬设计

腾讯试图通过薪酬管理在公司内部建立起一套有效促进公司战略和目标实现的激励体系，通过该体系能明确反映出个人贡献和公司战略目标之间的紧密联系。结合战略目标和员工发展，腾讯建立了职级体系，同时科学设计薪酬构成，打造以绩效为导向的分配理念，在确保外部竞争力的前提下体现内部公平有利于优秀人才的招聘、保留和吸引，回报高绩效员工。这样的薪酬哲学有利于团队和个人的发展与激励。

一、职级体系

职级是薪酬体系的基础，介绍腾讯的职级体系，并非它的职级体系具有独创特色，事实上，职级体系、职业通道的设计在人力资源领域有相对成熟的方法论，但腾讯可以算是宽带薪酬体系的典型代表。

腾讯的职级分 6 级，最低 1 级，最高 6 级，每一级之间又分为 3 个子等级。同时按照不同岗位又划分为四大通道，内部也叫“族”，比如：

1. 产品 / 项目通道，简称 P 族；
2. 技术通道，简称 T 族；
3. 市场通道，简称 M 族；
4. 职能通道，简称 S 族。

以 T 族为例，分别为：

T1：助理工程师（一般为校招新人）；

T2：工程师；

T3：高级工程师；

T4：专家工程师；

T5：科学家；

T6：首席科学家。

根据职级标准，级别越高，基本薪酬也越高。为什么说腾讯是宽带薪酬体系的典范？3 万员工才 6 级的职级体系设计，既考虑了员工的职业发展通道，又用宽带薪酬适应了激烈的人才市场竞争。与高振幅的宽带薪酬相比，腾讯的年终奖金相对显得刚性一些，它的年终奖金根据个人绩效发放，一般为个人工资的数倍，相对于腾讯比较高的基薪，个体奖金之间的差距并不大。但是除了年终奖金外，腾讯还有大大小小的项目型奖金，不同业务间的差异就比较大了。

总体而言，腾讯更主张“将蛋糕做大”的群体奋斗，同一群体内个体的奖金相对差距不大，绩效会更偏向晋升方面的应用，在短期激励上更偏向精神层面上的意义。但不同业务群之间的中短期激励差距明显，鼓励各业务群创新、超越，丛林法则主要在群体而非个体之间展开。

二、薪酬构成

为了吸引、激励和保留优秀人才以帮助公司达成战略目标，腾讯在兼顾市场竞争力和内部公平性的基础上，为员工提供全面的、富有竞争力的薪酬体系，具体的薪酬构成包括固定工资、年终服务奖金、绩效奖金、专项奖励、股票期权、全薪病假、年休假、社会保险、商业保险、免费夜宵和班车、婚育礼金、年度健康体检和员工救助计划等。

1. 固定工资。腾讯根据员工岗位性质以及所负的责任为员工提供业内富有竞争力的固定工资，并且每年均会对绩效表现优秀的员工进行薪酬审阅。员工工资包括职位工资和固定津贴两部分。

（1）职位工资，主要指公司每月根据员工的职位性质和职位职责提供的保障性现金报酬。

（2）固定津贴，主要指公司对全体员工每月提供的固定津贴，包括住房补贴、保密津贴、竞业限制津贴、知识产权转让费等专项津贴。

2. 股票期权。腾讯为有志于在公司长期发展且绩效表现持续优秀的骨干员工提供公司股票期权，旨在让员工能分享公司业绩增长，使员工个人利益与公司发展的长远利益紧密结合在一起。

3. 奖金。奖金包括年度服务奖金、年度绩效奖金。

（1）年度服务奖金，指公司在年末向当年在职员工提供的特别奖金。年度服务奖金一般标准为员工一个月工资。

（2）年度绩效奖金（不适用于拿提成的销售人员），指公司在达成总体绩效目标的基础上，对员工在该年度完成或超额完成个人绩效目标的现金奖励。

4. 福利。除了法定、必备的福利项目外，员工感到最为舒心的就是腾讯名目繁多、花样辈出的各式福利计划了。

三、福利项目

腾讯的薪酬在业内颇具竞争力，福利也相当丰厚，用做产品的思维做福利，这种创新在人力资源界几乎尽人皆知。它的福利项目层出不穷，下面仅仅罗列有限的几项：

1. 员工保障计划。腾讯为员工提供完善的保障计划，包括国家规定的养老保险、医疗保险、工伤保险、失业保险、生育保险及根据政府政策缴纳的住房公积金。

2. 员工假期。法定假期方面，公司提供年休假、带薪病假、双休日和法定公众假期、婚假、丧假、产假、陪产假、哺乳假等相关假期。

3. 员工关怀与救助计划。腾讯为员工提供多种福利计划，旨在为员工创建舒适的工作环境，并实现工作与生活的平衡。

4. 暑期实习。对于暑期实习生，若实习期间工作所在地与其家庭或学校所在地非同一城市，将享有公司提供的交通补贴和住宿补贴。

5. 健康福利。健康加油站项目包括：（1）健康咨询、周年健康体检、健康热线；（2）心理专家、一对一心理辅导、保护隐私；（3）重大疾病、商业保险、重疾贷款、重疾就医协助。

6. 财富福利。具体包括：（1）为员工涨薪；（2）股权激励、住房公积金或者住房补贴；（3）最高30万元安居免息借款。

7. 生活乐趣。具体包括：方便快捷的班车服务；全天候的食堂美食；丰富多彩的节日礼包；一年一度的公司旅游；年会等大型公司活动。更具特色的是，腾讯员工的孩子一出生就获赠生日QQ号，附带18年的会员服务。

点评：国内许多企业仍在实行传统的薪酬模式，必然会出现激励不足的问题。要让付出者有回报，就应当建立一套科学的薪酬结构，确定合理的企业薪酬水平，尽量给员工提供好的工作、生活、保险、医疗保健条件，给员工持股分红并提供业界有竞争力的薪酬，进而促进薪酬的激励性和公平性的平衡，实现员工对安全感和高工资的需求。薪酬水平与薪酬结构的影响因素非常复杂，企业必须结合自身发展战略确定薪酬战略，设计符合需求的薪酬体系。

一、薪酬水平

（一）薪酬水平的概念和分类

薪酬水平是指一个国家、区域、行业或企业内部各岗位、各部门或整个企业劳动者平均薪酬的高低程度。薪酬水平决定了企业薪酬的内部和外部竞争性，它是吸引、留住和激励人才的重要筹码。按照薪酬的不同层次，薪酬水平可分为宏观薪酬水平、微观薪酬水平和个人薪酬水平。宏观薪酬水平通常是指一个国家、地区或者行业的整体水平；微观薪酬水平主要是指企业、组织内部的员工薪酬水平；个人薪酬水平主要是指企业发放给与资历、岗位、知识技能、绩效等因素相关的员工个人薪酬的高低程度。个人薪酬水平按照劳动者的不同工作性质，又可分为各种职业的薪酬水平，如脑力劳动者与体力劳动者的薪酬水平，政府机关、事业单位和企业的薪酬水平；按照劳动者的自然特征，又可分为不同年龄组的薪酬水平等。

薪酬水平既间接反映了国民生产总值中劳动者所占的份额，也直接反映了不同劳动者之间薪酬的相对水平。薪酬水平是否合理，关系到社会经济生活的各个方面。从宏观来看，薪酬水平的高低和增长得快慢，在很大程度上决定着国民收入中积累与消费的比例关系。消费基金中社会消费与个人消费、消费品的供给与需求等一系列国民经济比例关系是否合理，关系到国民经济能否长期保持稳定、协调的发展。从微观上看，在企业附加价值增长额一定时，薪酬水平直接关系到资本分配率的高低，关系到人工成本大小和产品竞争力的强弱。从劳动者方面看，薪酬水平是否合理，直接关系到劳动力再生产的质量、劳动者劳动积极性的发挥，关系到能否通过薪酬水平表现出的差别来引导劳动力的流动，实现人力资源的合理开发、配置和充分利用。[①]

① 王长城．薪酬构架原理与技术．北京：中国经济出版社，2003：69.

（二）薪酬水平的影响因素

影响企业薪酬水平的因素主要可以分为宏观因素和微观因素。[①]

1.宏观因素

宏观因素主要有劳动生产率水平、积累消费水平、政府政策法规的调节、劳动力市场供求状况及物价变动等。

（1）劳动生产率水平。企业的薪酬水平都受到国家宏观经济发展水平的影响。生产力水平是确定薪酬水平的客观依据，劳动生产率是衡量生产力水平的重要指标。一个国家的劳动生产率水平越高、经济越发达，创造的财富就越多，相应的劳动者的薪酬水平就越高。一般而言，为了保证社会再生产的顺利进行，薪酬总额的增长幅度要略低于企业经济效益的增长幅度，员工实际平均薪酬的增长幅度要略低于劳动生产率的增长幅度。

（2）积累消费水平。薪酬是国民收入消费基金的分配，当国民收入总量一定时，积累与消费的比例制约着薪酬水平的增长。积累的比重高，消费的比重就低，薪酬也会随之低。消费基金可分为社会消费基金和个人消费基金。社会消费基金是指用于满足整个社会物质文化需要的消费基金。当消费基金总量一定时，社会消费基金比重大，则个人消费基金比重就低，从而劳动者的薪酬水平就低。

（3）政府政策法规的调节。政府运用宏观调控和政策引导社会资源的再分配，发展完善劳动力市场，协调劳资关系，兼顾效率与公平，引导企业的分配行为。政府对薪酬调控的宏观经济政策主要是指货币政策、财政政策和收入政策。相关的政策法规有最低工资规定、工资指导线制度、最低生活保障规定、个人所得税政策、工会组织制度等。工会组织作为劳方主体代表，其强有力的工资谈判能力会影响企业的薪酬水平。

（4）劳动力市场供求状况。企业的薪酬水平还受到劳动力市场供求状况的影响。当劳动力供大于求时，企业占主动地位，薪酬水平就会降低；而当劳动力供不应求时，企业就会通过提高薪酬水平、增强外部竞争力来获得人力资源。此外，劳动力新增量多时，一部分新增薪酬用于支付新增从业人员的工资，原有劳动力的薪酬水平会降低。

（5）物价变动。员工薪酬主要是为了满足自身和家庭的基本生活需求。一旦物价变动，特别是生活消费品的价格变动，就会直接影响员工的实际薪酬水平。若货币薪酬水平不变或者上升幅度小于物价上涨，就会使劳动者的实际薪酬水平下降。物价水平在不同的地区也会不同，一般情况下，企业会根据当地物价指数的变动情况对本企业的薪酬水平做出调整，国家也会按照不同地区设立不同的津贴制度来调整薪酬水平的差别。

2.微观因素

微观因素主要包括企业的经营效益、企业的薪酬策略及价值观、企业的规模和发展阶段、企业员工的情况、劳资双方的谈判和心理因素等。

（1）企业的经营效益。企业的经营效益在市场经济条件下是决定微观薪酬水平及其变动的最重要因素。企业的经营效益决定了企业的薪酬支付能力，薪酬支付能力对薪酬水平又起着决定性作用。如果企业的产品在市场上极具竞争力，企业利润丰厚，薪酬水平的提

① 李中斌，曹大友．薪酬管理理论与实务．长沙：湖南师范大学出版社，2007：73.

高也就有稳定可靠的资金来源；否则，薪酬水平的提高便是无源之水。企业的经营效益又与企业的性质、所处的行业及市场竞争情况有关，处于资本密集型等垄断行业的企业经营效益好，薪酬水平也相应高。

（2）企业的薪酬策略及价值观。企业的薪酬策略直接影响薪酬水平的高低。企业一方面通过考虑总体薪酬水平在劳动力市场上的竞争力来确定薪酬总额，另一方面也考虑对内部员工的激励，确定不同员工的薪酬等级及差异。同时，薪酬策略与企业的价值观联系紧密。一般来说，持有最大产值价值观的企业强调员工的劳动生产率，薪酬水平与劳动数量挂钩，主要表现为货币性报酬，忽略对员工创造性的培养；持有最大利润价值观的企业注重薪酬成本的控制，忽视对员工的培训，倾向于采用劳动力市场中的低位薪酬水平；持有工作生活质量价值观的企业，其薪酬水平较高，将员工和企业的价值观一体化，向员工提供完善的福利及一系列非经济性薪酬。

（3）企业的规模和发展阶段。企业的规模是影响员工薪酬水平的重要因素。通常，企业规模越大，企业经营决策者在能力上要求的补偿越高，支付给高层管理人员的薪酬水平也就越高。在企业的创业阶段，企业薪酬水平受到产品市场占有率的制约，处于较低的水平；在企业的发展阶段，企业利润迅速增长，薪酬水平相应提高；在企业的繁荣阶段，企业薪酬制度完善，薪酬达到最高的水平；在企业衰落阶段，企业面临破产的可能，支付给员工的薪酬又回落到较低的水平。

（4）企业员工的情况。员工自身的因素如个人特征、个人绩效及工作因素也会对个人薪酬水平产生影响。个人特征方面，每个员工都是异质的，员工的知识、技能、素质、经历不同，即使处于同一个职位，获得的薪酬也不相同。在基于能力的薪酬体系下，个人能力对员工个人的薪酬水平影响很大；在基于绩效的薪酬体系下，薪酬与个人绩效直接挂钩，个人绩效越高，其薪酬水平越高；工作因素方面，员工工作的环境、强度、责任不同，工作环境越恶劣，工作强度越大，工作承担责任越大，则薪酬水平越高。

（5）劳资双方的谈判。当薪酬谈判与签订有关协议时，劳资双方在每一轮谈判中所提出的薪酬水平主张都会影响实际薪酬水平的确定。在薪酬水平的谈判中，主要受物价指数、企业经济效益、利润增加程度、劳动力市场价位、劳资力量对比及其竞争状况等因素的影响。

（6）心理因素。由于薪酬是与人的行为、人的活动紧密联系在一起的，因此，心理因素在微观薪酬水平的决定中占有重要地位。这些心理因素主要包括人们对提高薪酬水平的心理期望及其程度，同类企业薪酬水平的示范效应和攀比效应，消费方式的变化对薪酬结构与水平的影响等。综上，影响企业薪酬水平的因素纷繁复杂且动态变化，只要影响薪酬水平中的一个因素发生了变动，企业都必须根据变化对薪酬水平进行动态的调整。

（三）薪酬水平的衡量

我们一般用薪酬平均率、增薪幅度和平均增薪率三个指标来衡量一个企业的薪酬水平，分析该企业薪酬水平的现状和发展趋势。[①]

① 李中斌，曹大友．薪酬管理理论与实务．长沙：湖南师范大学出版社，2007：75.

1.薪酬平均率

薪酬平均率是企业提供的实际平均薪酬与薪酬幅度中间值的比值。公式为：

薪酬平均率＝实际平均薪酬／薪酬幅度中间值

薪酬平均率的数值越接近于1，说明实际平均薪酬越接近于薪酬区间的中间值，则薪酬水平越理想。当薪酬平均率等于1时，说明用人单位所支付的薪酬总额符合平均趋势；当薪酬平均率大于1时，表示用人单位支付的薪酬总额偏高，因为实际的平均薪酬超过了薪酬区间的中间值；当薪酬平均率小于1时，表示用人单位支付的薪酬较薪酬区间的中间值要小，大部分职位的薪酬在薪酬区间的中间值以下。

利用薪酬平均率指标可以衡量企业支付的薪酬标准，从而控制企业的总支出。

导致薪酬平均率大于1的原因可能是：第一，员工的年资较高，因年资逐年上升使较多员工的薪酬水平接近顶薪点，因而就同等职位而言，企业的薪酬负担较大；第二，员工的工作表现极佳，绩效优秀者居多，这使得员工薪酬很快就超过薪酬区间的中间值，从而使薪酬平均率超过1；第三，若新聘任的员工具有较高的资历和工作经验，薪酬便不是由起薪点计算，而是由较高的入职点计算，使得实际的平均薪酬较高。

导致薪酬平均率小于1的原因主要有：第一，企业内大部分员工属于新聘任而又缺乏工作经验的人员，工龄较短，而且起薪点较低，故薪酬低于薪酬区间的中间值；第二，员工表现不佳，大部分员工未能升入较高薪级水平，仍然停留在较低薪级水平上，从而使平均薪酬低于薪酬区间的中间值。

2.增薪幅度

增薪幅度是指企业全体员工年度的平均薪酬水平增长的数额。公式为：

增薪幅度＝本年度平均薪酬水平－上年度平均薪酬水平

增薪幅度越大，说明企业平均薪酬水平增加的强度越大；反之，说明企业平均薪酬水平增加的强度越小。增薪幅度的强弱应充分考虑企业的经济实力和竞争的要求，以及调动劳动者积极性的需要。要注意将增薪幅度控制在企业所能承受的范围内。

3.平均增薪率

平均增薪率是指薪酬水平递增的速率。公式为：

平均增薪率＝增薪幅度／上一年度平均薪酬水平

平均增薪率越大，说明企业的人工成本增长得越快。如果平均增薪率小，则说明企业的平均薪酬水平比较稳定，人工成本变化小，但这也可能意味着该企业是一个处于停滞中的组织，仅维持生存而没有发展。在这种情况下，必须弄清原因，采取有效的措施激励员工提高绩效，促进企业的不断发展。因此，将企业的平均增薪率控制在合理的范围内，使其既不超出企业的承受能力，又能激励员工努力工作，为企业的发展做出贡献。

二、薪酬结构

（一）薪酬结构的含义

薪酬结构有广义与狭义之分。狭义的薪酬结构是指在同一企业内部不同岗位或不同技能之间薪酬水平的排列形式或对比关系，包括不同层次工作之间报酬差异的相对比值和不同层次工作之间报酬差异的绝对水平。广义的薪酬结构还包括不同薪酬形式之间的比例关系，如基本薪酬、可变薪酬与福利薪酬之间的比例关系等，通常也将这种关系称为薪酬组合。薪酬结构主要反映岗位与员工之间基本薪酬的对比关系，尽管其他的薪酬形式如可变薪酬与福利薪酬也具有等级结构的形态，但没有基本薪酬典型。薪酬结构强调的是一个企业内部岗位或技能薪酬等级的数量、不同岗位或技能等级之间的薪酬差距以及确定这种薪酬差距的标准。

（二）薪酬结构的构成要素

典型的薪酬结构有四个基本构成要素：一是薪酬的等级数量；二是薪酬趋势线（最高薪酬线、中位薪酬线和最低薪酬线）；三是同一薪酬等级内部的薪酬变动范围（薪酬区间、最高值、中间值以及最低值）；四是相邻两个薪酬等级之间的交叉与重叠关系。[①] 薪酬的等级数量是通过岗位评价或技能评价所产生的，而同一薪酬等级内部的变动范围以及相邻两个薪酬等级之间的交叉与重叠关系则与企业的薪酬政策关系密切。薪酬结构如图 9-2 所示。

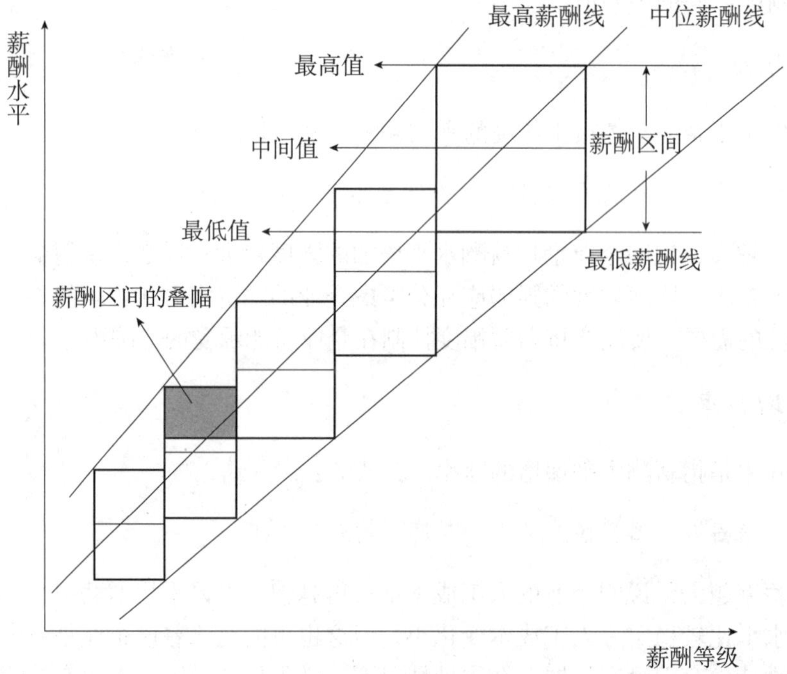

图 9-2　薪酬结构

① 解进强，史春祥．薪酬管理实务．北京：机械工业出版社，2008：139-142.

1.薪酬的等级数量

薪酬的等级是指根据工作的复杂程度和责任大小，将员工薪酬进行等级划分，不同的等级应体现出工作要求的差异。薪酬等级是在工作分析和岗位评价的基础上建立起来的，它将岗位价值相近的岗位归入同一个等级，并采取一致的管理方法处理该等级内的薪酬管理问题。等级越多，则薪酬管理制度和规范要求越明确，但也容易导致薪酬管理僵化；等级越少，相应的灵活性也越高，但也容易导致薪酬管理失控。

2.薪酬趋势线

薪酬趋势线是企业薪酬结构形态的集中体现，包括最高薪酬线、中位薪酬线和最低薪酬线。其中，最高薪酬线是由每个薪酬等级的最高值所构成的曲线；中位薪酬线是每个薪酬等级的中间值所构成的曲线；最低薪酬线是由每个薪酬等级的最低值构成的曲线。

3.同一薪酬等级内部的薪酬变动范围

（1）薪酬区间与薪酬变动比率。

1）薪酬区间。同一薪酬等级内部的薪酬变动范围可以通过薪酬区间来反映。薪酬区间是指薪酬水平中同一薪酬等级上下限之间的跨度，即该等级薪酬最高值与最低值之差。薪酬区间与薪酬的等级数量之间有着密切的关系，通常情况下，等级越多，则各等级薪酬区间越小；等级越少，则各等级薪酬区间越大。

2）薪酬变动比率。薪酬变动比率是指同一薪酬等级内部的最高值与最低值之差同最低值之间的比率。通常情况下，薪酬变动比率的大小取决于特定职位所需的技能与能力等因素。相关公式如下：

薪酬区间＝最高值－最低值

薪酬变动比率＝薪酬区间／最低值

薪酬中间值＝（最高值＋最低值）／2

从以上公式可以看出，薪酬区间随着薪酬变动比率的增减而增减，由于较低岗位所需的技能与能力、承担的责任、对企业的贡献都较小，而且在企业内部还有较大的发展空间，可以通过晋升来提高薪酬，因而，当薪酬等级较低时，薪酬变动比率也比较小。随着薪酬等级的增加，薪酬变动比率也会增大。所以，随着薪酬等级的增加，薪酬区间也会增大。在薪酬中间值与薪酬变动比率这两种因素的作用下，薪酬区间比薪酬中间值有更快的增加速度。

（2）薪酬区间比较比率与薪酬区间渗透度。

1）薪酬区间比较比率。薪酬区间比较比率可以从员工群体或企业和员工个体两个层面来表示。员工群体或企业的薪酬区间比较比率，是指群体或企业内某一薪酬等级的中间值与市场同等级平均薪酬的比值，它反映了员工群体或企业的薪酬在劳动力市场上的状况。群体或企业的薪酬区间比较比率低于100%时，说明其提供的薪酬低于市场平均水平，不利于吸引人才。大多数的企业会将薪酬区间比较比率控制在100%左右，这既有利于控制薪酬成本，又不会使自己在劳动力市场上处于劣势。员工个体的薪酬区间比较比率，是指员工个体实际获得的薪酬与相应的薪酬等级中间值的比值，它反映该员工在相应的薪酬区间的地位。当员工个体的薪酬区间比较比率等于 100% 时，说明该员工的薪酬为相应的薪酬等级的中间值；当员工个体的薪酬区间比较比率大于 100% 时，说明该员工的薪酬高于相应的薪酬等级的平均水平。员工个体的薪酬比较比率取决于员工的资历、能力、经验和绩效。任职时间较长、技能等级较高、绩效比较好的员工，其薪酬区间比较比率通常高于 100%，而新员工的薪酬区间比较比率通常低于 100%。

2）薪酬区间渗透度。薪酬区间渗透度是员工的实际所得基本薪酬与薪酬区间最低值之差同薪酬区间的比例。薪酬区间渗透度与同一薪酬等级的中间值和薪酬变动比率相关，随着同一薪酬等级中间值的增加而减小，随着薪酬变动比率的增加而增加。其计算公式为：

薪酬区间渗透度 =（实际所得基本薪酬 − 最低值）/ 薪酬区间

薪酬区间比较比率和薪酬区间渗透度是考察员工薪酬水平的有用工具，因为它们反映了一个特定的员工在其所在薪酬区间中的相对地位。如果对员工多年来的薪酬区间比较比率和薪酬区间渗透度进行分析，就可以分析出某一员工长期的薪酬变化趋势，分析的结果可用于企业人员的职业生涯规划。

4.相邻两个薪酬等级之间的交叉与重叠关系

图 9-3 为相邻薪酬等级模式的示意图。

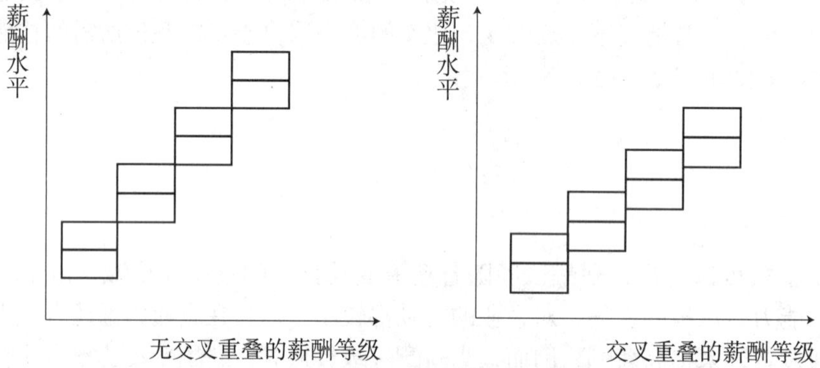

图 9-3　相邻薪酬等级模式

从理论上来说，在任一企业中，相邻薪酬等级之间的薪酬区间可以设计成有交叉重叠的，也可以设计成无交叉重叠的。有交叉重叠的是指除了最高薪酬等级的区间最高值和最低薪酬等级的区间最低值之外，其余各相邻薪酬等级的最高值和最低值之间往往会有一段交叉重叠的区域。

如果相邻两个薪酬等级之间没有交叉重叠或交叉重叠很少，则意味着相邻两个薪酬等级的薪酬水平差异过大。当某人获得晋升后，在工作能力没有很大程度改变的情况下，薪酬水平会比原来高出许多。这样，一方面会引起原来与其处于同一薪酬等级的员工的不满；另一方面，会使员工的注意力过多地关注晋升方面，导致员工间竞争的加剧。目前，大多数企业相邻两个薪酬等级之间有一定的交叉重叠部分。但是，交叉重叠的区间如果太大，就会使不同薪酬等级之间的中间值差异减小，从而削弱不同的薪酬等级反映不同岗位等级的作用。因而，薪酬区间叠幅的设计对薪酬结构的设计而言非常重要。

相邻等级的薪酬区间的叠幅取决于两个因素：一是薪酬变动比率；二是相邻薪酬等级的区间中间值之差。相邻薪酬等级的区间中间值之差越小，同一薪酬区间的变动比率越大，则薪酬区间的叠幅就越大；反之，相邻薪酬等级的区间中间值之差越大，同一薪酬区间的变动比率越小，则薪酬区间的叠幅就越小。

（三）薪酬结构的类型

1.以员工岗位为基础的薪酬结构

以员工岗位为基础的薪酬结构反映了科学管理的思想：每项工作被细分为一系列的步骤，并加以分析，从而确定“最好的方法”。实施这种薪酬结构的关键环节是工作评价。工作评价是一个系统地确定各岗位相对价值，从而为企业确定岗位结构的过程。工作评价以工作内容、所需的技能、对企业的价值、企业文化以及外部市场为基础。规范的岗位管理体系（规范的岗位设置、工作说明书等）是工作评价能够展开的前提。

依照工作评价标准的不同，以员工岗位为基础的薪酬结构还可分为基于岗位内容的薪酬结构和基于岗位价值的薪酬结构。其中，岗位内容是指该岗位所要求的技能以及该岗位的职责；岗位价值是指该岗位对企业目标的相对贡献。基于岗位内容的薪酬结构与基于岗位价值的薪酬结构可能会有所不同，因为不同的观察者对某个岗位的内容与评价会有差异，同一岗位的贡献在不同的企业中也会有所不同。

但是，当员工需要做的工作不再局限于工作说明书中指定的任务时，以员工岗位为基础的薪酬结构显现出了许多局限性。首先，这种方法鼓励官僚主义的滋生。工作描述为岗位填补者明确指出了应当负责什么，同时也以隐含的方式告诉岗位填补者，哪些事情不用负责。尽管这对于管理人员进行绩效评价和所控制的工作提供了方便，但它同时也使得员工缺乏灵活性和主动性。薪酬结构的官僚主义性质强化了自上而下的决策机制、信息传递机制，妨碍企业中知识的传递和交流。对工作等级和地位差别的强调，则鼓励员工采取有利于晋升的行为，而不利于员工进行横向流动。同时，如果一个员工长期得不到晋升，即使岗位工作越来越出色，受岗位等级限制，其收入水平也难有较大的提高，影响其工作的积极性。其次，在快速变化的环境中，以员工岗位为基础的薪酬结构可能不是在对它所期望的行为付酬。基于岗位的薪酬模式假设，静态岗位职责的履行必然会带来好的结果。但是在环境不确定性增大的情况下，这种假设成立的基础就遭到极大的挑战，只是正确地做事已经不能满足竞争的需要，员工必须根据环境的变化主动设定目标。此外，产生以及更新工作描述和工作评价的官僚主义程序可能会成为变革的一个障碍，因为要根据这种程序从整体上更新工作描述，可能要花费大量的时间和成本。

2.基于任职者的薪酬结构

与以员工岗位为基础的薪酬结构相比，基于任职者的薪酬结构的薪酬等级标准是人们与所开展工作相关的技能或能力方面的差别。基于任职者的薪酬结构的一个基本理念是，如果你希望自己的员工学习更多的技能，并且在他们所从事的工作中变得更加富有灵活性，那么你就应当按照能够促使他们这样去做的方式去支付工资。基于任职者的薪酬结构还可进一步分为基于任职者的技能的薪酬结构和基于任职者的能力的薪酬结构。

（1）基于任职者技能的薪酬结构。以技能为基础的薪酬结构把员工的薪酬与一个人获得的与工作有关的技能、能力和知识的深度或广度联系了起来。技能方案可以侧重于深度，也可以侧重于广度。侧重于深度的任职者技能薪酬结构，比如一份典型的教师合同规定了一系列的层次，每个层次与受教育水平相对应。侧重于广度的任职者技能薪酬结构中，员工也是通过获得新知识来增加薪酬，但这种知识是工作中的某些具体知识。对企业来说，以技能为基础的薪酬结构的一个重要的潜在优势是它对增加员工的灵活性能够起到作用，而员工的灵活性反过来又为把决策分散到那些最有知识的员工身上提供了方便。它还为员工层级的精简提供了机会，因员工流动或者缺勤而留下的职位空缺可以由那些掌握了多种技能的现有员工来填补。

（2）基于任职者能力的薪酬结构。以能力为基础的任职者的薪酬结构是为了保证企业所有的关键需要得到满足，重要的并不是具备顺利开展目前工作所需要的技能，而是是否具有适应不同情况的能力。基于任职者能力的薪酬结构的重要吸引力在于它与企业战略直接联系。确认能力的过程也是确定企业核心问题的过程，即什么能为企业带来成功？对企业核心问题重新定位的可能性是基于任职者能力的薪酬结构的最大特色。支持这种薪酬结构的人还认为，能力是与新的劳工合同相一致的，即企业向员工个人提供发展的机会，员工为企业提供劳动，能力就为这种转变提供了方便。

以任职者能力为基础的薪酬结构也遇到了不少挑战。首先，人们对于能力是什么、能力能够带来什么还没有统一的看法。能力是可以学到与培养的技能，还是较难学的并且包括态度和动机的品质？能力是注重于一个企业持续经营所需要的最低要求，还是注重优秀的业绩？能力是企业的特征还是员工的特征？尽管有些资料和著作确实认为能力和全方位的信息反馈与个人发展是协调一致的，但对于客观地鉴定一名员工是否具备某项能力，还没有明确的观点。因此，以无法得到证实的个人能力作为薪酬的基础似乎是令人怀疑的。

以任职者能力为基础的薪酬结构的核心是，员工根据他们具备而未必是在实际工作中运用的技能或能力获取薪酬。以能力为基础的薪酬方案假定：具备这些技能会使工作流程更容易与人员配备水平相匹配，因此，某名员工在某天是否运用特定的技能并不是实质问题。尽管以能力为基础的薪酬结构有可能强化员工的技能获得，但是也对企业提出了如何有效利用这些技能的挑战。即如果员工的能力发生了转变，那么企业就必须以同样快的速度进行变革以充分利用这种能力。

第三节　薪酬设计

一、薪酬设计原则

合理科学的薪酬设计需要遵循公平性、竞争性、激励性、经济性、合法性和战略性原则，如表 9-3 所示。

表9-3　薪酬设计的原则

公平性原则	外在公平、内在公平
竞争性原则	薪酬结构多元、薪酬水平领先、薪酬价值取向正确
激励性原则	个人能力激励、团队责任激励、企业绩效激励
经济性原则	薪酬综合控制、利润合理积累、劳动力价值平衡
合法性原则	符合法律法规、企业制度
战略性原则	企业目标、人力资源管理策略、薪酬战略

（一）公平性

薪酬设计的公平性原则

公平性是薪酬设计的基本原则。员工对薪酬满意的前提是心里感受企业的薪酬体系是公平的。当员工对薪酬体系感觉公平时，会受到良好的激励并积极地工作；当员工对薪酬体系感觉不公平时，通常会采取一些消极的应对措施，比如消极工作、低质量完成工作，甚至辞职等。员工对公平的感受通常包括五个方面：第一，同外部其他类似企业（或类似岗位）相比较所产生的感受；第二，员工对本企业薪酬体系分配机制和人才价值取向的感受；第三，将个人薪酬和企业其他类似岗位（或类似工作量的人）的薪酬相比较所产生的感受；第四，对企业薪酬制度执行过程的严格性、公正性和公开性所产生的感受；第五，对最终所得薪酬多少的感受。

公平性原则包括内在公平和外在公平两个方面的含义。

内在公平是指企业内部员工对企业的薪酬体系表示认可，他们觉得与企业内部其他员工相比，其所得薪酬是公平的。为了做到这一点，薪酬管理者必须经常了解员工对企业薪酬体系的意见，采用一种透明、竞争、公平的薪酬体系，这对于激发员工的积极性具有重要的作用。

外在公平是指与同行业其他企业特别是带有竞争性质的企业相比，企业所提供的薪酬是具有竞争力的，只有这样才能保证在人才市场上招聘到优秀的人才，也才能留住现有的优秀员工。为了达到外在公平，管理者往往要进行各种形式的薪酬调查。有些管理者比较注重正式的薪酬调查，有些管理者比较习惯于通过与同行业其他企业管理者的交流，或者通过公共就业机构获取薪酬资料，虽然这种非正式的薪酬调查方式成本低，但信息准确度较低，因而会影响企业的薪酬决策。

（二）竞争性

竞争力是一个综合指标，有的企业凭借良好的声誉和社会形象，在薪酬方面只要满足外在公平的要求就能吸引一部分人才。但是，企业要想获得具有真正竞争力的优秀人才，必须制定出一套对人才具有吸引力并在行业内具有竞争力的薪酬体系。根据调查，高薪对优秀人才具有不可替代的吸引力，所以企业在市场上提出较高的薪酬水平，无疑会增加企业对人才的吸引力。如果企业制定的薪酬水平太低，那么必然在与其他企业的人才竞争中处于劣势地位，甚至连本企业的优秀人才也会流失。

企业的薪酬标准在市场上应处于一个什么样的位置，怎样才具有吸引力，是薪酬管理者在进行薪酬设计时必须要考虑的。遵循竞争性原则必须考虑两个方面的因素：一是要视该企业的财力、所需人才的可获得性等具体条件而定；二是劳动力市场的供求状况。如果是劳动力市场中比较稀缺性的资源，如高级管理人员与专业技术人才等，他们不仅有较高的货币性要求，而且也有较多的非货币性要求和其他类型的要求。这就要求薪酬管理者在进行薪酬设计时充分考虑这些稀缺性人力资源对薪酬的独特性要求，也就是说，一个具有竞争力的薪酬体系，除较高的薪资水平和正确的薪酬价值取向外，灵活多元化的薪酬结构也越来越引起人们的兴趣和重视，特别是在对知识型员工的激励方面。单一的工资制越来越没有前途，令人神往并能让人超水平发挥潜能的是多元化的分配机制。

（三）激励性

外在公平是和薪酬的竞争性原则相对应的，内在公平则是和激励性原则相对应的。对一般企业来说，通过薪酬体系来激励员工的责任心和工作积极性是最常见和最常运用的方法。一个科学合理的薪酬体系对员工的激励是最持久也是最根本的激励，因为科学合理的薪酬体系解决了人力资源所有问题中最根本的分配问题。

一般来说，简单的高薪并不能有效地激励员工，一个按“绩效”分配而不是按“劳动”分配的机制，才能有效地激励员工，也只有建立在这种机制之上的薪酬体系，才能真正解决企业的激励问题。由此，要真正解决内在公平问题，就要根据员工的能力和贡献大小适当拉开收入差距，贡献大可获得较高的薪酬，以充分调动他们的积极性。

（四）经济性

经济性原则在表面上与竞争性原则和激励性原则是相对立和矛盾的——竞争性原则和激励性原则提倡较高的薪酬水平，而经济性原则提倡较低的薪酬水平，但实际上三者并不对立也不矛盾，而是统一的。当三个原则同时作用于企业的薪酬体系时，竞争性原则和激励性原则就受到经济性原则的制约，这时企业管理者所考虑的因素就不仅仅是薪酬体系的吸引力和激励性了，还会考虑企业承受能力的大小、利润的合理积累等问题。经济性原则的另一方面是要合理配置劳动力资源，若劳动力资源数量过剩或配置过高，都会导致企业薪酬的浪费。

企业薪酬设计的主要目的是吸引和留住人才，但现实生活中，有的企业为此不惜一切代价提高薪酬标准，这种做法也是不可取的。在这方面要考虑人力成本的投入产出率，如果高薪吸引了优秀人才，但发挥不了应有的作用，创造不出同等级的绩效，对企业也就失去了意义。因此，企业的薪酬设计要遵循经济性原则，把人力成本控制在一个合理的范围内。

（五）合法性

薪酬体系的合法性是必不可少的。所谓合法，是建立在遵守国家相关政策、法律法规和企业一系列管理制度基础之上的合法。如果企业的薪酬体系与现行的国家政策和法律法规、企业管理制度不相符合，则企业应该迅速地进行改进，使其具有合法性。特别要注意的是国家有关的强制性规定，在薪酬设计中企业是不能违反的，如国家有关最低工资规定、有关员工加班工资的支付等，企业必须遵守。

（六）战略性

近几年来随着人力资源战略管理的兴起，战略性原则在进行薪酬设计时越来越重要。这一原则要求薪酬设计者在薪酬设计的过程中，一方面要时刻关注企业的战略要求，通过薪酬设计反映企业的战略，反映企业提倡什么、鼓励什么、肯定什么、支持什么；另一方面要把实现企业战略转化为对员工的期望和要求，然后把对员工的期望和要求转化为对员工的薪酬激励。

二、薪酬设计的基本流程

薪酬设计的目的是建立科学合理的薪酬制度，一个合理的薪酬设计流程包括七个步骤，如图 9-4 所示。

（一）确定薪酬原则和策略

企业薪酬策略是企业人力资源策略的重要组成部分，而企业人力资源策略是企业战略的落实，说到底是企业基本经营战略、发展战略和文化战略的落实。因此，确定企业的薪酬原则和策略要在企业的各项战略的指导下进行，要集中反映企业各项战略的需求，同时必须体现出薪酬制度的外在公平性与内在公平性。也就是说，从企业外部来讲，企业某种岗位的薪酬至少应达到本地区、本行业的平均水平，特别是与企业主要竞争对手相应岗位的工资相比，不能相差太大，这样才能起到稳定人心、吸引人才的目的；从企业内部来讲，企业制定的薪酬制度应体现多劳多得的原则，不同岗位的工资应与该岗位对企业的贡献挂钩，这样才能调动员工的积极性。此外，企业还要根据自己的实际和人力资源市场的供需情况，制定特殊的薪酬政策，如对企业急需的人才给以高薪，以吸引所需人才。

薪酬策略作为薪酬设计的纲领性文件，要对以下内容做明确的规定：

（1）对员工本质的认识、对员工总体价值的认识，对高级管理人才、技术人才和营销人才的价值估计等核心价值观。

（2）企业基本工资制度和分配原则。

（3）企业工资分配政策与策略，如工资拉开差距的分配标准，工资、奖金、福利的分配依据及比例标准等。

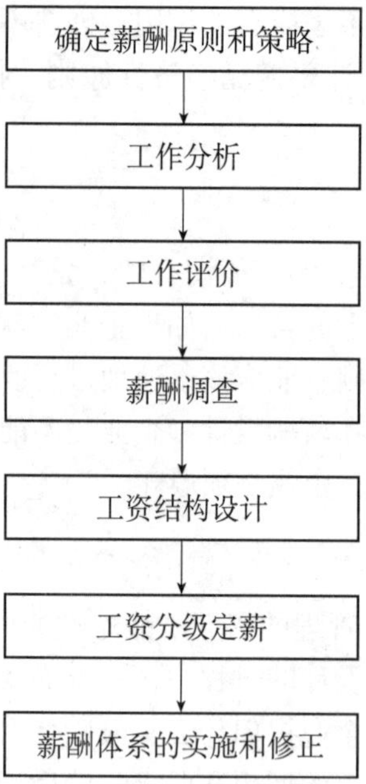

图 9-4　薪酬设计的基本流程

资料来源：李广义．人力资源管理．天津：天津大学出版社，2009：155-156.

（二）工作分析

工作分析是确定薪酬的基础。它是确定完成各项工作所需技能知识的系统工程，是一种重要的人力资源管理技术。企业根据自己的经营目标确定相应的组织结构，形成一定的组织结构系统，并配合企业的发展计划做好岗位设置，在做好岗位设置的基础上，进行科学的工作分析，通过工作分析确定每一岗位的工作内容、职责和任职资格。这是做好薪酬设计的基础和前提。完成这一步骤将产生清晰的企业组织结构图、岗位结构图和工作说明书体系。工作分析相关内容详见第三章第二节。

（三）工作评价

工作评价

工作分析反映了企业对各个岗位和各项工作的期望和要求，但并不能揭示各项工作之间的相互关系，因此要通过工作评价来对各项工作进行分析和比较，并准确评估各项工作对企业的相对价值，这是实现内在公平的关键一步。

具体来讲，就是以工作分析所确定的各种岗位的工作职责范围以及任职资格为依据，求出每一岗位对本企业的相对价值的大小，不同岗位的相对价值可用一定的顺序、等级或分数来表示，某一岗位工作完成的难度越大，对任职者的素质要求越高，这一岗位对企业的重要性也就越高，其相对价值和对企业的贡献也就越大。以每一岗位对企业的贡献和相对价值的大小为依据确定其工资水平，便保证了薪酬制度的内在公平性。较为常用的工作评价方法有四种：排序法、套级法、因素比较法、评分法。

1.排序法

由负责工作评价的人员，根据其对企业各项工作的经验认识和主观判断，以工作说明书中所规定的工作内容和工作规范为依据，把企业的所有岗位两两进行比较，根据其对企业的相对价值的大小或重要性的高低排出顺序或等级，参照岗位的重要性确定工资额。排序法的主要优点是简单操作，无须复杂的量化技术，不必请专家，主管可自行操作，因而评价的成本较低，可以保证企业重要岗位得到较高的工资。其缺点：一是缺乏严格、详细、具体的评价标准，评价的主观随意性较强，导致评价结果间差异较大，从而降低评价的信度；二是缺乏精确的度量手段，只能找出各项工作之间的相对价值，并不能确定它们价值差异的具体大小，因而无法据此确定某项工作的具体工资额。这种评价方法只适用于那些规模较小、结构简单、岗位类别较少，评价者对各种岗位十分了解的小型企业，大型企业则不适合采用此方法。

2.套级法

采用这种方法，首先制定一套等级标准，然后将待评价的岗位与评价标准相比较，从而确定这一岗位的相对价值或重要性。也就是说，套级法是评价者预先制定出一套供参照用的职务级别标准，然后将待定级的职务与标准进行比较分析和整体的综合性评价，并将其编入相应的职务级别中。套级法的优点是：通过事先规定好的职级标准及岗级描述，减少评价人员的主观影响。但是在做代表岗位分组及各待定岗位套级时，该方法只是做整体的综合性评价，不做因素分解，不进行维度细分，因而难以进行精确评比，所做的比较是粗线条的，评价的结果也只能将不同的岗位按其对企业的相对价值或重要性排出顺序或等级，并不能指出各等级间差距的大小，相邻等级间难免有重叠之处。因此该方法局限性仍很大，只适用于小型的、结构简单的企业。

3.因素比较法

因素比较法是一种量化的工作评价方法，是在确定关键岗位和其薪酬因素（即企业认为应当并愿意为之支付报酬的因素）的基础上，再运用关键岗位和薪酬因素制成关键岗位排序表，然后将待评岗位的薪酬因素与关键岗位的薪酬因素进行比较，确定待评岗位的工资率。

（1）因素比较法的实施步骤。

第一，进行工作分析，建立岗位说明书，成立工作评价小组。

第二，选择一些在企业中普遍存在的、工作内容相对稳定、得到公认的市场工资水平的岗位作为基准岗位。这些基准岗位的薪酬水平是固定的，其他岗位的薪酬水平将据此来确定和调整。

第三，分析这些基准岗位，找出一系列共同的薪酬因素。这些薪酬因素应该体现出岗位之间本质区别的因素，如责任、工作的复杂程度、工作压力水平、人员所需的受教育水平和工作经验等。

第四，将每个基准岗位的工作和所赋予的分值分配到相应的薪酬因素上。

第五，将待评估的岗位在每个薪酬因素上分别与基准岗位相比较，确定待评估岗位在各个因素上的分值和工资率。

第六，将待评估岗位在各个薪酬因素上的工资率或分数相加汇总，得到待评估岗位的工资水平。

例如，在一次工作评估中，就五个薪酬因素对岗位进行评估。岗位 A、岗位 B、岗位 C 为基准岗位，其中岗位 A 的市场工资水平为 1 000 元，岗位 B 的市场工资水平为 2 000 元，岗位 C 的市场工资水平为 4 000 元。岗位 X 是待评估岗位。首先将岗位 A、岗位 B、岗位 C 按照五个薪酬因素进行排序，然后再将岗位 X 与这三个基准岗位进行比较，得出如表 9–4 所示的结果。

表9–4　因素比较法示例

因素工资（元 / 月）	责任大小	所需技能	任务难度	工作环境	财务影响
100	岗位 A				岗位 A
200			岗位 A	岗位 B	
300		岗位 A		岗位 A	岗位 X
400	岗位 B				岗位 B
500	岗位 X	岗位 B	岗位 B		
600		岗位 X	岗位 X	岗位 C	
700				岗位 X	
800	岗位 C	岗位 C			
900			岗位 C		岗位 C

因此，岗位 X 的月工资水平为 X = 500+600+600+700+300 = 2 700（元）。

（2）因素比较法的优缺点。因素比较法的一个突出优点是可以根据在各个薪酬因素上得到的评价结果计算出一个具体的薪酬金额，更加精确地反映出岗位之间的相对价值关系。但是因素比较法比较复杂，使用因素比较法时应注意两个问题：一是薪酬因素的确定要慎重，一定要选择最能代表岗位间差异的因素；二是由于市场上的工资水平不断发生变化，因此要及时调整基准岗位的工资水平。

4.评分法

评分法是应用最为广泛的一种方法。该方法首先分解岗位的薪酬因素，以这些薪酬因素作为评价标准，然后将待评岗位与标准相比较，以确定被评岗位的等级。薪酬因素确定以后，接下来的工作是把各因素分成适当的等级，每一个因素等级数的多少取决于该因素的相对重要性以及不同等级间相互区分的难易程度，因素越重要，等级越容易区分，这一因素分成的等级就越多。各薪酬因素的等级确定以后，为增加评价标准的可操作性，可对每一因素及其不同等级分别用简要的说明加以界定。最后，为每一薪酬因素规定一个分数，并把每一薪酬因素的分数在各等级间进行分配。进行工作评价时，将被评价岗位与这些标准相比较，求出该岗位在每一薪酬因素上的得分，把各因素上的分数相加，所得的总分就是该岗位对企业的相对价值，然后就可以按规定将这一岗位纳入企业的工资等级系列。

薪酬调查

（四）薪酬调查

薪酬调查就是通过正当途径获取企业外部组织或个人相关薪酬信息的

过程。薪酬调查是薪酬管理的重要工具，对薪酬调查结果的数据分析能为企业薪酬水平的市场定位提供依据，既有利于提高企业外部竞争力，又有利于增强企业内部的凝聚力和员工对薪酬的满意度。随着市场和人才竞争的加剧，薪酬调查的范围已不仅仅局限于对薪酬水平的调查，而是面向整个薪酬体系的调查，包括企业的薪酬战略、薪酬政策、薪酬水平、薪酬结构以及薪酬发展趋势等方面。

薪酬调查有如下五个步骤。

1.确定薪酬战略

战略性薪酬管理要求企业能够根据内部和外部环境的变化适时调整薪酬目标和政策。薪酬战略主要包括薪酬战略目标、薪酬水平政策、薪酬结构政策、薪酬管理政策等内容。在薪酬调查前要确定企业的薪酬战略是什么，要求有什么样的薪酬水平、薪酬结构、薪酬政策与之相适应，以便在调查过程中更加具有针对性，更好地实现企业绩效和竞争优势的提升。

2.确定薪酬调查的范围和对象

薪酬调查的范围一般确定在同地区同行业的企业或者其他具有相似工作职位的企业。薪酬调查对象一般选择同行主要的竞争对手或者薪酬管理水平先进、具有代表性的企业，这样就会增强可比性。当然，由于某些企业实行“密薪制”，对竞争对手的薪酬调查就存在一定困难。在调查职位的选择上，一般选取工作明确、稳定、重要的典型性职位。

3.进行薪酬调查

进行薪酬调查，首先要选择调查的方法，主要运用面谈法和问卷调查法。调查的内容应当涉及以下方面：调查对象的基本资料，包括企业的名称、地址、规模、资产、效益等方面；调查对象的薪酬资料，包括基本工资、工作量、薪酬构成、相关薪酬政策、津贴、福利和保险等；调查对象的典型性职位、员工的相关信息。问卷调查的关键在于设计合理有效的调查问卷。

4.形成薪酬调查报告

把通过面谈或者调查得来的数据进行汇总、整理、核对，并采用一定的方法对这些数据进行处理和分析，写出薪酬调查报告。薪酬调查报告包括调查对象的基本资料和相关薪酬数据。薪酬数据包括对相关职位薪酬进行调查所得数据和对不同薪酬等级的薪酬状况进行调查所得的数据。

5.应用薪酬调查结果

企业进行薪酬调查最终是为自身薪酬管理服务的。企业只有准确、科学地分析并有效运用调查资料，才能发挥薪酬调查的作用，实现把握市场薪酬水平、及时调整薪酬水平和优化薪酬结构的目标。

（五）工资结构设计

所谓工资结构，是指一个企业的组织结构中各工作岗位的相对价值与其对应的实际工资数之间保持的关系，这种关系不是随意的，而是与企业的薪酬分配原则和策略密切相关的。如果企业鼓励员工间的竞争，严格按贡献付酬，不惜拉大不同贡献的员工间的收入差距，不同岗位间的实际工资数就会相差较大；反之，如果企业偏向于照顾大多数，不愿意因为收入悬殊而激化矛盾，则不同岗位间的实际工资数额相差就较小。企业的薪酬结构应体现出内在公平性和外在公平性，因此，在工作评价与薪酬调查的基础上综合考虑各方面的因素后才能确定。不同岗位的相对价值与实际工资数之间的关系是以某种原则为依据的，是有一定规律的，这种关系的外在表现就是工资结构线。工资结构线为分析确定企业的工资结构提供了更为清晰、直观的工具。

工资结构设计是企业薪酬政策与管理价值观的集中体现，通过工资结构设计建立企业的薪酬体系，使每一工作岗位的工资都对应于它的相对价值，因而充分体现薪酬的内在公平性。工资结构设计除了考虑企业的内在公平性外，还需要考虑其外在公平性，即应顾及全国、地区及行业劳动力市场的供需状况、人才竞争优势的保持、人力成本的合理比重、政府法律与法规的制约等其他因素的影响。此时，利用工资结构线又显示其特有的便利性。

首先，我们可以在直角坐标图中画出企业通过工作评价所得的工资结构线，它体现了企业的内在公平性。然后，将通过薪酬调查了解到的同类企业的员工工资也在图中表示出来，用不同的线分别代表市场上最高和最低的工资线。此外，将代表市场工资平均水平（即50%）的特征线也画上，把企业的工资结构线与那些反映市场状况的线对照，就能发现本企业工资在市场中所处的地位及竞争力的强弱。企业结合自己的管理价值观、竞争策略、付酬实力、盈亏状况等因素，进行综合考虑后，便可对已有工资结构线进行酌情调整。经过调整后的企业工资结构线，便兼顾了内在和外在的公平性等因素。这种线不存在标准的唯一最佳解，也无简单的惯例可循，必须结合企业实际的内部和外部条件来分别评判。

（六）工资分级定薪

根据薪酬管理中的公平性原则，不同岗位的工资应与其对企业的相对价值成比例，即在工作评价中得分越高，企业对该岗位支付的工资也应越高。在实际的薪酬管理中，常为每一岗级的工资规定一个变化范围，即薪幅。薪幅范围的大小与工资等级数成反比，即工资的等级数越多，每一等级变化范围就越小。此外，薪幅还随工资等级的升高而变大，即工资的等级越高，该等级的底薪与顶薪相差就越大。相邻等级之间还有一定的重叠，薪幅越大，相邻等级间的重叠程度就越大。实践中，企业工资等级平均分为10～15级。

给每一岗级的工资规定一个变化范围在人力资源管理中具有积极意义，可以给那些由于岗位的限制而一时难以得到晋升的优秀员工较多的加薪机会，从而提高其工作积极性。但岗级薪幅的增大不可避免地会使邻级的重叠区域扩大，当员工得到晋升时，可能其工资已超过了较高一级的底薪，结果提职不提薪，甚至其工资离新职的顶薪比较近，以后增薪的机会不多，降低了工资的激励功能。因此，在薪酬管理中，整个企业的工资分成多少个等级，每一等级的变化幅度以及不同等级间的相互重叠程度，需根据企业的具体情况灵活加以安排。岗级数目与宽度、工资结构线斜率及各岗级的变化幅度等因素必须统筹兼顾，恰当平衡。

（七）薪酬体系的实施和修正

在制定和实施薪酬体系过程中会遇到很多问题，如存在没有考虑到的影响薪酬的因素、市场的薪酬水平调整、企业经营状况的变化。为了保证薪酬体系的适用性，必须对薪酬体系进行定期的调整。第一，对薪酬体系做一个预演式的实施，根据预演的情况对薪酬体系做修正。第二，及时做好与员工的沟通、宣传和培训，让薪酬分配尽量公平。了解员工对本企业的薪酬体系是否满意，具体的方式可以采用薪酬制度问答、员工座谈会、薪酬满意度调查和企业内部的信息交流平台。第三，在保证薪酬方案相对稳定的前提下，应随着企业经营状况和市场薪酬水平的变化做出相应的调整。在确定薪酬调整比例时，要求人力资源部门对总体薪酬水平做出准确的预算。

案例 9-3

华为的薪酬方案

薪酬管理体系等各种管理制度的合理制定与有效实施必然对华为的成长与成功起到正相关作用。在校园招聘中，华为历来都是毕业生们向往的目标公司。

一、华为的薪酬管理思想

华为的薪酬管理思想，可简单总结为两句话："以贡献为准绳，向奋斗者倾斜。"这说明华为非常重视优秀员工，同时看重员工的贡献。

二、华为薪酬体系的发展历史

第一阶段：创业初期，实行非物资薪酬的薪酬策略。

第二阶段：高速发展期，实行领先市场的薪酬策略。

第三阶段：稳定拓展期，实行获得分享制的薪酬战略。

三、华为的薪酬构成

华为将报酬分为两大类，即外在激励和内在激励。

外在激励主要是由基本工资、固定奖金、现金津贴、浮动收入、长期激励和福利待遇共同组成的，以金钱形式给予的全面薪酬；内在激励体现在工作内容、文化氛围和工作生活平衡度上的精神方面的感知，具体就是工作内容的挑战、培训发展的机会、文化氛围的和谐、公平透明的机制、同事的互助友爱等一系列非物质方面的因素。

当然，对保留员工影响最大的薪酬组成项当属长期激励，即股票认购。在每个财年开始之际，华为各个部门的高层管理人员开始确定新的年度符合认购股票资格的员工名单。新进员工（需要一定的级别），即入职必须满一年的员工即可享有华为的内部职工股权，员工可以根据自己的意愿进行购买、套现或者放弃。对于工作年限比较久并且业绩比较好的员工，奖金和股票分红收入相比一般员工而言会比较高。工作年限在5年以上且干得好的，年终奖（一般第二年年中发）可以达到10万元，股票收入也能达到10万元。华为内部股的发放配额并非固定不变的，通常会根据"能力、责任心、付出、工作积极主动性、风险担当"等因素做定期动态调整。

在华为的股本结构中，30%的优秀员工可享有集体控股，40%的骨干员工按照一定的比例控股，10%～20%的低级别员工和新入职员工只能视具体情况而定，适当参股。

四、华为的薪酬结构设计

（1）在分析公司战略的基础上，确定公司的核心竞争力是技术创新，技术创新需要的是高质量的高科技人才，因此，如何能够招聘到并留住这些高质量的高科技人才，成为华为制定薪酬策略的出发点。

（2）对公司内部所有的岗位定期进行岗位评估和分析评估，最终得出相应的岗位总分，再按照分数把职位归放到相应的级别岗位，整理并更新完整的岗位说明书、岗位分类以及岗位编制。

（3）借助外部薪酬咨询公司的市场调研报告，定期进行外部对标和内部诊断，使得公司薪酬水平的制定和调整都建立在内部和外部均公平的基础之上。

五、华为的薪酬定位

目前，市场超过50%的企业都会把薪酬定位在中位值上，30%左右的企业会定位在中位值到75分位值之间，这是公司用来招聘和留任员工的比较好的操作实践。华为目前的薪酬定位是高于75分位的，验证了“重赏之下，必有勇夫”的薪酬策略，这也确实为华为招揽了不少优秀人才。按照不同级别对薪酬定位时，市场上的普遍操作是中级管理层以下的定位在中位值，中级管理层（包括中级管理层）以上的定位在中位值到75分位值之间。华为目前是将中级管理层（包括中级管理层）以上的定位在75分位值以上，其余级别定位在中位值到75分位值之间。华为这种明显高于市场普遍定位的操作，是跟公司的经营战略和价值观相符合的，即应对华为“高质量、高压力、高效率”的企业文化。

六、华为的薪酬一致性

薪酬一致性，就是说对所有部门和级别是采用一套架构体系还是区别对待。华为在按照部门划分和级别划分上，实施了不同的薪酬体系。由于市场定位不同，华为对管理层和非管理层的定位是不同的，决定了薪酬的不一致性。对于华为来说，研发部门是最为重要的，因此在研发部门上也体现出不同于其他部门的薪酬结构设计。

七、华为的薪酬公平性

华为在处理公平的问题上，大原则是尽量平衡双方面的考虑，如果出现矛盾，会优先考虑外部竞争。而在内部公平方面，华为的薪酬分配根据员工的个人能力和对公司的贡献而定，激励奖金的多少要看个人和团队的绩效评估。

（1）华为在薪资分配上坚定不移地向优秀员工倾斜。

（2）华为的薪酬机制明确定岗定责、定人定酬。

（3）华为对员工岗位的分配是严格按照岗位说明书进行的，以确保人岗匹配。

（4）工资分配采用基于能力的职能工资制，对岗不对人，支付与员工岗位价值相当的薪水。

（5）奖金的发放分配与部门和个人的绩效改进挂钩，多劳多得，以此来调动员工的积极性和主动性。

八、华为的薪酬支付形式

目前，市场上薪酬支付通常有两种比较合适的方式，即按岗定薪和按人定薪。华为在薪酬支付上将两种形式结合在一起进行管理，对于公司来说，不起决定性作用的岗位采用比较简单的按岗定薪，对于研发岗位和销售岗位稍微偏向按人定薪。

九、华为的薪酬沟通

在薪酬沟通上，要明确是应该积极地和员工进行普及和互动，还是消极被动地回答员工所提的问题。如果需要对员工进行有选择性的沟通，就要明确信息公开沟通的程度。在薪酬沟通中，向员工收集信息的方法可根据不同的人群采用不同的方式，大致可以分为以下三种：

（1）潜在员工：为什么他们要申请我们公司的职位？为什么他们拒绝了我们的职位？为什么他们接受了我们的职位？

（2）在职员工：员工敬业度调研，分组员工的信息收集，员工建议箱。

（3）离职员工：员工离职面谈。

点评：华为的薪酬制度对其他公司具有一定的启示。首先，体现公司整体战略。华为内部研发和市场销售部门的薪资福利水平明显高于生产和客户服务部门，这是由公司的战略决定的。华为按照贡献和能力为员工定级，员工薪水级别分为10个等级，不同级别的员工薪资和福利不同，员工干满一定时间可持有公司股权。这种薪酬管理模式充分考虑了公司的核心竞争力战略。其次，薪酬制度的创新性。华为在人力资源管理上最具特色的毫无疑问是股权激励和任职资格体系。华为的这种员工内部持股制度开创了中国公司内部管理机制的先河，同时在华为资金匮乏的时候，采取员工持股的激励方式大大调动了华为人艰苦奋斗的韧劲。再次，注重团队薪酬激励。华为的团队文化倡导“胜则举杯相庆，败则拼死相救”，薪酬体系也不例外。历次变革，都是以团队为基础来开展项目，针对团队统一设计有针对性的激励方案和薪酬策划，即便是销售人员拿到的浮动收入，也是根据团队乃至公司的整体业绩考评发放的。而我国的大多数同行仍然比较关注个人奋斗对公司的贡献度，由此薪酬制度的设计也都是基于个人来考虑的。

思考题

1. 什么是薪酬？它与工资、薪水、个人收入有何区别？
2. 薪酬的功能有哪些？
3. 薪酬是由哪些部分构成的？
4. 薪酬水平是什么？它的影响因素有哪些？
5. 薪酬结构是什么？它的构成如何？
6. 薪酬设计的原则有哪些？
7. 工作评价的方法有哪些？
8. 薪酬设计的基本流程是怎样的？

在线自测

扫一扫 练一练

323

第十章

职业生涯管理

本章要点

- 职业生涯管理的概念；
- 职业生涯管理的作用；
- 职业生涯管理中的责任；
- 职业生涯发展阶段理论；
- 职业选择理论；
- 职业锚理论；
- 员工职业生涯规划的概念和步骤；
- 员工职业生涯规划的影响因素；
- 不同类型员工的职业生涯规划；
- 职业生涯发展途径；
- 职业生涯周期管理；
- 职业生涯延伸管理。

案例 10-1

“三年之痒”如何止：企业人力资源管理困境

H公司是一家电力行业发电技术研究及技术创新的专业科研机构，同时也是国内外技术合作、人才培养和员工技能培训的平台。公司秉持着“一流人才、一流科研、一流管理、一流服务”的发展理念，非常重视对人才的储备和培养，持续不断地招聘了大批高学历的专业人才，其中本科生占比26%，硕士研究生占比67%，人才优势使得公司的产品技术实力不断提高，在国内企业的竞争中技术优势较为明显，并以其良好的口碑赢得了市场的认同，这也为H公司的迅速发展奠定了基础。

对于H公司而言，年轻富有活力的“85后”“90后”新生代员工已经是公司人才的主体。但是，这些新生代员工，随着工作的不断深入和工作年限的增长，在进入公司三年左右，频频出现了离职现象，如果不是公司组织架构、工作流程和研发销售上的问题，那么究竟是什么原因导致重视人才引进的H公司出现“三年之痒”呢?

原来，这些新生代员工在进入公司三年左右已经度过了冲动期，参与了一些实际工作，在一定程度上了解了公司的运作，经过公司一段时间的培养，具备了相当的知识和技能，对行业也较熟悉，他们开始关注自己今后能否有更长远的发展。根据员工反馈，公司有职业生涯规划，但自己并不是很清楚，公司也没有做过相关的明确阐述。另外，公司的四条晋升通道中，由于大部分普通员工都是硕士及以上学历，职业技能类岗位已经不适用，而领导类岗位对于普通员工来讲也不适用，所以对于这些员工来说，晋升通道主要就集中在管理服务类岗位和工程专业技术类岗位了。而管理服务类岗位也已经饱和，普通员工只能靠熬资历才能晋升；工程专业技术类岗位评审条件很高，且需要部门层面提名、聘请，评审复杂，对员工的吸引力不强。H公司现有的职业生涯发展通道已经无法满足引进人才、培养人才、留住人才、用好人才的需求。

资料来源：孙家胜，刘路明．“三年之痒”如何止：企业人力资源管理困境探究．中国管理案例共享中心，2018-12-11.

点评：从上述案例可以看出，如果企业对员工的职业生涯有清晰的规划，则有利于员工明确自己未来的发展方向与职业目标，从而激发自我实现的内在动力；另外，外部市场环境与内部员工都在发生着变化和更迭，要想更好地吸引人才、留住人才，职业生涯管理必不可少。什么是职业生涯管理？如何进行有效的职业生涯管理，从而最大限度地发挥职业生涯管理的作用？这将是本章讨论的重点。

第一节 职业生涯管理概述

一、职业生涯管理的相关概念

（一）职业的含义和特征

职业的概念由来已久，但由于研究的目的不同，学者们从不同的角度、不同的侧面对职业的内涵进行了不同的界定。如果从社会学和经济学的角度来认识“职业”，它具有以下几个特定的含义和特征：

（1）职业是个体进入社会生活中获得的社会位置和劳动角色。

（2）职业是从事某一专门工作和活动的社会分工。

（3）职业是具有专门性、具体性、连续性、稳定性特征的社会活动。

（4）劳动者从事某项社会职业工作，必定获得一定的报酬并得到满足。

总之，职业是个体参与社会分工，利用专门的知识和技能创造财富、获得报酬，以满足物质生活和精神生活的需要。可见，职业具有两大属性：社会属性和经济属性。

社会属性：职业是劳动者所进行的社会生产活动或社会性工作，是社会分工体系中劳动者所获得的一种劳动角色。

经济属性：劳动者从事某项职业能够创造财富，并从中取得经济收入。

（二）生涯的含义

在古代西方的文字中，“生涯”指战车，以后又引申为道路，即人生发展的道路，后又指人或事物所经历的途径或人在一生的发展过程中所扮演的系列角色与担任的职位等。目前，国际上大多数学者较为接受的“生涯”定义，是美国生涯理论研究者舒伯（Super）的观点。舒伯认为，生涯是生活中各种事件的演进方向和历程，它统合了个人一生中各种职业和生活角色。生涯的发展是以人为中心的，只有个人在寻求它的时候，它才存在。舒伯还认为，生涯作为一个人终其一生所扮演的角色的整个过程，由三个层面构成：一是时间，即个人的年龄或生命历程；二是经历，即个人一生所扮演的各种不同的角色；三是个人所扮演的各种角色的投入程度。从舒伯对生涯的定义中，可以看出生涯具有以下几个特征：

（1）终身性。生涯是人一生中的一个连续不断的发展过程，并概括了一个人一生中所拥有的各种职位、角色。

（2）独特性。生涯是个体依据自己的理想和能力水平，为实现自我而展开的一种独特的生命历程，且不同的个体有着不同的生涯。

（3）发展性。生涯是一个不断发展的过程，个体会在不同的生命阶段或工作阶段有着不同的追求，而且这些追求会不断地调整、变化。

（4）综合性。生涯是个体职业角色和生活角色的统一体。

（三）职业生涯的含义

职业生涯是指员工个人职业的发展变化历程，包括员工职业地位在一个或几个组织中的纵向和横向的变化。职业生涯作为一种客观存在，有其基本意义，主要包括的内容如下：

职业生涯

（1）职业生涯是个体概念，是指个体的行为经历，而非群体或组织的行为经历。

（2）职业生涯是职业的概念，实际上是指一个人一生中的职业经历或历程。

（3）职业生涯是时间概念，意指职业生涯期。

（4）职业生涯是发展和动态的概念，指的是个人的具体职业内容和职业的发展变化历程。

（四）职业生涯管理的含义

职业生涯管理是指组织和员工本人对职业生涯进行设计、规划、执行、评估、反馈的一个综合管理过程。通过员工和组织的共同努力与合作，每个员工的职业生涯目标和组织的发展目标相一致，促使员工发展和组织发展相吻合。它包含两层含义，即组织职业生涯管理和个人职业生涯管理。组织职业生涯管理是组织为了实现其发展目标，帮助员工规划其职业生涯的发展，为员工设计职业发展通道，给员工提供必要的教育、培训、轮岗、晋升等发展机会；个人职业生涯管理是个体为了自己的职业生涯发展的需要，对自己的职业生涯进行的设计、规划与管理。

职业生涯管理

二、职业生涯管理的作用

职业生涯管理通过对员工职业生涯目标及实施方案的安排，为员工职业生涯的成功提供科学的技术与方法；同时，对促进员工与组织的共同发展也具有重要作用。

（一）职业生涯管理可以使员工掌握职业发展的方法，获得公平持续的发展

职业生涯管理依据员工个人的特点，考虑了不同员工的特殊需要，并据此设计不同的职业发展途径，以使员工扬长避短，更好地发挥自身的优势。不同的年龄、性别、学历的员工按照不同的方向和途径发展，获得了更为平等的就业和发展机会，有利于全体员工技能水平、创造性、主动性的发挥，从而使员工在追求更高层次的自我实现的同时，获得持续稳定的发展。

（二）职业生涯管理可以使员工人尽其才，获得适宜的发展

组织内的员工各有所长，有的人擅长设计，有的人擅长经营，有的人擅长管理。兴趣和特长在哪方面，就让其从事哪方面的工作，适合干什么，就培养、开发其哪方面的才能。这样，根据员工的特点和兴趣进行人才配置和开发，就可以激发员工的工作热情，挖掘员工的工作潜力，做到人尽其才、才尽其用，从而促进员工的发展。

（三）职业生涯管理可以实现员工发展与组织发展的统一

职业生涯管理工作的开展一方面为员工指明了发展的方向，另一方面也为员工的发展提供了基础和条件。人力资源管理部门通过提供必要的信息，创造成才的机会，给予员工必要的帮助和指导，使员工个人成才；同时又能满足组织的需要，从而实现员工的职业生涯目标与组织发展目标的统一。

（四）职业生涯管理是组织吸引和留住人才的重要措施

当前，企业面临的一个比较头疼的问题是企业内的管理人才、技术人才和熟练工人的“跳槽问题”。从现实来看，造成员工跳槽的原因很多，其中主要原因有以下三个：

（1）才能发挥问题。个人的才能得不到发挥、专长得不到利用，很显然是不会安心本职工作的。

（2）职位与社会角色问题。一个有才能的人在发展前途上，如果无望担任一定的职务，心理就会不平衡，也就无法安心工作，这样的员工迟早会走人。

（3）报酬待遇太低，比较收入差距过大，人才难留。

适当的职业生涯管理，可以发挥每个人的才能和专长，实现每个人的人生目标，使其扮演一定的社会角色，提高个人的待遇和对未来职业发展的预期，从而淡化由于待遇偏低而产生的负面作用。这是因为当一个人对工作极感兴趣、能充分发挥自己的才能或担任一定的职务时，其成就感和身份地位就会提高，待遇问题就不会成为主要问题了。这是当今世界上许多著名公司的人才管理之道，也是职业生涯规划与管理能够吸引人才、留住人才的关键所在。

三、职业生涯管理中的责任

职业生涯管理着眼于组织帮助员工实现职业计划，是组织对员工所设计的职业发展的

一种援助，它需要各方面的有效配合。员工、直线管理者、组织和人力资源部门应共同担负职业生涯管理的责任。

（一）员工的责任

在职业生涯管理中，员工应对自身的职业生涯发展负主要责任，无论组织的职业生涯规划系统有多复杂，员工都必须采取以下行动：

（1）主动从管理者和同事那里获取有关自身优势及不足的信息反馈。

（2）明确自身的职业生涯发展阶段和开发需求。

（3）了解存在哪些学习机会，如销售、产品设计和行政管理相关的学习活动。

（4）与来自组织内和组织外不同工作群体的员工接触，如专业协会、项目小组等。

（二）直线管理者的责任

直线管理者是员工的直接领导，在职业生涯管理过程中扮演着重要角色。在大多数情况下，直线管理者一般会对员工的工作调动（晋升）资格进行评估，并提供关于职位空缺、培训课程和其他开发机会等方面的信息，员工则会从直线管理者那里获取有关职业发展的建议。为了帮助员工处理好职业发展问题，直线管理者需要扮演四种角色：教练、评估者、顾问和推荐人。各种角色的责任如表 10-1 所示。

表10-1　直线管理者在职业生涯管理中应扮演的角色和责任

角色	责任
教练	发现问题，倾听需求，详细界定这些需求
评估者	给出反馈，确定组织需求，明确工作职责
顾问	提供选择，协助设置目标，提出建议
推荐人	与职业生涯管理部门联系，追踪职业生涯管理规划执行情况

直线管理者应尽自己所能来帮助员工管理其职业生涯。在员工职业生涯的各个阶段，直线管理者都要承担起教练、评估者、顾问和推荐人等重要角色。处于早期职业生涯的员工需要了解自己的绩效能否满足管理者的期望，处于立业阶段和维持阶段的员工应该从直线管理者那里听取工作调换和职业发展路径的意见。面谈是必不可少的一项工作，在面谈中，直线管理者要了解员工的工作目标和兴趣，和员工就未来发展达成一致意见并确定该利用哪些资源来帮助员工达到职业生涯规划中所确定的目标；员工应当能够理解直线管理者对其工作表现、开发需求和见解的看法，并能够与直线管理者就目前的工作如何满足自身需求的问题达成共识。在实际工作中，有许多直线管理者不愿参与员工的职业规划活动，可能的原因有：他们感到不具备足够的资格来回答员工有关职业发展的问题；没有足够的时间；认为自己缺乏良好的人际沟通技能，不能透彻地理解职业生涯问题。

（三）组织和人力资源部门的责任

组织和人力资源部门应提供与职业发展有关培训和开发机会的信息和建议，同时还应该提供专业服务，如对员工的价值观、兴趣、技能进行测评，帮助员工做好职业生涯规划的准备，并经常提供与职业相关问题的咨询。

组织和人力资源部门要负责为员工提供成功的职业生涯规划所必需的资源，应做的工作包括：

第一，举办职业生涯研讨会，主题可以是职业生涯管理系统的运作方式、如何进行自我评估和目标设置，帮助经理解释和承担其在职业和管理中的角色。

第二，提供关于职业和工作机会的信息，如建立职业生涯管理中心，创办通信系统，建立电子数据库及网址，以便让员工能找到关于职位空缺和培训计划的信息。

第三，制定职业生涯规划工作手册，通过一系列的练习、讨论以及与职业生涯规划相关的说明来对员工进行指导。

第四，提供职业生涯咨询，由受过专业培训的顾问提供建议，与员工一起解决职业生涯发展中的问题。

第五，提供职业生涯发展路径，即规划工作序列，并明确在工作领域内部和跨越领域发展所需的技能。

此外，组织和人力资源部门还应对职业生涯规划系统进行监督，从而确保直线管理者和员工按照预期目标来运用该系统，并对该系统能否帮助组织达到目标进行评估。

案例 10-2

联合利华的职业生涯管理

联合利华是著名日用消费品公司，创建于1929年，由英国 Lever Brothers 公司与荷兰 Margarine Unie 公司合并而成，总部设于荷兰鹿特丹和英国伦敦，分别负责食品及洗涤用品的经营。

联合利华非常重视职业生涯管理，认为员工职业生涯发展是一件员工、管理者和企业三方联动的事，三者缺一不可。

HR 的角色

“职业生涯管理就是为了员工晋升而进行的专项管理。”在随机调查中，很多职场人士将职业生涯管理的结果之一——晋升，作为其对职业生涯管理理解的全部。

对企业来说，这个认识所产生的最不幸的结果就是，当员工发现其在企业中无法获得晋升时，就会用跳槽来满足自己的价值取向，通过“Z”形法则在另一家公司获得更高的职位。

“HR 有责任去帮助员工更正这种看法，并要通过切实可行的方式。”联合利华大中华区副总裁肖琳说。在联合利华，人力资源部门在员工职业生涯发展中的定位是“职业咨询顾问”和“细致的资源掌握者”。

“我们需要与员工沟通，他们的职业生涯能够获得发展，不仅仅表现为单一的升职。还有通过公司提供的锻炼机会和培训等获得个人能力的提升，以及工作满意度的提高，或者让员工获得工作与生活的平衡等多重指标。”肖琳说，“换句话说，好的职业生涯管理应该是一件让大家都感觉到愉快的事，我们要做的就是找到使员工感到愉快的理由，并把这种愉快的经历延长。”

但尽管如此，联合利华还是以能为众多员工提供晋升岗位著称，除了 HR、直线经理和文化的功劳外，还得益于其国际性事业平台的先天优势。

这牵扯到在员工职业生涯管理上的几个重要角色——员工、管理者和人力资源部门，职业生涯管理应被看作是满足管理者、员工和企业三者需要的一个动态过程。

“当个人目标与组织目标有机结合起来时，职业生涯管理的意义才能凸显出来。”肖琳以联合利华为例，解释个人目标与组织目标之间的联动效应，“我们是一家真正意义上的国际性公司，虽然目前国内有很多跨国公司，但未必给中国的员工以跨国工作的机会，而联合利华在全球所拥有的多个品类和品牌，为员工提供了丰富的跨部门、跨区域和跨国工作的职业发展平台。”

在联合利华，对员工来说，最可贵的并不是众多的工作机会和发展平台，而是尊重人才和使之发展的文化。

联合利华每年都要召开两次大规模员工职业生涯发展会议。在会议上，所有管理层一起讨论和回顾员工的业绩和领导力表现、潜力、需求和发展方向。“我们把对员工职业生涯的关注度融汇在日常管理的每个细节中。”肖琳说，“我们会时常就员工的表现和需求进行沟通，并随时共享各个部门、大区和国外出现的新岗位，一旦机会出现，谁能胜任就已经在我们的脑子里了。”

肖琳认为，HR要对工作机会与员工做快速有效的匹配，就需要更加了解员工和业务的需求。若HR掌握了足够多的资源，并具备一定的职业敏感度，员工职业生涯管理就变得不那么复杂了。

“此外，HR还要努力培养这种文化，包括如何与直线经理沟通，通过具体的辅导，让他们具备对员工进行职业生涯管理的意识和能力等。”肖琳说，“我们需要提供给他们具体的工具，但工具仅仅是工具，让这种关注员工发展的文化在公司里生根发芽才是最重要的。”

增强员工的价值主张

“无论如何，在员工职业生涯发展上，占据主要地位的仍然是员工。员工是主动的，直线经理和人力资源部门只是提供帮助，来促成其发生。”肖琳说，“特别是人力资源部门，并不像员工所想象的那样，可以去安排谁来坐什么位置。”

对于注重尊重和支持员工的价值主张，联合利华已经在诸多方面获益。肖琳介绍，在联合利华全球的管理层中，有半数以上来自公司内部的提升，他们保持着较高的忠诚度和稳定性。“公司的职位信息和相关政策都是向员工公开的，他们了解了公司的职业发展文化，因此他们知道该怎样通过自己的努力，并借助直线领导和人力资源部门的帮助，来使自己获得新的或者更高的职业发展机会。”

在联合利华，如果一个新人从品牌经理做起，两三年后就可以申请做其他品牌，也可以转型做销售，或者去其他国家工作一两年再回来。实现了传统职业路径、行为职业路径和横向职业路径的有机结合。

“职业生涯管理更多体现为一种文化，而不仅仅表现为制度和文件，即便人力资源部设计了再好的职业地图，如果其他方面因素不具备也是徒劳。”肖琳说，“员工本人要善于学习和上进，要有清晰的愿望和价值主张；管理者要关注员工的需求；人力资源部门要营造文化氛围、提供咨询和帮助，这三点缺一不可。”

对于一些职场人士过多强调将升职作为职业生涯发展的全部，肖琳认为升职不是唯一的通道，毕竟要在公司金字塔式的组织结构中获得上升，还要取决于机会等客观因素。如果盲目追求晋升，只会让自己越来越失望。而为获得晋升频繁跳槽，也存在一定危害性。

点评：职业生涯管理是管理者、员工和人力资源部门三者动态匹配的过程。首先，员工个人最终要对自己的职业发展负责，这就需要清楚地了解自己所掌握的知识、技能、能力、兴趣和价值观等；其次，管理者要鼓励员工对自己的职业生涯负责，在进行个人工作反馈时提供帮助，并提供员工感兴趣的有关组织工作、职业发展机会等信息；最后，人力资源部门要为员工提供支持性的政策和资源，并帮助员工做好自我评价、培训和发展。

第二节　职业生涯管理理论

职业生涯管理研究起源于20世纪60年代，迄今为止经历了20世纪60年代末对就业咨询和职业生涯规划的讨论，80年代以组织的职业生涯管理为重心的研究，90年代以来对职业生涯开发中个人与组织之间平衡的关注这几个阶段，形成了许多有影响力的职业生涯管理理论。

一、职业生涯发展阶段理论

（一）金斯伯格的职业生涯发展阶段理论

金斯伯格（Eli Ginzberg）是美国著名的职业指导专家，他研究的重点是从童年到青少年阶段的职业心理发展过程。他将职业生涯的发展划分为三个阶段。

1.幻想期（11岁之前的儿童时期）

儿童对大千世界，特别是对于他们所看到的或接触到的各类职业工作者，充满了新奇、好玩的感觉。这一时期的职业心理特点是：单纯凭自己的兴趣爱好，不考虑自身的条件、能力水平和社会需要与机遇，完全处于幻想之中。

2.尝试期（11～17岁）

这是由少年向青年过渡的时期。人的心理和生理在迅速成长、发育、变化，有独立的意识，价值观念开始形成，知识与能力显著增长和增强，初步懂得社会生产和生活的经验。在职业心理上呈现出的特点是：有职业兴趣，并能客观地审视自身各方面的条件和能力；开始注意职业角色的社会地位、社会意义，以及社会对该职业的需要。

3.现实期（17岁以后的青年阶段）

即将步入社会劳动，能够客观地把自己的职业愿望或需求，同自己的主观条件、能力，以及社会现实的职业需要紧密联系和协调起来，寻找适合于自己的职业角色。对职业的期望不再模糊不清，已有具体、现实的职业目标，表现出的最大特点是客观性、现实性。

金斯伯格的职业生涯发展阶段理论揭示了初次就业前人的职业意识或职业追求的发展变化过程，对实践产生了广泛的影响。

（二）舒伯的职业生涯发展阶段理论

美国学者舒伯把职业发展理论扩大到整个人生，根据个体不同生命周期的特点和不同职业阶段的任务、目标，将职业生涯发展划分为五个阶段。

1.成长期（出生至14岁）

这个阶段的特征是，人开始考虑自己的将来，逐渐具备一定的生活控制能力和胜任工作的基础，并且在该阶段末期，越来越关心长远的未来。个人所要做的，是通过在学校的学习、社会活动来认识自我，理解世界以及工作的意义，初步建立起良好的人生态度。

2.探索期（15～24岁）

这个阶段是职业认同阶段，个人在这一时期有了初步的职业选择范围，并且为之准备教育或者实践。该阶段的任务是，深化对职业和工作的认识，将学习成果和实践经验沉淀结晶，具体化自己的职业偏向并初步实施。

3.建立期（25～44岁）

个体在这个阶段开始确定自己在整个生涯中应有的位置，并开始扮演家庭照顾者的角色。这个阶段的任务主要是在不断的挑战中稳定工作，并学会在家庭和事业之间合理地均衡。

4.维持期（45～65岁）

个体已经找到了适合的领域，并努力保持在这个领域的成就。与前一阶段相比，这个阶段发生的变化主要是职位、工作和单位的变化，而不是职业的变化。个人主要应巩固已有的地位并力争有所提升。

5.衰退期（65岁以后）

该阶段的重心逐步由工作向家庭和休闲转移，主要任务是安排退休和开始退休生活，精神上寻求新的满足点。

舒伯的职业生涯发展阶段理论告诉我们，一个人从孩童时代所带来的需要、动机与价值观，对于职业生涯发展只是一套初步的目标与制约条件而已。以后这个人会一直处于一种动态变化的过程之中，不断地试图把自己内在的驱动力与冲动，去跟外界的机会和限制结合起来，以便能实现他的自我概念，而这个自我概念本身，作为各种新的经历的结果，也总是在不断地变化与扩展着。个体需重视生涯发展的规律，根据发展阶段安排自己的任务，也要合理塑造生涯发展的过程，使得各个阶段能够如期而至，并符合它们应有的意义。

二、职业选择理论

案例 10-3

小张的打工感悟：兴趣和责任心是最好的动力

2005 年，小张大学毕业，加入一家叫酷讯的公司。他是最早期加入公司的员工之一，一开始只是普通工程师，第二年，小张就在公司负责管理四五十人的团队，负责所有后端技术，同时也负责很多与产品相关的工作。

有人问小张：为什么你在第一份工作中成长很快？是不是你在公司表现特别突出？其实不是。当时公司招聘标准很高，和小张同期入职的就有两个博士。但小张既不是技术最好的也不是经验最丰富的，那为什么他能够担当大任呢？

小张总结后，认为自己有以下一些特质：首先，他在工作时，从不分哪些工作是该自己做的，哪些是不该自己做的。小张做完自己的工作后，对于大部分同事的问题，只要他能帮助解决，他都去做。工作的前两年，小张基本上每天晚上十二点、一点才回家，回家后也编程到很晚。确实是因为有兴趣，而不是公司有要求，兴趣是最好的动力，能从事自己喜欢的事业和工作是一件多么幸福的事情。所以，小张很快从负责一个抽取爬虫的模块，到负责整个后端系统，开始带小组，后来带小部门，再后来带一个大部门。

当时小张负责技术，但遇到产品上有问题，也会积极参与讨论，想产品方案。很多人说这不是他该做的事情，但小张说："你的责任心，希望把事情做好的动力，会驱动你做更多的事情，让你得到很大的锻炼。"参与解决产品问题的经历，对他后来转型做产品有很大的帮助。

点评：当对自己的职业选择感到迷茫时，不妨试试从自身的兴趣入手，先从事自己感兴趣的事情，并不断地去接受新鲜的事物，在这个过程中去找到最适合自己的职业。同时，带着责任心去完成每项工作就会有意想不到的收获，从中学会总结反思，不断积累经验，对于后续职业的选择也会有莫大的帮助。

职业选择是指劳动者根据自己的职业期望和兴趣，凭借自身的能力挑选职业的过程。职业选择是劳动者与职业岗位相互选择、相互适应的过程，也是劳动者自身能力素质与职业需求特征相吻合的匹配过程。

职业选择理论告诉我们应该如何选择职业，比较具有代表性的职业选择理论如下。

（一）帕森斯的职业–人员匹配理论

该理论由美国波士顿大学的帕森斯（Frank Parsons）教授提出，这是用于职业选择与职业指导的最经典的理论之一。1909 年，帕森斯在其所著的《选择一个职业》一书中，明确阐明职业选择的三大要素和条件：第一，应该清楚地了解自己的态度、能力、兴趣、智力水平、局限和其他特征；第二，应清楚地了解职业选择成功的条件、所需要的知识，在不同职业工作岗位上所占有的优势、不利和补偿、机会和前途；第三，上述两个条件的平衡。帕森斯认为职业–人员匹配，主要分为两种类型：第一，条件匹配，即所需专门技术和专业知识的职业与掌握该种特殊技能和专业知识的择业者相匹配；或者脏、累、险等劳动条件很差的职业，需要吃苦耐劳、体格健壮的劳动者与之相匹配。第二，特长匹配，即从事某些职业需要具有一定的特长，如具有敏感、易动感情、不守常规、有独创性、个性强、理想主义等人格特性的人，宜于从事审美性、自我情感表达的艺术创作类型的职业。

帕森斯的职业-人员匹配理论作为职业选择和职业指导的经典理论，至今仍然有着重要的影响，并对个体在进行职业选择时具有极其重要的指导作用。

（二）霍兰德的人格类型-职业类型匹配理论

美国著名的职业指导专家约翰·霍兰德（John Holland）在研究中发现，不同的人具有不同的人格特征，具有不同人格特征的人适合从事不同的职业。由此，他指出人格（包括价值观、动机和需要等）是决定一个人选择何种职业的重要因素，并将人格与职业均划分为不同的六种类型，当属于某一人格类型的人选择了相应类型的职业时，即达到了匹配。

霍兰德从心理学、价值观理论出发，经过大量的职业咨询指导的实例积累，提出了职业活动意义上的人格分类，包括现实型、研究型、艺术型、社会型、管理型、常规型六种基本类型。相应地，职业也分为六种基本类型。

1.现实型

现实型也称实际型。属于现实型人格者，喜欢从事技艺性的或机械性的工作，能够独立钻研业务、完成任务，长于动手，但是人际关系协调能力可能较差。

属于这一类型的职业有各类操作工（木工、车工、钳工、电工等）、制图员、农民、技师、机械师、司机等。

2.研究型

属于研究型人格者，喜欢思考，乐于从事智力性、独立性、自主性的工作。这类人往往有较高的智力水平和科研能力，注重理论。但可能不重视实际，考虑问题偏于理想化。

属于该类型的职业有科研工作者、技术发明者，从事生物、医学、化学、物理、地质、天文、人类学等研究的科学家、工程师。

3.艺术型

属于艺术型人格者，喜欢通过各种媒介表达自我感受（如绘画、表演、写作），其审美能力较强，感情丰富且易冲动，热衷于标新立异，不顺从他人，但可能对常规性的具体工作不感兴趣。

属于该类型的职业有作曲家、画家、作家、演员、记者、诗人、摄影师、雕刻家、室内装饰专家等。

4.社会型

社会型也称服务型。属于社会型人格者，喜欢与人交往，乐于助人，关心社会问题，常出席社交场合，对于公共服务与教育活动感兴趣，但是可能缺乏机械能力。

属于该类型的职业有社会学家、导游、咨询人员、社会工作者、心理医生、精神病工作者、公共保健护士等。

5.管理型

管理型也称企业家型或领导型。属于管理型人格者，其性格外向、直率、果敢，精力充沛，自信心强，有支配他人的倾向和说服他人的能力，敢于冒险。但是这种类型的人会忽视理论，可能欠缺科学研究能力。

属于该类型的职业有厂长、经理、推销员、律师、政治家、调度员等。

6. 常规型

常规型也称传统型。属于常规型人格者，喜欢从事有条理、有秩序的工作，按部就班、循规蹈矩、踏实稳重，讲求准确性（如数字、资料），愿意执行他人的命令、接受指挥而不愿独立负责或指挥他人。不足之处是为人拘谨、保守，缺乏创新。

属于该类型的职业有财会人员、速记员、成本估算员、打字员、办公室职员、统计员、计算机操作者、图书资料档案管理员、秘书等。

每一种类型的人各有长短，从全社会以及人的心理差异的角度来看，都是中性，无所谓哪一种好些，哪一种差些，而只有与职业类型是否协调和匹配的问题。

社会中的人是复杂的，往往不能用一种类型来简单概括，而是兼有多种性质，以一种类型为主，同时具备其他类型的特点。因此，职业问题专家进而提出若干种中间类型或同时具备三种类型特性的职业类型群分法。

相/关/链/接 >>

霍兰德人格类型–职业类型六边形模型

霍兰德用六边形模型（见图 10–1）来表示六种人格、职业类型的相互关系，边和对角线反映了六种人格类型之间心理上的一致性程度，同时也代表着六种职业类型之间的相似与相容程度。

相邻关系

如 RI、IR、IA、AI、AS、SA、SE、ES、EC、CE、RC 及 CR。属于这种关系的两种类型的个体之间共同点较多，现实型（R）、研究型（I）的人都不太偏好人际交往，在这两种职业环境中也都较少机会与人接触。

相隔关系

如 RA、RE、IC、IS、AR、AE、SI、SC、EA、ER、CI 及 CS。属于这种关系的两种类型个体之间共同点较相邻关系少。

相对关系

在六边形上处于对角位置的类型之间即为相对关系，如 RS、IE、AC、SR、EI、CA。相对关系的人格类型共同点少，因此，一个人同时对处于相对关系的两种职业环境都兴趣很浓的情况较为少见。

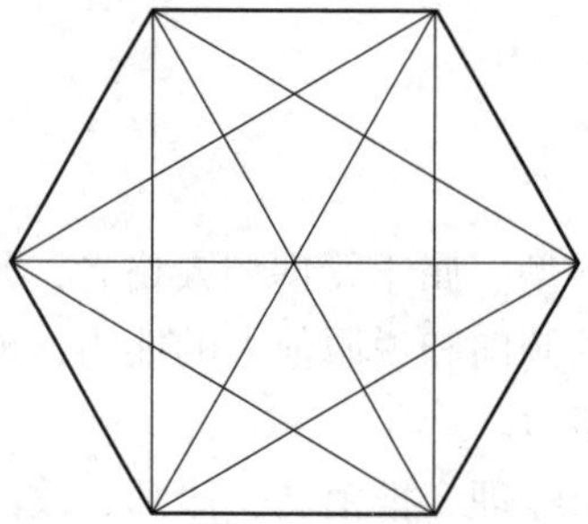

图 10-1　霍兰德人格类型 - 职业类型六边形模型

广义地说，兴趣是一种人格特征。人们通常倾向于选择与自我兴趣类型匹配的职业环境，如具有现实型兴趣的人希望在现实型的职业环境中工作，可以最好地发挥个人的潜能。但是在职业选择中，个体并非一定要选择与自己兴趣完全对应的职业环境。一是因为个体本身常是多种兴趣类型的综合体，单一类型显著突出的情况不多，因此在评价个体的兴趣类型时也时常以其在六大类型中得分居前三位的类型组合而成，组合时根据分数的高低依次排列字母，构成其兴趣组型，如 RCA、AIS 等；二是因为影响职业选择的因素是多方面的，不完全依据兴趣类型，还要参照社会的职业需求及获得职业的现实可能性。因此，人们选择职业时会不断妥协，寻求相邻职业环境甚至相隔职业环境，在这种环境中，个体需要逐渐适应工作环境。但如果个体寻找的是相对的职业环境，意味着所进入的是与自我兴趣完全不同的职业环境，则工作起来可能难以适应，或者难以做到工作时觉得很快乐，甚至可能会每天工作得很痛苦。

三、职业锚理论

（一）职业锚的概念

职业锚理论是由美国麻省理工学院斯隆管理学院的教授施恩（E. H. Schein）提出的。施恩在对斯隆管理学院的 44 名 MBA 毕业生进行了长达 12 年的职业生涯研究后，于 1978 年分析总结出了职业锚理论。

所谓职业锚，又称职业系留点，是指当个体做出职业选择时，他所坚持的职业取向或择业的中心。当一个人在经过早期的工作实践后，随着对自己的天资、能力、动机、需要、态度和价值观等认识越来越清晰，他就会逐渐形成一个占主导地位的职业锚。职业锚是以人习得的工作经验为基础，是个体能力、动机和价值观的整合，同时它也会随着员工的职业发展而不断变化。①

（二）职业锚的类型

职业锚是个体自我意象的习得部分，每个个体有着各自的动机、追求、需要和价值

① 黄维德，董临萍 . 人力资源管理 . 北京：高等教育出版社，2009：116.

观，故所寻求的职业锚会有所不同。施恩根据自己对麻省理工学院毕业生职业生涯的研究，提出了以下五种职业锚。

1.技术职能型职业锚

具有这种职业锚的人，强调实际技术或某项职能业务，重视个人专业技能的发展，喜欢面对富有挑战性的工作，也喜欢独立开展工作，希望不受资源的限制去开展人们认为正确的工作。他们往往不愿意选择那些具有一般管理性质的职业，把管理工作视为一种“政治竞技场”上的活动。即使他们有获得提升的机会，也不愿意放弃技术领域内的工作去从事全面的管理工作。这一类型的人一般多从事工程技术、市场营销、财务分析等工作，其主要的成长是技术能力的提高，他们的成功更多地取决于所属领域内专家的肯定与认可。

2.管理型职业锚

管理型职业锚与技术职能型职业锚的人有着截然不同的特点，他们愿意从事全面的管理型工作，关心管理责任，而且责任越大越好。他们以提升、提职作为衡量职业成功的主要标准，具有较强的权力和升迁欲望，表现出一种要成为管理人员的强烈动机，而且他们也十分自信自己有能力承担较高责任的管理职位，把追求最高的管理层级作为职业生涯的终极目标。

3.安全稳定型职业锚

具有这种职业锚的人，他们极为重视长期的职业稳定性和工作保障性，倾向于选择那些有保障的工作，重在追求安全和稳定。这种安全与稳定主要有两种表现：一是追求职业安全，期望获得既定组织中稳定的成员资格；二是追求情感上的稳定，例如稳定的家庭生活或使自己较好地融入工作团队。此外，这种类型的人通常行为较规范，对组织有较强的依赖性，把自己的一切交由组织来安排，倾向于根据组织对他们提出的要求去做事。

4.独立自主型职业锚

具有这种职业锚的人，希望能够自己掌控时间，按照自己的意愿生活，追求的是能够施展个人职业能力的自由的工作环境，希望最大限度地摆脱组织的限制和约束，因此在工作中喜欢独立做事，独来独往，自由自在。同时，他们还具有较强的自我认同感，常认为工作成果与自己的努力是紧密相连的。他们在追求自由工作的同时，也享受着自身努力奋斗所带来的乐趣，一般是自由职业者，如咨询专家等。

5.创造性职业锚

具有这种职业锚的人有着强烈的创造需求和欲望，发明创造是他们进行自我拓展的核心，也是完成工作的强大驱动力，他们希望通过发明创造来驾驭自己的事业。因此，他们身上往往具备意志坚定、锲而不舍、勇于冒险等优良特质。他们在追求创新的同时，也积极追求自主权，并具备一定的管理才能和技术才能，以更好地实现创造性活动的需要。创造是他们的主要动机和价值观。

（三）职业锚的功能

1.识别功能

职业锚是人们在不断的工作过程中，根据个人的需要、动机和价值观，经过不断的变化调整最终所确定的长期职业定位。它能够清晰地反映个人的职业追求与理想，并且对个人要发挥作用的工作条件和衡量职业成功的标准给出了明示。

2.促进员工与组织相互接纳的功能

通过员工职业锚的建立过程，组织可以获得员工个人明确的职业发展信息，从而有针对性地对员工的职业生涯发展进行设计、规划。个人则可以通过组织有效的职业生涯管理，使自己的职业需要得到满足，这既深化了个人对组织情感的认同，又强化了职业归属，从而促进组织和员工的相互接纳。

3.提升员工价值的功能

员工的职业锚一旦确立后，便会在一段相当长的时间内保持稳定，使得员工在此时间内从事这一稳定的职业。工作的稳定性和连续性有利于个体知识得到增长、补充，职业技能也会得到不断的增强和提高，从而提升个体的价值。

第三节 员工职业生涯规划

员工职业生涯规划

一、员工职业生涯规划的概念和意义

（一）员工职业生涯规划的概念

员工职业生涯规划是指员工个人在对自身职业生涯的主客观条件进行测定、分析、总结的基础上，对自己的兴趣、爱好、能力、特点进行综合分析与权衡，结合时代特点，根据自己的职业倾向，确定最佳的职业奋斗目标，对职业发展道路进行的设想和规划。

职业生涯规划内容包括选择什么职业，在什么地区和什么组织从事这种职业，以及打算担负什么职务等。个人通过制定职业生涯规划，可以明确职业方向，从而充分地发挥自己的潜能并走向成功。

（二）员工职业生涯规划的意义

从个人角度出发，职业生涯规划可以帮助员工认识自我，找准定位；发掘自我潜能，增强个人实力和职业竞争力；增强职业发展的目的性与计划性，促进职业成功。

从组织角度出发，员工职业生涯规划的制定能够增强员工对组织的归属感，留住人才，减少人才流失；促进员工良性竞争，提升工作效率和创造力；满足组织发展需求，促进长期效益的提高。

二、员工职业生涯规划的步骤和内容

员工个人的职业生涯规划一般经过自我剖析与定位、职业生涯机会评估、职业生涯目标与路线的设定、职业生涯策略的制定与实施、职业生涯规划的反馈与修正五个步骤来完成，如图 10-2 所示。

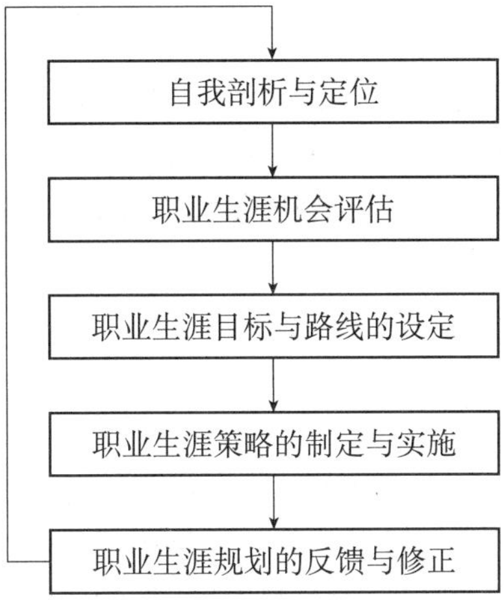

图 10-2 员工职业生涯规划步骤

（一）自我剖析与定位

自我剖析与定位是指全面、深入、客观地分析和了解自己，并且找到自己的位置。我们要弄清自己为人处世所遵循的价值观念，明确自己为人处世的基本原则和追求的价值目标；熟悉自己掌握的知识与技能；剖析自己的人格特征、兴趣、性格等多方面的个性特征，以了解自己的优势和不足。通过这几个层面的自我剖析之后，我们可以对自己形成一个客观、全面的认识，通过理性决策和职业-人员匹配，找到自己在职业发展中的位置，为职业生涯规划的制定打下基础。

（二）职业生涯机会评估

职业生涯机会评估是在自我剖析与定位、组织与社会环境分析的基础上，对个人职业生涯发展的长期机会和短期机会的评估。通过对社会环境的分析，结合本人的具体情况，评估有哪些长期的发展机会；通过对组织环境的分析，评估组织内有哪些短期的发展机会。

（三）职业生涯目标与路线的设定

在上述自我剖析与定位以及职业生涯机会评估的基础上，我们需要设立明确的职业目标。如某人计划“在 40 岁之前成为某外资企业集团的人力资源部主管”就是一个较为明确的目标设定。就整个个人的职业生涯来说，目标设定可以是多层次的、分阶段的。越来越多的人为了追求挑战，愿意在职业生涯中从事不止一个职业。一个多层次的目标设定可以使我们更快地摆脱窘境，保持开放、灵活的心境。一个远大雄伟的目标很少能够一气呵成，必须分解成若干易于达到的阶段性目标。由于职业生涯跨越个人的青年、中年乃至老年阶段，而且人在各时期的体能、精力、技能、经验和为人处世的特点有明显差别，所以有针对性地制定阶段性目标将更为切实可行。

职业生涯路线是个人选择的职业发展路线，即通过什么途径去实现职业目标。一般有以下三种职业发展路线。

1. 立足本职的职业生涯路线

人在职业成长的初期，通常是把“本职发展”道路作为首选路线。因为组织的事业可能是有所发展的，个人的职业能力、素质也是具有一定的可塑性的。立足本职的职业路线可以为新进入的人员提供职业适应、培训和成才方面的客观条件。

2. 转换职业的职业生涯路线

当一个人不适宜在某个职业岗位上发展时，可以另辟蹊径，转换职业，寻求新的目标和新的职业生涯发展路线。

人不适合某个岗位，原因是多方面的，如，组织文化与个人的个性或心理品质有严重的冲突，或者是个人与单位的领导难以相处，或是单位的效益不好、前途欠佳，从而需要改弦更张，另作他图。转换职业有利于自己职业生涯的调整，有利于在“山穷水尽”之际“柳暗花明”。人正是在对环境的积极适应、主动寻求和“改造”中，才使自身立于主动地位。因此，转换职业是一种对职业生涯自觉的调整行为。

3. 自我创业的职业生涯路线

自我创业，即不从劳动力市场现存的职业需求岗位中寻找职业和谋求发展，而是在市场中寻找创业机会，运用自己的能力及各种资源开办个体、私营、私人合股企业，开拓自己的事业。

自我创业是一条自由的、现实的、艰辛的，然而又是广阔的、富有挑战性的职业生涯之路。

（四）职业生涯策略的制定与实施

目标实现策略是通过各种积极的具体行动与措施去争取职业目标的实现。目标实现的内容不仅包括个人在工作中的表现及业绩，同时还包括超出现实工作之外的一些前瞻性准备，如业余参加付费的进修班学习，掌握一些额外的技能或专业知识（具体如进修第二外语，攻读 MBA 学位等）。此外，目标实现还包括为平衡职业目标和其他目标（如生活目标、家庭目标）而做出的种种努力。如果忽略了后两者的努力，要想长久保持工作中出色的表现几乎是不可能的，职业目标的实现也会遇到许多牵扯精力的障碍。

（五）职业生涯规划的反馈与修正

职业生涯规划的反馈与修正是指在实现职业生涯目标的过程中，根据实际情况自觉总结经验和教训，修正对自我的认知和对最终职业目标的界定。人只有在工作实践中，才能更清楚、更透彻地自我认知和定位，才能弄清楚自己喜欢并适合从事什么职业。因此，对于职业目标的描述界定，在刚开始时大多数是模糊抽象的，有的甚至是错误的。在经过了一段时间的工作努力之后，有意识地回顾自身的得失，可以检验自我定位的结论是否贴切，自己对职业目标的设想方向对不对，是高还是低。

研究表明，许多人都是在经过了一段时间的尝试和寻找之后，才了解自己到底适合于从事什么领域的工作，这段时间在缺乏反馈和修正的情况下可能长达十几年。即使在自我定位和目标设定正确时，反馈和修正同样可以纠正分阶段目标中出现的偏差，同时可以极大地增强实现目标的信心。

总之，职业生涯规划在员工的职业决策过程中必不可少。它有助于员工发现自己的人生目标，平衡家庭与朋友、工作与个人爱好之间的需求，而且能使员工做出更好的职业选择：接受还是拒绝某项工作、有无跳槽的必要、是否该寻找更具挑战性的工作以及何时辞掉压力过大的工作。更为重要的是，职业生涯规划有助于员工在职业变动的过程中，面对已经变化的个人需求及工作需求进行恰当的调整。

三、员工职业生涯规划的影响因素

员工的职业生涯规划作为一种职业生涯的自我管理，包括职业道路选择恰当与否和发展得顺利与否，以及能否获得成功和成就有多大等多个方面。其影响因素如图 10-3 所示。

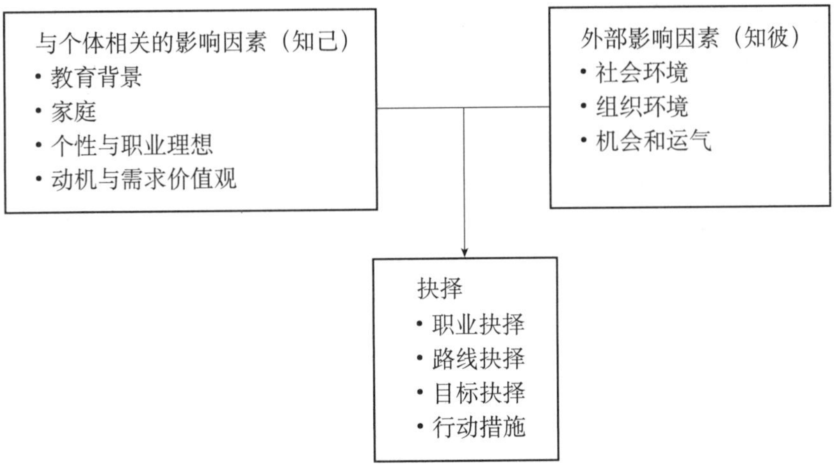

图 10-3　员工职业生涯规划的影响因素

（一）教育背景

教育通过赋予个人才能、塑造个人人格、促进个人发展而奠定了一个人的基本素质。首先，获得不同教育程度的人，在个人职业选择与被选择时，具有不同的可选择性，这关系到职业生涯的开端与适应期是否良好，以及以后在职业发展、晋升方面是否顺利；其次，人们所接受教育的专业和水平在大多数情况下会成为其职业生涯的前半部分乃至一生的职业类别，即使人们转换职业，也往往与他所学的专业有一定联系，或者以所学的专业理论、知识、技能为基础，流动到更具挑战性的职业类别或更高层次的职业岗位；再次，学校是人社会化的场所，因此，人们所接受的不同等级教育、所学的不同学科门类、所在的不同院校及接受的不同教育思想，会带来受教育者的不同思维模式与行为方式，从而使人们以不同的价值观对待职业的选择与职业生涯的发展。

事实上，学历、学位等是一种职业选择“信号”，也是一种筛选机制。人们所获得的学历以及选择的大学类型，对人们未来的职业产生重大的影响。许多职位招聘都把大学学历当作必备条件。例如，MBA 学历已经在某些行业成为充当管理角色的必备条件。然而教育背景的取得是有成本的，包括时间和货币投资以及所承受的压力和其他代价。

（二）家庭

家庭是个体最早接触的学习环境。父母是孩子的第一任老师，也是造就人的素质以至于影响人的职业生涯的重要因素之一。人从幼年时期起受到家庭的深刻影响及长期的潜移默化，会形成特定的价值观和行为模式。许多人还会受到家庭中长辈的教诲和各种影响，自觉不自觉地习得某些职业的知识和技能。这种价值观、行为模式、职业知识和职业技能，从根本上影响着一个人的职业理想和职业目标，影响着其职业选择的方向、种类，以及选择中的冒险与妥协程度，对职业岗位的态度乃至工作中的种种行为表现，等等。

（三）个性与职业理想

职业理想源自人的动机和需要。人们在就业时会根据其对不同职业的评价和价值取向以及各种约束条件，从社会众多的职业中选择其一，并基于发展机会做出职业生涯的调整，从而使自身获得尽可能好的归宿。个人的职业理想一般会反映在职业目标上。当然，只有理想是不够的，还要有实现理想的才能。一般情况下，学校与家庭在适当的时期用恰当的方法帮助人们制定与理想和兴趣相关的职业目标，并帮助人们发展实现理想的才能。这些职业理想会影响人们的工作态度、职业和生活。再加上文化、教育、家庭以及周围小区的影响，人们逐渐形成对工作、对组织和对职业的态度，进而在实践中，人们会继续开展行动，以职业活动为基础来规划和管理职业生涯，参加特定的培训，寻找合适的导师，专注于特定的角色，参加许多其他活动，这些都可以帮助人们提高职业成功的概率。以上这几个层面相互关联，行动来自态度，而理想产生了态度和行动。

（四）外部环境

外部环境包括社会环境、组织环境、机会和运气等各方面的因素，这些因素均会对员工职业生涯规划的制定产生影响。社会赞许性较高的行业、职业或职务会得到更多员工的青睐，组织是否发展得好也会影响员工短期和长期职业生涯规划的选择。机会和运气则是难以预料的机遇，员工的一个选择会影响接下来的职业生涯规划。

四、不同类型员工的职业生涯规划

（一）财务类人员的职业生涯规划

1. 财务类人员的职业特点

一是工作比较繁杂，责任大，对准确性、合法性、真实性要求高，不能有丝毫马虎；二是工作接触范围广，需要对组织的业务和运营情况进行了解和把握。

2. 财务类人员的职业素养

一是严谨细致。由于财务类人员的工作对象是各类数据和表单，任何任务都需要有严谨细致的态度才能准确完成。二是遵守规范和规则。财务类人员的职业道德要求其必须遵守国家相关法律规定和企业的规定，因此财务类人员强调对规范和规则的遵守。

3. 财务类人员的职业发展定位

针对财务类人员的工作特点，其职业发展定位与描述如表 10-2 所示。

表10-2 财务类人员的职业发展定位与描述

职业发展定位	具体描述
内部晋升	从基层财务人员通过积累经验和参加培训逐步成长为管理岗位人员，即基层财务人员—财务 / 会计主管—财务部副经理—财务部经理—财务总监
内部职位调整	积累了一定经验的财务类人员，如财务部经理等，可以根据兴趣爱好转岗为人力资源部经理或行政部经理
从事财务管理咨询师和培训师的工作	在积累丰富的财务管理经验后，转行从事财务管理咨询和培训工作也是一个很好的选择，其优势在于深刻理解相关行业背景和企业财务管理实践的环境。许多财务管理咨询公司的咨询顾问、培训师都是从财务类人员转行过来的

4. 财务类人员的职业生涯规划实例

（1）专业发展路径：助理会计师 / 财务专员 / 审计专员 / 财务分析员 / 财务预算员 / 财务结算员→会计师→高级会计师→总会计师。

（2）管理发展路径：助理会计师 / 财务专员 / 审计专员 / 财务分析员 / 财务预算员 / 财务结算员→财务主管→财务部经理→财务总监→总经理。

（3）管理发展路径：助理会计师 / 财务专员 / 审计专员 / 财务分析员 / 财务预算员 / 财务结算员→审计主管→审计经理→财务总监→总经理。

（二）营销类人员的职业生涯规划

1. 营销类人员的职业特点

一是专业技术要求相对较低。营销工作同其他工作相比，对人员的专业技能、工作经验和学历等要求较低。二是工作压力大。营销工作考核以业绩为关键指标，营销人员必须想方设法完成销售业绩。三是工作流动性强。企业会根据需要调整营销人员的工作地点，营销人员也可以在不同行业的相同职位之间流动。

2. 营销类人员的职业能力

一是商务谈判能力。从事营销工作需要经常同客户交流，营销人员一般都具有较强的商务谈判能力，能够通过谈判达成目标。二是信息分析能力。营销人员对于各类信息的敏感度较强，能够根据信息迅速抓住机遇，化解风险。三是人际沟通能力。营销人员从事客户维护工作，必须具备人际沟通技巧，以保持同客户的良好合作关系。四是问题解决能力。营销人员作为距离市场最近的人，需要密切注意市场的变化，并能够及时处理面临的各类问题。

3. 营销类人员的职业发展定位

针对营销类人员的工作特点，其职业发展定位与描述如表 10-3 所示。

表10-3　营销类人员的职业发展定位与描述

职业发展定位		具体描述
企业内部发展	专业岗位晋升	在积累一定的经验后，从企业或集团的分支机构、片区或分公司的营销岗位，到上一级或企业总部做营销部门的工作，或者带领更大的营销团队，管理大区市场
		在企业总部营销部门积累一定的工作经验后，到下一级或多级的分支机构带领营销团队，管理大区／省市场，或到某细分市场开辟新的业务，为晋升管理岗位奠定基础
	转向其他岗位	同营销经历相关的岗位，包括市场分析、公关推广、品牌建设与管理、渠道管理、供应商管理等
		如果有管理专业背景或者对管理感兴趣，可以发展的方向包括市场信息或情报管理、行业研究、战略规划、人力资源管理、项目管理等岗位
		如果在产品或行业的生产制造、运营、研究开发、设计等技术方面拥有一定的基础和优势，则可以往技术含量较高的岗位流动，包括运作管理、售前技术支持、产品测试、售后技术服务
横向跳槽		当积累一定的工作经验且在本企业内缺乏进一步发展的空间，或者薪酬、企业文化等同预期存在差距时，也可以通过选择其他行业的相关职位来满足自身进一步发展的要求
个人创业		具有市场发展基础的营销工作经历，是个人创业的优势，因为个人创业的市场开拓是最重要的工作，而具有营销经验的人员恰恰拥有这方面的资源和经历
转做营销咨询和培训		在积累丰富的营销经验后，转行从事营销咨询和培训工作也是一个很好的选择，其优势在于深刻理解营销行业背景和企业营销实践的环境。许多营销咨询公司的咨询顾问、培训师都是从营销人员转化过来的

4.营销类人员的职业生涯规划实例

（1）管理发展路径：营销专员→社区营销主管→省／市经理→地区经理→大区经理→营销总监。

（2）管理发展路径：营销／渠道专员→销售主管→产品经理→营销部经理→营销副总→总经理。

（3）专业发展路径：初级业务员→一级业务员→二级业务员→高级业务员→资深业务

员→营销顾问。

（4）专业发展路径：客户专员→客户主任→高级客户主任→客户经理→高级客户经理。

（三）生产类人员的职业生涯规划

1. 生产类人员的职业特点

一是具备多种职业技能。生产类员工除掌握本岗位技能外，还需要对本岗位上下游的岗位技能甚至所在车间所有岗位的技能有所了解。二是强调标准和规则。对产品质量的要求决定了生产类人员必须遵守严格的操作规程和工作标准，只有这样才能确保产品的高质量和较低的次品率。

2. 生产类人员的职业能力

一是团队协作意识强。生产类人员在开展工作的过程中形成了团队协作观念，并对团队协作的结果有深刻的认识。二是时间观念强。生产类人员在开展工作的过程中形成了良好的时间观念，为人处世也强调对时间的重视。三是统筹协调能力强。生产管理类人员要协调一个团队的工作，只有具备较强的统筹能力，才能保障生产任务的顺利完成。四是问题解决能力强。生产管理类人员要处理生产过程中的问题，就要有较强的解决问题的能力，掌握解决问题的技巧。

3. 生产类人员的职业发展定位

针对生产类人员的工作特点，其职业发展定位与描述如表 10-4 所示。

表10-4 生产类人员的职业发展定位与描述

职业发展定位	具体描述
内部晋升	从基层生产人员通过积累经验和参加培训逐步成长为管理人员，即生产计划员—生产主管—生产部副经理—生产经理—生产总监
内部职位调整	（1）从事生产的基层人员根据企业生产的需要，可以在不同的车间之间调整岗位；（2）中层生产人员如生产主管、生产部门经理（副经理）等可以根据兴趣爱好转岗为技术主管、技术部经理或研发工程师
不同行业同类职务调整	当积累一定的工作经验，且在本企业内缺乏进一步发展的空间，或者薪酬、企业文化等同预期存在差距时，也可以通过选择其他行业的相关职位来实现自身进一步发展的要求
从事生产管理咨询师和培训师的职位	在积累丰富的生产管理经验后，转行从事生产管理咨询和培训工作也是一个很好的选择，其优势在于深刻理解相关行业背景和企业生产实践的环境

4.生产类人员的职业发展设计实例

（1）专业发展路径：生产操作工→一星级员工→二星级员工→三星级员工→四星级员

工→五星级员工。

（2）管理发展路径：生产专员→生产调度员 / 计划→生产主管→生产部经理→生产副总经理→总经理。

（3）管理发展路径：生产操作工→班组长→车间主任→生产部副经理→生产部经理。

（四）研发类人员的职业生涯规划

1. 研发类人员的职业特点

一是专业性较强。研发类工作的复杂程度较高，对学历、专业能力、创新能力等要求较高，需要员工接受过较高水平的文化教育，具备较高的知识水平和扎实的理论基础。二是工作的自主性强。大多数企业对研发类人员的管理并不执行严格的考勤制度，研发类人员可以自主安排工作时间，以提高工作效率。三是工作的不确定性和长周期性。研发工作的周期长，结果具有不确定性，过程难以监督，考核难度较大。

2. 研发类人员的职业能力

一是创新能力。从事研发工作的员工应勇于接受挑战，敢于面对研究风险并具备战胜困难的勇气。二是具备持之以恒的钻研精神。研发类人员不仅要具备战胜困难的决心，更应具备刻苦钻研、不怕挫折和失败、始终如一的精神。三是团队精神和组织协调能力。研发工作需要团队合作，协调各种资源，因此研发类人员需要具备较强的项目组织能力和统筹协调能力。

3.研发类人员的职业发展定位

针对研发类人员的工作特点，其职业发展定位与描述如表 10-5 所示。

表10-5　研发类人员的职业发展定位与描述

<table>
<tr><th colspan="2">职业发展定位</th><th colspan="2">具体描述</th></tr>
<tr><td rowspan="4">企业内部晋升</td><td>研发专家路径</td><td colspan="2">追求所拥有的研发知识、研发成就，获得本行业的认可，定位于这一通道发展的人员关注的是突出的技术成就</td></tr>
<tr><td>研发管理路径</td><td colspan="2">定位于这一职业发展轨道的人员希望承担更多的管理责任，发挥人、财、物统筹管理的作用</td></tr>
<tr><td rowspan="2">其他路径</td><td>适用于研发基层人员</td><td>研发类人员可以根据个人特长、兴趣爱好转为从事非研发工作，常见的研发类人员可以从事的其他岗位包括技术支持、技术服务类岗位以及市场类岗位</td></tr>
<tr><td>适用于具有一定经验的研发管理人员</td><td>可以转为其他部门的相关主管或经理，如研发经理转为技术部门经理或质量部门经理等</td></tr>
<tr><td colspan="2">不同企业相近职位</td><td>适用于具有较丰富经验的研发人员</td><td>在企业内部缺少发展空间的情况下，可以选择跳槽，寻找能够给个人发展创造空间，并能够提供较好薪酬福利体系以及完善的人员管理体系的企业</td></tr>
</table>

续表

职业发展定位	具体描述	
个人创业	适用于有丰富研发经验和管理经验的人员	研发类人员的个人创业应当选择与研发行业或以研发作为企业核心竞争力的事业

4.研发类人员的职业生涯规划实例

（1）研发专家路径：新入职员工（定位于研发）→研发工程师→高级研发工程师→研发副研究员→研发研究员→研发科学家。

（2）研发管理路径：新入职员工（定位于研发）→研发项目主管→研发项目经理→高级研发项目经理→研发部门经理→技术总监。

（3）混合发展路径：新入职员工（定位于研发）→助理工程师→工程师→高级工程师→资深工程师→技术总监。

案例 10-4

人岗匹配——职业生涯规划的价值意义

2021 年，小楠于电子科技大学通信工程专业硕士研究生毕业，通过校园宣讲会了解到一家科技型企业，并与室友一起应聘售前项目助理这一岗位，经过层层面试最终顺利入职。在试用期 3 个月的时间里，小楠对工作充满了热情，积极完成上级布置的各项任务，取得了不错的成绩，最后顺利地通过了转正考核而成为公司的一员。进入项目部之后，部门举行了欢迎会，项目部部长在会上致辞说公司正需要像小楠这样既懂技术又具备经营能力的人才，这些话让小楠觉得自己被公司寄予了厚望，迫切期望通过自己的努力在工作中大展宏图。在接手新的工作之后，他每天的工作比之前更加烦琐复杂，忙碌的生活让他快速成长，很快就发现需要学习的工作越来越少，大多做着重复性的工作。同时，身边的同事也问他："名牌大学毕业，专业也对口，为什么没有去从事研发类的工作呢？"小楠思索了很久，回想到当初择业的时候，并没有一个清晰的职业生涯规划，不假思索地跟着室友应聘这个岗位，虽然做得还不错，但研发类工作是否更适合自己呢？于是他决定向部门经理说明缘由，申请转岗，部门经理考虑到小楠的特殊情况，也很爱惜像小楠这样刚毕业的科技人才，便同意了他的转岗申请。进入技术部之后，小楠依旧是做基础的事务性工作，并没有接触到与研发相关的工作，为此他很苦恼。

与小楠一起入职的还有一些新员工，闲暇时间他们进行了一番交流，小楠发现他们也面临着和自己一样的问题，所从事的工作都无关紧要，偏离了之前的预想。于是决定集体向公司反映这个问题，这件事也引起了公司的高度重视，发现对于青年技术骨干缺乏职业生涯规划指导，没有根据个人实际情况合理建议发展路径，缺乏相关的职业发展培训以及职业生涯管理跟踪、反馈体系。后来，公司针对这些问题制定了一系列改进措施。通过职业测评，公司充分了解了科技人才的需求，同时帮助科技人才更了解自己和环境的特质，利用优势在职业发展过程中做到扬长避短；此外还为科技人才制订职业发展相关培训计划并完善职业生涯管理跟踪与反馈体系，帮助科技人才建立自己的职业目标，并为其提供相关支持。通过这些改革，小楠在公司中逐渐找到了方向，更加有激情地投入工作中。

点评：无论是个人还是公司，都应当做好职业生涯规划这项工作。该公司经过小楠等人这一事件后，发现了在制度上存在的问题，从中吸取教训，并制定了一系列改善方案。通过职业测评帮助员工认清自己，制定专属的职业生涯规划，把合适的人安排在合适的岗位上，实现人岗匹配，这可以让员工更好地发展自己，增强归属感。另外，这项工作也可以为公司留住优秀人才，壮大人才队伍，从而在不断变化的环境中取得竞争优势。

第四节 组织的职业生涯设计

一、职业生涯发展途径及其规划

职业生涯发展途径也称为职业途径，可分为纵向的、横向的、网状的和多阶梯发展四种类型。

纵向的职业途径是指员工在组织内逐步向上晋升的过程。由于现代企业中组织结构扁平化以及等级层次减少，因而这种传统的职业途径方式已经难以满足员工的现实发展需要。

横向的职业途径是指通过调动增加员工的阅历，锻炼员工的综合能力并发挥员工的潜力，从而在职位未提升的情况下增加员工的满意度。

网状的职业途径是指包括横向、纵向的一系列工作职务的综合发展，它较传统的职业途径更能为员工提供在组织内的进步机会。

多阶梯的职业途径是指为了解决受过技术培训且并不期望在组织中通过正常升迁程序调到管理岗位员工的问题而开发的一种职业生涯发展方法。下面重点介绍多阶梯的职业途径。

在很多组织中，技术好的工程师、项目领导者、科学家或销售人员在职业发展中往往会面临一种进退两难的情况。在技术领域，他们是出色的一员，属于技术专家型人物，他们很希望在自己的专业技术领域继续得到发展，但个人的以技术为核心的职业生涯发展到一定程度往往会被赋予领导和组织的管理任务。然而，不是所有的工程师都愿意担负这种任务。组织同样也面临着类似的困境：为了使技术人员的职业生涯有进一步的发展，应该将他们提升到领导岗位，但结果是他们的管理业绩并不理想，专业技术的拔尖人才成为中等水平的管理人员。这种提升最优秀的技术人员到领导岗位的做法使组织的实际价值下降了，主要是因为管理和技术在专业性质方面差别很大。

管理者与技术专家的工作任务在性质方面的差别如表 10-6 所示。

表10-6 管理者与技术专家的工作任务在性质方面的差别

管理者的任务	技术专家的任务
指导、指挥他人	答疑解惑
对情感和态度很敏感	富有直觉和创造性
评价他人的工作	评价数据系统或方法
预算、分析和控制成本费用	钻研技术工作

续表

管理者的任务	技术专家的任务
有很好的表达能力	有高超的分析能力
传达上级意图，实施组织政策	善于逻辑推理，不喜欢照抄照搬
指出使用什么方法	确定具体方法
根据不充分的材料做出决策	收集的数据多多益善
承认组织机构的等级制	承认客观事实的层次性
寻求各种经营目标之间的关系	寻求各种技术之间的关系

资料来源：M K 巴达维．开发科技人员的管理才能．北京：经济管理出版社，1987.

多阶梯职业途径就是建立一种平行的职业轨迹：一是管理职业途径；二是技术职业途径。在管理职业阶梯中向上运动将被赋予更多的决定权和责任；在技术阶梯中向上移动则被给予更多的资源进行开发和研究，并具有更多的自主权和独立权。多阶梯职业途径常用于工程及 IT 系统员工中。国际上一些著名的大公司很早之前就开始运用这样的职业途径进行管理。

案例 10-5

“小企鹅”的大智慧

腾讯的迅速发展，团队的快速壮大，背后必然有一套好的机制进行管理。腾讯十分重视人才，它会为每一位员工制定各自的职业生涯规划，包括在横向上和纵向上，使每一位员工都能清楚自己的职业成长方向和每一个阶段的重心、要求，让员工与公司共同成长。

腾讯为其员工在职业生涯管理中规划了两大发展通道：

（1）管理发展通道——基层管理者、中层管理者和高层管理者。管理发展通道的主要特征是通过他人的绩效实现公司目标。

（2）专业发展通道——骨干、专家／资深专家、权威。专业发展通道的主要特征是通过个人的工作达成公司目标。

在纵向上，腾讯为员工搭建了职业发展阶梯，清晰指引员工实现发展目标，体现了对员工能力发展的期望与要求。纵向上分为 6 个等级（由高到低）：

LV6——权威（Fellow），作为公司内外公认的权威，推动公司决策。

LV5——资深专家（Master），作为公司内外公认的某方面专家，参与战略制定并对大型项目／领域的成功负责。

LV4——专家（Expert），作为公司某一领域专家，能够解决较复杂的问题或领导中型项目／领域，能推动和实施本专业领域内的重大变革。

LV3——骨干（Specialist），能够独立承担部门内某一方面的工作／项目的策划和推动执行，能够发现本专业业务流程中存在的重大问题，并提出合理有效的解决方案。

LV2——有经验者（Intermediate）。作为一个有经验的专业成员，能够应用专业知识独立解决常见的问题。

LV1——初做者（Entry），能做好被安排的一般性工作。

在以上6个等级里，每个等级又包含3个子等级，分为基础等、普通等和职业等。

LV1——基础等，是指刚达到本级别能力要求，尚需巩固。

LV2——普通等，是指完全达到本级别各项能力要求。

LV3——职业等，是指本级别各能力表现成为公司或部门内标杆。

在横向上，按照能力与职责相近的原则，腾讯为具有不同能力的员工设计不同的职业发展通道。

（1）专业族（S1—S6），包含企管类、财务类、人力资源类、法律类、行政类等。

（2）产品／项目族（P1—P6），包含游戏策划类、项目类等。

（3）技术族（T1—T6），包含软件开发类、技术研究类、设计类、游戏美术类等。

（4）市场族（M1—M6），包含战略类、销售类、营销类、客服类等。

职级晋升的实现步骤包括自愿申报和实现职级晋升。自愿申报必须经过基本资格审核（绩效＋资历）和能力评审（各通道／各职级能力标准）；实现职级晋升必须达到两条标准，即不仅要符合基本资格要求，能力也要达到晋级标准。

绩效和资历是员工职级晋升的门槛，能否实现专业职级的晋升，最终还要看员工专业能力是否真正得到提升并达到了目标职级的要求。员工只有不断提升工作能力并创造良好的绩效，才能在公司获得持续的发展。同时员工应认真规划，做好申报准备，积极申报，以实现自身的职业发展。

点评：从腾讯对员工的职业生涯管理可知，通过横向、纵向等多维度结合，公司充分考虑不同部门、不同特性的员工在不同阶段应该选择的发展方向，在组织职业生涯设计上建成了完善的体系，使员工的发展道路既有选择性，又能目的指向明确，避免员工在职业发展上产生困惑。

二、职业生涯周期管理

（一）对处于职业生涯早期的员工的管理

员工在职业生涯早期，个人年龄正值青年时期，这一阶段无论是从个人生物周期、社会家庭周期还是从生命空间周期来看，其任务都较为单纯、简单，个人的主要任务有：（1）进入组织，学会工作；（2）学会独立并寻找职业锚；（3）完成向成年人的过渡。

1.处于职业生涯早期员工的特征

在这一时期，员工突出的个人和心理特征是：

（1）进取心强，具有积极向上、争强好胜的心态。进取心是一种积极的推动力量，这种心理状态能促使员工不断上进，以求发展。但由于年轻气盛，难免表现出浮躁和冲动，表现在职业工作上是这山望着那山高，很少检查自己主观上的不足，经常高估自己，低估别人；工作一旦出现失误就怨天尤人，强调客观因素；在自己工作的团队中，由于个人争强好胜，对他人不服气、不认输，很可能危及人际关系的和谐。由于尚处在职业生涯早期，因而对职业锚的选择犹豫不决或者经常变动。

（2）职业竞争力不断增强，具有做出一番轰轰烈烈事业的心理准备。对于初就业的青年人来说，精力最旺盛、充满朝气，具有远大的职业理想和抱负，成功的心理要求强烈。

（3）开始组建家庭，逐步学习调适家庭和工作的关系。在职业生涯早期，常常是员工处于由单身向组建家庭或向有第一个子女过渡的时期，有时会出现家庭和事业发生冲突的情况，这时就需要员工协调好二者的关系。

2.处于职业生涯早期员工的组织化

针对处于职业生涯早期的员工的特点，应该对员工进行个人的组织化。个人组织化是指应聘者接受雇佣并进入组织后，由一个自由人向组织人转化所经历的不断发展的过程，它包括向所有雇员灌输组织及其部门所期望的主要态度、规范、价值观和行为模式。个人组织化的途径是组织创造条件和氛围，使新员工学会在该组织中如何工作，如何与他人相处，如何扮演好个人在组织中的角色，接受组织文化并融入组织的过程。由于大多数员工流动发生在其加入组织的早期，加速这种组织化过程将有助于降低流动性，从而降低组织总的流动率。

加速员工组织化的有效方法，一是向新员工展示组织发展的前景和员工工作发展的前景；二是对新员工进行培训；三是给新员工配备职业顾问。职业顾问是新员工的老师、建议者和负责人，他应该睿智、阅历丰富，深谙组织中的权力和政策，并愿意与新员工分享这些知识。组织应积极促进这种指导关系，特别是在员工进入组织的初期，应该规定顾问与员工固定的会面时间。顾问的任务是为新员工介绍有关组织的“内情”，如权力结构、组织文化及行为方式等；将别人对该员工的评价给予客观的反馈；以朋友的身份帮助新员工处理工作中出现的有关问题。成功的指导关系能帮助新员工降低对组织的不切实际的过高期望，减轻新员工由于新环境所产生的压力。最重要的是，增加新员工在组织中的生存能力和发展机会。

职业生涯早期，第一份工作对以后的职业成功与否影响很大。例如，许多调查表明，工程技术人员的第一份工作，如果富有挑战性并取得良好业绩，那么将会提高其整个职业生涯中的竞争力和业绩。

第一位上司同样关键。他必须值得信赖，不压制新下级的雄心，不嫉妒其活力并为其提供各种发展机会，能在贯彻组织的意图和传播组织的价值观方面起到示范作用。

另一个影响员工日后得到高绩效的因素是最初期望值。组织应当鼓励员工制定高的发展目标，即“跳起来摘桃子”，一般来说，高目标会带来高业绩。

（二）对处于职业生涯中期的员工的管理

个人职业生涯在经过了职业生涯的早期阶段，完成了员工与组织的相互接纳后，必然步入职业生涯的中期阶段。职业生涯中期作为人生最漫长、最重要的时期，个人特殊的生理、心理和家庭特征也使其职业生涯发展面临着特定的问题与管理任务。

1.处于职业生涯中期员工面临的问题

40～50岁的员工处于职业生涯的中期，这一阶段常常出现下述问题：

（1）随着年龄的增长，意识到自己的身体发生变化，甚至开始有衰老的感觉。

（2）对自己的职业目标有多少已经实现、还有多少能够实现，已有清楚的认识。

（3）开始寻找新的生活目标。

（4）家庭关系发生明显的变化，如子女长大成人。

（5）工作关系发生变化，对新员工的指导功能加强。

（6）工作颓废感日益强烈。

（7）工作流动性下降，对工作的安全关注度增长。

这些问题被称作“职业生涯中期危机”，处于这一职业生涯时期的个人所考虑的问题可能是最多的，同时这一时期的各种问题和矛盾集中，如果处理不当，员工职业生涯会发生大的转折，甚至急剧下滑，对组织和员工的发展都十分不利。在这一时期，个人要解决职业生涯中期所发生的问题，应付人到中年时面临的生命周期的变化，需要担负起该阶段个人职业生涯的特定管理任务。

2.应对职业生涯中期危机的措施

（1）保持积极进取的精神和乐观的心态。对于有信心和有把握获得晋升与发展的人来说，他们劲头十足，有充分的潜力进步，将来有可能进入高层领导职位，增薪加资。但是，相当数量的处于职业生涯中期员工由于面临中年危机和各种家庭问题，减弱了以至于丧失了原有的各种热情、积极性和进取心，只求平平稳稳安度后期职业生涯，不想也不肯对工作投入太多、参与太多。少数人因为职业发展遇到的困难和问题较多，以至于失望、沉沦，走下坡路。后两种情况的出现对于个人、家庭和组织都十分不利。诚然，职业生涯中期的诸多问题会给个人造成巨大压力，但同时也提供了发展的新机遇。如果能够正确控制自己的情绪，正视客观现实，保持积极进取和乐观的心态，积极寻找解决矛盾和问题的新方案，那么，职业生涯中期的危机就可能成为新的机会，个人还可以实现职业发展的跨越。

（2）选择新的职业或进行职业角色转换。在职业生涯中期，每个人都经历了较长时间的职业工作，也面临着新的职业角色选择，这时个人必须查找自身的生活目标和价值观，以便更稳定地整合生活结构，摆脱以往的角色模式和压力，选择新的角色：继续留在原岗位上，使自己的知识和技术更加精深和熟练，成为骨干和专家；通过一定的方式使自身的技能通用化，更多地充当项目带头人和良师的角色；离开原岗位，寻找新的职业角色；进入行政管理领域，成为主管，从根本上改变职业角色。

（3）成为良师益友，担任起言传身教的责任。随着个人职业生涯的发展、职业锚的稳固，员工在工作和发展中的经验日益丰富，而这些对于处于成长中的年轻人来说是十分宝贵的。因此，处于职业生涯中期的员工，不论其是否扮演一种正式的主管角色，都不可避免地要肩负起言传身教的良师责任，给年轻人以监督，充当指导员和教练。

（4）维护职业工作、家庭生活和自我发展三者的平衡。要完成这一任务，可以从以下两方面入手：第一，自我评估。包括重估自己的职业锚和贡献区，客观地看待自己的职业才干、表现和业绩，重新思考自己的成功标准和目标定位等。第二，对今后的人生进行重新定位，调整职业工作、家庭生活和自我发展三者的运作模式。以自我评估和再认识的结果为基础和前提，对今后如何参与工作、如何适应家庭生活、如何取得自我发展做出决策。

拓/展/阅/读

优秀企业如何预防员工职业生涯中期危机

预防职业生涯中期危机是优秀企业留住人才、实现人才价值的重要手段。企业可以通过帮助员工自我实现、建立和实施内部晋升计划来预防职业生涯中期危机。

1. 帮助雇员自我实现

在职业生涯中期，很少有哪种需求能够比实现自己的理想、充分发挥自己的才能、取得与其能力相当的成就这种需求更为强烈，那些未能满足员工这方面需要的企业，往往会失去它们最优秀的员工，或者是导致员工越来越不满，工作积极性越来越差。许多优秀的企业都在努力帮助员工满足他们这种需求，常见措施主要有：

（1）提拔晋升，疏通职业生涯通道。这一措施主要适用于有培养前途、有作为的员工。晋升主要有三种途径：行政职务的提拔晋升；转变职业，将技术员工提拔为管理者；技术职务的提拔晋升。

（2）安排富有挑战性、探索性的工作。处于职业生涯中期的员工，年富力强、经验丰富，企业要大胆地将富有挑战性和探索性的新工作任务交予他们。通过委派员工担负挑战性的工作，或者承担甚至负责某项新的或特别的任务，一方面，表明企业看重他们的才能，对其很好完成任务充满信任；另一方面，也给予员工表现自己才干、实现自我价值的机会，以增强其成就感。

（3）实施工作轮换。美国学者卡茨等人通过研究发现，员工的满足感会随着从事一项给定工作的实际时间长度发生系统变化。在员工从事某项职业的最初几年，工作的丰富化、工作再设计，以及涉及作业本身的其他方案，都会对员工产生很大的吸引力，员工也会不遗余力地做出自己的贡献。随着员工在一个岗位上工作年限的增长，其工作满意度和积极性会下降，在职业生涯中期采取工作轮换可以缓解这种情况。

（4）赋予员工以良师角色，提供适宜的职业生涯发展机会。现实中，对于处于职业生涯中期且年龄较大的员工，由于其进取心和工作参与度的降低，企业应当安排其适当的角色并提供相应的发展机会，以获得最佳的企业效益。

（5）改善工作环境，预防职业生涯中期危机。对处于职业生涯中期的员工来讲，企业改进企业工作环境和条件，增加薪酬、津贴、奖金，使他们享受更多的福利待遇，不失为一项预防职业生涯中期危机、调动员工积极性、激发其活力的有效措施。

2. 建立内部晋升计划

对于许多员工来说，“发挥潜能并获得成功”就是其在企业中实现了职业生涯发展。为此，许多企业制订了具有综合性的职业生涯管理计划以及内部晋升计划。如在某公司，当公司的某一部门内部出现了职位空缺而又有一个相关的内部候选人符合填补职位空缺的条件时，公司就会进行内部晋升。

3. 落实内部晋升计划，促进员工发展的组织策略

（1）实施以“价值观为基础的雇用”。内部晋升计划应得到以“价值观为基础的雇用”制度的支持。正如一位管理人员所说的：“首先，我们是为未来而雇用的……雇用过程有利于那些因某种优势而具有晋升潜力的人。我们公司同意完全实行内部晋升政

策。除了少数具有特殊技能的人之外，所有的人都应当从初级岗位干起。”

（2）落实员工职业生涯开发计划。企业必须明确加强和扩大对处于职业生涯中期阶段员工的人力资本投资，并根据不同员工的情况和需求，采取不同的对策及教育培训方式和内容。

在职业生涯中期，员工既有可能取得辉煌的成就，也有可能陷入职业生涯中期危机。因此，企业要实现自身的发展目标，就必须加强职业生涯管理任务，帮助员工克服这一时期出现的问题。这一时期企业的职业生涯管理任务主要集中在两个方面：第一，落实好内部晋升计划，促进员工职业生涯朝顶峰发展；第二，提供良好的教育培训计划，针对职业生涯中期危机进行有效预防、改进和补救。总之，在教育培训上，不可以歧视职业生涯中期的员工，而要想方设法启发、培养他们的学习意识，给予他们更多的受教育和培训的机会。

（三）对处于职业生涯后期的员工的管理

从年龄上看，处于职业生涯后期员工的一般年龄是50岁至退休年龄。此时的员工由于职业能力和身心条件的变化，其职业也呈现出完全不同于早期、中期的职业生涯的特征。

1.处于职业生涯后期员工的特点

（1）进取心、竞争力和职业能力明显下降。知识经济时代，科学技术迅猛发展，知识老化和技术更新的速度惊人。处于职业生涯后期的员工，由于其体能和精力不可避免地衰退，学习能力及整体职业能力呈下降趋势，其知识、技能明显老化，且已无力更新，职业工作能力和竞争力逐渐减弱以至于丧失。

（2）权力、责任和中心地位下降，角色发生明显变化。在职业生涯中期，员工年富力强、职业发展到顶峰。有的员工升至中层或高层领导岗位，拥有相当权力，负有重要责任；就是一般员工，也多是职业工作中的骨干，娴熟的技能和丰富的经验使他们处于良师和工作中心的位置。但是，到达职业生涯后期，这一个个夺目的光环会渐渐消失。领导职务往往逐渐被年轻人所取代，权力与责任相应削弱，核心骨干、中心地位和作用逐步丧失。

（3）优势尚存，仍可发挥余热，尽职贡献。尽管进入职业生涯后期的员工在体能、精力方面已明显下降，在职业工作中处于次要地位，但是，他们仍有其优势。一些年老的员工熟知企业及其发展过程，已深深融入企业文化之中，对企业颇有感情；在长年的职业工作中，练就了娴熟的技能，积累了丰富的生产、业务实践知识；他们有丰富的人生阅历，见识广，具有处理工作中各种复杂的人与事、人与人之间矛盾的能力和经验。因此，进入职业生涯后期的员工，完全有条件凭借自身的经验、技能和智慧优势，担当良师，继续在职业工作中发挥自己独有的作用。

2.对退休计划的管理

在职业生涯后期，组织仍肩负着很重的职业生涯管理任务，其中最重要的是对退休计划的管理。因为即将退休的员工会面临财务、家庭等各方面的实际问题，同时又要应付结束工作、开始休闲生活的角色转换和心理转换，也就是退休者需要同时面临社会和心理方面的调节的问题。因此，通过适当的退休计划和管理措施满足退休人员情绪和发展方面的需要，是组织应承担的一项重要工作。在此，我们列举出一些为组织所采用的，在退休计划中协助员工解决一些问题的方法和措施：

（1）帮助员工树立正确观念，坦然面对退休。

（2）开展退休咨询，着手退休行动。退休咨询就是向即将退休和已经退休的人提供财务、搬迁、家庭和法律、再就业等方面的咨询和帮助。

（3）做好退休员工的职业衔接。组织要有计划地分期分批安排退休，切不可因为退休影响工作正常进行。

（4）采取多种措施，做好员工退休后的工作安排。因人而异地帮助每一位即将退休者制订具体的退休计划，尽可能地把退休生活安排得丰富多彩而有意义。

另外，组织还可以通过经常召开退休员工座谈会的方式，增进员工和组织的互动。同时，组织要以多种形式关心退休员工。例如：为退休员工办好养老保险和医疗保险；关心退休者的疾苦，切实解决其实际困难和问题；每逢节假日，慰问安抚退休者；召开退休员工联谊会，进行多方面的信息交流，活跃退休生活，等等。

三、职业生涯延伸管理

（一）关注员工健康

人的健康包括身体健康和心理健康。从某种程度上说，心理健康比身体健康显得更为重要。关注员工健康，首先要给员工提供有利于健康的工作环境，避免员工患上因心理紧张或压力所造成的各种疾病，帮助员工进行心理调适。只有当员工处于一种健康的状态下，提高工作效率才会有一个好的基础。

（二）处理员工工作与生活的矛盾

组织进行职业生涯管理，要经常了解员工的家庭生活状况，分析员工工作生活与家庭生活的矛盾，并进行相应的管理；同时也要制定一些政策，帮助员工及时处理家庭生活中的有关问题，并有计划地安排员工的家属在某些特殊日子到单位来深入了解员工工作方面的一些情况，从而使其更加理解、支持员工的工作。

（三）帮助员工再就业

适当的员工流动是组织保持活力的途径之一。对于一个组织而言，总会有一些员工因为某种原因而必须退出。任何一个以职业生涯管理为导向的组织，在员工离开之际都应当帮助其设计再就业方案，向其提供再就业培训，或与其他有关部门建立合作就业机制，对于有效激励在职员工往往都会有较好的效果。

（四）员工退休管理

从职业生涯管理的角度来说，员工退休管理包括两个方面的工作：一方面，组织要帮助员工进行退休前的准备，诸如心理适应等问题；另一方面也要关注已经退休员工的生活。

思考题

1. 职业生涯的含义是什么？职业生涯的主要理论有哪些？
2. 职业生涯如何划分？影响因素有哪些？
3. 简述帕森斯的职业-人员匹配理论。
4. 简述职业锚理论的基本观点。
5. 简述霍兰德的人格类型-职业类型匹配理论。
6. 简述员工职业生涯规划的概念和步骤。
7. 如何进行各类员工的职业生涯规划？
8. 分析员工职业生涯规划的影响因素。
9. 试论组织如何进行职业生涯发展途径的规划。
10. 论述如何对处于不同职业生涯周期的员工进行管理。
11. 在职业生涯管理中，如何使员工、管理者和组织三者动态匹配？
12. 进行职业生涯规划时，如何帮助员工找到职业发展的方向？

在 线 自 测

扫一扫　练一练

主要参考文献

［1］赵继新. 人力资源管理［M］. 北京：清华大学出版社，北京交通大学出版社，2011.

［2］董克用 . 人力资源管理概论［M］. 北京：中国人民大学出版社，2015.

［3］唐秋勇 .HR 的未来简史［M］. 北京：电子工业出版社，2017.

［4］闫飞龙. 人力资源管理［M］. 北京：中国人民大学出版社，2022.

［5］卿涛. 人力资源管理概论［M］. 北京：清华大学出版社，北京交通大学出版社，2006.

［6］刘昕. 人力资源管理教程［M］. 北京：中国人民大学出版社，2022.

［7］温志强. 人力资源开发与管理［M］. 北京：清华大学出版社，2011.

［8］窦胜功 . 人力资源管理与开发［M］. 北京：清华大学出版社，2008.

［9］孙健敏 . 人力资源开发与管理［M］. 北京：中国人民大学出版社，2008.

［10］彭剑锋 . 人力资源管理概论［M］. 上海：复旦大学出版社，2018.

［11］加里・德斯勒. 人力资源管理［M］. 刘昕，译 . 14 版 . 北京：中国人民大学出版社，2017.

［12］国家职业资格培训教程. 企业人力资源管理师［M］. 北京：中国劳动社会保障出版社，2014.

［13］颜爱民. 人力资源管理［M］. 北京：北京大学出版社，北京林业大学出版社，2007.

［14］郭晓宁. 管理学教程［M］. 北京：清华大学出版社，2018.

［15］周健临. 管理学教程［M］. 上海：上海财经大学出版社，2007.

［16］宋玉娟. 激励不用钱［M］. 北京：企业管理出版社，2009.

［17］戴淑芬. 管理学教程［M］. 北京：北京大学出版社，2009.

［18］芮明杰. 管理学：现代的观点［M］. 上海：上海人民出版社，2005.

［19］斯蒂芬・罗宾斯，玛丽・库尔特. 管理学［M］. 孙健敏，等译. 9 版 . 北京：中国人民大学出版社，2008.

［20］张岩松，等. 现代管理学案例教程［M］. 北京：清华大学出版社，2009.

［21］史密斯・希特. 管理学中的伟大思想：经典理论的开发历程［M］. 徐飞，路琳，译. 北京：北京大学出版社，2010.

［22］周三多，等. 管理学原理［M］. 南京：南京大学出版社，2009.

［23］孙永正，等. 管理学［M］.2 版 . 北京：清华大学出版社，2007.

［24］蒲晓红，廖喜生. 工作分析［M］. 成都：四川大学出版社，2007.

［25］张春瀛.工作分析［M］.天津：天津大学出版社，2009.
［26］萧鸣政.工作分析的方法与技术［M］.北京：中国人民大学出版社，2006.
［27］王丹，陈捷，李瑶，等.人力资源管理实务［M］.北京：清华大学出版社，2006.
［28］郑明晓，吴志明.工作分析实务手册［M］.2版.北京：机械工业出版社，2006.
［29］高艳.工作分析与职位评价［M］.西安：西安大学出版社，2006.
［30］田在兰.人力资源管理［M］.广州：暨南大学出版社，2011.
［31］杨河清.人力资源管理［M］.2版.大连：东北财经大学出版社，2010.
［32］蓝红星.人力资源管理［M］.成都：西南财经大学出版社，2011.
［33］任巍.人力资源管理［M］.北京：机械工业出版社，2011.
［34］张广科.组织与人力资源管理［M］.北京：高等教育出版社，2018.
［35］张颖昆.招聘管理入门［M］.广州：广东经济出版社，2006.
［36］周文.员工招聘与选拔［M］.长沙：湖南科学技术出版社，2005.
［37］陈全明，张广科，陈芳.人才素质测评［M］.北京：高等教育出版社，2016.
［38］顾英伟.现代人力资源开发与管理［M］.北京：机械工业出版社，2000.
［39］刘佛翔.人员素质测评［M］.2版.长春：吉林大学出版社，2006.
［40］梁晓雅.人力资源吸收与选拔［M］.成都：四川人民出版社，2008.
［41］萧鸣政.人员素质测评［M］.2版.北京：高等教育出版社，2007.
［42］黄维德，董临萍.人力资源管理［M］.3版.北京：高等教育出版社，2009.
［43］陈全明，张广科，陈芳.人力资源管理概论［M］.北京：清华大学出版社，2015.
［44］刘小平，邓靖松.现代人力资源测评理论与方法［M］.广州：中山大学出版社，2006.
［45］周文，龚先，方浩帆.素质测评与职业生涯规划［M］.长沙：湖南科学技术出版社，2005.
［46］萧鸣政.人力资源开发与管理［M］.北京：科学出版社，2009.
［47］于秀芝.人力资源管理［M］.北京：中国社会科学出版社，2009.
［48］李业昆.绩效管理系统研究［M］.北京：华夏出版社，2007.
［49］葛玉辉，陈悦明.绩效管理实务［M］.北京：清华大学出版社，2008.
［50］林新奇.绩效管理：技术与应用［M］.北京：中国人民大学出版社，2013.
［51］蒋国瑞.项目人力资源管理［M］.北京：中国建筑工业出版社，2009.
［52］廖三余，曹会勇.人力资源管理［M］.北京：清华大学出版社，2006.
［53］盘和林.哈佛绩效管理决策分析及经典案例［M］.北京：人民出版社，2006.
［54］赫尔曼·阿吉斯.绩效管理［M］.刘昕，等译.4版.北京：中国人民大学出版社，2021.
［55］付亚和.绩效管理［M］.上海：复旦大学出版社，2014.
［56］冉斌.绩效指标词典［M］.北京：中国经济出版社，2005.
［57］姜晓萍，范逢春.薪酬管理［M］.成都：四川大学出版社，2007.
［58］李中斌，曹大友.薪酬管理理论与实务［M］.长沙：湖南师范大学出版社，

2007.
[59] 解进强，史春祥. 薪酬管理实务［M］. 北京：机械工业出版社，2008.
[60] 盖勇. 薪酬管理［M］. 济南：山东人民出版社，2004.
[61] 金延平. 薪酬管理［M］. 大连：东北财经大学出版社，2008.
[62] 李广义. 人力资源管理［M］. 天津：天津大学出版社，2009.
[63] 凌文栓，方俐洛. 职业生涯管理［M］. 北京：中国纺织出版社，2003.
[64] 林泽炎，李春苗. 员工职业生涯设计与管理［M］. 广州：广东经济出版社，2003.
[65] 李永鑫，等. 人力资源管理心理学［M］. 上海：上海教育出版社，2005.
[66] 郑晓明. 人力资源管理导论［M］. 2 版. 北京：机械工业出版社，2005.
[67] 孙宗虎. 人力资源管理咨询工具箱［M］. 北京：人民邮电出版社，2009.
[68] 马建新. 人力资源管理与开发［M］. 北京：石油工业出版社，2003.
[69] 王长城. 薪酬架构原理与技术［M］. 北京：中国经济出版社，2003.
[70] 赵国军. 管理核能［M］. 北京：化学工业出版社，2022.
[71] 康士勇，于绍君. 薪酬与福利管理实务［M］. 5 版. 北京：中国人民大学出版社，2022.
[72] 付亚和，等. 绩效考核与绩效管理［M］. 3 版. 北京：电子工业出版社，2022.
[73] 林红，陈晖. 人力资源管理实务［M］. 2 版. 北京：中国人民大学出版社，2022.
[74] 魏光丽. 人力资源管理理论与实务［M］. 北京：中国工商出版社，2022.
[75] 江波. 人力资源管理心理学［M］. 上海：华东师范大学出版社，2022.
[76] 廖泉文. 招聘与录用［M］. 北京：中国人民大学出版社，2022
[77] 董克用，李超平. 人力资源管理概论［M］. 5 版. 北京：清华大学出版社，2022.
[78] 任康磊. 人力资源成本管控［M］. 北京：人民邮电出版社，2022.
[79] 陆克斌，王娅莉. 人力资源管理［M］. 北京：中国建材工业出版社，2022.
[80] 巴里·格哈特，杰里·纽曼. 薪酬管理［M］. 成得礼，译. 北京：中国人民大学出版社，2022.
[81] 唐鑛，嵇月婷. 人力资源与劳动关系管理［M］. 北京：中国人民大学出版社，2022.

后　记

经全国高等教育自学考试指导委员会同意，全国高等教育自学考试公共管理类专业委员会负责高等教育自学考试《人力资源管理（初级）》教材的组编工作。

《人力资源管理（初级）》（2023 年版）自学考试教材由赵凤敏教授担任主编，袁勇志教授和陈芳教授担任副主编。

本教材各章的编写人员为：中国青年政治学院赵凤敏教授（第一章和第七章）、天津职业技术师范大学赵丽华教授（第二章和第八章）、苏州大学袁勇志教授（第三章和第四章）、中南财经政法大学陈芳教授和袁和平副教授（第五章和第九章）、中南财经政法大学蒋文莉教授（第六章和第十章）。

参加本教材审稿讨论会并提出修改意见的专家有：上海交通大学刘帮成教授、南京大学张乾友教授和周建国教授。全书由主编赵凤敏教授统稿。

对付出辛勤劳动的编审人员，特此表示感谢！

全国高等教育自学考试指导委员会
公共管理类专业委员会
2023 年 5 月

图书在版编目（CIP）数据

人力资源管理：初级 / 赵凤敏主编. -- 北京：中国人民大学出版社, 2023.12
全国高等教育自学考试指定教材
ISBN 978-7-300-32098-4

Ⅰ.①人… Ⅱ.①赵… Ⅲ.①人力资源管理－高等教育－自学考试－教材 Ⅳ.①F243

中国国家版本馆CIP数据核字（2023）第162751号

全国高等教育自学考试指定教材
人力资源管理（初级）
［含：人力资源管理（初级）自学考试大纲］
（2023 年版）

全国高等教育自学考试指导委员会　组编
主　编　赵凤敏
副主编　袁勇志　陈　芳
编　者（按姓氏笔画排列）
陈　芳　赵凤敏　赵丽华
袁和平　袁勇志　蒋文莉

Renli Ziyuan Guanli

出版发行	中国人民大学出版社		
社　　址	北京中关村大街31号	邮政编码	100080
电　　话	010－62511242（总编室）		010－62511770（质管部）
	010－82501766（邮购部）		010－62514148（门市部）
	010－62515195（发行公司）		010－62515275（盗版举报）
网　　址	http：//www.crup.com.cn		
经　　销	新华书店		
印　　刷	北京市鑫霸印务有限公司		
开　　本	787 mm×1092 mm　1/16	版　　次	2023年12月第1版
印　　张	23.25插页1	印　　次	2023年12月第1次印刷
字　　数	554 000	定　　价	68.00元